大東亜戰争肯定論

——來自敗戰者的申辯與吶喊

林　房雄

許哲睿——譯

FUSAO
HAYASHI

全新修訂版

目次

【作者說明】

一、《大東亞戰爭肯定論》的初版上卷是在昭和三十九年（一九六四年）、下卷是昭和四十年由番町書房出版。雖然昭和四十三年由翼書院出版了訂正版，但冊數不多。

二、為了這個新訂版，刪除了我認為與初版論旨重複的部分，以及現今沒有必要強調的部分，增加的只有〈征韓論〉一節。

三、沒有放進來的理由，第一點是因為，在此之後的著作《綠之日本列島》、《給日本的直言》、《隨筆池田勇人——敗戰與復興的現代史》等，補足、發展了本書的論旨；第二個理由是，我身為作者，沒有發現應該修改的地方。

四、我敢自誇，這本十年前的著作現在依然新穎。更加必須讀這本書。我相信特別是戰後的世代——接近三十歲的這一代、謀求從占領教育與左翼史觀脫離的諸位青年，可將本書當作為了再建日本的指引來閱讀。

昭和四十八年九月　於箱根仙石原

林房雄

第一章

東亞百年戰爭

——持續了約一世紀的「一場漫長戰爭」

一個小小的動機

本書的標題確實聳動。首先，這個標題已充分令人懷疑，是否有意讓那些已經無用武之地的戰爭標語如：「聖戰」、「八紘一宇」、「大東亞共榮圈」……等復出，並予以肯定，且再度進行那場「無謀的戰爭」。然而，就算我再不正常，也不會如此發言。而且讀者可能也不想聽那樣的話吧！老實說，我在《朝日新聞》刊登關於松本清張[1]的小說《象徵的設計》的小論爭當中，奮勇的說了一句：「我的『大東亞戰爭肯定』，是我自己進行歷史研究的成果，至今不變。戰後的世界史正在證明這場『無謀的戰爭』對世界史轉換造成的巨大衝擊，不必等到威爾斯（H. G. Wells）或湯恩比（A. J. Toynbee）指證。」

這句話吸引了中央公論編輯的目光，我被問到：「您是肯定大東亞戰爭的何處？又是如何肯定的呢？」我陷入了被迫要對發言負起責任的情勢，而我決定回答這道問題。標題是我自己選的，絕非當場突發奇想，只是把我長期以來的論點形諸於文字而已。

用日本人自己的眼睛再次照亮

有關「大東亞戰爭」本質的研究與議論，似乎已到處在進行。即使只找《中央公論》來看，最近一年多以來，關於此項問題的諸家發言琳瑯滿目。而且看似來自於諸家主動的研究與反省，與左右各派政黨的要求並無關聯。

例如，評論家村上兵衛說：「我是一個還無法脫離『那場戰爭對我們而言是什麼』的想法的人，而我認為對其徹底探討的行動本身，引導出我們今日的生活方式，並對於今日的問題給予了啟發。」

這不正是今天「在思考的日本人」共通的心情嗎？將那場「難以理解、不合理的戰爭」，以自身的歷史來掌握，希望用自已的眼睛再次照亮。這個願望，並不只是屬於村上氏一人的吧！

歷史學家上山春平[2]也說：在韓戰、以及對美國的談和成立之後，「發生了釋放戰犯、解除公職追放[3]、再次建軍等事件，原本一時被冷凍的『大東亞戰爭』史觀，也隨著過去的政界與財界領袖們回歸崗位而復甦。」這份再版的「大東亞戰爭」史觀，「儘管最初是由結果（戰後亞洲、非洲殖民地陸續解放、獨立）開始回推，將那場戰爭當作殖民地解放戰爭來辯護的立場，然而不久後卻發展成以東南亞開發計畫作為槓桿，意圖重建『大東亞共榮圈』，或是主張對紅色中國進行『膺懲』的戰爭。如此一來只能說是徒勞無功地回到原點。」

這個意見應該代表了大多數知識分子的憂慮吧！我也知道那種動態正在今日日本的某處產生。儘管很難想像那種動態會成為龐大的逆流，但是雖然極為少數，卻已經是在部分人士之間發生的事實。

---

1 編注：松本清張（一九〇九－一九九二），開創日本社會派推理小說的作家，也擅長歷史小說。《象徵的設計》是描寫一八八二年明治政府為何頒布「軍人敕諭」，鞏固軍人對天皇效忠的一部歷史小說。

2 編注：上山春平（一九二一－二〇一二），日本歷史學、哲學家，戰後在京都大學人文科學研究所擔任教職，專長日本佛教、國家論、戰爭論、日本文化論研究。

3 譯注：日本在二戰投降後，盟軍總司令部（ＧＨＱ）指示日本政府，下令禁止戰犯、軍人、主張軍國主義者等人士擔任公職。一九五〇年開始，為因應現實世局變化所需，舊金山和約簽訂而陸續解除禁制。

不論是否有那樣的逆流，我認為所有日本人都必須用自身的目光再次照亮、再度考察「大東亞戰爭」的時機已經到來。或許結論會因人而異，但最重要的是要開始思考。

我也想要跟專家們一起思考。幸好我現在正處在能遠離左右各政治黨派的場所「賦閒」。如果擺起架子說，我現在正處於可以享受「孤獨而自由的思索」的立場。我的《肯定論》應該會有令立場比我更左或更右的人們不滿的點吧！但對於那些事，我不打算理會。

「多得令人作嘔的戰爭」

《人間的條件》作者五味川純平[4]發表了一篇〈說到侏儒的嘆息與憤怒〉的感想。他寫道：「我無意跟那些會強辯『沒有宣戰的軍事行動不叫戰爭』的人爭辯戰爭的定義。我採取的立場是，『把政治決策以所謂的軍事行動作為表現的情況，都解釋為戰爭』……如果那樣的立場或思考方式是正當的話，那我所屬的世代的人們所生存的時代，就都被多得令人作嘔的戰爭給埋沒殆盡了。」

多得令人作嘔的戰爭！確實如此，跟他同世代的人們應該沒有人不跟他一樣驚嘆的吧！

五味川生於一九一六年，當時第一次世界大戰正在進行當中。而其後四十幾年間，日本從出兵西伯利亞開始，歷經出兵山東、滿洲事變、日支事變[5]、進入大東亞戰爭、太平洋戰爭，又從敗戰走向韓戰。他**身歷其境**且詳盡的回顧這些日本內部的動亂與戰爭狀態，並同時問自己「何謂戰爭？何謂和平？」

我出生在日俄戰爭爆發之前，從出生至今，我所經歷過的是持續不斷的戰爭狀態，我這六十年跟五味川經歷的四十年，是完全相同的。「有誰知道和平的嗎？」誰也不知道，在我們的經驗裡只知道戰爭而已。

德川幕府時代至少有兩百年間是和平的，雖然日本國內有小型的動亂，卻沒有跟外國戰爭。然而，五味川純平的四十年與我的六十年人生經驗中，都沒有持續十年的和平，只有戰爭而已。

這究竟是怎麼回事呢？有和平的生活了兩個世紀以上的時代，也有將近一個世紀滿是戰爭的時代。

我問自己：難道不是生於明治大正[6]年間的我們，在「一場漫長的戰爭」的**過程當中**出生，又在那場戰爭中生存過來嗎？

我們以為的「和平」，難道不是為了準備下一場戰鬥的「小憩」嗎？當德川幕府兩百年的和平被打破時，日本開始了「一場漫長的戰爭」，而這場戰爭在一九四五年八月十五日劃下休止符——不是這樣的嗎？

五味川純平跟其他各家，可能都不會贊同這樣劃下休止符的方式吧。現今，即便在日本戰敗後，地球上各處仍有「有限戰爭」持續在進行，並逐漸地擴大。讓第三次世界大戰爆發的可能性帶有很強的現實感，醞釀出了「人類的絕望」與「對人類的絕望」。

---

4 編注：五味川純平（一九一六—一九九五），滿洲出身的日本作家。戰時接受徵招，一九四五年八月所屬部隊在蘇聯軍攻擊下幾乎全滅。回國後，於一九五五年以自身從軍經驗為基礎出版的小說《人間的條件》大暢銷，一舉成為知名作家。

5 譯注：日本方面認為一九三七年起與中國的武力衝突未經國際法上宣戰程序，所以不稱為戰爭，而以事變稱呼。

6 譯注：明治時代為西元一八六八至一九一二年，大正時代為一九一二至一九二六年。

然而，我想把那場不知從何時開始，由日後被稱作「大東亞戰爭」或是「太平洋戰爭」的大型激烈戰爭，所結束的「一場漫長的戰爭」的休止符，劃在「八月十五日」。在那之後，以韓戰為首，在世界各地發生的戰爭，至少對日本而言都是全新而且性質相異的戰爭。雖然討論的主題是在論證這個論點，但並非要急躁地尋求讀者們同意，且讓我稍為繞點遠路吧！

「明治時代以來五十年間的軍國主義教育」

作家石川達三[7]在〈內心的戰爭〉的感想文當中如此寫道：「日本發動日支事變，還有引發太平洋戰爭，都是**教育**的錯。從明治時代開始的軍國主義教育，經過五十年歲月而開花結果，終於在一九三七年之後完成進入大戰的心理準備。換言之，日本人『內心的戰爭』是被培養出來的。我們小時候，大人們跟小孩子說話時，總會問『長大後想當什麼？』我們就立刻回答『陸軍上將！』那是所有孩子們的理想形象。就像這樣，日本的孩子們心中被種下了戰爭的種子……我也是被種下的其中一人。恐怕今日五十歲以上的日本人，全都被種下了那個種子。只有在戰後不斷努力，好不容易把那個根挖出來丟棄的人，方能成為從戰爭中稍獲解放的日本人。所以，我認為到太平洋戰爭爆發之前，有長達五十年的準備期間。那樣子的戰爭不可能突然發生，也不可能說因為已經發生了，所以全體國民就能夠合作。」

石川生於日俄戰爭開始的那一年[8]，比我晚一年出生。儘管當時我們兩人都還是嬰兒，不能說有直接經歷到日俄戰爭，但他的六十年人生經驗是場「連續到令人啞口無言的戰爭」這一點，跟我還有五味川也是一樣的吧。我認為，至少在感受的方式上是相同的。然而石川達三似乎沒有意識到自己生於「一場漫長的戰爭」中，事實上，沒有意識到反而符合常識。因此他說，「引起太平洋戰爭也是明治時代以來五十年間軍國主義教育**的錯**」，也不會是突發奇想或是隨口胡說。我跟石川長年往來，我覺得我很清楚他對當權者、官僚還有軍隊的厭惡，是貨真價實的。

石川對權力與戰爭的厭惡情感，堅實到堪稱是他的第二天性。他對左派與右派政治權力都排斥，絕不容許一切看得出在準備下一場戰爭的跡象。石川斷言，如此下去「第三次世界大戰必定爆發」：「我認為，即使不在我們的這一輩的時代，到了我們的孩子們的時代，第三次世界大戰一定會爆發，屆時一定會有被迫針對幾十年前的政治與教育樣貌反省的機會。所謂人類的悲劇，就是指不到事發之時就不會意識到。」

如此的感受與思考方式，是現代知識分子心境的典型之一，其本身就相當珍貴。只是，所謂「明治時代以來五十年間的軍國主義教育引起了太平洋戰爭」，是指什麼呢？當然，沒有戰爭教育便無法進行戰爭。然而在教育之前，不就有戰爭存在了嗎？至少當沒有戰爭的預感或預感沒有萌發時，是不會進行戰爭教育的。我們不能忽略在那些出現於從古至今的歷史中，喜好戰爭的征服者與暴君背後，有基於民族或部落立場的「戰爭必要性」存在。在最近的實際案例中，從蔣介石傳承到毛澤東的「抗日戰爭教育」，就是從日本「侵略」的事實發生後開始進行的。

7 編注：石川達三（一九〇五—一九八五），獲得第一回「芥川賞」（一九三五年）的作家。一九三八年時以中央公論特派員的身分進入陷落後的南京，實地採訪當地駐軍，回日後發表忠實記錄戰爭實態的作品《活著的士兵》。

8 譯注：日俄戰爭於一九〇四年開始，石川達三於一九〇五年出生。

有此案例，便已足夠證明。

我無意議論先有蛋或先有雞，只想針對事實思考。會有「明治時代以來五十年的軍國主義教育」，不就表示在那之前就已經發生了「需要進行戰爭教育的戰爭事實」嗎？而戰爭確實是已經發生，我認為這可以上溯到遠早於明治維新的某個時期，日本已經開始對「東漸的西力」展開反擊戰爭。

就算只關注戰爭教育，日本的軍國主義教育也不是明治時代之後的產物，而是在遠比維新更早的時候就已經開始了。「富國強兵」這個標語也不是明治時代之後才有的，從弘化、嘉永、安政年間[9]，就已經有許多思想家如此發言。而當時的「富國強兵論」，同時也是「攘夷論」。

希望各位讀者拋下「攘夷論」是「未開化的愚昧之論」的想法，輕易的以「開國論」跟「文明開化論」取而代之。「攘夷論」是幕末日本的苦惱之呈現，是當時全體知識分子殫精竭慮得出的一項結論。嘲笑它是「未開化的野蠻愚論」，只會是後世人們的自以為是。當英美法荷的艦隊從西方進逼，普提雅廷（Jevfimij Vasil'jevich Putjatin）的俄國艦隊出現在北方時，會有誰不認為該「攘夷」嗎？所以日本的「攘夷論」理所當然會與日後支那的「抗日戰爭理論」，也就是「反殖民戰爭理論」相似，孫文、蔣介石與周恩來都說過中國革命是向明治維新學習。日本的「攘夷論」是支那的「反殖民戰爭理論」的直系前輩，把明治維新之前的「攘夷論」解釋為「反殖民戰爭理論」，絕不是把中共的理論逆輸入。

然而，就像法國的歷史上聳立著一座稱為「法國大革命」的高牆，不過它並沒有切斷了法國大革命之前與之後的時代，那只是作為歷史研究方法的時代區分。日本的「明治維新」也是同理，過度強調「維新前、維新後」，會無法瞭解歷史的流動。明治的年號緊鄰在慶應[10]之後，而弘化元年又比昭和[11]十二年更接近明治元年。

「排除女性化時代」

那麼，在這裡稍作休息，從別的角度來想看看吧！

《文藝春秋》八月號刊登了文藝評論家村松剛所寫的一篇相當具有男性特質的隨筆〈排除女性化的時代〉：

「美國的青年，懷抱著過分強大的強烈國家意識，以及附加在國家意識上，身為自由世界領導者的使命感。（我曾在越南與美軍士兵共同生活約一週時間，期間再度因為他們的強烈十字軍意識而讚嘆。）蘇聯也有與此意義相反，而樣式大概相同的意識。其他在亞洲、非洲諸國，不論何處，遍地都有「民族的偉大感」在彼此衝突著。

在此情勢當中，日本——就只有日本的情況是，戰敗的同時喪失了國家意識。隨著大日本帝國的崩潰，大日本帝國所擁有的一切都變成了壞的事情，並產生了因為一億總懺悔[12]，使得

---

9 譯注：皆為日本年號，「弘化」為西元一八四四年至一八四八年。「嘉永」為一八四八年至一八五四年。「安政」為一八五四年至一八六〇年。

10 譯注：慶應，日本年號，時間為西元一八六五年至一八六八年。

11 譯注：昭和，日本年號，時間為西元一九二六年至一九八九年。

12 譯注：日本皇室成員，陸軍大將東久邇宮稔彥王於一九四五年八月十七日接任內閣總理大臣後的記者會，以及九

連明治以來的歷史，在一時之間都要差點被變成壞事的情勢。

日本開戰的理由並不像納粹德國般單純，這點也造成了影響。戰爭責任問題，從一億總懺悔變成反省日本歷史，變得哲學，變得形上學，明治以來的歷史被傳喚到被告席受審。然而，因為除了神以外誰也無法對歷史判決是非，導致針對事情的討論變得含糊不清……於是確實受到譴責，驅逐的對象，與其說是人，不如說是以國家意識為首的一些觀念。」

這些論述，應該是年輕的村松剛心中之**鬱悶**爆炸了吧。相當強烈的爆發。現在的思想風俗，全部很詭異地變得女性化，失去了男人味、男子氣概，彷彿把背脊遺忘在某處一般，相當瘋狂。被驅逐的「觀念」當中，肯定有很多對日本人而言相當貴重之物。

「理性的民族主義」

那麼該如何擺脫這個沒有背脊的水母狀態，取回失去的事物呢？

針對這個問題，歷史學家兼教育工作者大井魁在他的論文〈日本國民族主義的形塑」〉當中，提出了一個答案：

「在日本形塑男性化的民族主義，是今日的重要事項……那應該要尋求什麼，來當作形塑日本民族主義的根據呢？除了恢復日本帝國時代的日本人與現在日本國（指敗戰後的日本國家）的日本人之間的歷史整體感之外，別無他法。以現在日本的自我為基礎，懷抱驕傲、畏懼與羞恥，回顧自己過去的身影，承認大日本帝國達成的功業是今日日本人的功業，其犯下的罪惡是今日日本人的罪惡。」

這應該是處理**鬱悶**的理性方法吧！雖然大井魁並不是要直接答覆村松剛，但這樣的文章先後出現，極為有趣。

「最令人期盼的是，日本全國五十萬名教師的自覺。但要形塑日本的理性民族主義，應該由日本的老師們對這項先知式的任務產生自覺開始。」

這是大井魁身為教育工作者的期望。儘管「先知」過頭的日教組[13]現任領袖諸公或許會掉頭不理他，然而至少有一半數量，二十五萬名老師的心底，已經萌生相同的憂慮與自覺了，不是嗎？雖然這份憂慮變得哲學、形上學，形成了鬱悶的烏雲，或許終將化作雨露滋潤日本乾涸的土壤。

月五日在國會進行施政方針演講時，都表示進行總懺悔是重建日本的第一步。此發言承認了日本國家政策錯誤，卻也顯示日本人民也應對戰爭負道義責任，與盟軍最高司令部只想對日本政軍領袖追究戰爭罪責的方針不合，後來導致東久邇宮內閣總辭。

13 譯注：日教組，全名為日本教職員組合，成立宗旨為增進日本學童教育條件，提升教職員待遇與地位等，類似各國教師工會。常因其具左派色彩的言行以及有強烈政治性質的活動引起爭議或遭到批判。

「三種史觀」

依照上山春平的說法，日本人在戰敗後至今，被迫接連著學習基於美國立場的「太平洋戰爭史觀」，基於蘇聯立場的「帝國主義戰爭史觀」以及基於中共立場的「抗日戰爭史觀」，事實的確如此。那場戰爭，如果聽從美國的，就是民主戰勝法西斯；聽從蘇聯的，就是美英帝國主義與日德帝國主義衝突；聽從中共的，就是日本帝國主義侵略中國遭遇慘痛挫敗。然而，不論如何，「有其他國家的國民有機會如此自主的、從多元的角度反省那場戰爭的嗎？……我認為日本如此獨特的全民體驗，不可替代而且非常珍貴。」上山春平如此說道。

在這份「獨特的全民體驗」上，建立日本人自己的「大東亞戰爭史觀」的時機，不是已經到來了嗎？經由美國、蘇聯、中共之手的「教育」已經很足夠，不需再添，而且無疑地相當貴重。然而，把老師的話照單全收後倒背如流的學生，未必就是好學生。充分咀嚼老師的話，將之化為自身心靈的養分，創造出自己的想法，這才是學生該有的準備，老師應該也會為此感到高興。

擔心由日本人再次形塑的「大東亞戰爭史觀」，很可能會變成主張「八紘一宇」的「聖戰史觀」的再版，這種想法，儘管有道理，但我認為那是杞人憂天。如果是懷抱著政治目的的議論，那就另當別論，可是忠於自身的體驗，並建立在那份反省之上的意見，不可能會是過去的再版。雖然謙虛是美德，但卑躬屈膝是跟謙虛背道而馳，什麼新事物也生不出來的。

儘管聽說歷史不可以由結果倒推，但我認為歷史全部都是由結果倒推的。歷史學家被稱作「向後看的預言師」，只懂得已經過去的事情，而不懂正在發生當中的事情。如果擺出似乎懂了的姿態，那就變成叫做「未來學」或是「願景」的形上學了。我也知道形上學有形上學的有趣之處，然而在思考歷史的時候，對想當「向前看的預言師」的念頭，還是克制點好。

我沒有打出歷史學家名號的資格，也知道在其他意義上我都不算學者，但我有想以一位日本國民的身分來說的話。或許就只是普通的**鬱悶**，但我心中有話不吐不快。儘管是為此而在模仿歷史學家，但我認為把「大東亞戰爭」當作歷史來回顧的時機已經到來。「一場漫長的戰爭」已經結束，或許有人認為戰爭還在持續，但確實已經結束了。一九四五年八月十五日之後在朝鮮、西亞、東南亞、中南美洲、非洲等地發生的戰爭，主角是日本以外的各國。日本不管在何種意義下，都沒有扮演這些戰爭的主角。就算發生第三次世界大戰，那也不可能是日本發起的戰爭。

大東亞戰爭是一場百年戰爭

接下來，總算是輪到我陳述我的意見了。

我認為「大東亞戰爭是百年戰爭的最終樂章」，這跟因聖女貞德而聞名的「英法百年戰爭」並不相同。另外，儘管在戰爭期間也有軍人大聲力倡「這場戰爭會在今後百年間持續下去，必須做好打一百年的打算戰鬥到底」，其意義跟我主張的也完全不同。那是一場從距今百年前開始，**打了一百年而結束**的戰爭。今後的日本，不可能繼續，也不可能重複這場戰爭。「東亞百年戰爭」在一九四五年八月十五日已確實結束了[14]。可能會有人想插嘴說，那就順便上溯到神

14　原注：大熊信行教授發表了新學說，把這段期間加上麥克阿瑟實施軍事占領的七年期間，主張「太平洋戰爭結

武建國[15]，改叫「兩千六百年戰爭」怎樣？但我的假說，跟那種「神話式的飛躍」是扯不上關係的。在歷史的洪流中，百年是很短暫的，持續了百年的「一場戰爭」，有些前例可循。就算其間每五年或十年有「和平」，也不過是為了準備下一次戰鬥的小憩而已。五味川純平、石川達三跟我都是生於這場漫長戰爭的過程中。

然而，會永遠持續的戰爭也是不存在的，百年戰爭在八月十五日結束了。那麼，是在什麼時候開始的呢？往前回溯的話，當然會碰上「明治維新」。但是我認為只回溯到明治元年還是不夠，戰爭在維新前約二十年就已展開。我所說的「百年前」是怎麼樣的時代呢？

針對這道問題，各派學說似乎已經開始提出解答。例如上山春平就在前述的論文當中，提到「薩英戰爭與四國聯合艦隊攻擊下關」[16]，介紹了松平慶永與橋本左內的「富國強兵策」以及「開國出擊論」。當然上山春平沒說這兩場小規模戰爭是「大東亞戰爭的開端」。然而，我認為這兩場戰爭也是百年戰爭中的一部分，我所說的「東亞百年戰爭」，始於比那兩場戰爭更早的時間。因為此舉是極度的「擴大解釋」，若不發想新的名稱加以區別，討論將會混亂。

以奇襲珍珠港與馬來亞海戰開始的戰爭，應該還是以「太平洋戰爭」稱呼較為方便。然而，因為日本人稱呼那場戰爭為「大東亞戰爭」具有歷史上的意義，所以我也以大東亞戰爭稱之，但指其他的戰爭時就用「東亞百年戰爭」稱呼，以免混淆。

培里並非第一號黑船

美國海軍將領培里（Matthew C. Perry）在嘉永六年，一八五三年六月造訪日本，時間是明治元年之前十五年。這是「東亞百年戰爭」的肇始嗎？不，東亞百年戰爭始於更早之前。這次黑船駛來，打破了日本長年來的鎖國夢，雖然事件造成了「區區四杯徹夜難眠[17]」的大騷動，但那是狂歌[18]式或說書式歷史的天真謊言。

荷蘭、葡萄牙以外的外國船艦開始在日本近海出沒，要回溯到比培里來到日本更早七年以上的時期。弘化年間，此類船艦數量急速增加。當時的幕府與諸侯，為了籌備外夷對策與沿海防備而四處奔走，連晚上也無法好好睡覺。從「國史大年表」收錄的內容中，找出弘化元年到

東於昭和二十七年（一九五二年）四月二十九日」。（〈軍事占領與日本的民主主義〉，刊登於昭和三十九年（一九六四年）四月七日的《朝日新聞》）大熊信行的這篇文章是為了解明「日本的民主化問題」必須傾聽的論證，但我認為他的論點，跟我主張的八月十五日論點不一定互相衝突。八月十五日是戰爭終止之日。關於隨後七年間的軍事占領的重要性，我有許多地方受教於大熊教授。還有，雖然記者兼作家的大宅壯一似乎在某處嘲諷我，說從弘化年間到昭和二十年的期間，要當作一百年還有點不夠，但少個五年十年是沒有差別的。我只是要論證這是場打了約一個世紀的「一場漫長的戰爭」而已。

15 譯注：指日本神話中，神武天皇從日向出發，征服大和，成為第一代天皇建立大和王權的故事。

16 譯注：薩英戰爭，指一八六三年八月十五日至十七日間，英國與薩摩藩之間發生的武力衝突。當時英方意圖以武力逼迫薩摩藩就生麥事件（詳見第二章）做出解決與賠償。薩摩藩則意圖用以實行攘夷之名改革軍制所培植的武力阻止英國，雙方在鹿兒島灣爆發衝突；四國聯合艦隊攻擊下關，指一八六四年七月，英國因為遭長州藩實行攘夷，封鎖馬關海峽，炮擊航行船隻而受到經貿損失，決定報復而發生的武力衝突。英、美、法、荷四國組成聯合艦隊炮擊位於馬關與彥島的長州藩炮台，並派陸戰隊占領、摧毀。長州藩海軍戰力在此役潰滅。

17 譯注：當時日本民間流傳一首狂歌，內容為「趕跑太平睡意的上喜撰，區區四杯徹夜難眠」。上喜撰是一種日本綠茶的品名，發音與蒸氣船類似。整首意指來自外國的蒸氣船引起了日本國內的騷動。

18 譯注：狂歌，一種日本傳統詩歌，常有諷刺社會現象的內容。一首狂歌有五句，每句音節數量為五、七、五、七、七。

嘉永六年間，有關外國船艦或是海防的紀錄，真的多達八十件以上。當中也有像是「弘化二年五月廿七日，美國使節貝特爾（James Biddle），率領兩艘軍艦，進入浦賀港要求通商。」；「同年五月廿九日，幕府命令鹿兒島城主島津齊興的嫡子齊彬返回領地，於琉球處理與英法兩國貿易之事。」等等重要的紀錄。此時從東京灣開始，日本沿岸各處陸續興建炮台，北海道樺太地區[19]則是在俄國船艦出現後開始建造。

如果像五味川純平所言，不把宣戰布告當作「戰爭的條件」，那早在培里來到日本之前，就已經產生了實質上的戰爭狀態了。可以認為水戶齊昭與藤田東湖提出「攘夷論」[20]，還有平田篤胤[21]和他的門生們提出「日本神國論」，就是這個戰爭狀態的思想表現。也就是「抗戰意識形態」的產生，「戰爭教育」的開始。

吉田松陰的《幽囚錄》

以今日的眼光來回顧當時的學者、志士們的「攘夷論」，可以發現許多有趣的點。

長州藩士吉田松陰[22]意圖偷渡到美國而被捕，此事發生在安政元年，培里第二次來到日本時。吉田松陰儘管被囚禁在位於萩的長州藩牢獄，還是在獄中寫下了《幽囚錄》，送交給他的老師兼同志佐久間象山。《幽囚錄》是一份呈現了當時所知資訊極限的世界情勢論，他在當中寫到「日本現在正被西方的波爾杜瓦爾（葡萄牙）、伊斯巴尼亞（西班牙）、英吉利（英國）、佛蘭察（法國），東方的亞米利加（美國），北方的魯西亞（俄羅斯）覬覦，支那大陸與亞弗利加大陸（非洲大陸）已遭英夷入侵」，強調加強建軍，並做如下主張：

「當軍艦大致備齊，大炮數量幾乎足夠時，應該立即開墾蝦夷土地（今日的北海道），封建諸侯……趁隙奪下加摸察加（堪察加半島），隩都加（鄂霍次克海周邊），曉諭琉球……責令朝鮮如古代全盛時期般獻上人質與朝貢，向北分割滿洲土地，向南攻下台灣、呂宋群島，逐漸擺出進取姿態。然後愛護居民，培養德行高尚的人士，致力國防，應該就可以順利守護國家。」

同時吉田松陰也從獄中寫信，勸誡主張應即刻進行攘夷的學生久坂玄瑞，摘錄信中大意譯成白話後如下：

「你行動輕快敏捷，卻不深思。今天就算你想仿效北條時宗在蒙古進攻日本時的做法，也不可能成功。神功皇后跟豊臣秀吉能採取那樣的行動方式，是因為他們身處過去的時代才得以成功，現在是模仿不了的。如果你想做不可能辦到的事，就不可以捨棄遠大志向，忘記雄才偉

19 譯注：現為俄羅斯薩哈林島（即庫頁島）。

20 編注：德川齊昭（一八〇〇－一八六〇），德川御三家之一水戶藩的第九代藩主，因此又稱水戶齊昭。幕府末期的賢君之一，在藩政改革上相當成功；藤田東湖（一八〇六－一八五五），幕末學者，輔佐齊昭推行藩政改革。他的去世對於給予「尊王攘夷」思想支撐的「水戶學」，是很大的衝擊。

21 編注：平田篤胤（一七七六－一八四三），幕府末期的國學者、神道家。他的思想是「尊王攘夷」論重要的支柱。

22 編注：吉田松陰（一八三〇－一八五九），長州藩士，以明治維新精神上的指導者、理論者、與倒幕論者為人所知。他開設的「松下村塾」，在思想上影響了後來致力於明治維新的許多青年們。

略。凡是英雄豪傑想要建立聞名天下的功業，或是留下流傳萬世的優秀戰略，首先一定要擴大志向，加強謀略，審時度勢，詳加瞭解事情原因，區分先後緩急。要先在內部把這些決定好，掌握張弛，逐漸向外推展。現在幕府已經與外夷締結和親條約，如果日本人違反條約，便是背信忘義。所以現在的策略應該是好好遵守條約，在條約的限制裡面先阻止外夷，再趁隙開拓蝦夷、納入琉球、取下朝鮮、拉走滿洲、壓制支那、進軍印度。如果用這些方式擺出進取的姿態，穩固退守的根基，就能達成神功皇后跟豐臣秀吉都未能達成的功業。如此一來，便能如我們之意驅使外夷，屆時既可追究他們先前的無禮行徑，也可饒恕他們，有必要做出像北條時宗斬殺蒙古使者而後快般的幼稚行為嗎？」

此處有個令人感興趣的現象，在《幽囚錄》與「書信」當中出現的「東亞經略方案」，並非出於吉田松陰一人之手。當然吉田松陰以此作為自己的思想，加以信奉、發展，還計劃偷渡到美國，企圖打倒幕府，改革國家，因而命喪安政大獄。然而在同時代的學者、政治人物、有志之士的書信或著作中，卻可以找到與他相同的主張，而且數量多到反而會令人感到驚訝。

佐藤信淵因為著作《宇內混同密策》[23]，橋本左內[24]因為提出「日俄同盟論」而聞名。吉田松陰的老師佐久間象山，不用說一定也有著同樣體系的思想。而在藤田東湖、平野國臣、真木和泉守、高杉晉作、中岡慎太郎、坂本龍馬等人的遺著當中，也都可以發現與《幽囚錄》主張一致的「東亞統一論」。

幕臣[25]本多利明的著書《西域物語》中有一段寫到：

「如果要說日本應該成為世界第一、最好的國家的理由，趁著自神武天皇建立日本以來經過兩千五百多年，各種事物逐步到位的時機，遷都堪察加半島（堪察加半島位於赤道以北五十一度，與英國首都倫敦同緯度，故氣候互相一致），在樺太島西方建立大要塞（樺太島位於赤道以北四十六、四十七度，與法國首都巴黎相同，故氣候也一致），與山丹（西伯利亞）、滿洲貿易互通有無。」

不分幕臣或陪臣[26]，所有「在思考的日本人」心中都萌生對「西力東漸」在思想上的反擊。

橋本左內的「日俄同盟論」

橋本左內的日俄同盟論，大意如下：

「日本是東方海上的一個小島國，在當今情勢中，很難抵抗從四方進逼而來的外國壓力維

23 編注：佐藤信淵（一七六九—一八五〇），幕府末期的思想家、經濟學者。《宇內混同密策》是一八二三年時所寫，論述日本如何統治國內並向外擴張的著作。參見第十二章「佐藤信淵的思想與生涯」一節。
24 編注：橋本左內（一八三四—一八五九），越前藩家臣，幕府末期思想家，訴求幕政改革、引入西方先進技術。因參與擁立一喬慶喜繼任將軍的運動，在「安政大獄」中被斬首。
25 譯注：幕臣，指以征夷大將軍為直接侍奉的主君的武士。
26 譯注：陪臣，指以將軍的家臣為主君，不直接侍奉將軍的武士。

持獨立。應立刻向海外擴張，不僅一定要在鄰近的朝鮮、山丹、滿洲，還要遠赴南洋、印度，甚至到美洲大陸都要擁有屬地，才能具備身為獨立國家的實力。因此最佳方案是與俄國結盟，制衡英國。

不久的將來，在世界舞台上爭霸的應該是英俄兩國吧。觀察兩國國情與國人性格，英國剽悍貪婪，俄國沈摯公正，能得世界人望的不是俄國嗎？再加上，俄國與日本直接相鄰，兩國關係正是唇亡齒寒。結盟俄國，與英國交戰，就算戰敗也能免於亡國。說到對英國的這場戰爭，一定能讓日本覺醒，把自身弱點變成強項，日本也能藉此成為真正的強國吧。

不用說，英國是日本正面的敵人，但不是要現在就跟英國開戰。以日本的現狀，是不可能跟英國開戰的。在與英國一戰之前，必須先在國內進行大幅改革，從俄國與美國聘雇人才，振興產業，大舉擴張陸軍與海軍。」

吉田松陰跟橋本左內，都是在這個時代的苦惱中誕生的年輕天才，也是革命家。儘管兩人大約都在三十歲時被判處死刑，卻對後世留下了許多影響。特別是吉田松陰門下出了松下村塾的優秀人才，眾所周知，他們牽動了長州藩內部的意見，不久後與薩摩藩結盟，成為了維新革命的主流。

島津齊彬的「大陸出擊策」

「苦惱」並不是只在學者與志士身上出現，當年被歌頌為「名君賢公」的藩主們，也各自有著來自共同源頭的「國內改革案」跟「東亞經略論」。其中又以水戶藩主德川齊昭、越前藩主松平慶永、薩摩藩主島津齊彬等人的意見最應注目。

德川齊昭得到藤田東湖，松平慶永得到橋本左內的輔佐。然而島津齊彬卻是藩主自身的思想與實踐，引導、啟發、訓練了包含西鄉隆盛，大久保利通在內的藩士們。

島津齊彬在嘉永四年二月（一八五一年三月）繼承父親領地成為藩主，卻只在位短短七年，在安政五年七月（一八五八年八月）驟逝，享年五十歲。期間培里率艦隊抵達日本，美國外交官哈里斯（Townsend Harris）、英國外交官額爾金伯爵（James Bruce, 8th Earl of Elgin）、俄國海軍將領普提雅廷都來到江戶。隨之而來的政局混亂，以及日本改革運動的急速發展，維新史中已有詳述，故在此不再贅述。

島津齊彬以羅馬拼音寫成的日記和愛用的世界地圖，現在與許多西洋機械一同於鹿兒島市的「集成館」展出。這位賢侯中的賢侯，對「西力東漸」勞心程度超乎常人，苦尋對策加以因應。弘化年間，英法艦隊不斷造訪琉球，逼迫日本開港。前文已經提過島津齊彬在弘化二年受幕府之命，從江戶回到領地處理此事。

然而比起處理與英法通商，印度崩潰、鴉片戰爭與太平天國之亂對他而言是更重大的事件。鴉片戰爭發生在島津齊彬壯年時期，太平天國之亂在他繼承藩主地位前夕爆發。太平天國的叛亂雖然是以打倒清朝為目標，但太平天國極端的排外主義，卻給了想伺機分割中國的西方列強介入的藉口，導致英法聯軍攻入北京，皇帝出逃，內亂加劇。清朝後來藉由英國軍官戈登（Charles George Gordon）的協助，總算平定叛亂。在這場內亂中，島津齊彬預感，當時東亞最大的強國清帝國即將瓦解，擔心日本在不久後很可能也會走上相同命運。（當時的日本學者們對鴉片戰爭與太平天國之亂進行廣泛研究，相關議題受到有志之士高度關注。據聞島津齊彬給予從江戶的監獄逃獄的蘭學者高野長英庇護，其中一項目的，就是想向高野長英詢問中國與世界情勢。）

有一份據說是島津齊彬交給越前藩主松平慶永，或是告知西鄉隆盛的意見書的抄本流傳至今，其中有一節內容相當有趣。島津齊彬心中也藏有宏大的「大陸出擊策」，根據他的秘策，首先日本的諸侯們要兵分三路，「近畿與中國地方的大名們前往支那本土；九州各藩介入安南（越南）、咬留巴（雅加達）、爪哇、印度；東北奧羽諸藩從背面繞道，進攻山丹、滿洲；我薩摩藩占領台灣島與對岸的廣東福建，封鎖南支那海，阻止英法勢力東漸。」

島津齊彬認為，大陸出擊的目的在於改革清國內政：

「即使說是出兵，此舉並非為了讓清國滅亡。必須立刻改革清國政治，整建軍備，當清國與日本聯手，即使英法也不足為懼。然而清國以版圖廣大自豪，行徑驕傲，視日本如屬國，若由日本提出結盟，清國必定充耳不聞。是故，日本主動出擊，攻擊清國，藉此與其聯手，為防止歐美諸國侵略東方之上策。」

當然，島津齊彬並不是認為能夠立刻在嘉永安政年間實行這項策略的空想家或是激進派。

據聞，島津齊彬曾對西鄉隆盛這樣說：

「如果我現在公然提倡這種論點，世人應該會覺得齊彬發瘋了吧。確實是如此，即使現在發布了向海外出擊的大號令，也是沒有一個藩能在命令一下達之後，就能集結好能夠衝破南支那海激烈浪濤的船艦的。我們薩摩藩都已如此，其他藩就更不用說了。但是，借我十五年的歲月吧，我把薩摩藩建設成日本第一富強的藩讓你見識。要把日本建設到與西洋諸國同等富強，或許需要五十年，但要把薩摩藩建設成日本第一富強，有十五年就夠了。首先就從那裡開始。」

松平慶永是島津齊彬的年輕同志，也十分崇拜島津齊彬。上山春平在他的文章中引用的，松平慶永寫給老中[27]堀田政睦的意見書，內容與島津齊彬的意見極為相似，並非偶然。現在再次引文如下：

「在現今情勢下，能夠辨別是非的人，都很清楚不應鎖國的道理。強大的軍力源自富有的國家。為了讓國家富有，今後應推行重商政策，開辦貿易之學，互通有無。希望以皇國自身所具的地利之便，成為世界最富有的國家。比起待在國內等待外國來犯，如果我方建造無數軍艦，兼併鄰近小國，讓貿易興盛，可能反倒立下超越歐洲諸國的功績，終將長久光耀帝國尊貴的國號。為了讓貪婪殘忍的虎狼之輩打消圖謀不軌的念頭，我全心全意希望事情如此發展。」

27 譯注：老中，直屬於將軍，負責執掌政務的幕府官職。

開國即攘夷

開國派同時也是攘夷派。我同意上山村平所說，「追根究柢，開國完全是儲備攘夷實力的手段」的意見。從這個角度看，也就很容易能理解攘夷派的志士們「輕易地」轉向開國派的理由。他們並非捨棄了「攘夷論」，是把攘夷論發展成叫做「開國論」的迂迴戰略。

上山春平認為松平慶永的意見書裡，大抵正確的描繪了開國的日本從明治維新走到大東亞戰爭的路線，我對他這項解釋沒有異議。然而，如同我不斷重提的，在這篇初步假設中，我要嘗試的是擴大解釋大東亞戰爭。我所說的「作為百年戰爭的東亞戰爭」，最晚是始於弘化年間。

儘管最初以「異國船艦出沒」的方式進行「斥候戰」，但是英國軍艦薩瑪蘭號（HMS Samarang）在日本沿海進行測量，英法船艦頻繁到琉球入港、上岸，美國海軍准將貝特爾率領兩艘軍艦進入浦賀港，這些舉動必須視為明顯的「威力偵查」。經過約五年後，美國海軍將領培里與俄國海軍將領普提雅廷「航來」時，都是率領四艘完全武裝的軍艦（培里最初計畫率十二艘軍艦），逼迫幕府簽訂和親通商條約，所以將之解釋為「沒有開炮的戰爭」，也未必會是強詞奪理吧。而培里來到日本的各種相關文獻都證明，美方將因應日本採取的行動，隨時可能開火。

島津齊彬的「富國強兵策」

島津齊彬為了實現他的遠大抱負，在江戶與京都熱烈展開內政改革運動的同時，也在自己的領地鹿兒島著手實施「富國強兵策」。

「集成館」的事業，象徵了島津齊彬的這份努力。在集成館研究、實驗了製造西式槍炮、硝化綿、蒸氣船、反射爐、電報機、電氣地雷、電氣水雷的方法。集成館不僅製造武器，也引進西方科技製造酒精、硫酸、照相機、煤氣燈、金紅玻璃、鉛玻璃、陶瓷器、白砂糖、皮革、採礦用具、農具等。

島津齊彬告訴他的親信，「要讓國家強盛，一定要先讓人民富裕」。又說：「如果武士跟平民都拼命吃芋頭，就算一直叫嚷著忠義、攘夷，也是什麼用都沒有的。如果不備齊農業、工業和教育這三項事務，就無法建立國本。不論在藏方[28]存放多少金銀，如果不能讓武士跟人民生活富裕，不管富國或強兵都是不可能的。」

島津齊彬不只從日本全國收集稻米、蕎麥、小米的優良種苗，連俄國產的大黃、非洲產的丁香、印度產的橡膠、橄欖、決明、金雞納、錫蘭產的桂樹也都引進，並移植南洋的椰子到佐多岬南端。

前述做為因為都是實驗室性質的小規模嘗試，所以不能過分給予評價。只是就軍備方面來看，島津齊彬鑄造了一百五十斤（九十公斤）重的台場長炮，又建造了日本第一艘軍艦昇平丸獻給幕府，還訂立了建造十五艘軍艦的計畫。設計日後成為日本國旗的日之丸旗幟，將之作為「日本國總船印」（船隻國籍旗）的，也是島津齊彬。他還為日後的薩摩海軍以及日本海軍建立了基礎，陸軍的西化也在他在世的時候實現。島津齊彬卻在閱兵典禮之後就因病過世。

28 譯注：藏方，日本室町時代管理倉庫，掌管金錢、穀物、物品出納的官職。

文久三年七月（一八六三年八月），這位「賢侯」過世後五年，七艘英國遠東艦隊軍艦攻進薩摩灣，炮擊鹿兒島，「集成館」被摧毀。西洋文明的實驗室毀於西洋文明，這是「歷史的諷刺」嗎？不，這就是歷史。

這場戰爭被稱作「薩英戰爭」，用現代用語說，應該是叫「有限戰爭」吧，是日本與西洋以實彈交火的實戰。

同樣的「有限戰爭」也在瀨戶內海爆發，吉田松陰的弟子們，在下關炮擊美國船艦潘布洛克號（Pembroke），在豐浦外海炮擊法國船艦姜珊號（Kien-Chang），在馬關海峽炮擊荷蘭船艦梅杜莎號（Medusa）。為了報復，美國軍艦懷俄明號（Wyoming）擊沉兩艘長州藩軍艦，法國艦隊攻擊下關，燒毀炮台與城鎮。這些前哨戰，升高成隔年元治元年八月（一八六四年九月）英美法荷四國聯合艦隊攻擊長州藩的事態，也就是「馬關戰爭」。

不管「薩英戰爭」或是「馬關戰爭」，在過去的維新史裡面，都被視為是用阿姆斯壯炮的威力，打斷頑固的攘夷派鼻樑，讓他們上了一場開國必要的實物教學的事件或事變。

我的解釋跟意見與此不同，換一章再來思考。

第二章

薩英戰爭與馬關戰爭

——日本超乎預期的抵抗力量

生麥事件

「薩英戰爭」的直接原因，正如一般人所認知的，是文久二年八月二十一日（一八六二年九月十四日）在橫濱附近的大街上突然爆發的「生麥事件」。當時，碰到島津久光隊列的英國商人，被薩摩藩士殺害。

根據當時英國公使館的翻譯官，日後升任英國駐日公使的薩道義[1]（Ernest M. Satow）的回憶錄記載：

「名叫理察森（Charles L. Richardson），來自上海的商人被極為野蠻地殺害。他和來自香港的博拉迪爾夫人（Margaret W. Borradaile）及住在橫濱的伍榢普．C．克拉克（Woodthope C. Clark）、威廉．馬歇爾（William Marshall）在神奈川與川崎間的大道上騎馬前進時，遇到了大名家臣的隊列，被勒令要靠到路肩。而他們繼續沿著路肩前進，不久後遇到了薩摩藩主之父島津三郎（久光）所乘坐的轎子。這次他們被命令折返，而就在他們打算讓馬匹調頭時，突然有數人從隊列中衝出來，用有銳利刀刃的重型刀械砍殺他們。理察森受到重傷，從馬上跌落，其他兩人也身負重傷……博拉迪爾夫人平安回到橫濱，傳達發生了緊急情況。居留地[2]裡擁有馬匹與手槍的人，立刻攜帶武器騎馬趕往現場。」

從被害者一方來看，這無疑是場「極度野蠻的殺戮」；但對加害者一方來說，也有理應將之斬殺的理由。德富蘇峰[3]在《近世日本國民史》中表示：「至少以薩摩藩人士的立場而言，因為這些人無視日本傳統的習慣，對大名的隊列做出無禮行為，應該加以斬殺。作為日本禮法，此舉是理所當然的處置。」德富蘇峰這份意見，應該很適當吧。

然而一切都為時已晚，殺傷事件已經發生，而且被害者還是大英帝國國民。對居住在橫濱的外國商人們而言，薩道義在《回憶錄》中表示：

「因為這起事件是首度有同伴被殺，故群情激憤，非比尋常。

儘管代理公使尼爾上校（Edward St. John Neale）向英國領事懷斯中校（Francis H. Vyse）下令，在收到他或司令官的命令之前不得動用兵力，但懷斯中校還是帶著隸屬公使館的騎兵與衛兵跑了出去。法國公使貝爾克爾（Gustave Duchesne de Bellecourt），也緊急派遣由六名法國騎兵編組的護衛隊趕赴現場。第六十七團的普萊斯中尉，率領數名法國步兵與部分公使館衛兵出動……當晚，得知了島津三郎將在距離橫濱僅兩英哩的宿場[4]保土谷住宿的情資。外國人們的意見認為，如果集結在港灣中的外國船艦兵力，要包圍、抓捕島津三郎絕非難事，而且理應如此做。」

1 譯注：英國外交官，曾任英國駐日公使、駐中公使。取有中文名字薩道義，以及日文名字佐藤愛之助、薩道愛之助。

2 譯注：當時日本政府根據條約，在對外開放的港口設立供外國人居住的區域。

3 編注：德富蘇峰（一八六三－一九五七），著名的記者、思想家、評論家、歷史學者。早年提倡平民主義，在三國干涉日清戰爭的結果後思想轉變，成為國民主義、皇室中心主義者。關於他的思想「變節」參見第七章。

4 譯注：宿場，當時日本為了傳驛事務設置的町場，功能類似現代的休息站。

而在保土谷，島津久光住宿處的情況則是：

「小松帶刀、大久保一藏（大久保利通）等人與海江田武次、奈良原喜左衛門（此兩人為直接做案的嫌犯）等人商議，正要準備因應外國人前來襲擊。然而海江田、奈良原等人卻提議，此時等待對方來襲，倒不如由我方向橫濱出擊，藉此把外國人居留地化做焦土。若是借給我們一百名侍從武士，就能從後方追上，立刻打敗他們，然後高奏凱歌。可是大久保等人從一開始就不打算參與他們的暴行，因此雙方持續議論直至天亮。」（《薩藩海軍史》）

可見，如果有任何一方發起行動的話，就會發展成在橫濱附近的戰鬥了。然而，防止了事態升高的主要因素是英方的「自重」：

「儘管領事懷斯中校亢奮地主張突擊保土谷、立刻逮捕島津久光，代理公使尼爾上校卻以冷靜的態度防止了事態惡化，英國艦隊司令官庫柏（Augustus L. Kuper）也支持尼爾。」（《維新史》）

這份「自重」與「冷靜」的理由，非常明顯地，並不是因為尼爾上校愛好和平。根據薩道義的說法，尼爾具有實戰經驗，態度傲慢，知道如何在東方的非基督教國家把「治外法權」的特權運用到極限；他為人嚴厲，也有些衝動的地方，是個典型的殖民地官僚。因此，這位五十五歲的老軍人之所以行事「自重」，很明顯，除了「兵力不夠」外，不可能有其他的理由。

當時停泊在橫濱港的英國、法國、荷蘭軍艦，合計只有六艘，其中英國軍艦僅有兩艘。雖然事件當晚，英國東印度艦隊司令官庫柏將軍率領的戰艦「優萊亞拉斯號」（HMS Euryalus）與「林杜伍號」就已經抵達橫濱，但總計仍只有四艘而已。

薩道義寫到：

「現在回想起來，我認為尼爾上校選擇了最佳的方策……商人們的計畫，不顧前後，充滿力量，堪稱浪漫，恐怕是因為暫時成功地壓倒了以勇猛聞名的薩摩武士。然而……若是襲擊了保土谷，在長崎的外國人可能會因此遭到日本報復而立刻被屠殺。可以預期英、法、荷將會因此而聯合派出遠征軍，進行許多血腥的戰爭，而天皇的國土應該會陷入一片混亂吧。而在這個過程中，我們來日本尋求通商的目的遭到了忽略，肯定會有無數歐洲人與日本人的生命，代替島津三郎的生命，而被迫成為犧牲品。」

尼爾上校向母國尋求訓示，英國政府向申請回國休假的阿禮國（Rutherford Alcock）公使徵詢意見後，決定了對日政策方針，發出了下面的訓令：

「向幕府要求具文道歉以及賠款（十一萬英鎊），並對薩摩藩要求處犯人死刑以及賠款（兩萬五千英鎊）。如果這些要求遭拒，在與海軍協商後，應進行有效而適當的報復……亦即，英國鑑於日本特殊的政治情勢，意圖對幕府與薩摩藩分別提出要求。」（《維新史》）

這是利用了薩摩藩與幕府之間的對立，巧妙的「各個擊破戰術」吧。在依照這個方針持續與幕府交涉的期間，英國逐漸加強兵力。

「文久三年二月上旬（一八六三年三月下旬），許多外國軍艦在江戶灣集結，多達在日本前所未見的數量。首先到達的是新出任日本與支那海司令庫柏少將的旗艦優萊亞拉斯號，接著有大小各式軍艦七艘、炮艦兩艘、運輸船一艘到達，另有荷蘭軍艦兩艘、法國軍艦兩艘。此外還有六艘英國大型商船。」（《開國大勢史》）

面對這批「幾乎壓倒性的有力艦隊」（薩道義指稱），首先，幕府屈服了，用銀幣支付了十一萬英鎊賠款。尼爾上校與庫柏少將，將這筆頭號戰利品收進了旗艦優萊亞拉斯號與珍珠號（HMS Pearl）。

接著是薩摩藩。自「生麥事件」以來，超過將近一年的時間，薩摩藩閃爍其詞，拖延支付賠款與處決犯人，看起來毫無道歉之意。

對此，尼爾上校下定了決心，堅決要懲治薩摩藩，兵力已經足夠；而從本國傳來的外務大臣羅素伯爵（John Russell, 1st Earl Russell）的訓令中，甚至寫著「實施報復主義或封鎖主義，或兩者同時實施」也無妨這樣強硬的文句。總之，現在已經不需要一年前的「自重」與「冷靜」了。

文久三年六月二十二日（一八六三年八月六日），七艘英國東印度艦隊的軍艦從橫濱出發。自代理公使尼爾以下，包含翻譯官席伯特（Alexander von Siebold）、薩道義在內，「公使館全體人員」都搭上了軍艦。尼爾上校好像還用口哨吹著歌劇的歌曲，薩道義寫道：「他在心情好的時候，會唱幾節記在腦海裡的歌劇娛樂同事。」

超乎預期的抵抗

「薩英戰爭」是一場奇怪的戰爭，在某種意義上來說甚至是荒謬。而且荒謬一詞，與其用來形容薩摩，倒不如說更加適用於形容英國。代理公使尼爾跟庫柏將軍的計畫全都破局，既無法處決人犯也催收不到賠款，僅僅只燒毀了一部分的鹿兒島市街，也沒辦法派陸戰隊登陸。英國艦隊受到了超乎預期的嚴重損傷，逃回了橫濱。這場海戰甚至被評為，在世界海戰史上找不到類似的恥辱案例。

事實上薩摩藩早已在準備因應英國艦隊來犯。開戰兩個月前，島津久光訓示藩士：「那起事件（生麥事件）是非曲直非常清楚，英國卻還是訴諸壓迫與暴行（明明錯在英國，卻還提出無理要求）。當兵戎相見之時，為了天下國家，希望各位的表現超越其他藩的武士，全體粉身碎骨，誅伐夷賊。」

根據《維新史》：

「說起來，薩摩藩從以前就開始注重充實軍備。從島津齊彬時代之後，就開始在沿岸的要地建築炮台，花費龐大金額的藩費，專注於整建各種防禦設施。尤其是在生麥事件爆發之後，薩摩藩已經預想到英國艦隊遲早會進犯鹿兒島，懷著不滅外夷終不休的志氣，一口氣將軍備大幅增強。包括增建炮台、加強儲備大炮或者是在各地設置瞭望哨所、烽火台、提振彈藥製造、致力儲存軍糧等。頻繁舉行假想英國軍艦來襲的演習，而且都由藩主島津茂久親自主持，舉全藩之力不分晝夜進行擊敗英國軍艦的訓練，毫不懈怠。所以，當六月二十七日，英國的大艦隊進犯鹿兒島時，因為薩摩藩早就料到會發生如此事態，沿岸的烽火台立刻點燃烽火，向四面八方示警。守衛各處炮台的武士當然不用說，連城堡下方的士兵也相繼迅速到達崗位。」

到開戰為止的交涉就省略不談。關於戰況，儘管日本方面也有詳細的記錄，但還是讓英國人來說吧。因為薩道義的回憶錄是在事件之後經過二十五年才寫的，內容擺脫了外交官式的顧忌，所以非常坦率，也有適度的諷刺，作為讀物也相當有趣：

「到了正午，突然聽到一聲炮響。在此同時，所有的炮台都朝向我軍艦隊開火。雖然下著雨，風又吹得像颱風一樣，將軍還是立刻下令交戰，並且向本艦（百眼巨人號〔HMS Argus〕）、賽馬號（HMS Racehorse）、蕩婦號（HMS Coquette）傳訊，燒毀拿捕到的日本船隻。一收到訊號，我們就立刻闖進拿捕的船隻內，開始掠奪。我拿了日本的火繩槍還有圓錐型的軍帽（陣笠），軍官當中也有幾個人找到一分銀的銀幣或鍍金的二分金的金幣等貨幣。水兵們則是把鏡子、酒瓶、椅凳、舊草蓆的破片等等，能拿走的東西都搶走了。在經過了長達約一小時的混亂之後，官兵們在汽船上鑿洞後放火，然後為了接受命令而奔向戰線。

過了一會兒，我軍也對日本方面的炮火展開反擊。我方旗艦對日方最初的炮擊延宕許久（兩小時）才應戰的原因，據說是因為艦上還放著賠款，堆積的錢箱阻礙了官兵開啟彈藥庫。而在第九炮台正下方錨泊的柏修斯號（HMS Perseus），被迫必須把錨切斷後逃跑。幾個月之後，薩摩藩人士找出了這個錨，將之還予我方。

開始交戰後經過大約四十五分鐘，看見一艘旗艦艦首轉向，隨後珍珠號脫離了戰線。因為旗艦優萊亞拉斯號的裘斯林艦長（John James Steven Josling）和威莫特中校（Edward Wilmot），被從第七炮台發射的炮彈擊中而陣亡。優萊亞拉斯號在不知不覺間，進入了平時炮台與日本炮手訓練用的標靶之間，正好跑進對手的射程範圍內。幾乎在同一時間，看到十英吋的榴彈在軍艦主甲板上爆炸的短短一瞬間，七名水兵陣亡，一名軍官因此負傷。接著，因為遭到來自十英吋到十八磅等大小共計三十七門的火炮齊射，這艘威風凜凜的軍艦完全落入了窘境。而且，因為賽馬號在第八炮台的對向觸礁，蕩婦號與百眼巨人號回頭拖曳救援，花了快一小時才順利成功。這段期間賽馬號雖然不斷遭到炮擊，但對方的炮手卻沒能造成任何損害。不過，曾有那麼一瞬間，英方認為應該放棄救援，放火燒毀船艦。

百眼巨人號（薩道義搭乘的軍艦），只中彈三次。第一發打中右舷門，第二發雖然正好射穿主桅杆，但主桅杆並未倒下。第三發，一發球型的炮彈，在船艦的吃水線附近打穿深約三英吋的洞之後掉入海中。

我方為了燒毀鹿兒島這座城市也發射了火箭，而此舉真的是非常順利。因為暴風持續吹拂，想滅火的市民們的一切努力肯定都徒勞無功。被形狀尖銳的藍白色火球從下方照亮的煙和雲，占滿了整片天空，景象駭人，但也壯觀。

八月十六日（舊曆七月三日），星期日早上，將裘斯林艦長、威莫特中校與九位官兵的遺體葬於海中。當天下午，艦隊起錨，即使炮台與鹿兒島城鎮已在艦隊後方遠處，他們仍不斷從遠方發射榴彈，艦隊因此在炮火下緩速從鹿兒島灣南下。當晚，艦隊在稍微遠離城鎮的位置錨泊，十七日向橫濱返航。

我們離開時，日本的大炮仍以我們為目標持續發射，但一發都沒有飛到我方艦隊所在的位置。然而由於我們遭到如此追擊，雖然我方破壞了薩摩藩數處炮台，還把鹿兒島的市街變成了廢墟，但如果薩摩陣營想要主張說，是靠著自身力量逼使英國艦隊必須撤退，也不算是沒有道理吧。」

紀錄上這場戰爭中的傷亡人數為英方十三人陣亡，五十或六十五人負傷。薩摩藩五人陣亡，十四人負傷。

我並非要藉此主張是「薩摩的勝利」，因為戰後薩摩藩支付賠款，也道了歉，此舉是自己承認了敗戰。只是，我想讓讀者們的目光轉向薩摩藩的「抵抗」遠強於英國所預期的這個事實。

長州藩的善戰

同樣的結論也可以用來談論「馬關戰爭」。雖然這場戰爭也是在英國的主導下進行，但規模遠大於「薩英戰爭」。在馬關海峽集結的英法荷美四國聯合艦隊的兵力總數為：

英國軍艦九艘，一百六十四門炮。陸戰隊員五百名。人員共兩千八百五十名。

法國軍艦三艘，六十四門炮。兵員一千五百五十五名。

荷蘭軍艦四艘，五十六門炮。兵員九百五十一名。

美國改裝軍艦一艘，四門炮。兵員五十八名。

總計由軍艦十七艘、兩百二十八門炮、兵員五千零一十四名編制而成。

為了執行通訊及運輸任務，還另有三艘英國軍艦參加了這場遠征。此外在橫濱還有四艘英國軍艦、一艘美國軍艦停泊，以及從香港召集的英國陸軍第二十團第二營與第六十七團分遣隊約一千三百五十一名官兵、法國陸軍七十名官兵等駐紮。長崎也有一艘英國軍艦停泊。（《維新史》）

以當時來說，這些兵力應該就足以征服一個王國。長州不過是存在於東方盡頭，名為日本的小王國的其中一個藩。而且還在禁門戰爭[5]（蛤御門之戰）中落敗，失去了大半兵力。別說是進行對等的戰鬥，被一擊就粉碎才符合常識吧。然而此時常識又無法適用了，儘管長州藩遭到A（美）B（英）D（荷）F（法）線集中炮火攻擊而落敗，可是如果詳查過程中的細節，會發現許多無法單單以「慘敗」作結的地方。

關於戰況，薩道義在他的回憶錄裡寫了比「薩英戰爭」更加詳細的從軍紀錄留傳下來。（說起一件私事，我在距今約三十年前[6]，撰寫小說《青年》時，讀了薩道義的著作，特別是在描

5　譯注：此戰是一八六四年，長州藩為了向天皇申冤出兵到京都，與試圖加以阻止的一橋慶喜、會津藩、桑名藩在京都發生的武力衝突，一般說法稱為「禁門之變」。長州藩在這次事件中喪失了大部分激進的尊王攘夷派的領導者。

6　譯注：因本書內容是在一九六三年至一九六五年於中央公論雜誌連載，三十年前是從原文的連載時間往回推算。

寫海峽戰爭的場景的時候，參考了許多他的記述。然而，當時我並沒有察覺到這場戰爭是「東亞百年戰爭」的一部分。才剛滿三十歲不久的我，因為自以為自己是馬克思主義者，到了在本書初版的時候，竟也用「馬克思式的方法」分析明治維新，並寫入書中，所以忽略了以從倫敦返回日本的志道聞多〔井上馨〕、伊藤俊輔〔伊藤博文〕為代表的「開國派」，在本質上應是「攘夷派」。意即，我還是太過「青年」。）

根據薩道義的記述，英國公使阿禮國在元治元年一月（一八六一年二月），從倫敦返回橫濱的崗位，接替尼爾上校，站上列國外交使節團的主導地位。然而，「當他要返回崗位時，已被授予了非常大的權限，他已下定決心要懲治擺出敵對態度的長州藩。」

當時，英國與法國在日本的利益衝突極為嚴重。儘管法國決心援助幕府，而且與幕府單獨締約的運作幾乎都成功，阿禮國公使卻強行拖延列國公使會議，讓聯合艦隊出擊。

因為是一場做了充分準備的戰爭，聯合艦隊也沒有重蹈「薩英戰爭」時表現拙劣的覆轍，在第一天的攻擊就幾乎把長州藩的炮台都破壞殆盡。所以就直接從《維新史》中引述第二天的戰況吧：

「天一亮，數艘敵艦就從晨霧中出現，在昨天的位置下錨。軍監山縣少輔（山縣有朋）命令守備壇浦的奇兵隊，先對距離最近的塔塔號（HMS Tartar）與杜普雷號（Dupleix）炮擊。敵艦因為遭到意料之外的炮擊，狼狽不堪，甚至兩艦還因為潮水流向的反轉而相撞，發生錨鍊互相交纏，讓艦尾轉而面向炮台的方向等混亂情況。是故，敵方指揮官決定一舉分出勝負，在旗艦優萊亞拉斯號的艦長，亞歷山大上校（John Hobhouse Inglis Alexander）的指揮下，直接派出陸戰隊登陸。亞歷山大的部隊立刻攀登上前田村炮台東邊的斷崖，占領該地的三座炮台，接著又將部隊分成兩支，一部分派往通往角石陣地的道路兩側，準備因應長州藩的反擊；以另一支部隊攻擊位於角石陣地的膺懲隊與奇兵隊等兩支部隊，雙方互有輸贏。下午三點，因為炮台的破壞已經完成，亞歷山大上校集合官兵，打算搭上小艇。然而因為畏懼長州藩士兵的猛烈追趕，先將一支分遣隊派到角石右側的森林裡，防範長州藩的阻礙，他還親自率兵在低地道路上前進，接近角石陣地。此時壇浦的守備部隊，對亞歷山大的部隊加以迎擊。分遣隊出動到通往前田的道路上，以其主力作為壁壘進行了防衛戰。奇兵隊隊長山縣少輔見機進行突擊，決定發起肉搏戰，讓槍隊衝進敵陣中。第二奇兵隊隊長林半七身負重傷，其餘兵力也因受傷而無法調度。最後奇兵隊總督赤根武人下令對陣地放火，在戰況仍在激烈化時，率兵撤退到清水越。同時，陸戰隊的一支分遣隊，長驅前往下關，但未進入市區就折返。另外，英國軍艦柏修斯號在距離前田海岸約五十公尺處的淺灘觸礁，但等到隔日漲潮，船底稍稍上浮後就成功離去。還有兩名隸屬於荷蘭軍艦的士兵，搭乘小艇被潮水沖走後下落不明。」

薩道義寫道，「必須承認日本人堅強地奮戰了」。根據他的記述，在為期兩天的作戰中，英方損失為八人陣亡，三十人負傷，亞歷山大上校右腳掌也受到貫穿性槍傷。如果將英軍傷亡人數加上法軍與荷軍的傷亡人數，聯軍傷亡人數比長州藩傷亡人數還多。

「我知道阿禮國公使等人定下了計畫，要占領下關附近足量的土地當作讓長州藩支付適當金額賠款的擔保品，並持續占領到在適當機會將土地交給幕府為止。」

薩道義的這段記述應該很重要吧。可是，這個占領計畫並未付諸實行。

「因為阿禮國公使想要讓長州藩完全屈服，而且一心就只在意這件事，所以向庫柏將軍說明了攻擊可能是長州大名根據地萩的必要。可是，因為庫柏將軍是個謹慎的指揮官，絲毫無意對自己權責以外的事情，接受來自女王陛下的文官使臣的命令。他認為以自己權限內能夠使用的手段，不可能永久性的占據長州任何土地。因此覺得只要破壞了炮台，打通了海峽的交通，就算是完成了自己的任務。」

不可能占領日本

不可以單純的把尼爾跟庫柏之間的衝突，看作是在派駐地點常見的文官與武官之間的對立。在「薩英戰爭」時，尼爾代理公使也向庫柏將軍主張派遣陸戰隊，配給幾門火炮，但庫柏將軍拒絕派出任何士兵登陸。

儘管薩道義寫說，庫柏將軍很不喜歡身為文官的尼爾對作戰行動插太多嘴，但理由應該不只是那樣。庫柏會在下關也採取一樣的態度，應該是有他身為軍人的判斷，也就是有軍事上的理由存在。不可能只用「慎重成性」或是「英國人的功利主義」就對他的作法下結論。

庫柏在戰後向英國政府送出了報告書，在該文中有一段寫到，「即使動員英國東印度艦隊的全部兵力，也不可能占領長州並加以確保。」薩道義則如前述，是用「庫柏將軍認為以自己權限內的手段，不可能永久性的占領長州藩任何土地」的說法，加以委婉地描述。

英國本國似乎在庫柏的報告送達之前，就已經理解英方「軍事力量的不足」。薩道義寫到，在馬關戰爭的前夕，羅素外務大臣似乎發出了緊急電報，指示：「絕不允許在日本本土採取軍事行動，僅限於為保護大英帝國臣民生命財產的防衛場合，海軍才可對日本政府或是大名發動軍事行動。」然而當時在錫蘭以東的地方電報不通，這項訓令延誤傳達，導致「馬關海峽的冒險行動」被付諸實行。為此阿禮國遭到譴責，被免去駐日公使的職務。

根據上述理由，要做出結論認為，薩摩藩與長州藩的抵抗超出了預期，強大到讓英國政府放棄費用昂貴、犧牲眾多的軍事行動，轉而採取「和平的強力外交」，不盡然會是魯莽的推論吧。這兩大「雄藩」確實是在戰爭中敗北了，但是這個敗北跟發生在其他「東亞各國」的敗北，在性質上有所不同。

幕府末年的ＡＢＤＦ線對日本施加的壓力確實很強大。然而日本僅管「敗北」，卻沒有「屈服」；被迫簽下了不平等條約，卻沒有讓任何土地被占領。東漸的「西力」不得不違反其本來的意志，在遠東的盡頭留下名為日本的「非占領區」。若此時的ＡＢＤＦ線就已經壓垮了日本，那之後既不會有日清戰爭[7]，也不會有日俄戰爭，「西方列強」也就沒有必要在大約一個世紀之後的「太平洋戰爭」前夕，再次組成像ＡＢＣＤ線一樣的東西[8]，包圍、威脅、挑釁日本了吧。

7　譯注：即甲午戰爭。

8　編注：見第十四章「幣原外交的本質」一節。

湯恩比的《文明試驗》

這些論點是謬論嗎？我也到六十歲了，都已經這把年紀了，我不想胡言亂語，也沒打算胡言亂語。尤其是，我不希望我的意見被右翼或左翼黨派的政治目的利用，我只希望藉著扮演「歷史學家的角色」就能夠覺得滿足。況且還有專業的歷史學家在，我扮演的角色，只是在模仿歷史學家。

歷史學家只會就過去論述，我知道他們就算針對現在或者未來發言，都是越權。發現現在的可能性，**透過鬥爭**將之活用於未來的，是政治家。我在任何意義下都不算是政治家，政治就交給政治家處理就好。

那麼，為了讓大家理解我的意見不是「謬論」而是「正論」，我要請「敵國」的學者們來助陣。首先請英國人湯恩比教授登台，話雖如此，我無意要引用湯恩比教授的大作《歷史研究》，或者是拿出赫赫有名的「挑戰與反應」理論來「挑戰」各位讀者。我借用教授近期的著作《文明試驗》的其中一節：

「在十九世紀的西歐，白人民族之間經常處於戰亂狀態……如果望向東方，崩潰的各個帝國的殘骸，排在從土耳其到中國的整個亞洲大陸上……各地的原住民，僅止如同綿羊一般，順從地讓人剪取其毛，默不作聲，不敢起身反抗剪取羊毛者。

若是日本人，就會表現出截然不同的反應吧。**然而**，**日本人是極為罕見的例外**，反倒只是證明了原住民不會反抗這個一般法則。」

畫重點的標記是我加的。《文明試驗》不是在討論日本歷史的書，而是一本在警告人類的書：

「應立刻組成世界政府，如果這項工作失敗，或是拖延實現了，人類可能會自滅。」

也就是說，雖然《文明試驗》是一場要以湯恩比學派的史觀與方法，來論證建設世界國家已經排入人類歷史的時程表，且僅有此舉是「救濟之道」的演講。但是我在這裡只挑出這一節，是因為這一節文字將十九世紀（明治維新前後）的東方與西方之間的關係，很精湛地以俯瞰全景的方式加以描繪。

只有日本是極為罕見的例外。從土耳其帝國到大清帝國，東方的各個帝國面對東漸的西洋文明，都像是紙造的城堡一般崩潰，變成殘骸躺下，卻只有日本這個極小的島國沒有加入「被剪毛的綿羊」的行列。

賴孝和博士的意見

這個「罕見的例外」是因為什麼原因而產生呢？雖然可以說是拜「國體金甌無缺」之賜，但應該還有更加具體，彷彿伸手可以觸碰到的原因。為了要回答這個疑問，要再請另一位「敵國人士」出場。或許會因此造成他的困擾，但是我要請美國駐日本大使賴孝和（Edwin O.

Reischauer）博士幫忙。當然不是因為外交官的身分，而是基於他歷史學家的專業。

賴孝和博士自到任以來，以東方研究學者的專業，發表了許多富含啟發性的文章。刊登於《中央公論》一九六三年三月號的〈日本與中國的近代化〉一文也是其中之一。為什麼十九世紀初期，封建制度下的日本的近代化，比起已經是中央集權國家的支那還要迅速呢？簡單來說，明明支那開始得比較早，為什麼日本卻快了好幾倍？賴孝和博士回答了這個問題：

「我認為可以舉出的理由之一是，像德川時代般安定的封建社會的習慣法，比起像中國那樣完全統一全國的中央集權式君主國，更加發揮了促進經濟成長的作用。」

「可以說日本的近代化在十九世紀中葉（在封建制度之下）就已經開始，所以無須驚訝在進入同世紀後半之後，速度更為增加。」

這是對日本封建制度的重新評價。是主張「作為近代化因素的封建制度」，只存在於日本跟歐洲，不存在於其他東方國家的新論點。賴孝和博士的論述，因為是嚴謹的學術論文，只靠直接引用會很難理解。請日本的解說者來協助吧。

《自由》一九六三年六月號，刊登了名為「明治維新種種」的座談會內容。林健太郎[9]教授如此為我們解說賴孝和博士的論點：

「雖然封建在戰後變成了像是壞東西的代名詞，但封建制度作為『制度』在歷史上發揮了非常進步的功用。因為封建制度這東西在日本常常只被當作是馬克思主義式的社會經濟學概念看待，總之就是只在講剝削農民……然而在學術上嚴謹的意義下，因為封建制度說到底只是一種軍事與政治體制，是割據制度，也就是說要以權力的分散為前提。並不是有一位強而有力的中央集權君主存在，然後用官僚統治自己廣闊的國土；而是有許多封建諸侯存在，各自統治自己的國家。這樣的統治者自己本來就是從下層出現，有在地的性質，以自身個人的力量向上攀升。而且因為彼此之間競爭激烈，更加必須發揮個人的力量。由於需要有才能的部下，所以要網羅會武藝的人士以及學者。封建式的主僕關係最初也是非常個人主義的呢！這種制度只有在西歐跟日本發展，因為亞洲其他地方沒有封建制度成立，長年持續著中央集權式的東方式專制主義。

在這種東方式專制主義之下，就算從民眾之中出現了新的力量，也是全都會被非常強大的國家機制所壓制。然而，在實施封建制度的場合，壓制的力量並不統一，而且很容易發生勢力的輪替，因此會在其中產生新的社會階層，開創出新的時代。所謂資本主義的發展，最初也是在像有那樣的封建制度基礎的地方發生。如果不是像那樣的地方（包括許多國家），則身為古老的絕對統治者的君王將無法對抗來自西方的資本主義，那些地方只會變成西方資本主義的殖民地，或是與其勾結，繼續用跟以前一樣的方式剝削民眾。

儘管日本也因為西方而近代化，但因為不能被西方所征服，所以發動革命、建立近代國家，以自身力量引進西方文明。」

---

9 編注：林健太郎（一九一三—二〇〇四），日本歷史學家，時任東京大學教授。專長近代德國史。

作為民族熱情的攘夷熱潮

賴孝和博士說封建制度只會在西歐與日本存在、發展的發言很重要。以英國為首的西歐諸國，遠道來到東方盡頭的島國，首度與跟自己擁有相同層次的社會組織的國家發生碰撞。當時的日本若跟西歐各國相比，確實是慢了好幾步的「未開化國家」，看起來就像在名為「鎖國」的奇怪牆壁中安眠一般。但是即便如此，那堵牆卻同時蘊含著排斥、抵抗西方威逼的「國力」，以及有能力立刻接受西方文明的「人才」。

正如同湯恩比教授的俯瞰所見，從土耳其到支那，各個帝國都無法抵抗西方，印度、安南、爪哇、清國都變成「帝國的殘骸」而倒下了。而當住在那些帝國的「原住民」們，如同綿羊一般順從，只能默不作聲，不反抗剪取羊毛的人時，只有日本沒有對英法荷美的聯合艦隊屈服，或者說至少沒有讓他們「大獲全勝」。在「薩英戰爭」中，英國燒毀了鹿兒島的城鎮，卻沒能讓陸戰隊登陸；「馬關戰爭」中，雖然聯軍讓陸戰隊登陸了，卻必須放棄占領。

然而，薩摩與長州都自己主動承認敗北，支付賠款，接受稱為「和親通商條約」的不平等條約，從「攘夷」轉變成了「開國」。

如果是在其他東方各國，「開國」即意味著「投降」。雖然「開國」與「攘夷」是相反的，但日本的特色在於開國了卻沒有投降。緊接在「馬關戰爭」結束之後，長州藩年輕的家老清水清太郎，流著淚對從英國歸來的志道聞多（井上馨）和伊藤俊輔（伊藤博文）說的一段話流傳了下來：「我在今後的五十年間，會將攘夷的想法收在心中，聽從你們的開國論。」這肯定是當時拋棄攘夷論的志士們共通的心情。長州人在第一次長州征伐[10]，向幕府投降時，用了「武備恭順」這個詞，可以說日本對西洋各國也採取了像這樣的「武備恭順」。若依照上山春平的敘述，「追根究柢，開國完全就是為了儲備攘夷實力的手段。」

我想請大家想起上一章所引用的橋本左內、吉田松陰、島津齊彬等人的「富國強兵論」、「東亞經略論」與「大陸出擊論」。如同上山春平所說，這樣「幾乎完全精準地描繪出了開國的日本從明治維新到大東亞戰爭為止的發展軌跡」。

只是，在「薩英戰爭」與「馬關戰爭」之前，「開國即為攘夷論」僅是一部分先知先覺者們的思想。因為透過這兩場實戰的教訓，才變成了**領袖團體**的思想，成為政治的主流，他們把攘夷當作「百年大計」埋藏在心中，當然，這不是毫無內心衝突就得以實現的過程。雖然在此之後「作為民族熱情的攘夷熱潮」也曾屢次爆發出來，引起了艱困的國際關係，但大勢已經在此底定。只不過，創造歷史的人未必每次都能正確地自覺到歷史的方向。「攘夷派」有過偏激的行徑，同樣地「開國派」也有。「心中的計畫書」也經常遭到遺忘。

因為是領袖們忘記了的關係，所以我們「國民大眾」當然也忘了。前一章所引用的五味川純平的悲嘆，「我所屬的世代的人們所生存的時間，就都被多得令人作嘔的戰爭給埋沒殆盡了」，就是由於這份「遺忘」所產生的吧。無論是五味川純平的世代或石川達三跟我的世代，都是在「東亞百年戰爭」的途中出生、長大的。雖然也曾有過「短暫」的和平，但那跟德川幕府三百年間的和平，在性質上並不相同。確實，在這一百年間日本沒有和平，有過的也不是「多到令人作嘔的戰爭」，而是「令人作嘔的一場漫長戰爭」。

10 譯注：一八六四年，因為先前長州藩圖謀干涉京都政局，還在京都發起軍事行動，朝廷下令幕府討伐長州藩。

然而，能將那整場戰爭當成「東亞百年戰爭」來理解的，只有在那場戰爭結束後，繼續存活下來的我們。

第三章

明治維新與英法謀略戰

——坂本龍馬間諜說

加諸於維新的「國際壓力」

在明治維新的歷史背景當中，有英法兩國的強大壓力存在，這點已經從包括尾佐竹猛博士與石井孝教授[1]等等的諸家研究中所釐清。不僅是學者，連劇作家真山青果在《江戶城總攻》三部曲、作家子母澤寬在《勝海舟》第七卷當中，都正確地描寫出，英國公使巴夏禮（Harry S. Parkes）與法國公使羅煦（Léon Roches）的活躍，大幅制約了西鄉隆盛與勝海舟的行動。

薩道義的《回憶錄》也是一樣，如果懷抱著那種意識閱讀的話，也算是以支配日本為目標的英國的勝利紀錄。如果讀了石井教授的《明治維新的幕後》，就可以充分瞭解到巴夏禮支持、操縱薩摩藩與長州藩的力量，打敗了幕府方的演出者羅煦，加速了幕府的崩潰與維新政府的成立。

「如果觀察背後的脈絡，被當作維新史佳話傳誦的勝海舟與西鄉隆盛兩雄的會面，也是在巴夏禮反對攻擊江戶的這份國際壓力之中進行的。」（石井孝教授）

我相信勝海舟與西鄉隆盛的會談，一定會是裝飾日本歷史壁畫當中的一段佳話。不過，關於那次會談，只有「在國際壓力之中進行的」這一點，是絕對錯不了的。

來自「歐美列強」的壓力的確很強，如果將之屏除在考慮之外，就會無法理解明治維新這個「複雜的變革」。並且對於接續在維新之後的征韓論、台灣征討、西南戰爭、條約改正運動、從自由民權運動往大亞細亞主義急轉、日清戰爭與三國干涉、日英同盟與日俄戰爭、韓國併合、滿洲國建國、日支事變與太平洋戰爭——意即我所謂的「東亞百年戰爭」的全部過程，都會無法理解，這些全部都是在強烈的「國際壓力」當中所發生的一連串事件。「列強」對日本施加的壓迫並沒有因為明治維新而消解，儘管日本人拼命地反擊，這份壓迫卻逐年地增大、然後組織化，並且在太平洋戰爭的前夕到達顛峰。

而且不只是涉及到政治而已，即使只抽取出明治以後的文學史，這種歷史的單一面相來觀察，其底部也有著名為「與西方對決」的巨大潮流在流動著。從《舞姬》的異國情調之中出道的森鷗外，為何會在晚年寫了《興津彌五右衛門的遺書》與《堺事件》，並親近元老山縣有朋呢？寫《浮雲》的二葉亭四迷為何放棄文學，前往俄國，進而命喪印度洋呢？夏目漱石的「倫敦憂鬱」（留學英國時極度討厭英國）的真面目是什麼？他藉由《我是貓》與之戰鬥的對象是什麼？乃木大將殉死為何衝擊夏目漱石，讓他開始寫《心》這部異常的作品呢？又是什麼把戀愛詩人與謝野鐵幹變成「虎與劍的詩人」？石川啄木的「無政府主義」為什麼不得不飛躍到「國家主義」？從托爾斯泰出發的武者小路實篤，怎麼可能變成戰後信仰堅定的「日本主義者」？我想我們早晚會碰觸到這些文學史上的「疑問」，但是在這一章，先把問題的範圍限定在明治維新。

---

1 編注：尾佐竹猛（一八八〇—一九四六），法學者、明治文化研究者；石井孝（一九〇九—一九九六），日本史學者，專長幕末到維新時期的對外關係。

馬克思學派史學的無效性

為了寫接下來的論述，我竭盡所能地試著讀了以《服部之總著作集》為首的左翼史學家的明治維新史。因為其數量之龐大，我無法說全部都過目了，可是，到現在這一刻為止，我感覺越讀左翼學者的著作，明治維新的身影就越離我遠去。到底是為什麼呢？原因之一，可能是因為「維新史」還是在爭論中的問題，有關其「本質」、「期間」，都還沒有產生出一致的定論，完全是處在各說各話的階段。不過，原因似乎也不只有如此。

在戰前就已經有了「講座派」與「勞農派」[2]的爭論。雖然爭論的焦點在於「明治維新是否為布爾喬亞革命」，但因為這兩派人士都自詡為是馬克思主義者，使用的方法與術語也都相同，在第三者的眼中，看起來就只是馬克思主義的分店在互爭正宗的地位。

依照馬克思學派的學說，革命是指「由一個階級往其他階級去的政治權力移動」，可是這個公式無法適用在明治維新上。越深入調查越會覺得，明治維新是一場「奇妙的政權更替」。儘管德川幕府已經顯露出崩潰的前兆，但並非因為內部存在著「近代布爾喬亞」革命的勢力在增長。即便是屢次發生的百姓一揆[3]，也算不上是動搖封建制度基礎的農民戰爭。就算許多史學家誇大武士階級的腐敗無能，也無法認為領主與家臣集團整體喪失了支配與領導能力。事實正好相反，對自弘化年間以來的「外患」反應得最為敏感的，是被稱作「賢公」的領主們及其家臣集團。在上層階級的農民與商人之中，雖然也輩出了「攘夷家」、「熱心人士」、「有志之士」，可是這些人大多希望成為武士，未必是站在封建制度的對立面。而把武士分為上級與下級，將維新視為下級武士階級「革命」的看法，也已判明是胡說。

在此，產生出了名為「生產（manufacture）論爭」，即為手工業式的論爭，以及主張明治維新是「復辟（Restoration）」而不是「革命（Revolution）」的學說[4]。如果「講座派」說，因為明治維新只是將政權從武士移轉到武士，從幕府移轉到藩閥政府，所以不是像法國大革命般的布爾喬亞革命。「勞農派」就會回答，「不，明治維新儘管異常，還是布爾喬亞革命。資本主義的嬰兒在德川幕府封建制度的內部已經出生，然後在藩閥政府下成長至成熟或未成熟的資本主義」。

總之就是分店之間的爭執，就只是以學者為名的孫悟空，在稱為馬克思的如來佛掌中到處跑。他們全都從馬克思的著作《路易．波拿巴的霧月十八日》出發，又回到了《路易．波拿巴的霧月十八日》。他們覺得自己馳騁於維新史與世界史當中，卻連一步都沒踏出馬克思所寫的小冊子。

2 譯注：講座派，日本馬克思主義者派系之一，因其團體核心為撰寫《日本資本主義發達史講座》的作者而得名；勞農派，日本馬克思主義者派系之一，因成員多在《勞農》雜誌發表論述而得名。
3 譯注：農民反抗幕府或藩國統治的行動。
4 編注：一九三三到一九三七年之間，「講座派」與「勞農派」發生了「日本資本主義論爭」。講座派認為要先採取民主主義革命，但勞農派認為已可進行社會主義革命。兩派因為對近代日本認知上的不同，產生許多小規模的論爭。「生產論爭」也是其中之一，是關於幕府末年究竟處在何種生產階段的論爭。

「民族主義式觀點」的登場

難道明治維新就單純只是明治維新，不好嗎？就算明治維新不像法國大革命或俄國革命，也沒有道理覺得對不起馬克思跟列寧吧。即使從「明治維新跟任何國家的革命都不相似」這個不證自明的前提出發，來進行研究，也絕對不可能變成在否定「歷史的法則性」不是嗎？

至於「外國的壓力」開始被左翼學者公然提出，並當作明治維新的**原動力**之一，是在戰後的現象。儘管戰前的左翼歷史學家並非完全忽視掉「外國的壓力」，但他們的著力點是，專注於從「封建制度瓦解」以及「人民的鬥爭」中尋求維新的原動力，避免強調「針對外國壓力的民族鬥爭」的面向。因為假使深究這個問題的話，會正面撞上「日本的民族主義」。對戰前的馬克思主義者來說，一切「有民族性質的事物」都是光碰到就會弄髒手的穢物，加以無視或者閃躲避過是常識。因為我也是當年的「馬克思主義學生」，所以很瞭解這股**氛圍**。左翼就只是一心一意的「國際主義者」，極度嫌棄「有日本氣息的事物」。就算說他們親自拒絕當「愛國者」，把針對「有日本氣息的事物」的研究，都交給右翼學者而轉身離去也不為過。

這股**氛圍**看似因為戰敗而徹底翻轉，美軍占領日本、「民族共產主義者」毛澤東政權誕生，再加上之後的美蘇公開對立，全面改變了這股**氛圍**。當日本共產黨突然開始自稱為「愛國者」時，目瞪口呆的應該不是只有看家本領被人抄走的右派學者吧。戰前馬克思學派的學者諸家，肯定也很困惑要把他們的「國際主義」收到哪裡。

「不過，在用歐洲的君主專制或是布爾喬亞革命作為標準衡量明治維新之前，再把日本當作亞洲中的日本重新審視，也可以說是一種重要的觀點吧。這個論點，在戰後的研究中，會產生『以對抗外國壓迫，達成身為民族的統一與獨立』的面向來理解明治維新這樣的研究方法，可說是理所當然。」

這段文字，是共筆作者中有許多戰後派左翼學者的《日本歷史》第十卷（讀賣新聞社版）的其中一節。

「達成明治維新的力量不用說當然是在日本國內備妥的，然而不可忽略的是在歐洲、美國的布爾喬亞革命早已結束之時，身處在這種終須展開國家統一以及創立資本主義的國際環境下的日本，所受到的影響。」（《日本歷史》）

根據馬克思主義史學的權威學者，已故的服部之總教授的說法，「歷史學是針對過去的政治」。如果從這個駭人的反歷史觀點來看，歷史可以因為政治需要而被無數次地修改。像「俄羅斯共產黨史」已經被改寫好幾次，明治維新史看起來也開始被對政治很忠誠的左翼學者們熱心地改寫了。

在戰前被拋棄不顧，連碰觸都是左翼學者禁忌的「民族主義」，開始受到鎂光燈的關注。在政治方面，出現了諸如「反安保鬥爭」、「反核武運動」等「新攘夷主義」。即使這是只針對美國這個「帝國主義夷狄」的單方面式的攘夷運動，但在中蘇決裂、對立的現在，可能不久後就會出現針對「蘇聯帝國主義」的攘夷運動。我想世界上應該沒有其他左翼人士像日本左翼那麼地忠於外國的吧。

坂本龍馬間諜說

接下來，寫到這裡的時候，作家榊山潤在一九六三年九月一日的《朝日新聞》上發表的一篇有趣的歷史隨筆，吸引了我的目光：

「有一說主張明治維新的變革是英國的對日謀略。當然這是戰後的新說法，但是根據此說，其核心人物是居於長崎的大炮商人哥拉巴（Thomas B. Glover），而英國駐日公使巴夏禮當然就是他的後盾。哥拉巴拉攏薩摩藩的有力人士小松帶刀，藉小松帶刀之手拉攏土佐藩的坂本龍馬。之後，龍馬就擔任日本方面的工作要員，大顯身手……在龍馬的奔走下談妥的薩摩藩與長州藩的盟約背後，有哥拉巴的力量。哥拉巴還更進一步拉攏岩倉具視，進行了宮廷謀略……因為鳥羽伏見之戰，哥拉巴的任務結束了。在這場戰爭中，不應該敗北的幕府軍之所以戰敗，是因為薩摩與長州方得到了英國的巧妙協助之故。」

因為此說主張那位坂本龍馬是英國謀略機關的工作要員，是間諜，所以確實是足以感到驚訝的「新說法」。

「儘管很難毫不懷疑的相信這種說法，但是也無法把它當成奇談而一笑置之。明治維新既複雜又離奇。法國公使羅煦力圖補強衰敗的幕府，是眾所周知的事實；與之對抗的英國，拼命支援薩摩與長州，也是廣為世間所知的事實。雖然感覺像是英國拋棄了舊股票，買了潛力股薩摩、長州，不過一旦根據前文的新說法，就會變成是英國硬是把薩摩、長州培養成潛力股……這種說法主張，在英國的謀略中，岩倉具視不在話下，連西鄉隆盛、大久保利通、木戶孝允都是哥拉巴的傀儡。然後，小松帶刀把握江戶開城的時機，從盛大的場面退下，對幾個月前坂本龍馬遭暗殺的事件投以懷疑的目光。」

榊山潤主張有「哥拉巴機構對日工作文件」的存在，而且或許可以用意外低廉的價格取得。有人在便宜兜售「新說法」，雖然我是不會信任那樣的賣家，但是把它當作推理歷史小說的材料的話，缺乏創作材料的諸位作家或許會有興趣。真是拙劣的「昭和研究會事件」[5]。優秀的國際間諜不是尾崎秀實，而是坂本龍馬；被拉攏的不是犬養健而是名門子弟小松帶刀[6]；被操控的不是近衛公（近衛文麿）而是岩倉具視。因為連「維新功臣」西鄉隆盛、大久保利通、

5 編注：昭和研究會為近衛文麿的私人智囊團，於一九四〇年解散。此處作者指的應是一九四一年發生的，破獲蘇聯間諜佐爾格的諜報團的事件。尾崎秀實曾是昭和研究會的一員，可接觸到政府內部高層的情報，在證實為間諜後被判處絞刑。犬養健也因此事件被起訴，但獲判無罪。作者此段文字是意圖以佐爾格事件諷刺坂本龍馬間諜說的真實性。

6 編注：原名小松清廉（一八三五—一八七〇），日本武士、政治家，維新十傑之一，任薩摩藩的家老。在協調諸藩交涉、獻策使德川慶喜辭任將軍一職等等維新事務上，貢獻良多。明治維新後也進入新政府擔任要職。三十六歲時，因病英年早逝。

木戶孝允等人，背後都有「哥拉巴機構」的黑手，這可真說是「重量級的奇談」。如果賤價買賣這樣貴重的史料，是會對不起歷史之神的。

哥拉巴這個軍火商在維新的「幕後」大顯身手，是眾所周知的事實。他推銷大量武器，最初是向幕府推銷，後來也對佐賀藩、土佐藩，特別是薩摩藩與長州藩推銷。對薩摩與長州兩藩，他還幫忙秘密採購蒸汽船，安排留學生偷渡到英國。

如果僅限於在日本，哥拉巴是巴夏禮公使的前輩。根據楫西光速的著書《政商》中的哥拉巴傳，接替阿禮國公使到日本赴任的巴夏禮，與金恩將軍（George King）前往拜訪在長崎的哥拉巴，酒宴之後，兩人單獨徹夜密談。儘管當時巴夏禮還是幕府援助論者，哥拉巴卻堅持主張日本的政治實驗已經移轉至薩摩、長州兩藩。巴夏禮也不肯退讓，就在兩人議論的過程中，天亮了。據說之後巴夏禮親自前往薩摩藩，與島津久光、西鄉隆盛見面，返程中又順道前往長崎，拍了拍哥拉巴的肩膀，說道：「我真笨，雖然我至今都不相信你的話，現在我總算醒了。」

哥拉巴回憶，「站在巴夏禮與薩摩、長州藩之間並打破隔閡，是我立下的最大功績。」

「世間可能認為我唯利是圖，但我的性情你也知道。雖然有賺錢的成分，但不單純是只有賺錢。我知道日本的主權最初是由天皇所有，後來轉移到德川幕府，之後又繞了一圈回到天皇手上。這多少成為了興起我想要加強所謂薩摩與長州力量的想法的動機……在對德川幕府造反的人士當中，我想我是頭號叛徒。」（《政商》）

哥拉巴似乎就是那樣的商人，雖然類型有點像阿拉伯的勞倫斯，但是真的有叫「哥拉巴機構」的東西存在嗎？我對英國秘密情報機關的歷史沒有那麼熟悉，「哥拉巴機構存在說」就交給榊山潤；而恢復被當成間諜的坂本龍馬的名譽，就拜託《龍馬行》的作者司馬遼太郎，我們先繼續往前進吧。只是，我在這邊討論這個「奇談」有兩個理由，我就只講這些。

第一，這個「奇談」很明顯是左翼人士維新研究的產物。不管是戰前派還是戰後派，只要讀左翼學者寫的維新史，我腦海就會浮現出在歷史的壁畫館裡拿著紅色蠟筆亂畫的頑劣兒童團體。他們彼此競爭，在壁畫上用紅色畫筆亂塗，塗出最醜陋奇怪的抽象畫的人贏得了勝利。頑劣兒童們看起來像是認為盡可能醜惡地描繪出維新的人物與事件，就是「探究真實」。他們相信日本依然需要蘇聯式或是中共式的「人民革命」，相信革命必然發生。為了要在日本發起革命，必須要盡可能地把日本的歷史描繪成野蠻、醜陋、充滿不義以及愚行、暴行的毫無價值之物。他們堅信為了「共產革命」這個政治目的，抹黑日本歷史是「學問的使命」。坂本龍馬間諜說、岩倉、西鄉、大久保、木戶傀儡說也是由此而生。

然而，日本的革命不會從日本人對歷史的醜化中產生。若是討厭把明治維新「理想化」的話，至少「據實以見」就好。連維新志士、革命家的肖像畫都無法正確地描繪，像跳不出如來佛手掌的孫悟空一般的學者諸氏，是不可能成為即將到來的「日本革命」的原動力的。

第二，不論「哥拉巴機構」存在與否，巴夏禮對薩摩藩與長州藩內部，以及羅煦對幕府內部的滲透，已經深入到足以產生這種「奇談」。不管依照「巴夏禮路線」或是「羅煦路線」，日本都會被作為殖民地。「薩長人士」與「幕府人士」都本能而且正確地識破了日本的這個危機。他們依照各自的立場，抵抗了英法的謀略。西鄉隆盛跟勝海舟看穿了這點，德川慶喜跟山內容堂也看穿了。將岩倉具視與坂本龍馬、西鄉隆盛與勝海舟稱為「謀略家」，完全不會傷害他們的名譽。他們為了抵抗英法的謀略，有時必須自己當謀略家。

明治維新不是由於英法的謀略與壓力而達成，是在奮力抵抗英法的謀略與壓力時達成。

西鄉隆盛的抵抗

巴夏禮公使在長崎見過哥拉巴之後，與西鄉隆盛的會談，是在慶應二年六月十七日（一八六六年七月二十八日）在鹿兒島外海的英國軍艦上進行的。西鄉隆盛親自向在京都任職的年輕家老岩下方平報告會談情形的信件留存了下來，信件中西鄉隆盛評論巴夏禮說：「頗有幕府臭味。」呼應了前一節哥拉巴的回顧談，甚為有趣。

根據《大西鄉全集》解說者的說法：

「薩摩藩為何要特地招待英國公使前來遠地？在這份信件的內容中，是希望改由未來真正擁有日本主權的朝廷處理外交條約等事項。以想讓外交關係事務離開幕府掌控一事為主要話題，致力於獲得巴夏禮的理解。然而，不難推測西鄉等人是見到此時法國公使羅煦很有可能意圖幫助幕府抑制強藩之後，便尋求與英國交往，欲用英國達成制衡法國的目的，採取所謂以夷制夷的手段。還有向巴夏禮展現鹿兒島的武士風範、武器彈藥的製造以及其他略見規模的機械工業設施，顯示薩摩藩的實力，可能也是招待巴夏禮前來的目的之一。

另外，巴夏禮似乎也接到了英國外務大臣指示協助薩摩藩的訓令，此事可以由當時從英國留學返回日本的寺島宗則（雙方會談的翻譯）的日記中看出。根據寺島的日記，他在從英國出發前，透過下議院議員歐利范（Laurence Oliphant），向英國外務大臣克拉廉頓伯爵（George Villiers, 4th Earl of Clarendon）詳細說明了日本的國體、國情、勤王派諸藩的運動，表示幕府的命令已經不被執行，政權遲早會歸於朝廷。外務大臣向巴夏禮發出訓令，指示他援助勤王派雄藩（擁護天皇確立權力的有力諸藩）。儘管這份訓令在巴夏禮造訪鹿兒島前已經送達，巴夏禮在鹿兒島卻不露聲色。」

雖然西鄉隆盛詳細列舉了幕府的惡政，立論闡述要追究條約問題，不應責怪朝廷，而應該責怪幕府。巴夏禮則一一加以反駁，一步都不退讓。這就是為何，西鄉隆盛的信中寫到英國公使：「頗有幕府臭味。告訴他會談已頻臨破局，深入說明日本的實情，並詳細告知他利弊得失之後，他才終於接受。然後毫不保留的講出真心話。」

薩摩藩遭到英國脅迫，被巴夏禮公使操控的看法，太過膚淺。被威脅卻不害怕，與其被操控，不如咬緊牙關試圖反過來操控對手，這才是當時日本的領袖們的真實樣貌。瞧不起人好過被人瞧不起，至少他們拼命努力地要站上對等的立場。

福澤諭吉與德川慶喜

再次重申：明治維新不是由於日本人被外國的謀略操控而造成。朝廷方面當然不用說，連幕府領導階層也對外國謀略加以阻止、拒絕，才造成維新的。

基於除了採行大君的君主制度（德川幕府將軍君主專制）以外，沒有其他方法打開現狀的觀點。福澤諭吉在慶應二年（一八六六年）向幕府建言，對新任幕府將軍德川慶喜上書，表示「建議借助外國軍隊力量，廢除周防與長門兩國[7]」。

即便戰後有將福澤諭吉推崇為民主主義開山祖師的風潮，然而明治維新前後，是連一個叫做民主主義者之類的西化潮流人士都沒有的。啟蒙思想家福澤諭吉也是君主專制論者。話雖如此，這點並不會損傷到他的名譽。儘管福澤諭吉說，「就算借用外國軍隊也要把長州藩廢除掉」，但是他沒有說要把日本給毀掉。由於福澤諭吉構想著以幕府為中心的日本統一，從而對「成立以薩摩藩、長州藩為中心的『藩閥政府』」不予理會，貫徹了在野人士的立場，是故不能懷疑他的操守。福澤諭吉也是偉大的明治時代人物，不過那是之後的話題，在此必須注意的重點，是德川慶喜沒有採納福澤諭吉提出的「借用外國軍隊論」。

用幕府領導階層的「無能」或是德川慶喜的「優柔寡斷」來說明此事，是無法交代清楚的。有稱為「時勢」的事物存在著，而學者們有時會忽略以人類的智慧來說無可奈何的事物存在。若是反抗了「時勢」，賢人也會變成愚人。與「時勢」對決的當代人總是拼命的，必須賭上性命，只有賭上性命的人能創造歷史。幕府方的賢人也絕對不少，然而小笠原長行與小栗上野介[8]都成為愚人而死。俊才榎本武揚與大鳥圭介到坐困死守五稜郭之前也是「愚人」。此外，洞見「時勢」趨向，加以追隨者，也有被稱作「奸雄」、「膽小鬼」過。勝海舟就是前者，德川慶喜是後者。但是，我要稱這兩人為幕府陣營的「賢人」。勝海舟身處的立場，讓他相對容易能夠以賢人身分行動，而德川慶喜則是身陷最不利並且艱苦的立場。不可以忽略明治維新史當中，德川慶喜的「苦衷」。就算發起「大政奉還、江戶開城」的是別人，採用這項決策並加以實施，是身為真正的賢人才能達成的事。

當德川慶喜從大阪城回到江戶城，法國公使羅煦進城請求謁見，力主重整幕府旗鼓，表示軍艦、武器、資金將全數由法國提供。德川慶喜拒絕羅煦，還告誡他說：

「我國的國風，只要說是受朝廷命令，而來指揮士兵時，一百道命令都會被遵行。即使是今日由公卿大名之流所下的命令，如果說是天皇的命令，就很難違反。因此，就算今日兵戎相見而我方獲勝，萬一背叛了天皇，就永遠難逃國賊惡名。是故，到昨天都還效忠我們家族的大名們，也十分確定都會遵從天皇的命令。所以假使有人基於歷年來的情義而加入我們家族的陣營，事態如此發展下去，會在日本國內各地爆發戰爭，變成像三百年前的戰亂之世，全國人民將身受其害，而這是我最不能忍受的。」

羅煦謀略的路徑，滲透到江戶城內的深處，可是德川慶喜最後根據自身判斷，加以拒絕這點很重要。以小栗上野介為首的主戰派期盼著法國援助，但是，就算是他們，也不打算把軍事的主導權交給外國。他們是「幕府人士」，但更是日本人，是不遜於薩摩長州人士的愛國者。就算會跟「挾持錦旗與年幼天子的公卿以及薩摩、長州的陰謀」戰鬥，也還是打從心裡畏懼讓日本分裂，重蹈土耳其、埃及、印度、清國的覆轍。

7 譯注：指組成長州藩的周防國與長門國。

8 譯注：小栗上野介，原名小栗忠順（一八二七—一八六八），幕府末期重要的幕臣。曾任負責外交的外國奉行，以及上野介一職（上野國〔今群馬縣〕的實質首長）。為幕府整建西式軍備，建立橫須賀製鐵所。在戊辰戰爭期間被新政府軍殺害。

羅煦未能徹底貫徹援助幕府的行動，背後也有法國本國的因素影響。法國瀕臨普法戰爭的危機，拿破崙三世政權正在走下坡，外務大臣也被更替，羅煦的對日政策變得無所適從。然而德川慶喜應該不會是在得知法國情勢後才拒絕羅煦最後的提案，德川慶喜想的，不是法國的命運，而是日本的命運。

岩倉具視的《全國合同策》

被稱作薩摩、長州陣營「奸雄公卿」的岩倉具視，寫有一份叫做《全國合同策》：

「當前天下面臨禍患緊迫之時，在國內大動干戈，骨肉相殘者都是中了蠻夷的計謀。鷸蚌相爭，漁翁得利，在日本兄弟鬩牆時，如果夷狄軍艦趁隙遍布大海而來，要用什麼來防禦呢？……君子小人，多力者樹其黨，寡力者藉外權，這是古今共通的弊害。藉外權就是借助外夷之力，對這種事態應該感到害怕、憂慮。」

岩倉具視在此處引用唐、宋、元、明的歷史，舉出支那各個王朝因為借用了突厥、契丹之兵而步上亡國之途的例子：

「不應該把這個現象當作外國的故事而輕忽。如果今日在我皇國將要發生與此類似的事態，比方說西方藩國勾結墨夷（美國），中國四國地方諸侯勾結英夷（英國），北方藩國勾結魯夷（俄羅斯），東方藩國勾結佛夷（法國），如果最終各藩國借用諸夷權力，彼此爭勢攻伐……金甌無欠，冠絕宇內的皇國，將如同犬羊般落入外夷的管轄，此理清如明鏡。」

德川慶喜的憂慮，也與岩倉具視先於世人的憂慮，性質相同，所以德川慶喜拒絕了羅煦的提議，《德川慶喜公傳》所作的解釋是正確的。應該直率地讀歷史，拼命看「幕後」，是會陷進可怕的陰溝泥裡的。

並非是法國操控了幕府，英國操控了薩摩藩。如果真的要用「操控」這個人偶戲般的用語，反倒是日本在操控，當然不是有餘力的在操控。幕府、薩摩藩、長州藩、土佐藩、肥前藩都一心畏懼日本分裂與殖民地化，而操勞、操心、用盡心力，驚險地閃避外國的「援助計畫」。羅煦計劃以提供武器與借款直接援助幕府，巴夏禮把英國東印度艦隊的武力備在後台，計劃了讓薩摩、長州、土佐、肥前上台跳舞的「內部指導」，幕府與朝廷都看似中計，實際上卻沒有上鉤。到了最後關頭，就打出「日本」的名號，拒絕了他們的謀略。至少，也從中抽身了。

英國與法國根據「薩英戰爭」與「馬關戰爭」的苦澀經驗，不得不放棄以武力直接侵略日本，而藉由「內部指導」進行的謀略戰也還是失敗。

把東方殖民地化，是十八世紀到二十世紀初「歐美列強的歷史性使命」，東方的一介小國日本卻驚險的在最後關頭阻止了列強達成這項「使命」。就日本而言，「列強」只能後退幾十步，改採取漸進式攻略的戰法。「大東亞戰爭」正始於此處，對列強與日本來說，這場戰爭都必須是場百年戰爭。

中岡慎太郎的《時勢論》

「薩長同盟」與「大政奉還」的實質計畫者中岡慎太郎，到慶應三年年底（一八六七年底），與盟友坂本龍馬一同遭到暗殺前夕，寫了三篇時勢論留下，每一篇都是「悄悄展現給知己的論述」。他寫道：「我是在野而無人可依靠的人，想向王公貴族表達意見，卻苦於沒有管道。所以只好虛心靜坐，不帶私心，懺悔既往的過錯，計劃未來的事業，寫下想法向天下的同志們展示。」

在這裡就引用中岡慎太郎的論述作為代表非當權者、在野人士的意見吧。他雖然講說「我的主張是尊王攘夷」，但他的主張當然不是平凡的攘夷論。綜合整理他的三分著作，摘錄大意提要如下：

「如果今後漫不經心的渡過一年以上，可能將會無法因應外夷，我實在非常擔心。

因為我從以前就主張要學習西方的軍事制度，商業也要仿效西方的公司組織，或許有人以為我是單純的喜歡西方事物的開國論者。然而並非如此，我是將開國論作為攘夷的實施方法加以提倡。

追根究柢，攘夷並不是只有日本才有的獨門生意，在必要關頭，世界各國都會做出此舉。美國也曾是英國的屬國，由於英國國王全心搾取這個屬國，美國人民的生活日益窮困。在此出現了名叫華盛頓的人物，他訴說人民疾苦，率領十三州人民奮起，抗拒英國人，實行鎖國攘夷。英美交戰七年，英國求和，美國獨立，國號合眾國，成為一大強國，這是距今八十年前的事。

德國也曾是西班牙的屬國，卻順利的整合國內輿論，拒絕外國，實行攘夷，雖然屢戰屢敗，到最後一戰大勝西班牙軍隊，終於獨立。

吉田松陰想要前往美國，也是由於攘夷之志，意圖取彼之長補己之短。他的弟子久坂玄瑞說：『由於已簽訂通商條約，故應擴大派遣有志之士前往海外，學習西方各種學藝以及工商技術，大舉擴張海陸軍備，如果不這樣作，無法建立國家體制。』高杉晉作也說：『今日談論西方現象，自認瞭解西方的人士，僅僅只看到西方的一部分，不懂其歷史興衰。他們之所以強盛，理由就在他們的過去當中。今天日本如果想要學習他們的強盛，必須要以尚未強盛時，因為國內改革而頻頻發生內戰的英法，還有在百戰危難中振興國家的俄國，作為學習模範。如果日本現在疏忽內政改革，坐在原地不動就想學習西方，那就犯了大錯。應該以奇變、英達、實行，一新天下。』

我的攘夷策略，在於今日深交外夷，忍著眼淚與外夷握手，廣送留學生前往海外各國，應該雇用外國人，開發我國產物，斷然大舉開國。如此，快速建軍，訓練士兵，討伐不講名分與道理就來犯的強大邪惡外敵，這個時機在不遠的未來必將來到。俄國雖可怕，但對美國也不能大意。

不用害怕戰敗。文久二年（一八六二年），薩摩藩的壯士們在生麥斬殺英夷，之後英軍來到鹿兒島興師問罪。當時世間輿論說，就算薩摩藩再強大，還是承受不起被英國用武力攻打的吧。然而，經此一戰，薩摩藩士氣大振，壓倒一般觀點，打破守舊作法與終日的舊有弊害，所謂的攘夷家也進一步出來主張航海與練兵的實際效用，確立薩摩藩的國是。另外，長州屢屢炮擊夷船，在京都蛤御門之戰戰敗，接著還在馬關戰爭大敗，又被幕府的追擊部隊從四方包圍。

世人毫無疑問都以為長州將滅亡，然而長州卻出人意料的改革國內政治，更新兵制，士氣因此危難而大振。還有，去年幕府征伐長州戰役落敗時，世人也都認為幕府已不足為懼。完全想不到，由於這次敗戰的契機，幕府奮起振興海陸兵制。

我國神州，至今罕有危急存亡之時。既然身為我國國民，能夠袖手旁觀嗎？就像古人所說，有領地者捐出領地，有勇氣者發揮勇氣，有智謀者竭盡智謀，有一技之長的人殫盡技藝，愚魯之人貫徹愚魯，光明磊落，各自捨身為國盡忠。在那之後政府為了奮起，充實軍備；為了張揚國威，應該將信義及於外夷。像這樣做的話，怎麼會沒有挽回皇運的機會？怎麼會沒有壓制外夷的手段？」

就算只看這些，也無法懷疑明治維新時代「開國即攘夷論者」的睿智與真誠。中岡慎太郎的盟友坂本龍馬是英國間諜的可能性，連萬分之一都不可能有。

西鄉隆盛與巴夏禮

西鄉隆盛也是中岡慎太郎最敬愛的「不向外夷屈服的日本人」之一。如同先前所述，西鄉隆盛在鹿兒島接待巴夏禮時，也盡了對待賓客的禮節，在議論時對這位傲慢的英國人一步也不退讓，從容到能將巴夏禮的意見評為「有幕府臭味」。

一年之後，慶應三年七月（一八六七年八月）西鄉隆盛造訪了巴夏禮在大阪高津的住處。以兵庫開港問題為中心，向巴夏禮問清楚英法與幕府的關係，並做了視情況要互相吵鬧的心理準備。由於巴夏禮還在睡覺，年輕的薩道義代替巴夏禮接待西鄉。西鄉隆盛寫了信向大久保利通與桂久武報告此時的情況。西鄉寫給大久保的信件，有被翻譯、收錄在薩道義的《回憶錄》中，而給桂久武的信件寫得更為詳細。西鄉隆盛首先對薩說：

「兵庫開港，會導致英國人出了力，卻是法國人得到利益的結果。英國人看起來簡直就像是法國人的僕人。」

西鄉隆盛寫到，他是想要激怒薩道義讓他說出真心話。如同他所預期的，年輕的薩道義動怒了：

「英國絕對不會屈居於法國之下，你為了什麼侮辱英國！」

「算了，你聽好。打開兵庫開港之路的是英國，占有商業利益的卻是法國。也就是說，幕府在大阪拉攏豪商，提升他們的階級地位，給他們俸祿，任命他們負責商業貿易，創設商社，收集資金，壓縮諸侯稅收，布局讓幕府能獨占利益。幕府實施與法國共謀的奸詐策略，想要掠奪商業上的權利。因為這會讓英國吃到苦頭，法國嚐到甜頭，所以英國不過是法國的僕人罷了。」

西鄉隆盛寫道，因為薩道義越來越憤怒，終於吐出真言，對我們而言真是大幸。

薩道義說：

「幾天前在橫濱，因為法國人來說想商談日本的情勢，我們聽了他們的意見。法國人說如果這樣下去，幕府將日益衰弱，諸侯勢力將更加增強。若不改成創建類似英法本國制度的強力中央政府，把權力集中於幕府、消滅諸侯的制度，很難穩定政局。在諸侯之中，因為長州藩與薩摩藩特別強大，必須盡快毀滅。也就是說，法國人是來提議英法聯手打擊薩摩與長州的。我（薩道義）回答他，從這次征討長州的實際狀況來看，幕府確實虛弱。連一介藩國長州都打不贏的幕府，沒有控制得了日本的道理。問法國人打算要怎麼幫助如此孱弱的幕府，法國人一句話也回答不了。法國人敢當著英國人的面公然講這種事情，所以幕府意圖採取得到法國援助來打擊、壓制諸侯的策略，幾乎不可能有錯。如果這樣放置不管，可以預見不出十年，諸侯們就會遭受其害。若現在不開始尋求對策，情勢真的會很危險。為了打擊、阻撓幕府如此的奸邪策略，必須先與能跟法國對抗的強國聯手。現在能夠牽制法國的，除了英國以外沒有別國。如果法國援軍幫助幕府，英國就會宣稱為了戒備要派出同樣數量的軍隊。那法國就必須縮手了吧。」

薩道義又說，「如果有需要針對這點（派出援軍）商談的話，那我們就接受吧。」顯示出了參與的興趣。

在此，西鄉隆盛思考了一下。因為如果不小心回答說「那真是非常感激，如果那個時機來到，請務必要幫忙」，不只會被英國所利用，完全陷入守勢，議論的氣勢也會變弱，變成輸家是自然的道理。西鄉隆盛認為必須要明確的回覆，答說：「我沒有帶上可以跟外國人討論有關樹立、貫徹日本國體的事情的臉。因為我認為我們日本人的力量已經足夠妥善處理這件事，請你瞭解。」

「我（西鄉隆盛）會打從一開始就想要激怒英國人，讓他們氣憤，只是想要離間英法，除了阻止法國援助幕府之外沒有其他目的。因為像前文那樣，表示出有意參加對方提議的關於派兵增援的商談，而與對方同調，會變成無法收場的嚴重事態，所以講了道理加以拒絕。」

儘管當年的書信文體很難閱讀，擷取大意的話就像前文所述：「事關樹立、貫徹日本國體，沒臉可以跟外國人商談，自認夠力妥善處理此事。」這一節的文字令人瞠目，但這樣的說法並不是西鄉所獨有。因為這肯定就是不管身為薩摩、長州人士、幕府人士、在野人士，維新領袖們共通的心情。

同一封信當中寫到，當西鄉隆盛問薩道義：「普魯士跟法國的戰爭後續發展如何？最近的傳聞好像說是沒有下文了。」薩道義回答：「前幾天從本國傳來的情資寫道將要中止，但是最近的情資顯示彷彿又要爆發戰爭，這次大概會成真吧。」

信中也有這樣的一段：「這兩國間如果爆發戰爭，對日本而言是太幸。以上天的愛人之心來看，這樣想真是罪孽深重，但是這只是因為太過考慮到我國的苦難，心情反而變得希望他們彼此交戰。真是膚淺的內心。」

還有，在同一封信中也提到，巴夏禮公使對土佐藩士殺害英國水兵的事件（儘管後來查明兇手另有其人）態度強硬，交涉難以繼續。西鄉寫道：「如果在我們薩摩藩也發生同樣的事情，我必須與同伴切腹道歉的話，至今的友好都將化為泡影……然而我從以前就認為唯有一個方法可以壓倒外國人。因為我聽說外國人的習慣是不能自殺的，如果在他們面前好好切腹給他們看的話，我想應該可以稍微把他們嚇住吧。」

將此舉視為「野蠻」，是後世「文明人」的觀點。在面對歷史的危機時，人類會賭上性命。不賭的話，歷史就不會變動。我現在也是「文明人」的一員，對於要賭上性命的事件，想要盡量閃避而過。然而，歷史之神是很殘酷的，屢屢要求在祂的祭壇上獻上人類的生命。

森鷗外的《堺事件》

令身為明治時代偉大人物之一的森鷗外寫下小說《堺事件》（十一位土佐藩武士在法國公使眼前切腹，公使大感畏懼而讓其餘武士中止切腹的悽慘事件）的原因，說不定因為是他內心懷抱的「維新精神」流露了出來。身為「文明人」的森鷗外，心中不也懷有跟西鄉隆盛共通的「野蠻」嗎？不只是西鄉隆盛，在所有「維新人士」的內心深處，「對歷史祭壇獻身」的想法都化為了結晶並綻放光輝。

有關「維新人士」們拒絕外國援助，在上一章引用的賴孝和博士的文章，〈日本與中國的近代化〉當中，有一個有趣的章節如下：

「當年的日本，跟現在以進行現代化為目標的各個低度開發國家間的巨大差異是，後者現在可以享受來自美國、其他國家或聯合國的外部援助，而當年的日本卻與此相反，全無外來援助。日本既沒有接受舊有的外國資本，也沒有接受其他不帶有償還義務或是任何形式的援助，就開始推行近代化……當時的日本因為害怕在還債不力的場合會遭海外帝國主義侵害其國家主權，完全無意接受列強提供的高額借款。」

這份名譽不只屬於「薩摩、長州人士」，「幕府人士」在應對外國時也具有氣節與先見之明。

「賴孝和路線」

可是在現在的日本，經常引用賴孝和博士的言論，似乎非常危險。雖然我也不慎未注意到，但在九月二日的《東京新聞》頁面角落所刊的一篇簡短的外電報導，卻告訴了我那份危險。那篇報導的標題是「日本、中共、北朝鮮以學術交流名義發表共同聲明」：

「三十一日晚間中國國際廣播電台報導，日本、中國、北朝鮮三國學術界、文化界著名人士在今天，於北京簽訂關於促進學術文化交流的共同聲明。這份聲明由中國科學院哲學社會科學學部[9]委員陳翰笙、北朝鮮科學院李升基、日本朝鮮研究所理事長兼日中友好協會顧問古屋貞雄等人簽署。

該份聲明要點如下：美國帝國主義企圖讓日本學術界、文化界以新殖民主義立場進行亞洲

9 譯注：於一九七七年五月獨立為中國社會科學院。

研究。透過駐日大使賴孝和進行的一連串陰謀，就是這般文化侵略政策的展現。美國帝國主義將日本與南朝鮮以及蔣介石一黨學者互相牽線，交付資金給他們，意圖讓這項研究對美國支配遠東產生助益。」

這報導跟美國東方研究學家賴孝和**博士**毫無關係，卻跟賴孝和**美國大使**大有關聯。因為我蟄居在鎌倉的山谷深處，這些「路線」不會延伸到我這邊來，但是恐怕那種「路線」或是類似的東西是存在的吧。若是完全不存在，在這種世界情勢當中，反而不可思議，因為這表示美國在偷懶。

然而，在北京聚集、攻擊「賴孝和路線」的「學術界、文化界知名人士」，是何方神聖呢？不正是為了對日進行謀略的「毛澤東路線」嗎？這真是五十步笑百步。如果「賴孝和路線」陣營對「毛澤東路線」發出同樣的聲明，又如何呢？我依舊認為只是五十步笑百步。

這是拙劣至極的宣傳，如果我是北京政府的宣傳謀略部長，會叫提案這個會議跟聲明的部員遞辭呈。理由是因為，這個會議跟聲明，惹火了既不屬於「賴孝和路線」也不屬於「毛澤東路線」，而認真思考在這些路線之外尋找日本前進方向的日本人。「自己思考的日本人」數量意外的多，不過只是現在沒有發言而已。惹火形成日本知識核心的日本人的話，不是宣傳跟謀略都辦不成了嗎？

雖然我屢次引用賴孝和博士的主張，不過我跟「賴孝和路線」毫無瓜葛。具體來說，我也不知道有這種路線存在。是故，我也不可能是幫美國做事的「專業反共人士」。我之所以反對作為理論的馬克思主義，是因為馬克思主義變成了不僅不能解釋當今局勢，連明治維新都無法解釋的「無用理論」。反對作為政治制度的共產主義，是因為我認為日本不需要共產主義。蘇聯需要共產主義，中共需要共產主義，古巴可能也需要吧。但這些國家的共產主義政權是順應時勢，為了發揮功用而誕生，絕對不會因為干涉而崩潰。所以我反對所有向日本引進、強迫推銷民主主義、共產主義的行為以及類似的行為。與其說是反對，不如說光是感覺到那樣的氣息，就要動怒，想要說那樣的行為是多管閒事，這不是「在思考的日本人」共通的感情嗎？

江戶城無血開城的意義

在幕末的日本，有「羅煦路線」跟「巴夏禮路線」存在。由於這些路線，日本被強大力量攪亂，然而當年「思考的日本人」們知道，以覬覦日本這點來說，英國與法國都是一樣的「夷狄」。為了不要陷入他們的計謀，把內亂抑制在最小限度，不給他們可趁之機至關重要。如同我屢次重提的，明治維新是基於這份自覺與方針達成的。

「江戶城無血開城」的過程中，西鄉隆盛與勝海舟的會談，也是建立在這份自覺與方針上。

我想舉真山青果的《江戶城總攻》三部曲和子母澤寬的《勝海舟》第七卷，當作有關「兩雄會談」的文獻。雖然說戲曲跟小說不能當成史料是常識，但是有關維新史，真山青果跟子母澤寬比歷史學家還更像歷史學家，他們進行的考究遠比戰後派歷史學家正確。真山青果跟子母澤寬都沒有遺漏掉，會談背後有巴夏禮跟羅煦存在，會談前西鄉隆盛派使者拜會巴夏禮，勝海舟也親自前往橫濱拜訪巴夏禮。

真山青果在他的戲曲中，讓勝海舟如是說：

「如果依照小栗上野一派的說法，向法國借錢來打仗，或許就能在戰爭中獲勝。但是，居時薩摩必定會與英國聯手，日本國會分裂成兩塊喔……想到這我就顫慄得起雞皮疙瘩。印度是因此而亡，支那領土也因此被奪。如果日本也發生像是重蹈他們覆轍的情況，我覺得國家滅亡就近在眼前了。」

勝海舟沒有想到，西鄉隆盛可能會中止對江戶的攻擊。

「他堅信不殺掉慶喜公，就不能達成脫胎換骨、全面革新的大改革……他堅信摧毀江戶，打倒德川家，梟首將軍大人方能重新創設日本國……真是可怕的傢伙。」

「所以我才先在御濱御殿[10]停了一艘船。」勝海舟說，

「我打算當官軍開始炮擊時，就讓將軍大人（德川慶喜）搭上船，逃到橫濱的外國汽船上。我讀萬國公法，上面寫道身為政治犯的國家元首逃到外國，該國必須給予保護，不遵照本國要求加以逮捕……我在遭遇困難的時候，會去緊咬最難纏的敵人不放手。所以我前天隻身前往橫濱，跑到支援薩摩藩的英國公使館，說服、請求討厭幕府的巴夏禮公使。最初公使也不理我，但萬國公法有明文規定，公使被我熱烈的辯論打動，終於接受我的請求同意保護將軍大人。」

在第二部當中，前往橫濱拜會巴夏禮的官軍使者回到本營。使者受西鄉隆盛之命，前往拜會巴夏禮，請求將官軍傷兵收容在英國公使館的醫院。然而巴夏禮大怒，加以拒絕，還說如果德川慶喜逃進公使館，將根據國際公法予以庇護，認定官軍攻擊江戶是非法行為。使者向西鄉報告巴夏禮如此回應。

西鄉隆盛回答：「想借用英國醫院，真是我人生中的失策！我想了一個壞方法！為了日本的勤王行動，違反萬國公法，並不可怕。只是，想要跟外國借用醫院這件事……真的是、真的是作了壞事。真是愧對勝海舟先生。」

然後，勝海舟登場，進入兩雄對談。兩人四年前在大阪見過面，當時西鄉隆盛向勝海舟請教關於兵庫開港的問題。西鄉隆盛從勝海舟處聽到幕府與法國的密約、英國對日政策，以及用來加以對抗的雄藩聯盟構想，大受啟發。雙方還有哀嘆曾身為勝海舟弟子的坂本龍馬被暗殺的對話。

之後，西鄉隆盛表白說，雖然鳥羽伏見之戰獲勝，

「只要德川慶喜還堅守大阪城，幕府海軍的軍艦還浮在攝津灣海上，這場戰爭怎麼想都是官軍戰敗了……所以，我們臨時抱佛腳，去哀求英國公使巴夏禮私下去說服將軍家……德川慶喜立刻就理解了，不接受家臣們不贊同的意見，當天就離開了大阪城

離開靜岡之後，我很怕在橫濱的外國公使們。雖然法國本來就偏袒幕府，但是連我們這邊

10 譯注：御濱御殿，彥根藩位於松原（滋賀縣彥根市）的一處宅邸。

當作靠山的英國巴夏禮公使，也漸漸開始發言譴責官軍的行動。如果攻擊已經交出政權，閉關停止政治活動，歸順新政府的慶喜公，就算是身為官軍，也是違反國際原則的人道問題。萬國公法規定殺害降伏者是犯罪，毫不掩飾的抗議聲浪已經傳到我們耳裡……勉強硬幹下去的話，情勢會轉變成外國人一致幫助幕府。真的是很沒顏面才隱藏不說的啊，勝先生。其實吉之助[11]是抱著要把江戶跟將軍都全部消滅的意氣，在這個月十二日，一度越過了箱根的山脈。然而因為外國人的譴責，又夾著尾巴逃回靜岡了。」

第三幕有一段德川慶喜與高橋伊勢守[12]在上野大慈院的對話。

高橋：「法國公使里昂．羅煦透過某位幕府官員表示，若是此時戰爭爆發，法國皇帝拿破崙三世隨時都可以替日本大君（幕府將軍）提供軍艦、武器、經費。聽起來在勸說為了復興幕府而造反，您是否已聽聞此事？」

慶喜：「伊勢守，我德川慶喜自認不是那般愚人。我沒有不惜借用外國資金，也要勝過他們的想法，我不想留下外國人干涉的國恥。」

由於子母澤寬的《勝海舟》是小說，故沒有用在舞台表演時的渲染，更加真實的描寫了兩位英雄的肖像與精神，甚至連心理都加以仔細描寫，但引用就到此為止吧。

我想讀者已經懂我想說的是什麼事了。說這些小說跟戲曲，比起歷史學家們的「學術性」著作反而更精確的描繪出了「維新人」的身姿與靈魂。雖然會對不起各位歷史學家，但是因為眼前的左派歷史學的現狀就是完全沒有人物形象的「疑似歷史科學」，所以沒辦法。學者諸家真的太過「政治」，藉學問之名，搞「針對過去的政治」搞過頭了。

「維新」的英文要翻譯成 Revolution，還是翻成 Restoration，就交給已故的服部之總教授去在意就好。那對馬克思主義者來說可能是個大問題，但是卻跟日本歷史無關。會說出「明治維新不像是任何國家的革命，那毫無疑問就是日本的維新」的人，令人感到欣慰。而之所以說感到欣慰的意思，是指可以避免掉無謂的思考。

那麼，就在這裡結束我對明治維新的考察。

在下一章，我想針對明治政府的第一道難題，亦即造成政府分裂的「征韓論」來思考。

11 譯注：吉之助，西鄉隆盛的乳名。

12 譯注：高橋伊勢守，原名為高橋泥舟，德川慶喜的家臣，伊勢守為其官職。

第四章

征韓論

——遭到抑制的出擊論

「明治史的分水嶺」

德富蘇峰寫道：

「征韓論的破裂，堪稱是明治歷史上的一大分水嶺。因為這次的破裂，明治政府產生了自慶應三年十二月九日（一八六八年一月四日）以來，頭一次的大規模分解作用。

產成分解作用、離開明治政府的因素，本來就不會因為含淚吞下而就算了。也就是說自然而然會分成『實行派』與『言論派』。而被認為是最像實行派的坂垣退助，卻成為言論派的先驅，最被人認為是言論派的江藤新平，卻成了實行派的急先鋒，要說是意外的話，這確實是意外。後藤象二郎讓政治野心暫時休息，投身商業，卻一敗塗地。副島種臣則藉由學問與周遊各地來逃避……從此與政治野心幾乎絕緣。

至於西鄉隆盛，如虎負嵎，辭官回到薩南，而天下人心都在關注他的一舉一動，盼望他遲早會有捲土重來之日。西鄉隆盛在明治七年（一八七四年）佐賀之亂[1]爆發時毫無動靜。然後到了明治十年三月（一八七七年二月），所謂擁戴西鄉隆盛的薩南健兒，終於起事。接著世間的潮流都與其相呼應，或著說是有意相應，幾乎都互相接觸、串連了。政府舉陸海軍全力仍不足夠，招集了舊士族等其他人士，當作警察兵[2]加以增援。藉此到了九月才成功掃蕩平定。」

德富蘇峰為了解明征韓論，使用了《近世日本國民史》三卷的篇幅。據我所知，有關征韓論的文獻，以黑龍會編的《西南記傳》最為詳細，而德富蘇峰的力作僅次於此。

依照左翼歷史學家的意見，德富蘇峰的《近世日本國民史》是充滿帝國主義式偏見與專斷的「邪曲學術書」，若加以引用，或將之作為準據，彷彿就是一種禁忌。事實上，不僅是左翼史家，從戰前開始，在野或是採取反政府立場的史家跟政論家當中，討厭德富蘇峰的人就已經很多了。

這是因為德富蘇峰中年後的立場跟歷任政權實在太過貼近。他主辦的報紙《國民新聞》，有一段時間呈現出簡直就是伊藤博文、山縣有朋、桂太郎的擴音器般的觀點；就算是關於對支問題，他也不支持孫文的國民革命，後來給人像是在擔任軍方代言人或是領軍的號角手般的印象。

然而，德富蘇峰應該有他自己的信念，也有功績。如同很多政治人物討厭伊藤博文、山縣有朋、桂太郎一樣，有不少史家討厭德富蘇峰這件事，顯示出了日本人的在野精神跟批判力量，我認為反而應該慶賀。不過，這還是必須與德富蘇峰的畢生力作，全一百卷的《近世日本國民史》分別評價。僅就這一百本書而言，德富蘇峰比其他任何人，更身為一位歷史學家。

德富蘇峰龐大的修史事業看似因為敗戰而中斷，但這位不屈服的老翁到死都沒有拋下筆，終於完成了《國民史》。雖然德富蘇峰死於敗戰盡頭的四面楚歌當中，一百卷的《國民史》卻仍長存著。

1 譯注：佐賀之亂，不滿征韓論破裂而下台的征韓黨人江藤新平與主張回復封建制度的憂國黨人島義勇，率領數千名不平士族對明治政府發動的叛變。

2 譯注：警察兵，西南戰爭中，明治政府軍招集警察，編組後方支援部隊，後來也加入了戰鬥。

戰後歷史學家的「邪曲學術」

舉例來說，在戰後編纂的《日本的歷史》（讀賣新聞社出版）第十一卷的內容中寫道：

「征韓論的立論根據，實在太過單純而且令人失望。然而當年的政治人物的思考與行動的方式，與今日有著極大的差距，存在著以我們的常識無法衡量的面向。在考慮國與國之間的關係時，最先占據這些人腦海的是形式上的面子；因為日本國書被朝鮮政府退回，是傷及國威的問題，所以為此出兵被認為是理所當然。為了能與萬國並肩立於國際，有必要舉起『經略海外的壯志』，以及將聲勢看好的侵略計畫掛在嘴上……可是，結果還是只有到含糊地取得領土、資源，並光耀國威的程度吧。他們認為就算是這樣也有足夠的理由發動戰爭。」

雖然書中大力嘲笑「當年的政治人物」們頭腦簡單，但是我很懷疑這到底是不是歷史學家講的話。坦白說，這是戴著史學的假面具，蠱惑青年讀者的惡質煽動言論。如果是歷史學家的話，應該都知道征韓論不是建立在那麼單純而且令人失望的立論根據上。如果不知道的話，最好去查一下。

圭室諦成所著的《西鄉隆盛》（岩波新書），書中的見解更為荒謬：「西鄉隆盛讓日本跟韓國的交涉破裂，想在日韓戰爭中證明鹿兒島士族身為軍人的優秀程度，藉此讓日本政府撤回徵兵令，進而讓政治權利均霑於更多的鹿兒島士族。」

儘管圭室諦成並非左翼人士，只是單純討厭西鄉隆盛，但是寫成這樣，連左翼史學家都會予以嘲笑。他所著的《西鄉隆盛》一書中充滿著這種反西鄉式的解釋，而且在這本書的結語，竟然是內村鑑三的句子：「最偉大而且最後的武士，離開了人世。」圭室諦成用完全相反的意義，引用了以身為「武士之子」為榮的內村鑑三的這句話。明治時代的思想家內村鑑三，在他的著書《代表的日本人》（Representative Men of Japan / Japan and the Japanese，岩波文庫）當中，選了西鄉隆盛作為頭號人物，寫道「殺死他的人們，全都為他服喪，他們流著眼淚把他埋葬。至今所有前往他的墳墓的人，都流著淚」，並為這節加上了「最偉大而且最後的武士，離開了人世」，這段痛切的哀悼之詞。用這句話作為把西鄉隆盛當成「反動派武士」巨頭，中傷西鄉隆盛之論述的結語，真不知道圭室諦成頭殼裡是裝什麼的。

話雖如此，事實上主張西鄉隆盛是「反動人士」、「軍國主義者」、「舊士族階級代表」，認為以西鄉為核心人物的征韓論的破裂與西南戰爭的敗戰，使得舊士族遭到扼殺之後，日本才踏出了邁向近代化的第一步的見解，從戰前就已經普及了。而且，這種「西鄉隆盛反動派論」是緊接在西鄉隆盛反叛、戰死之後就開始的。最先對此表達激烈憤怒的，是代表明治時代繁榮時期的思想家福澤諭吉。福澤諭吉說，這份「毫無根據、胡說八道，針對西鄉的人身攻擊」是「諂媚政府的御用學者跟變成政府走狗的新聞記者們」散布的，不遺餘力地為西鄉的起事與精神辯護。

福澤諭吉的著作《丁丑公論》（意為有關明治十年戰役的公正論述）中，有如下的內容：

「雖然有人主張，『西鄉隆盛是武士的巨擘，如果讓他得志，他必定會袒護武士階級，逐漸將人民視作奴隸。如此一來，就是在殘害自由的精神，妨礙人類智慧的發展，應稱其為文明之賊。』

但是這種論點是對西鄉隆盛的皮相之見，誤解了他的內心想法。儘管西鄉隆盛重視士族是不容懷疑的事實，但他只是珍愛武士的秉性，絕對不是對封建制度、世襲俸祿這些陳規戀戀不捨之人……西鄉絕對不厭惡自由的改革、進步。應該說他是真正景仰文明精神的人。

會擔心西鄉如果得志，政府就會轉向軍事獨裁的人，就像是認為屠夫一定不信神佛、獵人一定會想殺人一樣，是只見其形就心生懷疑的人。

西鄉隆盛實在是政府官員之敵。

必須說就是政府將之至於死地的。」

福澤諭吉猛烈的抵抗精神，清楚的展現在下面這段《公論》的序言中：

「觀察日本近來的景況，彷彿被文明的空泛之說所蒙蔽，致使抵抗的精神逐漸衰退。如果還算是憂國之士的話，就應該尋求方法加以挽救。」

然而與此相違，應該要代表敗戰日本的抵抗精神的諸位左翼人士，看待西鄉隆盛的觀點，卻跟「諂媚政府的御用學者、變成政府走狗的新聞記者們」如出一轍，純粹只能說這一點很奇怪，他們也是什麼人的走狗嗎？

舉例來說，《日本的軍國主義》的作者井上清[3]，把征韓論定義成「士族軍國主義」，接著推理作家松本清張在《象徵的設計》中，寫下「心懷不滿的右翼士族，包含西鄉隆盛、前原一誠、江藤新平」的文字，一舉將他們概括、刪去。然而，究竟征韓論的立論根據，是否「太過單純而且令人失望」？西鄉隆盛、江藤新平等征韓論者，是否算是「士族軍國主義者」、「心懷不滿的右翼士族」？我想要在一邊參考德富蘇峰的《國民史》與井上清的《日本的軍國主義》的同時，與讀者們一同思考。

井上清是羽仁五郎門下的英才，而且現在似乎是最左翼的馬克思學派的歷史學家，但是我在這裡參考他的《日本的軍國主義》，並非是要藉德富蘇峰的論點來批判井上清的論點。原因只是因為，井上清的著書，作為對征韓論的研究，詳細程度僅次於德富蘇峰的《國民史》而已。

「征韓論」的前史

雖然兩人的著作都是從上古與中世的日韓關係開始論述，但在這邊就省略吧，重要的是幕末的征韓論。即便征韓論於明治六年（一八七三年）在日本政府內部「破裂」了，可是相關的議論在幕府末年就已經開始。德富蘇峰說，征韓論與「庫頁島及千島群島交換問題」都是明治政府承接自德川幕府的「棘手的遺產」。

「自從幕府中期以來，與其說是針對鎖國的反動，不如說是當擴張思想的潮流到來之時，我們有識之士的目光，首先就會投向大陸。既然說到大陸，那麼朝鮮就應該是最前線，沒有必

3 編注：井上清（一九一三—二〇〇一），歷史學家，京都大學名譽教授。是講座派馬克思史觀學者的第一人，專長日本近代史。批判天皇制與日本的軍國主義。持日中友好的立場，也曾著書主張中國領有釣魚台。

要事到如今還加上注腳解釋。」

代表此種見解的是工藤平助、本多利明、林子平、佐藤信淵、會澤伯民等人的意見。

「往下到了幕府末期，經略朝鮮的意見，流傳於吉田松陰、橋本景岳（橋本左內）等人心中，也時常在他們的觀點中流露出細微的跡象……他們全都止於抽象的理想論，最後沒有發展成可具體實施的方策。」

諸侯之中，島津齊彬與水戶齊昭的意見就是如此。水戶齊昭有藤田東湖輔佐，島津齊彬有西鄉隆盛。而且，西鄉隆盛是藤田東湖的門下弟子。西鄉關於朝鮮的意見，發自這樣的「淵源」。

「明治六年的征韓論，絕對不是突然好事的提案。若加以歷史性地研究，遠則必須上溯至神話時代的歷史，近則必須溯及德川幕府末期的歷史……藉著這本書，如果有人將之視為一時衝動的冒險事業，那麼就必須說他無視了日本民族持續不斷活動的動態。」

接下來，首先必須注目的，是文久年間勝海舟的「對韓政策」：

「文久初期，攘夷之論，甚為興盛，而守備攝海（大阪灣）之說，也甚囂塵上。我（勝海舟）建議，務必擴張其言論規模，擴充海軍，設置軍營在兵庫、對馬，**其中之一設於朝鮮，最終延**

伸至支那，三國合縱連橫，對抗西方諸國。」

標示重點的底線是我加上的，這一點很重要。因為征韓論當然就是武力出擊論，所以只看它的外形，很容易就能把它貼上「軍國主義」、「侵略主義」的標籤，但是，這樣的標籤未必與其中的內容相符。儘管因為征韓論牽扯到內政問題，產生出各式各樣的「變種」，但不可忽略有「日鮮支三國應該合縱連橫，對抗西方諸國」的思想橫亙在其根基當中。對「征韓論」的通俗解釋，認為這樣的思想是在被有意或無意的忽略之中所產生，因而有必要從根本重新研究明治史。新進的歷史學家葦津珍彥[4]，論證了勝海舟的思想影響了後來的「自由民權思想家」中江兆民，是故也影響到中江兆民的「忘年之友」，玄洋社[5]的頭山滿。

幕府採用勝海舟的建議，首先命令對馬藩主宗義達與長州藩主毛利敬親合作，負責經略朝鮮，至於勝海舟本人則是打算率領軍艦巡弋朝鮮近海，調查情勢。雖然勝海舟遠赴了長州，但因為政情劇變，被召回江戶，這項計畫因此而中斷。

不過，勝海舟的意見對長州藩的桂小五郎（木戶孝允）與對馬藩的大島友之允造成了直接

4 編注：葦津珍彥（一九〇九－一九九二），日本神道家、保守系思想家。以身為戰後右翼「民族派」的論述者而知名。站在最前線參與國體護持、神社護持運動，給予神道界與民族派運動很大的影響。著有許多關於日本國體、天皇制、近代日本史的著作。

5 譯注：玄洋社，以前福岡藩士為中心，在一八八一年組成，主張亞細亞主義的政治團體。涉及第一次世界大戰後到第二次大戰結束為止期間，日本從事的戰爭中的情蒐與地下工作，也支援當時亞洲各國的獨立運動領袖與革命人士。

影響。文久三年四月二十七日（一八六三年六月十三日）的《海舟日記》當中寫道：

「今朝，桂小五郎與大島友之允同道前來，討論朝鮮的議題。我的策略主張，當今全亞洲無人抵抗歐洲人，是因為大家都視野狹小，比不上他們的遠大策略。現在我國若不派出船艦，廣泛遊說亞洲各國國君，合縱連横，共同壯大海軍，互通有無，研究學問與技術的話，就避免不了歐洲人的蹂躪。首先須向朝鮮國說明這個道理，之後再觸及支那。」

西鄉隆盛拜訪勝海舟在大阪的住處，並對勝海舟的灼見感到敬佩，是在此後約一年的時間。或許，雙方在會談中談及了相同要旨的對韓與對支政策吧。因為勝海舟的意見與島津齊彬的東亞經略論相當類似，西鄉隆盛肯定幾乎無條件的接受了主張先說服朝鮮、後說服支那、再以三國結盟對抗歐美力量的意見。

慶應元年（一八六五年）接連發生了在李氏王朝統治下堅守鎖國主義的朝鮮，與法國艦隊交戰，接著還燒毀美國船隻的事件。隔年幕府從朝鮮政府收到此事件通知的時間點，剛好緊接在德川慶喜出任新任將軍之後。「德川慶喜計劃利用這個機會，調停朝鮮與法國、美國，藉此讓天下耳目一新。」對此，造成有力影響的是，法國公使羅煦對德川慶喜的勸說：「因為法國將與朝鮮展開戰爭，可趁此機會向國際展現國威。」（《日本的軍國主義》）

德川慶喜將軍艦與兩個營的士兵交給外國奉行平山謙次郎，命令他前往朝鮮，會見朝鮮國王，計劃謀求調停，然而，此舉卻被上海的報紙給誇大報導，結果因為清國政府警告朝鮮，「日本幕府為了征伐朝鮮準備了八十幾艘船艦，肯定就是想襲擊朝鮮，需嚴密加強近海防備」，所以朝鮮拒絕了日本使節的來訪。縱使德川慶喜後來送出書信解釋，卻無法化解朝鮮方面的疑慮，不久之後因為日本政情劇變，事情因而告吹。

「征韓論」一直到明治維新政府將其繼承為止的前史，如同前述。並非是像讀賣新聞社出版的《日本的歷史》的執筆者所說的，立論根據「實在太過單純而且令人失望」，或者純粹只是從面子問題而產生的議論。

木戶孝允的征韓論

在明治政府中，最先主張征韓論的是木戶孝允。儘管木戶孝允以吉田松陰的直傳弟子、劍士革命家桂小五郎的身分，在維新的動亂中驚險地生存下來，成為了新政府的參議[6]，卻沒有因此而遺忘幕末以來的對韓政策。他在明治元年的年末，新政府的基礎還未穩固前，建議右大臣岩倉具視：

「請迅速律定天下的走向，派遣使節前往朝鮮，責問他們的無禮，如果他們不服之時，就聲張他們的罪行，攻擊他們的土地，大舉伸張神州之威。那時，天下的陋習將為之一變，然後

6　譯注：明治政府官職之一，地位高於卿（相當於內閣閣員），低於太政大臣、左大臣、右大臣，但因為這三者經常沒有實際權力，所以是由參議不分職掌指導閣員，類似集體領導式政府的首長。一八八五年成立新的內閣制度時，參議遭廢止，日本政府逐漸轉型成以總理大臣為單獨首腦的制度。

把目標定向遙遠的海外，便可真正確實地發展各種工藝、器械……在國內詆毀他人短處、互相責難他人缺失的惡質弊病將一掃而空，並帶來言語難以道盡的巨大國家利益。」

這是主張將對外征戰當作改革內政手段的意見。木戶孝允擔憂維新政府軟弱無力，認為維新的實際情況像是打倒了大幕府，卻製造出很多的小幕府，所以還需要第二次維新。為了統一國內的意見、一掃政府內部的對立，而發動對外征戰，是不論今昔，世界各國革命政權的領袖，屢屢思索並且實行的方法。並非只限於日本，而是任何國家的歷史當中都可以找到此種先例。

木戶孝允根據這樣的觀點，說服大村益次郎、大久保利通，打動了太政大臣三條實美與右大臣岩倉具視[7]。明治三年正月（一八七〇年二月），為了實行「征韓的大策略」，木戶孝允成功取得敕命，擔任全權大使前往支那、朝鮮，也做好了出發的準備，然而政局的複雜變化卻讓他無法成行。

如果木戶孝允的征韓論是一種「作為內政手段的對外征戰」，那麼就必須說他在三年後會以「內政派」的身分與主張征韓的武斷派對立，是理所當然的結果。對於岩倉具視、大久保利通來說也是一樣。雖然大久保最初是內政優先論者，但在明治二、三年的時候，他不一定會反對木戶孝允的外征論。或者應該說是無法反對，因為木戶提倡「作為內政手段的對外征戰」。「維新志士」成為了「廟堂上的政治家」。政治無法忽視當下的現實，就算嘴上說「百年大計」，卻不用「十年小計」作為現實政策實施，政治人物是會失勢的。而木戶孝允的征韓論在明治二年，已經成為了「十年小計」。

不過，政治人物也可能是理想家，革命式政治人物的情況特別是如此，理想在前面牽著他們走。立於「廟堂」之上，卻還想忠於理想的革命家的命運，就是失勢、流放或者被當成叛賊處以絞刑。

要躲避掉這種情況，則必須隱居、斷絕從政的想法，把政權大位讓給其他現實的政治人物，或者是，屈服於他自己內心裡的「現實的政治人物」。木戶孝允大概具有身為「志士——理想家」的一面。他與勝海舟有相同的見解，熱衷於征韓論，且大力加以主張，這肯定就是因為心中有「理想的呼喚」。驅動且迫使他的老師吉田松陰走上絕路的，也正是叫做「護持皇國」、「反擊西方力量」的「無法止住的精神」。木戶孝允最初的征韓論應該未必是一種「手段」，然而，在向三條實美、岩倉具視、大久保利通說明的場合，卻必須以當作「改革內政的手段」來說明。或許就是在說明的過程當中，他開始對自己心中的現實政治人物妥協。當然，不到三年，這位頭號的「征韓論者」，就變成了內政論者，並與「更加純粹的理想家」西鄉隆盛的對韓政策對立、發生衝突。之後儘管在政爭中加入了勝利的那一方，木戶孝允卻以「幻滅與失意的功臣」的身分，死於病痛與鬱悶之中。

佐田白茅、森山茂、柳原前光

那麼，回到原本的話題，木戶孝允前往韓國的計畫雖然遭到中止，但是對韓問題被交接給

7　譯注：太政大臣，明治政府的太政官制中，直接輔佐天皇的最高政府機關，太政官的首長；右大臣，明治政府的太政官職位之一，地位次於太政大臣與左大臣。

當時的外務省，持續延燒。

當時的政府，儘管混亂、虛弱，可是在本質上是維新政權、革命政權這點是無從懷疑的。而外務省也不單只是區區的外交省而已，第一任外務卿是澤宣嘉，他是在禁門戰爭前夕，流亡來到長州的「七卿」之一[8]。不久後從長州逃脫，與平野國臣一起在但馬舉兵討伐幕府，屬於「激進派的公卿」。澤宣嘉因病在明治四年（一八七一年）辭職，職位由岩倉具視暫代，但很快地就由風骨峭峻的副島種臣[9]出任外務卿、登上了歷史舞台。這位肥前藩出身的勤王志士，一到任很快地就引起了「瑪麗亞・路斯號（Maria Luz）事件」（從祕魯籍船隻上救出清國人的苦力奴隸）。雖然這起事件日後被認為是「恢復日本國權的第一聲」，而受到高度評價，但在此沒有餘裕詳細提及。在他的外務卿任內發生的琉球、小笠原群島歸屬問題、關於庫頁島與千島群島問題的對俄交涉、以及有關台灣問題的對清交涉，也都省略不談吧。只是，在「征韓論破裂」一事當中，副島種臣是西鄉隆盛的同志，與西鄉一起下野之後，他斷絕從政之志，寄身於自然美景與學問之中。在此我們僅先將上述事情記下吧。

外務卿澤宣嘉在任內，派遣外務權大錄佐田白茅、外務權少錄森山茂等人調查朝鮮情勢。兩人的頭銜當時雖然都只是外務省的下級官員，卻都是出身自幕末尊王攘夷志士。佐田白茅是久留米藩士，是在禁門戰爭後切腹的真木和泉守[10]的直系門生；森山茂[11]是大和的鄉士，「天誅組」的殘黨[12]。明治三年三月，結束朝鮮調查要歸國之時，佐田上呈了報告：

「若將我皇國視為一座大城，則蝦夷、呂宋、琉球、滿清全部都是藩籬。蝦夷的開拓已經開始，接著應與滿清交往，並征伐朝鮮。呂宋、琉球應可唾手而取……四年前，法國攻擊朝鮮……而俄國悄悄觀察其動靜，美國也有意攻伐朝鮮……皇國若失此良機，將此給與匪人（歐美人），便真的是唇亡齒寒了。」

是故，這是一份主張應派出三個營的兵力，俘虜朝鮮國王的激進論述。另外，森山茂也提出即時出兵論的建議：

「如果放任光陰荏苒，致使坐失時機，反而會成為西洋各國俎上的魚肉。不僅如此，假使最後被誹謗在外交上有失公正，國威總有一天會不及海外吧。」

8 譯注：一八六三年，七位攘夷派的公卿遭遇政變被逐出京都。

9 編注：副島種臣（一八二八－一九〇五），明治政府的政治家、外交官。一八七三年，發生琉球宮古島民的船隻因颱風被吹至台灣東南海岸，船上有五十四人被原住民馘首的事件。日本藉此事件任命副島種臣為特命全權公使兼外務大臣前往北京與清國交涉，過程中副島質問總理衙門為何不懲辦台番，大臣毛昶熙回答：「生番係我化外之民，問罪與否，聽憑貴國辦理。」於是日方便認定台灣東部不屬於清國管轄，自行出兵台灣，引發「牡丹社事件」。

10 譯注：真木保臣（一八一三－一八六四），久留米藩的尊王攘夷派的領導者，和泉守為其官職。在禁門戰爭敗走後，與長州藩士等共十七人一同自盡。

11 編注：森山茂的長男即為建築師森山松之助，曾在台灣擔任將近十五年的總督府營繕課技師。所設計的建築包括，台北州廳（現監察院）、總督官邸（現台北賓館）、專賣局等等，也是台灣總督府（現總統府）的實際建設操刀者。

12 譯注：鄉士，指江戶時代位於武士階級下層，從事農業的武士或是受到武士待遇的農民；天誅組，是在幕末以公卿中山忠光為首，由尊王攘夷派志士組成的武裝集團，在大和國（今奈良縣）起事，但最終被幕府軍圍剿而毀滅。

公卿出身的外務權大丞柳原前光也向岩倉具視提出意見書：

「因為眼下法國與普魯士正在交戰，俄國一定會趁隙對樺太與朝鮮出手吧。目前已經不可能守住樺太了，如果要硬撐並守下來，俄國很可能會派出數萬之兵，以日本現在的兵力將非常難以對抗，所以真正的問題在於朝鮮。

俄國若在北方攻略樺太，在西方占領朝鮮，維新的大業亦將破滅，恐成為未來的大難。僅盼望政府內部以經略宏圖之遠見，充分地考慮。」

用「現代的眼光」來嘲笑這些出擊論是很容易的，可是這對當時的日本人而言，並不是能一笑置之的場合。那是來自「歷史的呼喚」，而回答這個呼喚的，是生死交關的問題。在政府內部，產生出「武力出擊論」與「內政優先論」的對立，而且進一步相互交錯；昨天的「出擊派」，變成今天的「內政派」，「內政派」又會再度變成「出擊派」。然後再加上各派藩閥之間的利害衝突、「功臣」們的權力鬥爭，終於導致明治六年「大破裂」的結果。

關於此混亂情勢，也出現了如下的解釋：

「征韓論被認為有兩項目的。第一項目的，意即藉口在俄羅斯帝國侵略朝鮮之前，由日本先行占領朝鮮，並進一步將朝鮮作為侵略中國的橋頭堡；而第二項目的是以對外征戰轉移當時在日本國內發生的內亂的危機。」

這是井上清的馬克思主義式的分析，是將「征韓論」視為是日本侵略東亞之第一步的解釋。雖然同樣的見解因為左翼史學家們而普及，然而事情真的是那樣嗎？我認為那只是單純的形式主義論述，只能當作是馬克思主義的拙劣應用。而我把「征韓論」也視作是「東亞百年戰爭」的一環，我認為那是透過維新革命而大致完成國內統一的日本，對「西歐列強」最初且倉促的反擊計畫。可是該計畫因為太快、太過倉促而受挫，結果「內政派」獲勝，「出擊派」落敗。當我們把明治六年西鄉派的征韓論當作是「在東亞百年戰爭中受挫的反擊」來理解之時，才能初次觸及到真相，不是嗎？對手既不是朝鮮，也不是清國，而是「東漸的西力」，是「歐美列強」。然後，最初的反擊計畫遭受挫敗。因為受挫的緣故，因而產生了名為「西南戰役」的內亂，為此造成的犧牲也極為巨大。

西鄉隆盛的「征韓論」

那麼，當木戶孝允率先提倡「征韓論」，副島種臣面對歐美列強陷入苦戰的時候，西鄉隆盛在做什麼呢？他人退居到鹿兒島，不在東京。西鄉隆盛有在重大時期退居幕後的習慣，他的性格是，別人看起來覺得嚴重的事情，他卻感覺不到事情的嚴重；並且，會對別人不認為嚴重的事情感覺到很嚴重。這種性格，作為政治人物相當不幸。

西鄉隆盛在明治元年年末，把中央的事務託付給大久保利通後返回鹿兒島，閑居在加治木領地的日當山溫泉，狩獵、作詩來消磨時間。雖然西鄉隆盛每一天的生活都像是忘卻了朝廷跟藩政的事務，但是從維新戰爭凱旋歸來的士兵們卻四處惹事，擅自提出各種要求，使得薩摩藩的政治情勢變得複雜艱困。儘管藩主傳喚他，西鄉隆盛卻毫無動作；東京政府也認為需要西鄉隆盛，派了敕使與大久保利通一同前來。可是即使藩主島津久光進京了，西鄉隆盛卻還是一動也不動。或許是因為健康方面的理由，不過果然應該是他「急流勇退」的習慣顯現出來了吧。

終於，藩主親自前來日當山溫泉迎接，實在是難以拒絕，西鄉隆盛便回到了鹿兒島，擔任藩的參政，自此西鄉開始進行藩政改革。西鄉隆盛待在鹿兒島兩年，其間只有前往藩外三次。其中一次是率兵前往支援「五稜郭戰爭」。因為他對幕府的最後抵抗——榎本武揚、大鳥圭介等人的抗戰感到憂慮而靜不下來。到了函館才發現亂事已經平定，所以就立刻退回鹿兒島。

明治三年（一八七〇年）六月，中央政府對「功臣」們進行大敘勳，西鄉隆盛被授予位階正三位[13]及賞典祿兩千石。他是元勳中被授予位階最高的人，比藩主島津忠義被授予的從三位還高，西鄉極力辭退這些封賞。在他寫給大久保利通的信中，有一段寫到：「縱使我認為堂上[14]等位階非常尊貴，然而對我這個幫不上什麼忙的鄉巴佬，還要強制不允許我辭退，也很荒謬。」中央政府也無法抵抗西鄉的主張，只同意他退回位階。而被強迫收下的賞典祿兩千石，他全額捐贈給「賞典學校」。

這段時期沒有留下能探詢西鄉隆盛征韓意見的文獻。井上清教授引用在明治三年七月將「時弊十條」貼在集議院[15]門上後，切腹自殺的薩摩藩士橫山安武（森有禮的胞兄）的遺書，推論出「當時西鄉隆盛應該未必贊成征韓論」。推論的理由是，橫山安武是西鄉的「愛徒」，而西鄉為他寫了墓誌銘。橫山安武在遺書中寫道：

「主張征韓論者，畢竟還是因為慨歎皇國的萎靡不振，然而起兵需要大義、需要名分，豈能不慎重？現在必須暫時擱置朝鮮之事，按察我國的情勢，張揚維新的德化。德化既張，朝鮮又怎能對我國無禮呢？如今卻反而將他們當成小國輕視，輕率發起無名之師，萬一事情出了差錯，要怎麼對天下的人民交代？」

不需要詳讀也看得出來，這就是內政優先論。比起明治六年的征韓派的意見，更接近大久保利通派的意見。然而，就算明治三年時西鄉隆盛真的是內政優先派，對「征韓論的本質論述」也不會有什麼影響。如同前文也提到過的，「內政論」與「出擊論」彼此相互交錯。就像木戶孝允突然從「出擊論」轉變成「內政論」一般，西鄉隆盛也可能反其道而行，即便事實未必是如此。

總而言之可以說是戰略理論的差異。很明顯地俄國是應該與之迎擊的敵人，而兩派也彼此認同有必要出擊，只是關於時機與方法卻意見分歧。正好跟幕末「攘夷派」與「開國派」的對立相同。即便兩派的忠實追隨者在那場對立的盡頭互砍、互殺，然而領袖們的心裡，有一致的意見認為「開國即為攘夷」。西鄉隆盛與大久保利通都是從幕末以來的「攘夷論者」，所以在身為「出擊論者」的這一點上並沒有改變。對於木戶孝允與江藤新平、岩倉具視與副島種臣、

13 譯注：明治時代太政官制中劃分官階的制度，分二十階，正三位為第五高者。
14 譯注：堂上，公家（日本朝廷的貴族與高階官員的總稱）的一種家格，指公卿中允許升殿（入朝議政）者。
15 譯注：集議院，明治時代初期的立法機關。

伊藤博文與板垣退助，也可以做出相同的評論。絕對不能說前者是「文明的政治人物」，而後者就是「武斷的反動人士」。只是，革命政權總是離不開激烈的權力鬥爭。也時常會有讓鬥爭更形激烈、混亂的複雜的國內情勢發生。這個現象導致後世的歷史學家們各自提出不同的觀點，使得「征韓議論」變成了維新史上最大的謎團之一。

而且，依我所見，征韓論必須是在已經展開的「東亞百年戰爭」的陣地當中來討論，而不是當作承平時期的議會討論。征韓論明明應該是「是否要趁歐美列強虛弱時，先出擊至朝鮮建立反擊的橋頭堡，或是撤退穩固國內的情勢，以便準備下一次有效的反擊」，如此單純的討論。然而，由於是在戰爭中進行的論爭，議論陷入白熱化，兩派在檯面下的行動都極為激烈，以致事情變成了只能以悽慘嚴峻來形容的權力鬥爭，最終政府「破裂」，造成了內亂的基礎。

兩派人馬都為了日本的命運而斷絕私情，大膽用上權謀與策略，各自賭上自己的性命戰鬥。身為多年同志兼好友的西鄉隆盛與大久保利通絕交，結果兩人都枉送生命，西鄉隆盛變成逆臣死於城山，大久保利通在帝都命喪刺客之手。三條實美與木戶孝允因為勞心的關係幾乎成為了廢人、副島種臣避世離俗、江藤新平遭到梟首、岩倉具視也差點命喪赤坂喰違坂[16]。西鄉隆盛絕非「武斷派」，本章結尾將再說明他為了抑制軍人們的出擊論與征服韓國論，而打算不帶一兵一卒，擔任交涉使節隻身前往韓國的內情。

戴天仇的「日本論」

「支那革命之父」孫文的秘書，戴天仇（戴季陶）有一本名為《日本論》的著書。此書在昭和初年（一九二六年）寫成，昭和九年被翻譯成日文。是一本包含對日本的明察與洞見的不凡書籍，我要引用其中有關西鄉隆盛與征韓論的一段：

「如果我們試著只取日本最近幾十年的歷史來進行全面觀察，會發現西鄉隆盛雖然失敗，但他的人格卻完全支配了近五十年來的日本民族，各種事業都受到他的人格影響而推行。當年追隨他而戰敗的土佐、肥前兩藩的努力，變成後來的民權運動的核心，其餘澤時至今日仍然支配著日本的既有政黨。

與此相反，獲得事蹟上成功的長州藩也無法不拜倒在西鄉隆盛的人格之下，並且必須根據對方的民意與論的變遷來制定政策。

若從長久計畫這點來講，西鄉隆盛的征韓論在他死後十八年（日清戰爭）成為了事實，死後三十年（日韓合併）公然達成了目的。」

這是獻給西鄉隆盛的最佳弔詞之一吧。而且還是日本「侵略」的對象，支那人的發言。這跟只會把日本百年來的歷史都清一色塗滿侵略主義、軍國主義、帝國主義，除了將日本當成「亞洲罪人」譴責以外就一無所長的左翼歷史學家們的意見相比，真是雲泥之別。當然孫文跟戴天

16 譯注：喰違坂是位在江戶城外郭的喰違門前，穿過城外壕溝的土橋。「喰違」是指為了減緩敵軍攻勢，而在城門入口處設置的道路彎曲。一八七四年發生「喰違之變」，岩倉具視在經過喰違坂時遭遇高知縣士族暗殺，差點喪命。

仇也有他們自己對日本的嚴格批判。但是，他們在思考鄰國日本的歷史時，也沒有做出如同把沙金跟泥土一起沖走般的行徑。

日本人自己的意見

關於同樣的一道問題，來聽聽日本人自己的意見吧。

福澤諭吉的意見，前面已經介紹過了。內村鑑三[17]是以身為「武士之子」而自豪的基督教徒，他跟同時代的岡倉天心，都是因為最具日本特質，而能夠成為世界級的人物。內村鑑三在日清戰爭的當下，「為了向世界介紹日本，向西方人替日本人辯護」，寫下了《代表的日本人》一書[18]。這本書最初是用英文寫成的，在日俄戰爭後被譯成德文。最後本書被翻譯成日文、列入岩波文庫，使得日本人能夠看到這本書的時候，是在昭和十六年（一九四一年），也就是大東亞戰爭爆發的那一年。在一九〇八年版的序文中，內村鑑三寫道：

「雖然我青年時代對我的國家的熱愛，已經完全冷卻，但我還是無法無視我國人民所擁有的許多美好特質；她仍是我應該『無償地獻上，余之祈禱、希望、奉獻』的國土，而且是唯一的國土。」

內村鑑三在西鄉隆盛的思想的根源中發現了陽明學，說王陽明的哲學在相信「良知」和「天理」這兩點上，最為接近基督教，「進步、前瞻，而充滿希望」。

另外，西鄉隆盛為了消除我執與私情，也稍加研究了禪學這種應可說是克己禁欲的佛教型態，並且說影響他最深的人物是島津齊彬與藤田東湖。

因為這些思想與人物的感化與影響，西鄉形成了生涯中「兩項最主要的思想」，也就是：一、統一的帝國（王政復古）；二、東亞的征服（東邦經略）。這些正是他藉由「天」的聲音所得到的啟示。內村鑑三寫道，失去島津齊彬與藤田東湖的西鄉隆盛住在孤獨之中，在自己的內心裡「找出比自己跟全宇宙還要更偉大的『祂者』，與祂交換私密的對話」。在這個「與天的對話」當中，西鄉隆盛產出了如下的話語：

「行道者，舉天下毀無不滿，天下譽亦不自滿。

不以人為對手，以天為對手，由此盡己責而勿咎人，尋己誠之不足。

道乃天地自然之物，人以之行，應以敬天為目的……天不分彼我，同等愛之，故以愛己之心愛人。」

---

17 編注：內村鑑三（一八六一—一九三〇），基督教思想家、文學家、聖書學者。提倡以福音主義與社會時事批判為基礎的「無教會主義」。《帝國主義下的台灣》的作者矢內原忠雄，青年時期即受到他的宗教啟蒙。內村在日清戰爭前夕是主戰派，但在戰爭結束後轉變成批判戰爭的立場，之後更成為純然的反戰論者，提倡和平思想。

18 編注：《代表的日本人》是透過五位具有代表性的日本人（西鄉隆盛、上杉鷹山、二宮尊德、中江藤樹、日蓮上人），向日本國外介紹日本文化與大和精神的經典著作。一八九四年原版書名為 Japan and Japanese，一九〇八年改版的書名才改為 Representative Men of Japan。

這就是「敬天愛人」的思想。身為明治維新的「發起者」與「指引者」，西鄉隆盛超乎常人的活動力，就是源自於這樣的信念。

維新大致上算成功、統一的帝國（王政復古）也大致達成，西鄉隆盛的同僚們已經感到滿意。維新志士們成了「功臣」、「高官」，對他們而言，「戰爭已經結束了」。然而，對西鄉而言，還沒有結束。還剩下必須在這個統一的國家內部進行的「各項巨大的社會改革」，以及對外的「東邦經略」這兩大目的。「維新的功臣」們看似遺忘了這個目的，可是西鄉隆盛並沒有忘記。「在功臣們打算停下腳步的地方，西鄉隆盛想要開始行動。然後，破裂終於到來。」

「說西鄉隆盛只是為了征服而發動戰爭，實在是太像道德家。他征服東亞的目的，必然源自他對當時世界情勢的見解。為了使日本成為能夠與歐洲列強並駕齊驅的國家，要有大舉擴張領土，以及足夠讓國民精神持續奮起的遠大使命。我相信這種觀念，多少存在於他心中。」

《亞細亞主義》（筑摩書坊）的編者竹內好[19]，在書中的解說〈亞細亞主義的展望〉一文當中，引用了前面這段內村鑑三的文字，並且再加上了下面這一段：

「隨著『征韓論』遭到壓制，政府的積極政策全部告終，各項政策從此之後，走向了支持者們所謂的『改良內政』的方向。然後事情符合岩倉具視與他的『內政派』同志們在心中所悄悄盼望的，這個國家得到了許多他們所謂的文明開化。然而，極端的懦弱、對堅決行動的恐懼、愛好平等卻犧牲明確的正義等，令真正的武士喟嘆不已的現象也伴隨而來。『所謂文明，是對普施天道的讚譽，不是指宮殿的威嚴、衣服的華麗、外觀的浮華。』這是西鄉隆盛對文明的定義。我很畏懼，說不定與他所說的意義相同的文明，從他身處的時代以來，並沒有進步很多。」

竹內好又引用了這一段大川周明對北一輝的追念：[20]

「北一輝完全反對把西鄉隆盛發起的西南之變，當作個人反動行徑的一般歷史學家，並認為這是針對維新革命的逆轉與不夠徹底所發動的第二次革命。然後由於這場第二次革命的失敗，導致日本讓黃金大名[21]的聯邦制、以及支持此制度的德川幕府的官僚政治原封不動地實現了。

維新的精神就這樣倒退回到封建時代，加上引進了西歐那種針對法國革命的反動——特別是德國的制度，誕生出了連接朽木、東西混淆的中世紀式日本。與此相似，日本為了讓民族重生而需要第三次革命，對北一輝而言是不辯自明的結論。」

19 編注：竹內好（一九一〇—一九七七），日本知名的中國文學家、文藝評論家。專研魯迅的翻譯、研究，並有許多關於日中關係論、日本文化等議題的著作。《亞細亞主義》是「現代日本思想大系」叢書的第九卷，而〈亞細亞主義的展望〉這篇論文，可說是研究「亞細亞主義」思想史的重要文章。

20 譯注：大川周明（一八八六—一九五七），日本民族主義、亞細亞主義思想家。二戰後被以甲級戰犯罪嫌起訴，因病精神失常而未被判刑；北一輝（一八八三—一九三七），日本思想家，社會運動家，提倡國家社會主義，日本政府認為他的理論提供二二六事件思想基礎，被軍法審判後處以死刑。有關大川周明與北一輝的思想，參見第十二章。

21 譯注：黃金大名，意指有錢的財閥。

接著添加論述如下：

「西鄉並非反革命人士，反而是放逐了西鄉的明治政府朝向反革命轉化。這個思考方式，並不是昭和年代的右翼人士想出來的，而是從明治時代的民族主義中萌芽的。只是因為左翼人士沒有加以繼承，而由右翼人士繼承。」

因為北一輝的理論是希望實現第三次革命的革命家理論，所以可能難以獲得「一般史學家」的認可吧。但是，我會毫不猶豫地將西鄉精神視為是日本的維新革命精神的淵源。同時那也是我所說的「東亞百年戰爭」的意識形態。就算不是明確而且有系統到能稱作意識型態的思想，仍然是奮戰者心中情感的根基。

《近代日本政治史》的著者，岡義武[22]教授說：

「參議西鄉隆盛在預想進行征韓將誘發對俄戰爭的同時，也進一步認為這樣的發展是日本希望的。他認為俄羅斯抱有侵略日本的意圖，若是那樣，他主張應該『立刻保護北海道，在那裡跟俄國對峙。然後，便可順利推行有關朝鮮的計畫，從波賽耶特灣（Posyet Bay）擴張到廟街（Nikolayevsk-on-Amur），經由此種作法定能踏出一步深入俄國境內以護衛此地。』……參議江藤新平也預測會與俄國爆發戰爭，斷然主張進行征韓。至於外務卿副島種臣，雖然他的主張大幅仰賴當時外務省顧問李仙得（Charles Le Gendre，法裔美國人）的意見，但李仙得也主張日本應該併吞朝鮮與台灣，立於能擁有強勢發言權的地位，藉此阻止俄國侵略亞洲[23]。如同前文所示，征韓派經常把征韓當作是他們向大陸擴張構想中的一環加以提倡。」

「征韓議論」的真相

雖然我認為以上諸家的見解，各有說中的地方，但我想讓西鄉隆盛自己來講述征韓議論的真相。幸好留下了**史料**，在由原來的庄內藩士筆記、出版的《南洲翁遺訓》中，存在著西鄉隆盛自己的言詞。

明治六年（一八七三年）十月，由於「征韓論破裂」，西鄉隆盛拋下元帥、陸軍大將、參議這些光榮的職位，帶著一名隨從，悄悄離開東京，返回鹿兒島。誰也不知道西鄉隆盛如此做的理由，對尊敬西鄉的庄內藩士們來說也是個謎。

明治七年（一八七四年）一月，庄內藩士酒井了恒等三人來到鹿兒島，向西鄉隆盛詳細詢問有關他下野與隱退的原因，酒井並將之記錄下來，大要如下：

「以下是西鄉老師的說法：說起來近期的征韓議論，是發生在我因病蟄居時（在弟弟西鄉從道的別墅靜養時）。因為韓國發生許多騷動，遂有派一個營來保護和館（日本代理領事館）

22 編注：岡義武（一九〇二—一九九〇），政治學者，東京大學名譽教授，專長日本政治史。
23 編注：李仙得是與台灣有深厚淵源的人物，他在擔任美國駐廈門領事時曾處理過「羅發號事件」。後來便以他對台灣情勢的熟稔，被副島種臣聘為外務省顧問，在牡丹社事件中協助策劃外交與軍事方針。

的請求，我認為這事情極為不妥，忍著病痛到大政官出勤。說起來，我從維新以來拼到這樣子，不都是為了日韓友好嗎？然而，現在我方出兵要發起戰爭，實在毫無道理。雖然我費盡唇舌力主比起出兵，應先單獨派我擔任和平交涉使節，但終究還是力有未逮。」（原文為候文[24]）

只靠這份報告，庄內藩前家老菅實秀（《遺訓》的編者）並不滿意，明治八年（一八七五年）五月，菅實秀帶著門下弟子石川靜正等七名青年造訪鹿兒島，與西鄉隆盛見面。

一陣寒暄過後，菅實秀立刻開起話題：

「私學校好像發展越來越好了呢。」

西鄉隆盛苦笑著回答：

「學生的人數是增加了，但是讓人頭痛的因素也跟著增加了。畢竟是連士兵也全都是士族的學校，精力過剩而行為粗暴的人也不少。雖然幹部們制定校規並嚴加取締，學生們的心情反而像是回到幕末，好像深信目的是要推倒中央、顛覆政府。也不是完全沒有人公然講說在這裡幹個一票，就可以過俸祿千石萬石的大名生活了。要教導這群傢伙們大義跟正義，就像是要悍馬聽佛經一樣……」

年輕的石川靜正問：

「老師您好像曾經說過華族也沒有什麼用了？」

「我現在仍這麼認為。在去除封建的陋習，改制郡縣之後，這是理所當然的事情。為了尋求真正的人才，不需要四民的身分區別。不可忘記一君萬民才是國家體制的本義。」

「曾聽聞老師有俄羅斯不足為懼之說？」

「不，俄羅斯是很可怕的國家。不止樺太、千島，他們連北海道都打算要搶奪。」

「那麼，讓土耳其與英國從西方進攻俄國，我們日本將西伯利亞的波賽耶特灣到廟街附近占領？」

「我確實有那樣想過。然而，我不覺得土耳其跟英國會為了日本而行動。俄國遲早會經由滿洲、朝鮮半島進逼日本。這正是元寇的再現，對日本而言是攸關生死存亡的問題，私學校是為了防備那場國難而辦的。我認為在國內引起爭端，讓國力衰弱，是不可原諒的暴行。」

24 譯注：從中世紀使用到近代的一種日文文言文，因句尾使用丁寧助動詞「候」而得名。常用於書信與公文書。此處因為作者已將候文轉譯成現代日文，故特別注明。

菅實秀問道：

「不管問誰，都沒人知道老師您離開東京的原因。」

西鄉隆盛用手撐著脖子，苦笑著說：

「我是逃跑出來的。因為發生了聽到征韓論破裂，搞不清楚狀況的士兵們嚷著說要砍了三條公的騷動。說一切責任都在於太政大臣的懦弱與背叛，所以要砍了三條實美公。就算說明了事情不是那麼簡單，他們還是不順服。我說，只要我還活著，就絕不容許那種暴行，如果要砍三條公，那就先砍我吧，便把脖子伸了出去……黑田清隆、伊地知正治四處奔走幫忙說服他們，士兵們才總算答應由我處理他們的去留。然而，他們說已經無心為如此腐敗的政府效力，態度非常不好，也就是他們要一起辭職回鄉。中途出現的責任，我順手背負起來，還是可能會引起騷動的情勢。假使在陛下跟前引起騷動的話，可不是說句對不起就能了事。於是我便說如果不管怎樣都要回鄉的話，那我先回去，就從東京逃走了。除此之外沒有別的原因。」

真相或許就在這之中了吧。西鄉隆盛是島津齊彬的忠實弟子，繼承了島津齊彬「大陸經營」的遠大策略，為了保護日本與東亞不遭歐美殖民主義與俄國的侵略危害，盼望日清韓三國結盟；而這個策略的第一步就是抑制住日本國內躁進的出兵論，隻身前往韓國與大院君協商，然而，當時的高官與將軍們就不用說，連西鄉隆盛的弟子們都無法理解他的深謀遠慮。打算防備「第二次元寇」而創立的私學校，也違背西鄉隆盛的意志而爆發叛亂。西南戰役之後，西鄉被冠上「叛國賊」、「武斷派頭目」的惡名，這些俗論跟誤解一直延續到今日。

西鄉隆盛的「對韓政策」，與板垣退助、江藤新平、副島種臣等人的對韓政策有微妙的差異。出兵韓國遭到阻止，或許西鄉自己比誰都在心裡暗自感到高興。但是，政治的歷史是權力鬥爭的歷史，各派勢力對立、抗爭，不會為一人之見所動。針對西鄉隆盛在明治六年（一八七三年）的**奇妙行動**，有各種解釋參雜流傳，只是「歷史真相」，經常是在一兩百年後才為人所知。在西鄉死後百年，經過大東亞戰爭敗戰，現在總算能夠說已經開始查明了西鄉隆盛的真正想法了吧。

第五章

武裝的天皇制度

——未解的課題

天皇制度：日本人的未解課題

那麼接下來，我的論述來到了必須考察明治時代天皇制度的成立以及其本質的地方了。想要思考日本歷史的人，是不可能避開天皇制不談的。以我來說，我還沒有自信宣稱我已能解決這個問題。只是，我有個預感，可能有證明我的「東亞百年戰爭說」這個尚未獲得證明的假說的重要關鍵，潛沉在此問題之中。

針對天皇制度這道難解的課題，從敗戰以後，已經有許多答案被提出來了。雖然我還沒有把他們全部讀完，但是為了避免我獨創的「推論」失控，我要一邊參閱我能讀完的諸家意見，一邊陳述我的意見。

「戰爭以天皇之名發動，許多年輕人喪命，全體國民必須要忍受不幸的慘劇。為此，天皇制曾有一段時間被當作一切邪惡的原因，變成了怨恨的標靶。然而，最近不太有人那樣說了。天皇制度這個問題，即使被當成憲法論來探討，但是作為一個攸關我們內心的問題，卻好像依然在懸而未決的狀態下，逐漸被埋沒在堆積起來的事實當中。」

這是竹山道雄[1]在昭和三十八年（一九六三年）的《新潮》四月號發表的文章，〈關於天皇制度〉的開頭。確實是如同竹山道雄所說，天皇制度在我們的**內心**，仍是懸而未決。不管是信仰多堅定的「國粹主義者」，都不可能在目睹了敗戰與占領對天皇制度施加的打擊與改變後，而不受到衝擊。另外，不管是多激進的推翻天皇制度論者，見到在占領與「民主化」之後，天皇制**依然倖存的事實**，也會**在心裡**歪著頭問，這到底是什麼道理，不是嗎？

麥克阿瑟的軍人式意見

如果，有人認真地認為天皇制度的問題早就已經解決了，那人可能是**不用心思考**的形式主義者，不然的話，就只是不需要把日本的命運當成自己的命運來思考的外國人。我想在這裡舉出五星上將麥克阿瑟之名，其當下正在《朝日新聞》上連載內容誇傲的〈日本占領回憶錄〉，並以此作為這種外國人最顯著的一個案例。麥克阿瑟將軍說：

「數量不過只占國民中一小搓的封建領袖們坐上統治者的寶座，其餘的幾千萬國民中，扣掉少數擁有進步意識的例外，完全都成為傳統與傳說以及神話的奴隸。在第二次世界大戰期間，這幾千萬國民只被告知打勝仗的消息。

突然襲向那個體制的，是叫做全面敗北的慘痛衝擊。他們的世界徹底崩壞，不單單只是軍事力量被擊潰，而是一個信仰就此崩潰；日本人相信這個信仰，所以因這個信仰而生、為了這個信仰而戰的一切事物都消滅了。

留下的是道德上、精神上、肉體上的完全真空狀態。這次，名叫民主式的生活方式，流進

1　編注：竹山道雄（一九〇三—一九八四），評論家、德國文學家、小說家。曾任第一高等學校教授、東京大學教養學部教授。認為戰後的左翼風潮與戰前的納粹軍國主義具有同質性（專制與盲信），堅持自由主義者的立場。

了那份真空。他們以前被教導的東西有多錯誤、以往的領導者們遭致怎樣的失敗、過去的信念多麼地具有悲劇性，這些都在沒有懷疑餘地的現實中被證實了。

繼之而起的日本人的精神革命，幾乎在一夜之間打碎了建立在二千年的歷史、傳統與傳說之上的生活邏輯與習慣。投向封建式的統治者與軍人階級的偶像式崇拜之情，轉變成了憎恨與輕蔑。過去對自己的敵人懷抱的憎恨與輕蔑，不久後變成了尊敬的想法。」

確實是一**種意見**。道理極為明確直白，非常平實的軍人式意見。我不會說麥帥對日本的認知完全錯誤，至少當作在占領中的幾年間的**情勢論**是管用的。「道德上、精神上、肉體上的完全真空狀態」支配了日本，日本人自己憎惡「一切封建式的事物」和「傳統與傳說以及神話」，而且確實有一段時間看起來像是希望那些事物毀滅。誠如麥帥所言，有一段時期，日本人對占領者展現了「明顯的敬意與信賴」。

要認同麥帥「身為征服者在日本留下的功績」，我也不打算落於人後。然而，奉麥帥為最高統帥的盟軍，其所採用、強推的諸多弱化日本的政策，我們也了然於心。也知道他們以「把日本倒推回明治維新前」為目標，而且幾乎成功了。我們也詳細目睹了「世紀殘酷喜劇」東京審判的表演樣貌。麥帥的「日本人十二歲說」[2]，我們也虛心接受。

麥帥離開後十年，我們現在被迫在《朝日新聞》上讀他的「勝利記錄」。我自認我有理性到能把它當成「他山之石」來讀，但是，即使如此，這是何等軍人式、征服者式的回憶錄！

在任何國家，軍人都是單純明快的。如果不單純明快，就無法實行戰爭與征服，五星上將麥克阿瑟也不例外。我不知道他身為美國公民、打字機公司老闆[3]時，是單純還是複雜的男人。

但是他身為軍人，只能藉著把自己的意見與行動單純化，才能夠好好地戰鬥、征服。順帶一提，他似乎也很想要勳章。麥帥身為「日本人十二歲說」的發明者，蔑視日本人，所以不想要日本的勳章，但是他把親手做的最高級自我誇耀的勳章別在胸前，凱旋而去。也沒有忘記要用回憶錄的形式向世界炫耀那個勳章，真是位優秀的軍人。

天皇制度的「變形」

想請各位再慢慢讀一次前面引用的麥帥意見。讀者們是否有發現那份意見，不論當成歷史觀或當成對日本的認識都實在很粗劣，頂多是只能適用於被占領的七年跟之後餘波盪漾期間的**膚淺的情勢論**嗎？

把問題侷限在天皇制度來看吧。

麥帥跟他的幕僚們似乎隱隱自豪「是我們把天皇變成無害的**象徵**留在日本的」，真的是那樣嗎？這是否又是單純的征服者的軍人式錯覺或是自以為是呢？

如同麥帥所寫，昭和二十一年（一九四六年）元旦，天皇「親自、公開地否定了自己的神格」，這是「建立在兩千年的歷史、傳統與傳說上」的現人神信仰被天皇自己否定的重大事件。

2　譯注：麥克阿瑟曾於一九五一年在美國參議院聽證會上答詢表示，如果盎格魯薩克遜民族在藝術、宗教、文化發展表現相當於四十五歲，日爾曼民族表現相去不遠，日本的程度則相當於十二歲。日本對麥帥此言也有許多正反兩面的看法。

3　譯注：麥克阿瑟曾任雷明頓蘭德公司的董事長。

或許對麥帥而言不過是為了方便遂行占領目的的小事，然而對日本人而言則是重大事件。當然，日本人當中也有即刻廢止天皇制度論者存在，在他們眼裡，麥帥的「人間天皇保存政策」看起來就像是帝國主義者的無恥妥協；反之，在天皇護持論者眼中，「人間宣言」看起來就是天皇制度的悲慘結尾。

不過，在這之後留下了問題。麥帥對天皇制度的處理，左翼與右翼人士都有不滿，但都止於潛在的不滿。有由左翼人士指導，主張廢止天皇制度的類似小型暴動的事件發生；也有右派人士主張護持天皇制度的小型政治運動，但是，在占領軍的武力所及之處，這些事情都成了高架橋底下的傳單而消失了。

最終，老兵麥克阿瑟也凋零了，而他所創造的變形天皇制度留了下來。眼下，對這位象徵性的天皇，左翼跟右翼人士什麼都沒說，至少沒有表現出公然的政治性動作。日本共產黨在不知不覺間巧妙地把選舉口號裡「推翻天皇制度」的這一項消除掉，國粹主義各黨派裡面雖然有些嚷著「護持天皇制、恢復明治憲法」，但已經放棄將之轉化為群眾行動。日本國民整體看起來彷彿對「象徵天皇」感到滿意。

雖然被占領軍給變形，但天皇制延續下來了。對此，大多數日本國民感到滿意。儘管還不能理解為何會留存下來的理由。只是，身為超越天皇的絕對當權者的盟軍最高統帥，也無法觸及天皇制的「根源」，把天皇制留存下來而離去；對於這個事實，首先感到驚訝，不久後感到茫然，最後感到喜悅，不就是日本國民現在的心情嗎？

這一點非常重要。日本人不在乎天皇制度的**變形**。至少日本人知道這個事實：在兩千多年漫長歷史的各個時代，**天皇制曾變形成各種樣貌，而且千年如一日的存續著**。雖然麥克阿瑟在回憶中自豪，「在一夜之間打碎了建立在二千年的歷史、傳統與傳說之上的生活邏輯與習慣」，但這是只有軍人才說的出來的單純話語、一種謊言。麥帥成功的在一夜之間，幾乎打碎了以東京為首的大部分日本都市。這跟一個民族的「兩千年歷史、傳統與傳說」有什麼關係？他能夠打碎的只有都市而已。而且連那些都市都花不到二十年就重建了不是嗎？大話還是別說為上。

日本人的「兩千年來的邏輯與習慣」當中必須改的部分，我們自己來改，天皇制度的問題也是日本人自己必須解決的課題。天皇制的歷史性存在，是遠遠超出作為戰爭與征服的技術人員的軍人之流，或是只想利用天皇制度、懷有野心的政治人物之理解的。

天皇「否定神格」的意義

日本的天皇制度，不用等到麥帥的鐵腕，在歷史上就已經由日本人自身之手變形了好幾次。那是由中大兄皇子與藤原鎌足、聖德太子、源賴朝與足利尊氏、德川家康、西鄉隆盛與大久保利通，最後由伊藤博文與山縣有朋將之變形的。儘管有這些變形發生，天皇制依然延續，即便因敗戰而大幅變形之後，仍然延續至今。這個存續的秘密，外國的五星上將當然懂不了。他連自己在回憶錄中引用的《克服時局之詔書》[4]都有誤讀或略讀了。這份詔書中明白表示的，不僅僅是天皇「否定神格」。我們用自己的眼睛，再試著好好讀一次吧：

4　譯注：指昭和天皇在昭和二十一年（一九四六年）一月一日所發的《年頭、國運振興之詔書》，也稱為《關於新日本建設的詔書》。著名的天皇「人間宣言」即是這份詔書的一部分。

「朕與爾等國民同在，常望能同擔利害，互分悲喜。朕與爾等國民間之紐帶，始終因彼此信賴、敬愛而締結，非依照單純神話與傳說而產生。

亦非基於奉天皇為現人神，以及日本民族較其他民族優越，故有應支配世界之虛構觀念。」

讓麥帥感到開心的，是這後半段吧。確實是否定了稱為「現人神」跟「優越民族」的「虛構觀念」。我也想要與天皇一起因為有害的「虛構觀念」被毀滅，而感到高興。

然而，對日本人來講，重要的是前半段。「天皇與國民的紐帶始終因為彼此信賴與敬愛而締結，非依照單純神話與傳說而產生」的這句話，不是單純的思想，而是歷史性的**事實**。即使水戶學與平田學派的皇國**思想**被廢棄，但**事實**會留下。儘管天皇親自廢棄了「虛構的觀念」，「天皇與國民間的紐帶」還是留下來了，「天皇制」也留下來了。

但是，真的可以說是留下來了嗎？留下來的是被全面變形的天皇制度。這不是已經不算變形，而是**變質**了嗎？並非只有外型改變而留下本質，而是失去本質只剩下空殼，不是嗎？現在的「象徵天皇制」跟從明治維新到敗戰的八十年間的天皇制不是完全**性質相異**嗎？這樣能說是留下來了嗎？

我認為，這疑問是理所當然的。前文舉出的竹山道雄的論文〈關於天皇制度〉，就是為了回答這個疑問的一項大膽嘗試。竹山道雄很溫和的寫起：「我無法解明這個重大卻很少被提及的問題，只是想要記下身為一介國民的所感來求教。」然而因為他的論文其實是強力的天皇制度辯護論，而且堅持反共立場，所以諸位左派文化人都裝做沒看到他的發言。舉例來說，《文學與天皇制》的作者，身為推翻天皇制度論者的清水昭三[5]就寫到：「因為竹山道雄的宏文，了無新意到不得不懷疑這是否真的是日本一流知識分子所寫，所以認為或許不值得反駁，到現在一九六三年五月三十一日為止，整個言論界都還找不到談及這篇論文的跡象。」

竹山道雄論文的重要性

我的天皇制度觀未必與竹山道雄的一致。他的〈關於天皇制度〉一文，是辯護過了頭的天皇制辯護論，太過熱衷於證明「天皇沒有戰爭責任」，只強調天皇和平的一面，把天皇捧成單純的祭司或是神官了。如果這樣鑽牛角尖，會變成天皇只是遭到國民當中一小部分當權者或野心家利用，所以沒有戰爭責任。

東京審判法官的少數派意見當中，似乎也有那樣的想法。這樣的話最終還是會變成天皇傀儡論、天皇制度利用論，弄不清天皇與國民的連繫何在了。

當然，竹山道雄應該是沒有那樣的打算。他的愛國心情與從中產生的反共主義，絕對如假包換。如果讓左翼人士來評論他所屬的團體「日本文化論壇」的話，則該團體是與美國互通，是所謂「賴孝和路線」的思想戰鬥團體，可是我瞧不起那種看法。這個團體也是在日本現在所

5 編注：清水昭三（一九三〇—），文藝評論家、作家。為「新日本文學會」（一九四五—二〇〇五）會員。著有《文學與天皇制》（一九六三）、《中野重治與林房雄》（一九六七）等著作多本。

處的國際思想環境當中，自然而然產生的團體，攻擊他們，說他們是為了「美國利益」著想，不過只是穿鑿附會式的辯證法。

例如，我也不認為像竹內好這種看起來彷彿是站在與竹山道雄相反立場的思想家，是在為了「中共的利益」思考。顯而易見的傀儡不會是思想家，只會是政治間諜。雙方都應該收斂點，不要立刻就把意見相左者叫做間諜。

根本不該懷疑竹山道雄跟竹內好都是以作為日本人的立場為了日本在思考。儘管他們思考的結果，很容易因為個人關係而被視為偏右或偏左，但這是因為現今日本身處的國際環境所以才難以避免，而且應該為這種環境影響作用感到悲哀；但是我相信，只要這些人是真正的思想家，不是職業的反共業者或是讚共業者，就可以透過討論，產生出「身為一名日本人的思想」。即使在現實中這是個虛無的期望，在還沒達成之前日本可能就分裂成兩三塊了，但我還是想相信**統一**的可能性，這就是我的「大東亞戰爭肯定論」的希望。幸好我現在跟「賴孝和路線」、「赫魯雪夫路線」、「中共說客」都無緣。我就靠著這一個希望繼續寫作。

首先來聽聽看竹山道雄的「反共式天皇制度論」吧：

「『天皇制立於壟斷的布爾喬亞與封建地主之上，欺壓勞工、農民，壓榨人民，逼迫人民從事戰爭。』、『天皇制是亞洲式專制制度』、『元老、重臣、政黨、財閥、官僚、軍閥是天皇制度的支柱。』——這樣的斷定確實被大量提倡，也幾乎變成了用來解決一切的習慣性思考……然而，作為一位曾經活過那段歷史，並對其有某種程度感知與判斷的人，我在回顧那段過程時，無法認為這個斷定是精準的。

認為受到詛咒的天皇制樂於發起戰爭的這種主張，無視歷史過程，並且代之以各種詭辯。而且這主張是根據共產國際的綱領而來，共產國際綱領是在一九二八年與一九三二年提出，也就是昭和三年跟昭和八年。前者是在那場大風波[6]發生之前，後者是五一五事件[7]的那一年……用制定於外國的綱領，並排除自己的經驗來思考在那些綱領之後才發生的歷史，這才是一種先驗的方法……所以，世界觀整個顛倒過來。」

言詞相當激烈。反共是竹山道雄的一貫態度，而且如果想到在戰後發表的天皇制度論當中百分之九十是共產黨系統的「推翻」論的話，那在這場大合唱當中提倡「天皇制肯定論」的竹山道雄的聲音，自然也就必須變得更大聲了吧。

然而，竹山道雄論點的重要性並不在於其反共性質。我關注的是下面這一段：

「確實也有因為國民性格而改變的部分。越接近意識的表層，就越會隨著歷史動向而改變，然而越是位在深處且屬於集體潛意識的事物，就越難改變。所以，天皇制被認為彷彿是生根於日本國民意識相當深的底層。」

6 譯注：指三一五事件。一九二八年三月十五日，日本政府以違反治安維持法嫌疑，逮捕當時是非法政黨的日本共產黨，與合法左派政黨勞動農民黨相關人士約一千六百人。

7 譯注：一九三二年五月十五日，以海軍青年軍官為首的人士發動武裝叛亂，殺害首相犬養毅。

這是把天皇制問題從單純的制度論或政治社會學的架子上取下來，轉移到民俗學或深層意識的領域的嘗試。

「如果試著最簡單地說國民心中的天皇原本的性質，我總覺得可以說是很民俗的。住在這個島國的，一種人種、一國語言、一段歷史、一套習慣……在這個舉世罕見的國民中，在悠久的歲月間，產生了自然而然成為中心的事物，產生了所有人予以信賴、毫無困難地聽從其言的精神上的權威。教團的主祭執行祭祀之事，成為了位居國民之上的世襲神明……然而，由於神道沒有最終的絕對者，這個神明跟西洋的God是完全不同的……天皇跟古代羅馬行使絕對權力，名叫英白拉多（Imperator）或凱薩（Caesar）者全然相異，也不是由君權神授論賦予權威的王者。天皇既非政治性的權力，也非人格神的權威。

我不知道平安朝初年的時候如何，但是在之後，天皇既沒有擁有過政治權力，也沒有擁有過像基督教當中的宗教性權威，倒不如說是民族誌性質，像神主（神道教祭司）的本家一樣的東西。看京都的御所就知道，跟幕府二條城全面徹底武裝的情況相反，京都御所連像樣的軍備都沒有。

到了明治時代想把國家體制近代化的時候，因為當時的近代國家大多都是君主國，便讓天皇作為君主，天皇才首度穿著軍服，首次武裝進入千代田城。」

然後，竹山結論如下：

「我們日本人是同質的國民，在這裡好不容易有了一個藉由悠久歷史而成立的統一與結合的中心（天皇），人們毫無困難、自然而然地予以信賴，所以我很想要好好加以運用。雖然天皇制也有遭到濫用過，然而掌權者想濫用的話，不管是怎樣的體制都能濫用，要把天皇制變得美好還是變得醜惡，還是要看國民的心態。」

否定「東京審判」

我很能理解竹山道雄為天皇制度辯護的熱情，根本不該懷疑他的善意與誠意。然而，我認為這是忠臣或是賢臣的邏輯。特別是身為在野志士的忠臣，他們加諸於天皇制的期待與夢想是很美麗的。以平野國臣、真木和泉守等人為首，在維新戰亂途中殞命的志士們的天皇論，是純粹而透明的理想詩篇。

倖存下來的志士們成為了明治新政府的賢臣，他們發揮志士的理想，努力協助天皇，完成許多卓越的工作。然後，幾位活得更久的，成為了權臣。權臣把天皇制度加強到超過必要的程度，為了自己的權力欲望屢次加以利用。

竹山道雄不是權臣，他無位無官，做夢也沒想過要利用天皇制度。只是站在身為學者，身為國民的立場，為「遭到利用的天皇」辯護，在「東京審判」中主張天皇無罪。強調就算其他身為被告的權臣有罪也無妨，只有天皇沒有戰爭責任。

我跟他的立場稍有不同。我不認同「東京審判」本身，不管在任何意義上都不認同。那是戰勝者對戰敗者的復仇，也就是戰爭的持續，跟「正義」、「人道」、「文明」都沒有關係。

東京審判很明顯是公然在蹂躪這些光明的理念，是在戰爭史上也前所未聞的俘虜虐殺。

對這種恬不知恥的「審判」，我想要跟全體被告一起、跟全體日本國民一起喊：「我們有罪，跟天皇一起都有罪！」

我絕對不參與戰鬥。自信自己只是平凡的戰爭被害者的人們，當然不參加這個抗議也無妨。出生在那場戰爭之後的世代也沒有責任。然而，我卻用我的方式參戰了。天皇也以天皇身分參戰了。日本國民與天皇一同戰鬥，故而天皇與日本國民曾一同戰鬥。不只是「太平洋戰爭」，明治、大正、昭和三位天皇，在宣戰詔書上署名，親自以大元帥的軍裝與資格，打了一場包含日清戰爭、日俄戰爭、日支戰爭在內的「東亞百年戰爭」。男系皇族則全都以軍人身分戰鬥，無論是天皇或皇族都有著意義跟「東京審判」用語不同的「戰爭責任」。這是既沒有辯護餘地，也沒有必要辯護的**事實**。

「天皇民俗說」

儘管有這項明確過頭的**事實**，為何「東京審判」卻沒有處罰天皇呢？為什麼避開了天皇跟皇族呢？

剛才所引用的竹山道雄的「天皇民俗說」會在這裡展現效果。確實，單就這個「天皇民俗說」來講，在竹山道雄之前也有被提出。不僅是右翼學者，左翼學者也有涉及。最近令我感興趣的一個案例，是吉本隆明[8]的《丸山真男論》。當然，吉本隆明是左翼中的左翼，是天皇制絕對否定論者，所以雖然吉本導出了跟竹山道雄大相逕庭的結論，但是在從日本人的民俗中發現天皇制度的基礎這點上，他們是一樣的。

「儘管天皇制度毀滅、天皇制意識形態除了進博物館以外已別無他途，日本型的知識分子們，現在還是依然把恐怖形象跟天皇制綁在一起，因為他們完全不打算正視這件事。（指在戰爭期間天皇制意識形態所附著的、群眾的存在樣貌中，具有民族性質的部分，這部分和當時相比，現在仍然以變化後的型態，由群眾自己保有著。）戰爭時期天皇制意識形態最根基的部分，是在群眾的存在樣貌中一邊變化著，一邊殘留、流傳下來的，跟作為現實的統治體系的天皇制度，或是該意識形態是否已經消失了無關。戰爭時期的天皇制度應該面對的問題，不在於因時代而失去實效或復元的部分。在此處有個決定性的重點，即群眾的存在樣貌，決定了統治應有的樣貌……然而丸山真男（雖然大致上指出了天皇制的民俗性質）不把它當成土著式的樣貌來看，而把它當成發生在近代國家形成過程中的天皇制度的問題來看。」

儘管這文章很難懂，但吉本隆明想要說的事情很明確而且正確。請在好好仔細讀過之後，再判讀。

他所發現的是，天皇制的「根基」，在「國民群眾」的民俗式的存在樣貌當中，而不是被天皇身邊的重臣或「右翼」編造出來且維持至今。這個發現當然會反彈回發現者自己身上，發現者

8 編注：吉本隆明（一九二四－二〇一二），詩人、評論家，曾任東京工業大學世界文明中心特任教授。日本戰後重量級的左翼思想家，嚴厲批判戰前鼓吹戰爭的文學家。

以為能夠簡單否定、推翻的天皇制度，卻變成無法否定，從而，他應用在天皇制度以外的各種現象上的馬克思主義解釋，都不得不為之動搖。最近吉本隆明自詡為最左翼的馬克思主義者，卻被「正統派」馬克思主義者當成叛徒對待的詭異的立場跟態度，或許是這個發現的當然結果。

另外，有關「天皇民俗說」，文化人類學家石田英一郎教授的文章〈我的日本發現〉（收錄於《東西抄》），雖然是從單一面向來看，但很值得參考。我只引用下面這一段：

「我現在的問題意識之一，是希望處理這一點：就算把來自日本落後或前近代性的部分都納入考慮，目前仍難以說明的『日本式事物』與『西洋式事物』之間的對照，該如何解釋與理解……我現在掌握到的線索是這樣的假說：一個民族或文明難以改變的特質，是形成於史前時代並扎根在文化底層的根基上的產物；至今為止的歷史學家不會去處理這點，這在時代上不如說是進入了考古學家的領域，而這份特質出乎意料地在二十世紀的今日，依然用深植根基的力量在引導著民族的心靈與行動的方向。」

雖然沒有直接觸及到天皇制度，不過這個假說當然也可連結到「天皇制的再次發現」。然而在發現之後，要肯定或否定其發現的事物，是發現者的自由。

麥克阿瑟避開了天皇制

麥克阿瑟五星上將在「東京審判」中，如果想要把天皇當成被告逮捕、處決的話，隨時都能辦到。雖然「審判」的一部分檢察官、法官也持類似竹山道雄說法的天皇無罪論是事實，但這不過是**絕對少數**的意見，持天皇有罪論者占壓倒性地多數。儘管如此，麥帥卻把天皇排除在戰犯之外。這是為什麼呢？是因為麥帥相信天皇無罪嗎？還是有其他理由呢？

關於這點，清水昭三的《文學與天皇制》中有一段饒富趣味的內容如下：

「形式上的天皇制被維持下來的理由，繫於以下三點：

第一點，由於日本國民至今仍對天皇懷抱宗教式的信仰，看似會危及天皇地位的同盟國政策，將會招致日本國民的憎惡，有進一步觸發敗北的軍國主義者們獲得『天皇復興』機會的疑慮。

第二點，因為天皇制度的機制會成為占領日本期間，在軍政方面極為有用的工具。

第三點，在走向君主立憲制的漸進式轉變過程中，為了要防止在國民群眾間擴散的激進式革命性運動，只要利用天皇制度的話即可。

這是約瑟夫．克拉克．格魯（Joseph Clark Grew）[9]的意見，對占領軍而言，他的想法之正確，從戰後十五年的角度來看，更加清楚。現今，日本共產黨政策之一的推翻天皇制度，已經從選舉演講中消失了。」

如果這個記述是正確的話，可以說麥帥知道天皇制扎根的強度與深度，停止將其**根絕**，且

9 譯注：美國外交官，在一九三二年到一九四一年日本對美宣戰前任美國駐日大使。

為了占領的目的而加以利用、活用。

然而，因為清水昭三是無庸置疑的馬克思主義者，所以他強調格魯意見的第三項（防止激進式革命性運動）。同樣是馬克思主義歷史學家的井上清的著書，《天皇制》當中，這點強調得更為激烈，引用了占領軍幹部的知名發言「天皇是勝過二十個機械化師的戰力」，並且把這個「戰力」跟日本的重新建軍扯在一起，斷定「不管對日本的戰爭是否結束，美國在不論政治上還是經濟上，都將把日本重建成美國對蘇聯、對亞洲的戰爭基地，以此當作唯一的最高指導方針」。要這樣說也可以吧。當時美國國務院裡，有一派朝向那個方向行動，乃是事實。

可是，對我而言，感到興趣的是第一項跟第二項。承認日本國民的天皇信仰根深蒂固、放棄將其破壞，並為了占領的目的而加以利用的這一點。

軍人為求勝利會不擇手段，能夠利用的事物，不管是什麼都會利用。連敵國的武器、糧食、交通工具、建築物、工會、革命家都會利用。麥克阿瑟首先釋放共產黨加以利用，又把天皇制變形、保存下來加以利用。即便喜歡外國人的日本共產黨高唱解放軍萬歲，但因為不久後共產黨變成了美國的敵人、蘇聯的忠犬，而必須加以鎮壓。被利用的天皇制度，則是作為「二十個師以上的機械化部隊的戰力」，大幅發揮功效。

更正確地來說，儘管麥帥利用了天皇制，卻巧妙地避免觸及到天皇制度的根基。他解除了這個麻煩的「亞洲式傳統」武裝，僅止於剝奪其「神格」，其他部分則原封不動。他既不是天皇制度的批判者，也不是尊重者。因為他從一開始就不認為軍事占領會永遠持續，所以這個「麻煩的制度」會怎樣都無所謂。不去碰觸比較安全。就算他在《回憶錄》裡面自誇說「在一夜之間，把建立在兩千年歷史、傳統與傳說之上的生活邏輯與習慣幾乎都打碎了」，然而他自己比誰都清楚那是不可能辦到的把戲。

也就是說天皇制度是如此強力而深入地在日本人的心中扎根。把天皇制度留在戰後日本的，不是麥克阿瑟跟他各位聰明的幕僚，而是日本國民的「民俗式的存在樣貌」。然後，也無法說日本國民自己也很明確地意識到天皇制為何倖存、為何被保留下來的理由。如果借竹山道雄的話來講，那正是「國民的潛意識現象」。並不是每位國民都意識到要護持天皇制度，而且將其視為教條。然而對於下令要推翻天皇制度的人，大多數日本國民都會回答「不！」。麥克阿瑟就是避開了這點。

連日本共產黨也如此！

現在的日本共產黨，是今日同樣避開天皇制度的一個顯著實例。如同身為天皇推翻論者的清水昭三所哀嘆的，這幾年來「推翻天皇制度」從日共的選舉口號中消失了。雖然根據清水的解釋，會消失似乎是因為美國帝國主義的強大壓力害的，可是這現象究竟是怎麼回事呢？是因為日本共產黨的幹部們採取吉本隆明式的想法，認為「天皇制意識形態毀滅了，已經進博物館了，所以不用當成問題」嗎？還是兩者皆非，是因為更複雜的政治上的考量，才避開的不是嗎？

去年的眾議院大選，日本共產黨打出的標語是「正義與愛國之黨」。我在鎌倉看到那張海報，還懷疑出現了以月光假面[10]為黨魁的新右翼政黨，然後在候選人名字下方發現寫著推薦人

10　譯注：日本一九五八年至一九五九年播出的超級英雄電視劇主角。

松本清張，旁邊還寫著日本共產黨提名，不禁啞然失笑。

這也是潛意識現象。或許日本共產黨在他們的**淺層意識**中**意識**到，類似「象徵天皇制度」的東西，隨時都能推翻。所以，或許是因此才政策性地把「推翻天皇制度」的口號收了起來，打算戴著名叫「正義與愛國之黨」的超級英雄面具，致力於吸引人們投票。然而，如果用吉本隆明式的說法，這不是在對「天皇制度的根基部分」表示屈服、或是諂媚嗎？至少，是因為想要避開天皇制度而產生的擬似狀態吧？

「左派馬克思主義者」諸君似乎很厭惡這份屈服或者擬態。眼下，他們跟代代木本部派[11]似乎關係不睦。好像跟代代木派撤掉推翻天皇制度口號的問題，也有關係。作家椎名麟三在給清水昭三著書的推薦文中寫道：

> 「天皇制度，在所有層面上，對今日的日本人而言都是不能避開的絕對命題。作者讓自己跟這項命題對決的真摯熱情，拉高了這本著作的價值。」

假使只看字面意義的話，也適合作為竹山道雄的〈關於天皇制度〉的推薦文，只是，弦外之音說不定是針對日本共產黨中止了批判天皇制度在抗議。若是如此，這對代代木的諸位幹部來說，是個無理的要求。因為連麥帥都要閃避的難題，今日力量微薄的日本共產黨理所當然要閃避吧。

天皇制的武裝與軍人敕諭

作為反駁戰後盛行一時的「天皇制法西斯主義論」與把明治時代的天皇制定義為西方歷史學上的「君主專制」並相信可以輕易推翻的躁進推翻論，竹山道雄的意見是很有力的。但是，儘管他將「天皇民俗說」作為辯論基礎、有卓越的功績，然而我認為，如同前文所描述過的，只強調天皇身為民族祭司或神官的「和平的一面」，而忽略了「武裝起來的天皇制度」的實際存在這一點，是論述上較弱的地方。

民俗性質的事物未必永遠都是和平的，鬥爭與戰爭的胚芽反而是深深潛伏在民族的潛意識中存續著。雖然高度發展的宗教之中貫穿著和平的理念與希望，然而越是接近原始的宗教或是在宗教之前的原始信仰，血與犧牲的腥臭就越強。日本的天皇制度的起源屬於民俗史與宗教史的哪個階段，我還沒有研究。因為關於神道我做的功課也還不夠，所以無法詳細論述。不過只要天皇制度是從日本人的民俗深處中所產生，並在其中深深扎根的同時發展、存續下來的話，就不可能把它的本質定義為是永遠和平的。

無論是祭司還是神官，在民族危機時都會進行武裝。若是發生了戰爭，就擔任總指揮官，待戰爭結束後再恢復成和平的祭司、神官。

從明治維新到昭和敗戰為止的三代天皇制度，很明顯地有武裝。當然，竹山道雄也承認這點，寫下「到了明治時代想把國家體制近代化的時候……讓這位（像神主本家般，住在沒有軍

11 譯注：指一九六〇年代至一九七〇年代的日本共產黨，或是其決策執行部門。

備的京都御所的和平居民）天皇作為（歐洲式的）君主，天皇才首度穿著軍服，初次武裝而進入千代田城。」

可是，這絕對不是天皇首度武裝起來。的確，第一次進行西式武裝，是在明治維新之後，但是唐風武裝、埴輪[12]人偶武裝也是一種扎扎實實的武裝。在神話中的神武天皇與神功皇后也都有武裝。就算他們不是實際存在的人物，考古學上也能夠證明，在遙遠的日本民族歷史的初期，天皇曾經有武裝。大化革新的天皇制度也有武裝，建武中興的天皇制度雖然只有短短兩年期間[13]，但也有武裝。竹山道雄指出，日本天皇與古羅馬的英白多拉或凱薩不同，不以絕對權力為其存在條件，這說法雖然正確，但我不能贊同他忽略了在明治之前天皇的武裝。

明治十五年（一八八二年）的「軍人敕諭」，簡要地整理了武裝天皇制度與非武裝天皇制度輪替的歷史。這份敕諭成立的原因與經過，就如同松本清張的歷史小說《象徵的設計》中所詳述，是西周[14]受山縣有朋之命而起草的。只要看了森鷗外的《西周傳》也能明白，西周是卓越的學者，克盡學識與良心，將當時所知極限的日本軍事史，摘要於「敕諭」的前文中。因為敕諭對現在的讀者們而言是很難讀的文章，所以接下來更進一步加以摘要、解說：

「我國軍隊萬世為天皇所統率。（這點作為原則論是正確的。）

神武天皇親自率兵、平定全國。（這點雖然承認了神話，但未必是反歷史的態度。）

到了中世時期，採用唐朝式的兵制，設置六衛府、左右馬寮、防人等以整建兵制，然而之後世局和平，朝廷流於文弱，兵農自然分成兩家，武士出現，軍事與政治大權落入武士階級的領袖手中，造成了約七百年間的武家政治。（這不是神話而是歷史，各位戰後派歷史學家應該也不會否定吧。）

因為德川幕府的政治在弘化、嘉永年間開始衰敗，還跟外國發生問題，日本陷入受到欺侮的情勢，使幕府將軍交還大權，各個大名奉還領地，恢復了古代的制度。

朕是汝等軍人的大元帥，所以朕賴汝等為股肱。若汝等全體盡忠職守，與朕同心，竭力護國，我國國民將永享和平之福，我國的聲威將在世界上大放光華吧。（此處希望藉由再度武裝天皇達成日本民族的統一與獨立，以及透過向西方世界的反擊，進而參與世界文明。）」

再重述一次的話，那就是天皇制度不是在進入明治時代後才首次武裝的。只是，天皇制在武家政治的約七百年期間，沒有武裝而存在、延續了下來也是事實。只看這七百年間的無武裝狀態，就把天皇的本質定義成和平的祭司、族長的話，就太過急躁了。不過，沒有武裝的君主制度竟然能維繫七百年，這如果是在英白多拉或凱薩的狀況下是絕對不可能發生的。一般來說，武力的衰弱即為王朝的衰弱，軍備的消失便等於王朝的消失。為什麼日本的天皇制度會是個例外呢？

我已反覆重申多次，這份「神祕性格」的秘密，應該會由民俗學跟人類文化學當成民族的潛意識現象予以解釋。所以先往下繼續探討別的問題吧。

12 編注：埴輪，為日本古墳時代（西元三世紀後期至七世紀）的墳丘周圍出土的素陶器。
13 譯注：一三三三年，後醍醐天皇開始親自執政，隔年改年號為建武，但因引起武士階級不滿而導致政權垮台。
14 譯注：西周（一八二九－一八九七），江戶幕府後期到明治初期的幕臣、政治家、啟蒙思想家、教育家。是日本最早致力於翻譯西方哲學著作的學者之一。

七百年的空白

在武裝這點上，天皇制度有著約七百年間的空白。所以在某些人眼裡，看起來彷彿天皇是因為明治維新才突然進行武裝的。跟武藝、武裝完全無緣，只是身為插花或是琵琶宗家的公卿貴族們，當上了「征討總督」、「鎮撫使」[15]，慌慌張張地東征西討。因為保護他們的是「勤王派諸藩」的兵力，所以產生了「擁戴年幼天子的雄藩陰謀」這種坊間解釋。

但是，就算即位的明治天皇不是少年而是老人，天皇制還是需要快速武裝，因為「東亞百年戰爭」已經開打了。只是，幸好當時不是噴射戰鬥機跟原子彈的時代。儘管英國、法國、俄羅斯都有東印度艦隊，但因為當時的東方無論在空間與時間上都很寬廣，無法將兵力集中於日本。各國的利益也激烈衝突著，「列強」之間在歐洲跟中東也都爆發了戰爭。日本必須趁這個空檔，迅速武裝天皇制度，趕緊建立起在天皇制之下作為近代式戰鬥單位的統一國家。如果做不到的話，就會被侵略、占領、然後殖民地化。

根據我的假說，「百年戰爭」開始的時期是在弘化、嘉永年間，在那個時間點前後，「天皇再武裝論」變得很盛行。平田學派的國學者與水戶學派的漢學者開始為了形塑戰爭意識形態而活躍。政治上的意識形態，就照著像攘夷↓尊王↓天皇親征↓祭政一致↓討幕↓王制復古這樣的方式發展。學者和志士們回顧日本歷史，有些人在建武中興、有些人則在大化革新中尋找「武裝天皇制度」的原型，最終回溯到了神武建國。神武天皇是神話中最耀眼的武裝起來的天皇。

然而，不能在近代政治的現實制度中採用神話。明治新政府首先採用了平安朝的兵制，但是這無法適用於阿姆斯壯炮跟鐵甲艦的時代。明治四年，由衣冠赫奕的岩倉具視擔任首席，以進行交涉並改正不平等條約為主要目的的「遣歐使節團」出發了；但他們一抵達華盛頓後，瞭解到的卻是「列強的強盛與壯大」，以及對沒有武力的日本來說，像改正不平等條約等等只會是遙遠夢想的事實。使節團放棄了交涉，把目的改為視察歐美列強「文明開化」的情況，在視察歐洲產業、政治、軍備之後便歸國了。

武裝天皇制度的前進

明治初年的大混亂就由此開始，這是為了整備、確立戰爭體制而發生的混亂。「征韓論」被當作是太過急躁的出擊，遭到阻擋，政府因此而分裂，暗殺與內亂接連發生。在西南戰役中獲勝的「藩閥專制政府」儘管腳步蹣跚，依然朝向「文明開化」衝刺。這是由上而下的「近代化」，是富國強兵的政策。無論是工廠、銀行、鐵路、瓦斯燈還是造船廠、牧場、兵工廠全部都是政府急忙趕工建造的。並沒有等待布爾喬亞階級的成熟，或是普羅大眾階級的發展。這些產業的職員，是由舊士族充任。連生絲廠、紡織廠的女工，如果不是「受過教育的舊士族階級的女兒」，就無法操作機器。許多模仿寺子屋[16]的學校開辦，教師人員也不足。還派遣了留學

15 譯注：征討總督，幕末到明治初期的軍事指揮官職稱；鎮撫使，奈良時代朝廷設置來監察派至地方、由地方豪族出任的行政官，並逮捕各地凶徒的官職。在明治時代也有設置。

16 譯注：江戶時代教育平民子弟的私塾。

生出國。

天皇制度的強化與武裝都在這個大混亂跟「戰爭狀態」中進行。根據〈小學教員心得〉[17]開始實施尊皇愛國、皇室中心教育；並創設皇室財產，依據〈官吏服務規定〉[18]設置「天皇的官吏」，也為了擴張軍備而增稅——連道路都沒鋪好，就不顧一切地前進。當然，這些作法遭遇到了窒礙。由於對這些勉強行徑感到反彈，自由民權運動[19]猛烈爆發，鎮壓法令接連公布，並發生了一揆與叛亂。日本強化警視廳與警察，對民權運動與政黨採取徹底撲滅政策。

向前邁進並不是為了追上西洋。是為了趕上即將到來的戰鬥——不，實際上已經是在邊打邊前進了。雖然現在敵人在海洋彼端，戰鬥也小事休息，但不知何時會來犯。若是出現了間隙，敵人便會攻來。如果可以的話，自是希望在敵人進攻過來前先出擊。然而，來得及嗎？

國內剩下的，是被進行訓練的軍隊的軍靴所踩爛的稻田跟田地，以及凋敝、貧困的農民，還有一部分是勾結政治而暴富的商人，彼此脫節、滿是矛盾的「文化」。只有武裝的天皇制度在前進著，而且，說起來很詭異，人民竟然也跟著天皇一起前進。

如果不假定成這是在持續進行中的「一場**戰爭**」，就無法說明、理解在大混亂之中同時拖著國權運動[20]與民權運動，一面逐步加強武裝，一面不顧一切前進的明治、大正、昭和天皇制度的形態。

非武裝天皇制度

從同樣的觀點，可以用完全相反的評語來講敗戰後的「象徵天皇制度」。「東亞百年戰爭」

在昭和二十年（一九四五年）八月十五日結束了，因為是以敗戰、投降的方式終結，所以被敵軍解除武裝。然而不管怎樣，戰爭狀態的結束，讓「武裝天皇制度」劃下了句點，即便如此，天皇制本身卻延續了下來。戰爭結束的話，天皇又會恢復到和平的祭司或族長的身分。在此出現了在現代恐怕只剩日本天皇制才有的**民俗學式的法則**，天皇不只是脫下、丟棄了大元帥的軍服，還有作為戰爭意識型態的「神格化」與「優越民族觀念」。因為這些都是當戰爭結束後就沒用了的東西。然而，天皇制留了下來。

天皇制度復原到明治維新七百年前的非武裝時代了嗎？在歷史上不會有像在試管裡面所展現般的、純粹的還原作用。不過，是可以類推的。確實因為占領軍與麥帥的努力，日本又被變形成**像明治維新前的國家**，天皇制也再度被變形成**像維新前的天皇制**，那個天皇制度在非武裝的狀態下延續了七百年。或許現在的這個非武裝天皇制度也會在受到國民的敬愛、鍾愛的同時，至少持續個幾百年。

如果天皇制度有被取消而消滅的一天，那就是日本國民跟天皇一起從地球上的國家中完全

---

17 譯注：明治十四年（一八八一年）日本文部省頒布，用來規定教師應有的專業能力與行為的文書。

18 譯注：明治二十年（一八八七年），公布用以律定官吏職務上義務的敕令。

19 譯注：明治時代日本的政治、社會運動。一般認為始於明治七年（一八七四年）提出「民撰議院設立建白書」之時。訴求明治政府制定憲法、設置民選議會、減輕地租、修改不平等條約、保障集會言論自由等，運動一直持續到一八九〇年帝國議會成立。

20 譯注：國權運動，主張基於加強國家權力維持對外獨立，才能保障國內人民自由與權利的國權論的政治運動。國權論後來漸漸走向擴張主義政策，但國權論與民權論兩者的發展未必涇渭分明。

消失之時吧。

那一天是什麼時候到來、還有多久，或者是在短時間之後，只有天曉得。我誠心盼望在那一刻到來之前不要再發生日本國民必須再度武裝天皇制度的不幸事態。

「百年戰爭論」假說的意義

針對我的論述，從各方出現了許多反駁。我很認真地在讀那些反駁，對於有所受教的部分，我打算虛心接受。只是，現在有關「日支事變」、「太平洋戰爭」的反駁很多，我的論文還沒有進展到那段時期。儘管屆時我就會答覆，但在此我想先談論一種折衷的意見：明治維新之後日本進行的歷次戰爭，就算前半段是民族獨立戰爭或者說是解放戰爭，但後半段卻都是帝國主義式的侵略戰爭，不管是左派或右派都有這種分析。如果能夠那麼簡單明瞭地分析的話，事情就簡單了，但是，因為那種分析無法說明最近一百年間的歷史，已經知道不可能會帶來任何成果，所以我提出了「東亞百年戰爭」的假說。

這種折衷意見，很像解剖學者專心研究解剖卻看不見活人，而歷史是活著的人創造的。歷史是在一邊包含著各種人性特質的同時進展著——大矛盾與小矛盾、過失與矯枉過正、源於善意的惡果、誤算與愚行、目的與手段的顛倒、出乎預期的障礙所造成的挫折與歧路，以及其他各種人性的弱點。歷史學家必須先身為人類學家，從頭到尾都在分析、解剖而忘了綜合，是一種大忌。

只會分析而不會綜合的人，就算能當上仔細切割屍體的解剖專家，也當不成歷史學家。連一百年期間的日本歷史都沒辦法綜合解釋，算什麼歷史學家！

如同我不斷重複的，我的「東亞百年戰爭」是一個假說，這不是在貶低的意思。所謂的假說，絕對不是突發奇想或是胡說八道，而是為了研究學問、為了發現真理訂立的。如同眾所周知的，英文稱為Theory，日文也翻譯為「理論」。

儘管我不是專業的歷史學家，但是我從年輕的時候就對歷史很有興趣，也很關心歷史。應該說，我必須關心。因為，我正好在日本民族主義的全盛時期，同時也是在開始展現最初崩潰徵兆的明治四〇年代（一九〇七到一九一二年間）身為少年而成長；在社會主義思想首度開花結果的大正末年（一九二六年），我是高等學校和大學的學生。我的思想經歷，舉例來說，是與河上肇[21]博士所經歷的，那種從激烈的國家主義經過「無我的愛」之後抵達社會主義般**自然**的歷程相反；是突然就從閱讀河上博士的《貧乏物語》跟《社會問題研究》開始的。接著，成為了剛成立不久的日本共產黨的學生部隊，連《資本論》都沒讀完，只讀了列寧、托洛茨基跟史達林的小冊子就投身於「實際行動」，東奔西跑。而且還自認為是**信仰堅定的**天皇制推翻論者、國際主義者。

這份**堅定信仰**開始動搖，是在因為入獄而得到機會能閱讀日本歷史與日本人物傳記的時候。我開始覺得「這很奇怪吧！」，拜託母親與妻子把能收集到的歷史書籍都送來給我，我開始「轉向」了。如果只把「轉向」的原因全部歸咎於鎮壓，那就錯了。監獄這種地方——雖然

21　編注：河上肇（一八七九—一九四六），馬克思主義經濟學者。原在京都帝國大學教書，後辭去教職加入共產主義運動。譯有《資本論》第一卷的部分內容。是日本左翼思想的重要學者，對中國留日學生與殖民地青年亦有影響。

我只知道日本的——並沒有像外面的人想像的那麼恐怖、陰暗、悽慘。只靠監獄，思想犯是不會轉向的。

出獄之後，我寫了《青年》，再度入獄時，又讀了歷史書，寫下了《壯年》。兩篇都是我三十幾歲時的作品。從三十幾歲的一半左右到戰後這段時間，我寫了二十二卷的《西鄉隆盛》，這也讓我學到了很多日本歷史。

應該會有別的時機，可以讓我詳細寫下我的思想經歷或是思想成熟的過程。想在這裡先講的事情是，「東亞百年戰爭」這個假說，是產生於我自己的研究；舉例來說，並不是像當代那位饒富好奇心精神的頭子，大宅壯一所嘲諷的，是「在能攤開的範圍內，攤開到極限的包袱布」。

馬克思的唯物史觀也是一種有力的假說，讓我發現許多傳統史觀無法發現的歷史真相。然而，不具有馬克思的天分的諸位日本「馬克思主義者」，似乎對日本歷史錯誤應用了唯物史觀。他們的應用方式，讓唯物史觀僅止於是普通的「內在史觀」（意圖只在內部尋找一個民族與國家發展與崩潰的原因的史觀）。譬如，讀井上清教授的《天皇制》，裡面不經任何論證，就寫說在日本太古時代有過光輝的人民式原始共產制度，此種馬克思、恩格思式的「樂園神話」。其他的「馬克思主義者」的著書，則大多是把古代天皇制定義成是奴隸制度，並且把明治時代的天皇制定義成是從封建制度到布爾喬亞共和制過渡時期的「專制主義」。根據他們的「學說」，日本歷史也必須是基於階級分裂與階級鬥爭而「內在地」發展。因此，發生了關於在封建制度內部作為資本主義興起徵兆的工廠手工業（manufacture）的、沒有什麼成果的大論爭，大民族主義者兼君主制度論者的福澤諭吉，被變成美式風格的民主主義者，自由民權運動被扭曲成蘇聯式的人民反天皇制度鬥爭，全都是在亂來。特別是一味地把日支事變跟「太平洋戰爭」當成掠奪、侵略、非人道、反文明的戰爭。如果說所有的戰爭都是那樣，那還能理解，但是因為只有日本人被當成史無前例的戰犯，所以不禁想要張望四周，看看是不是有那種畫成紅臉的大反派[22]住在我們附近。

我的「百年戰爭說」是為了貼近日本歷史、與日本人至今為止每一步的真實樣貌的假說。雖然相對於「內在史觀」，倒不如說是「外在史觀」（不僅在自身內部尋求民族、國家的發展的動機，也在對外來壓力的抵抗中尋找，例如湯恩比的「挑戰與反應」理論），但是未必就只重視民族而無視階級。所以既非左翼也非右翼，只有真相才是真相。後面還有很多篇幅，或許有讀者會覺得我講太多題外話，然而我自認我很努力在慎重地向前進。比起結論，必須著力在批判與論證。

22 譯注：歌舞伎中，反派臉上畫紅色的妝。

第六章

日清戰爭與三國干涉

——「日本悲壯的命運」

日清戰爭前奏曲

日清談判破局
東艦從品川出航

這是遙遠的明治時代的演歌，因為我是日俄戰爭之後出生的少年，並沒有親身瞭解到當年這首歌流行的情形。然而，這首歌微微的餘音流傳到大正、昭和時期，我也有聽聞。然後，說起來真是太疏忽，我一直以為這首《欣舞節》是在日清戰爭開始後才寫成的。事實上，我也不知道接在這兩句之後的歌詞。

直到最近我讀了添田知道的《演歌的明治大正史》，才因為發現這首歌是寫在明治二十一、二十二年間（一八八八、八九年間），而感到驚訝。這首歌的歌詞全文是：

日清談判破局
東艦從品川出航
西鄉之死也因彼
大久保被殺也因彼
積怨重重的辮子佬

日本男兒拿村田銃
大喊嚐我刀之鋒利！
輕易打倒支那人
登取萬里長城
　行一里半就到北京城
　　欣慰欣慰欣慰　愉快愉快

用現在的感覺來看的話，這是首過分暴力的「野蠻歌曲」。然而，這首歌是在日清戰爭爆發的四、五年前寫成，並且被當作流行歌曲傳唱這點，是有**歷史性意義**的。

東艦，是幕府從美國購買後，移交給明治政府的日本首艘、而且是唯一一艘的鐵甲艦[1]。因為明治二十一年二月時，東艦已經報廢了，這首歌或許是在此之前就寫好的。至少，在作者若宮萬次郎的心裡，這首歌的主旋律肯定在明治一〇年代末期就已經響起。

根據《觀樹將軍回顧錄》[2]中的〈征清主義打破事情〉一文，明治十八年（一八八五年）時，政府內部的薩摩派提倡對清即刻開戰論，與伊藤博文、井上馨、山縣有朋等長州派提倡的非戰論（尚早論）激烈對立。據聞當時的薩摩軍人與官吏「官階到十三等出仕[3]者，都用包袱巾包

1 譯注：十九世紀下半葉的一種軍艦，外層覆有鋼或鐵製裝甲。
2 譯注：陸軍中將三浦梧樓（一八四七—一九二六）的回憶錄。
3 譯注：明治初期的官職名稱。明治時代的省內官職由高至低分為，從卿（大臣）開始到十五等出仕共二十一級，而十三等出仕為由高往低數的第十九級。

起了刀」，顯現出一副將要暗殺尚早派人士的勢頭。如果這件事情是真的，那麼「西鄉之死也因彼，大久保被殺也因彼，積怨重重的辮子佬」這三句奇怪的歌詞，就顯得栩栩如生了。

當然，在明治二〇年代初，日本除了老舊的東艦，還擁有數艘鐵甲艦。只是這首歌曲的作者可能在此之前就將希望寄託於僅僅一艘的東艦與村田銃，唱著「輕易打倒支那人，登取萬里長城」。應該要說他意氣旺盛吧。

所謂的村田銃，是陸軍中校村田經男（後來晉升少將），留學歐洲、研究並構想，經西南戰役實際測試後加以改良，在明治十三年為陸軍制式採用的單發式步槍；在明治二十二年時已改裝為連發式，性能超越史奈德、恩菲爾德等進口西式槍枝。花過心思配合日本人體格，縮小口徑、延長射程的村田銃，在日清戰爭中發揮了強大威力。

初期議會的「混亂」

日本總算是造出有效用的槍枝跟火藥了，但是卻來不及建造軍艦。除了向國外購買以外別無他途，可是在當時憲法已經公佈、議會也已設立的情況下，在議會中占絕對多數的民權派政黨聯盟卻不贊成海軍擴軍預算。「民權派政黨並不反對充實軍備這件事，是反對政府其實是藩閥政府的現象。因為藩閥的根據地在軍部，所以更特別對軍方展現出不合作的態度。」（《日本的歷史》，讀賣新聞社）

因為這份對立，發生了從明治二十三年十一月的第一屆議會開始，到二十六年的第四屆議會為止的大混亂。

自由黨議員中江兆民，投下表示「這個議場，可笑；這個議長，可悲；未來會議，可怕」的無效票離場。而土佐派議員林有造、竹內綱、植木枝盛等人為了贊成政府提出的預算案，被收買而退黨。最後中江兆民看到連板垣退助都退黨了，便罵他們「冷血無情」、辭去了議員職務。這是在第一屆議會發生的事件。（桑原武夫，《中江兆民研究》）

桑原武夫[4]教授在書中寫道中江兆民到了明治三十三年，就「加入以侵略大陸為目標的近衛篤麿主辦的『國民同盟會』，並熱心幫助其募款活動」。然而「國民同盟會」真的只是區區的侵略大陸團體嗎？土佐派議員「收賄」是否單純只是議會貪腐現象？這兩道問題，希望桑原教授盡早再次研究。

從第一屆到第四屆議會，即便發生自由黨議員的動搖與混亂與政府凶暴地干涉選舉，也不屈服的民權派政黨，其反擊的原因，是為了建造軍艦、修築炮台、建立鋼鐵廠的費用，即所謂的軍事預算，是要刪減或是通過。

若是真如坂田吉雄教授在〈明治前半期的政府的國家主義〉（收於《明治前半期的民族主義》，未來社）中所指出的一般，當時的自由黨並不是反對充實軍備這件事情本身，只是不願配合藩閥政府與軍部的話，只要日清戰爭越來越接近爆發、再由政府當局者告知他們清國與日本的建軍狀況的話，扣除掉像中江兆民這樣有潔癖的人，必須身為「現實主義者」的政黨人士，也不得不在某個時間點上跟政府妥協。把發生在那個時間點上的「賄賂」或「分裂」當成普通

4 編注：桑原武夫（一九〇四—一九八八），法國文學、文化研究者。京都大學人文科學研究所教授退休，該校名譽教授。為戰後「京都學派」的主要承繼學者之一。

的貪腐現象看待，就太過急躁了。

「有潔癖」的中江兆民，之後也參加了「國民同盟」，不僅熱心幫助其募款運動，還跟玄洋社的平岡浩太郎[5]、《大東合邦論》的作者樽井藤吉等人一起前往上海，協助創設「東洋學館[6]」。如果把在日清戰爭之後，緊接著就即將發生日俄戰爭的預感給去除掉的話，就會無法說明中江兆民做出這些舉動的事實。

海軍大臣的「蠻勇演說」

明治二十四年（一八九一年）七月，「清國水師提督丁汝昌率領定遠、鎮遠等數十艘北洋艦隊精銳，堂堂皇皇、舳艫相連進入橫濱港……這場訪問的真正意義，是想展現精銳艦隊威力，讓日本折服，打算不讓日本動朝鮮一根寒毛，明顯在做傲慢至極的準備。」（《東亞先覺志士記傳[7]》）

這一年十一月，第二屆帝國議會開會，因為民權派政黨又猛烈反對政府提出的軍事預算，導致議會被解散。便是在此時，海軍大臣樺山資紀做出了有名的「蠻勇演說」。「海相樺山在眾議院談論海軍擴張的急務，放言維新以來的功業單為薩長政府之功績，議場大亂。」《日本百年的步伐》（朝日新聞社）如此記載，且登了一部分的演說速記。因為樺山資紀本來就不是辯才無礙的人，極度激憤、邊流著淚邊講，言詞亂七八糟，幾乎不成演說，但是他一邊揮舞著拳頭、一邊擦拭熱淚，大聲喊道：「我海軍自明治維新以來，已經歷數次大小戰爭，未曾有過損害國權、玷汙海軍名譽之事；反而是擴張國權，增加海軍名譽。儘管如此，卻因為民權派政黨無法相信政府，而被說不應交付這項重大事業給海軍，我們死也沒有臉見九泉之下的前輩們。」在野黨認為他的演說是在對藩閥歌功頌德，議場內極度喧囂——如此記載的《東亞先覺志士記傳》，應該是接近真相的。

對日清會戰的迫切預感，令海軍大臣亢奮、悲憤、進而露出狂態。有份速記的記錄這樣寫道：「現任政府是像過去這樣克服了國內、外的艱困危機後才有直至今日的政府。就算說今天是薩長政府還是什麼政府，但守護國家安寧是誰的功勞？（議場內傳出巨大笑聲）這並非可以笑的事情吧。」

對此，民權派政黨的代表性演說家島田三郎搬出「天皇的御聖德」反駁道：「因為有陛下聖明在上，日本才走向了開國，海相所言對天皇陛下失禮了。」

在這當中有不能當成單純的吹毛求疵而輕忽的事情，即民權派政黨也打著天皇的名號攻擊政府。而明治時代的民族主義就是如此，天皇跟民權、國權都不衝突，天皇是雙方希望的象徵。不，其實民權跟國權都是從同一個母親腹中生出的雙胞胎，藩閥政府與民權派政黨一邊衝突、

5 編注：平岡浩太郎（一八五一—一九〇六），一八八一年創立的政治團體「玄洋社」的初代社長，自由民權運動者；樽井藤吉（一八五〇—一九二二），明治、大正期的政治運動家，亞細亞主義者。他的思想參見第十章「樽井藤吉的理想」。

6 譯注：一八八四至一八八五年間，日本人在上海經營的學校。原本計劃教授商法、政治經濟學、法律課程，但日本政府認為該校有名無實，不予認可、支援。所以該校其實僅有教授中文、英文，最後因財務問題以及被日本政府下令停止招生而結束營運。

7 編注：《東亞先覺志士記傳》為一九三三到三五年間，由「黑龍會」與其創始者之一的葛生能久所編著的著作。是研究玄洋社、黑龍會之興亞思想的基礎文獻。

一邊不斷妥協，相互「以心傳心」、「心意相通」。像板垣退助、大隈重信、後藤象二郎、星亨、河野廣中等民權派政黨的領袖們，進退極為不明確，在重要的時候也會丟下黨員「入閣」。自由黨跟改進黨終究是不可能當上亞各賓黨，也沒有辦法成為吉倫特黨。至於當不上也無法成為的原因，是因為日本有著日本的「歷史」、「宿命」。

「雙胞胎」握手言和

此時在擴軍問題上，政府終於也必須仰賴天皇。明治二十七年第四屆帝國議會，首相伊藤博文在民權派政黨的內閣彈劾上奏文通過時，為了規避內閣總辭與解散議會，借用了天皇敕詔的權力。若用《志士記傳》中的表現方式來說的話：

「第三屆議會也繼續擱置充實海軍的議案，到第四屆議會的時候，明治天皇擔心東亞局勢，仁慈地從御內帑[8]中下賜三十萬日圓作為軍艦建造經費，並下達有關建造軍艦的詔書，議會方得以通過充實海軍議案。稟承這份詔書的文武官員全都捐出薪水的十分之一作為建造軍艦的費用，貴族富豪中也接連出現願意獻納軍艦建造經費者，如此，跟不論財力或軍備都遠勝日本的大國支那敵對、作戰的準備，終於完成了。」

敕詔寫道：

「談及國家的軍事國防事務，那怕只有一日鬆懈，也許便會留下百年悔恨。朕在此節約宮廷花費，六年之間，每年下賜三十萬圓，另命文武官僚，除有特別情況者，在同樣期間，應每月獻納俸祿的十分之一，以此充作製艦費的補足。」

議會服從了敕詔。自由黨員河野廣中擔任特別委員長與伊藤博文首相交涉、妥協，決定「大幅改革海軍內部，並火速著手軍艦的製造」。「如此，三月一日，帝國議會在和平的情況下舉辦了閉會典禮。」（《公爵山縣有朋傳》）

這是「鬧劇式而沒有骨氣的妥協」嗎？我認為正好相反，是國權與民權這對雙胞胎被「東亞百年戰爭」的**現實**逼迫，而握手言和。

內村鑑三的主戰論與非戰論

《日本的軍國主義》的作者，井上清教授說：

「像日清戰爭這樣徹頭徹尾不義的侵略戰爭，受到在國民中最主張和平主義的人如內村鑑三、與當時最徹底的民主主義者如中江兆民等人支持，被說成彷彿是正義的國民戰爭，而沒有遭遇到像日俄戰爭時的反戰、厭戰抗爭，是因為他們也不知道國民主義被調包成國權主義了。」

8　譯注：御內帑，天皇持有的金錢。

如同眾所周知的，井上教授的立場是馬克思主義、共產國際綱領。因為日本走的腳步都是「反人民式」的，所以「徹頭徹尾不義」，特別是他用盡了全力想要證明，明治天皇制度成立之後的歷史，是對內進行暴力壓迫、榨取，對外則是侵略、掠奪的連續。他在這邊使用了藉由辨別「國民主義」與「國權主義」，來讓學生搞混的調包把戲。國民主義與國權主義哪裡不同呢？不都是 Nationalism 嗎？也許他是想主張 Nationalism 也有階級性，真是愚蠢。至少在杏壇之上，別耍把戲。

然而，前面引用的文字中，最重要的不是井上教授的意見。而是日清戰爭這場應該「徹頭徹尾不義的侵略戰爭」受到內村鑑三般的「和平主義者」以及中江兆民般的「民主主義者」支持的**事實**。（把中江兆民定義成「民主主義者」，也是一種井上式的**通俗說書性質**的顯露，但在此也不將之視為問題。）

在戰爭行為本身當中不可能有正義、道德。有的只是人類彼此的自相殘殺而已。儘管如此，鬥爭者自己聽見「正義的呼喚」，進而投身戰爭的情況，也屢屢發生。一種是為了自我防衛的戰爭，而另一種情況則是基於宗教狂信或是使命感的「聖戰」，兩種都是「置勝敗於度外，不顧犧牲」地戰鬥。不管是哪種戰爭，打贏的話，就會有作為勝者獵物的戰利品隨之而來；然而自衛戰爭與「聖戰」，置戰勝時的利益「於度外」卻是正常的。這種情形使理想家們肯定戰爭。

會說「戰爭也是商業、甚或產業」的，是山賊跟海盜的邏輯，這個邏輯橫亙在自古以來的掠奪戰爭的底部，理想家們對於這種型態的戰爭不屑一顧。

日本基督教徒中最大的理想主義者內村鑑三，對自己強烈主張「吾人相信，日清戰爭實為義戰」，做了如下說明：

「知道我國近況的人，應該會充分認同這次的衝突，不是因為我們自己喜歡而造成的……如果說利欲是我們的最大目的，那麼戰爭是我們最應該避免的，不戰才應該是我們自始至終的政略。然而，過去二十多年間，支那對我們的那些無禮妄舉，幾乎都不堪忍受，偉大的西鄉隆盛已經見過此狀。他想要立刻興師問罪的熱血的希望，真的導致他捨棄了生命，我國也為此遭逢悲慘內亂之害。吾人是真的很想抹殺自己的血肉之軀，以避免與鄰國衝突。」

這跟欣舞節的歌詞，「西鄉之死也因彼、大久保被殺也因彼」的發想相同。

「然而，明治十五年之後，支那對我國的行為如何呢？他們經常干涉朝鮮內政，妨害我們對朝鮮的和平政略，不斷地從對立面羞辱我們。

我們查閱外交歷史，至今一次都未碰過如此卑劣的政略。這是殘忍的妓院老闆，經常對身處在他的詭計之中、無助可憐的少女執行的政略……這是愛好自由、尊重人權者一刻也不能容忍之事。我們感到訝異，對這積年之惡發聲譴責者，只有我們日本人。」

欣舞節那段「野蠻」的「積怨重重的辮子佬」歌詞，就是從這樣的歷史情勢中產生的。

「我們論定日本透過朝鮮戰爭變得奮勇善戰，這應會是在戰爭局面結束後最為明白之事。

我們要當我們遭逢貧困的鄰國的夥伴，當然這在物質上對我們沒有利益。另外即使對象是支那，我們的目的也不是毀滅他們，只要讓他們補償我們流血的價值就已足夠。我們的目的是敲醒支那，讓他們知道他們的天職，讓他們跟我們合作從事東方的改革，我們是以永遠的和平為目的而戰。上天啊，請憐憫我們在這場義戰中倒下的同胞們吧。」

我知道內村鑑三有「日清戰爭肯定論」，然而這次其實是我第一次詳讀該論。身為民族主義者的內村鑑三的思想，往前連接到佐藤信淵、島津齊彬的大陸經略論，與西鄉隆盛、勝海舟的「日韓同盟論」；往後連接到岡倉天心[9]的「亞細亞主義」，接著直接連結至日中戰爭、太平洋戰爭時的「東亞聯盟論」、「大東亞共榮圈說」、「聖戰論」。雖然說我知道這種連結是理所當然的，但還是有點驚訝。

「我們是以亞洲救主的身分，面對這條戰線。我們已經救起朝鮮一半了。現在開始要救滿洲、支那，接著往南方擴及安南、暹羅，然後拯救聖地印度，讓它脫離歐洲人的束縛，這樣才能達成我們的目的。自任東方啟蒙導師的日本國的希望，不能只小於蔥嶺以東的獨立與奮起。有人想把像支那這樣的軟弱國家逼入困窘，利用它們的衰微來成就我們的名譽與富強，我輩必須對持這種論點的人因缺乏神聖的願景而感到遺憾。」（〈日清戰爭的目的如何〉）

當然，我也知道同樣的這位內村鑑三針對日俄戰爭變成了激烈的非戰論者。他身為《萬朝報》的記者，與黑岩淚香、幸德秋水等人組成「理想團」，提倡非戰論。內村鑑三後來在黑岩淚香轉為開戰論者時，離開《萬朝報》，大力主張「我不只是日俄非戰論者，我是絕對廢止戰爭論者」，對於曾稱日清戰爭為「義戰」之事，告白道「心中深感羞愧」。

此事並沒有改變日清戰爭的本質，只是意味著基督教徒內村鑑三自己對於曾身為「戰爭的使徒」感到羞恥，而轉變成了「神的使徒」——表示他戒掉了「戰爭的意識型態」，變成「愛與和平的傳道者」。思想家沒有義務一輩子都持有戰爭的意識形態，忠於自我的思想家屢屢「轉向」。主戰論者內村鑑三重生成為反戰論者，只是在走自己的路而已。

「世間有人提倡戰爭獲得的利益。因此我也一時提倡了那種愚行。然而，到現在我要表明那極為愚蠢。以戰爭獲得利益，是強盜行徑。

最近的實際案例，可以用明治二十七、二十八年的日清戰爭來看。耗費兩億日圓的財富與一萬人的生命後，日本國藉由這場戰爭得到了什麼？除了微薄的名聲、某某伯爵升為侯爵，妻妾數量增加，日本國從這場戰爭中得到什麼利益了嗎？原先確保朝鮮獨立的目的，沒有因為這場戰爭而強化、反而更為衰弱，打開了分割支那的開端，大為增加日本國民的負擔。這場戰爭的道德非常墮落，而且把整個東方帶到危險的境地來了，不是嗎？眼看著這個大毒害、大耗損卻還主張開戰論的人，我實在不覺得他們是正常人。」

9 編注：岡倉天心（一八六三—一九一三），明治時期的思想家、日本美術史的開創者。一九〇六年以英文出版的著作《茶之書》（The Book of Tea），是將日本文化與「茶道」介紹給外國讀者的經典著作。

戰爭經常都是不正常的，所謂的戰爭就是瘋狂的產物。雖然內村鑑三因為日清戰爭的瘋狂而自己放棄扮演「戰爭的使徒」，然而他的非戰論仍然無法阻止日俄之間開戰。不僅如此，歷史學家應該要注意到的事情是，以陸羯南[10]、岡倉天心為首，許多「日本主義者」相繼登場，且作為取代他的戰爭意識形態提倡者，開始大力主張跟十幾年前的內村鑑三一樣的意見。

內村鑑三從講台上下來了，但戰爭尚未結束，「東亞百年戰爭」仍持續進行著。陸羯南跟岡倉天心也預感到日清戰爭不過是尚未完結的「東亞百年戰爭」的其中一環，而「三國干涉」正是這份預感的最佳實證。

對「三國干涉」屈服

三國干涉或許也是在今日被遺忘的事件之一，在戰後的史書中也有完全沒寫到這件事的。日清講和條約在下關簽訂，其結果導致台灣與遼東半島成為日本領土，然而就在條約批准完後僅三天的四月二十三日，俄羅斯、法國、德國三國，就強硬地將放棄遼東半島的勸告提交給日本政府。

當然，這不是普通的勸告。俄羅斯已開始在奧德薩軍港集結運輸船，準備緊急運送他們「世界最強的陸軍」前往遠東，這很明顯是軍事干涉。英國跟美國則採不介入態度，而「不介入」指的就是在發生三國軍事干涉還遼的場合，不會與日本站同一邊的意思。

日本屈服了，日本政府除了屈服之外沒有別的對策。雖然跟清國軍隊的戰鬥看起來像「連戰皆捷、大獲全勝」，但是陸軍與海軍都已用盡了全部力量。實情是別說三國，連俄國一國都對抗不了。只能歸還遼東半島，跟國民一起「臥薪嘗膽」等待下次機會。

我稱「征韓論」為「受挫的出擊論」，因為征韓論是無法出擊的出擊論。而在日清戰爭中，即使日本確實出擊到朝鮮、滿洲，卻在當地受到歐洲的三個強國干涉，必須後退。這能稱之為勝利嗎？所以日清戰爭也是一次「受挫的出擊」，這裡有著「東亞百年戰爭」的**宿命**存在。

在此之後十年的日俄戰爭也會如後面的文章所述，是一場受挫的戰爭，就算說日本藉由日清、日俄兩場戰爭，連一個預期的目的都沒有達成也可以。如同前面引用的內村鑑三所呼喊的：「原先確保朝鮮獨立的目的，沒有因為這場戰爭而強化、反而更為衰弱，打開了分割支那的開端……而且把整個東方帶到危險的境地來了，不是嗎？」在日清戰爭中，日本得到的就只有這樣。不管內村的原意為何，我原封不動的認同他的措詞。得到的，只有「『西方列強』從幕末以來一直包圍日本列島的鐵環，變得越來越強，套得越來越緊」的這個「教訓」而已。在列強當中，舉例來說的話，也有像英國那樣的國家，把日本這頭「遠東的小猛獸」馴服，當成「東方的看門狗」利用。然而，就僅只於是看門狗，這些列強經常做好當狗跑了就拉緊項圈、狗咬人就揮鞭的準備。

「有勇無謀」的戰爭

在這個包圍網中，日本所受到的挫敗，一路持續至最後的大東亞戰爭的大挫敗。可以說在八月十五日的敗戰時，從幕末以來日本所做的抵抗跟所受的挫敗，終於完成了。如果從敗戰的

10 編注：陸羯南（一八五七—一九〇七），民族主義的政治評論家，創立日本新聞社，為明治中期新聞界的重要人物之一。其創刊的新聞雜誌《日本》曾多次遭明治政府停刊。

二十年後，現在的「歷史學家的眼光」來回顧，「東亞百年戰爭」就是一場從一開始就毫無勝算的抵抗。然而，這場戰爭卻不能不打。然後，日本挺身戰鬥了，我們在這一百年間打了一場多麼「有勇無謀」的戰爭啊！

確實是沒有歷史學家會稱幕末的「薩英戰爭」與「馬關戰爭」為侵略戰爭的。不過，這兩場小戰爭裡面，有著「大東亞戰爭」這場「有勇無謀」的戰爭的原型。這一百年期間，日本就算於**戰鬥中取勝**，卻一次也沒有在**戰爭**中獲勝。

在日本也有人提倡帝國主義，然而很遺憾地，大日本帝國一次也沒有取得過能讓自己有資格打出帝國主義國家名號的戰爭結果。這一百年間就算有取得台灣、朝鮮半島、庫頁島南部、小如粟米顆粒的剩餘東南亞小島，這哪裡是帝國主義了？帝國主義的意思不是指擁戴皇帝的國家的政策，如果這樣就叫帝國主義，衣索比亞也是大帝國主義國家了。

歷史上的帝國主義國家，在東方是大唐帝國、成吉思汗的大元帝國、大征服者乾隆皇帝的大清帝國，在西方是凱薩跟奧古斯都皇帝的大羅馬帝國、短命的拿破崙帝國、羅曼諾夫王朝的俄羅斯帝國、日不落國的大英帝國、史達林與赫魯雪夫的共產帝國。讓「日本帝國」加入了這些大帝國主義國家的，是親切的列寧和他的徒子徒孫們。

希望大家注意到，不論在「東亞百年戰爭」中的哪一場戰爭，都像是事前就講好了一樣，使用到了「置勝敗於度外、想停也停不了的戰爭」的說詞。這不是區區的戰爭修辭、也不是偶然。這是戰鬥過的日本人的實際感受，是**真心話**。

政府總是主張「非戰論」

不論是哪一場戰爭，在經過慎重計算敵方與我方戰力、周到地「共同謀劃」之後，都發現是很難打的戰爭。身為當事者的政府與軍人，從最初就知道會是犧牲多於利益的戰爭，儘管如此，卻還是必須開戰。

內村鑑三在我剛才引用的「日清戰爭肯定論」中寫道：

「領導我們的，是非常厭惡戰爭的內閣，再加上政治改革就要開始，國家將達到昌盛的極點。如果說利欲是我們的最大目的，那麼戰爭是我們最應該避免的，不戰才應該是我們自始至終的政略。」

這意見也可以適用於日清戰爭之外的戰爭，最厭惡日俄戰爭開戰的，是當時的日本政府。因為避免沒有勝算的戰爭，以文明開化政策謀求「內政改革」，尋求與歐美並肩的繁榮才是最賢明的路線。如果可以的話，日本人會選擇這條路線吧。然而，這條路被堵死了，就算用任何的**理性判斷**與努力也不可能選擇其他路線。

國民直覺到了這件事，「對外強硬」（主戰論）呼聲從民間響起，推動了學者、政黨人士，連文學家也如是。被這份聲浪推動，政府不得不下定決心開始進行沒有自信會贏的戰爭。

文學家長谷川二葉亭[11]在日俄戰爭期間這樣寫道：

「我斷言，這場戰爭不是預測了一定會贏才開戰的。**勝或不勝的問題是其次，首先這是一場完全不能不打的戰爭**……也就是因為賭上了存亡，即便主觀上覺得絕對不會輸，客觀上也無法預測會打到什麼程度而安心地生活。事實上是掌心捏著汗在關注戰局的經過。」（中村光夫《二葉亭四迷傳》）

「日本的悲壯命運」

「勝或不勝是其次，首先這是一場完全不能不打的戰爭」，長谷川二葉亭這份文學家的直覺，可以直接適用於大東亞戰爭。覺得不適合的人，只能請你們再讀一次這場戰爭的前史。文獻論證就留到後面，但是大東亞戰爭也完全跟日俄戰爭相同，是假如有充分計算對手的戰力、針對戰爭結果慎重地「共同謀劃」過的話，就不可能會進入的戰爭。

進入到戰爭的人們（儘管我也是其中之一），被名為「日本的悲壯命運」的一種應該稱作宿命觀的事物所支配著。長谷川二葉亭的感想，就是這個現象的一個實際案例。最近，大熊信行教授所介紹的已故的和辻哲郎博士的話[12]，也證明了這個現象。據說和辻博士是把這段話寫在〈從事文化性創造者的立場〉這篇論文當中：

「日本在近代的世界文明當中，是處於極為特殊的地位的國家，在二十世紀的進展過程中，日本遲早必須展開源自於這個特殊地位的**悲壯命運**。或者，也許根本已經開始了，只要日本人不自己放棄發展，就必須對這個悲壯命運有所覺悟，不論是否有發起軍事性質的活動，這個命運都是擺脫不掉的。」

這是應該熟讀的文章，據大熊教授說，上杉慎吉博士與德富蘇峰的著書中，也寫下了像這樣「內容駭人的預言」。

現在來想的話，這個「命運觀」應該要用「東亞百年戰爭」的實際存在與持續進行的這個**事實**來說明吧。這不是硬要跟我的假說扯上關係，這些思想家前輩們做出「預言」的時候，日本還沒有打作為百年戰爭最終樂章的對英、對美戰爭。只是，我認為如果活到了敗戰後的現在，和辻博士或許會比我還早說出「日本的悲壯命運」的真面目就是「百年戰爭」。

丸山真男教授的嘲笑

沒有人知道命運的真面目為何，雖然說是因為不得不戰鬥所以才挺身而戰，但如果被逼問為什麼的話，真的很難回答。很受現代學生歡迎，名聲卓越的丸山真男教授，針對「太平洋戰

11 編注：二葉亭四迷（一八六四－一九〇九），小說家、翻譯家，本名為長谷川辰之助，又名長谷川二葉亭。日本近代小說的元祖之一，也翻譯許多俄國文學，其著作給予自然主義作家很大的影響。

12 編注：大熊信行（一八九三－一九七七），經濟學者、社會評論家。青年時期研究馬克思主義政治經濟學，因為戰時擔任言論報國會理事、鼓吹戰爭言論，戰後轉為反省自我的戰爭責任、批判國家惡行的立場；和辻哲郎（一八八九－一九六〇），哲學家、倫理學家、文化史學者、日本思想史家。其倫理學的體系自成一家，「和辻倫理學」與西田幾多郎的「西田哲學」並列，都是日本獨自發展的哲學體系。

爭」領袖們的心裡與態度，解說如下：

「對於這次戰爭，不管理由如何，納粹領袖們肯定對走向開戰的**決心**，有著明確的意識。但是我國的情況卻是，發起了這麼大的戰爭，至今卻到處都沒看到有人意識到我們就是引起戰爭的人。總覺得是一邊被人推著走、一邊拖拖拉拉地舉國跳進到戰爭漩渦中，這個驚人的事態，究竟意味著什麼？」

身為理性主義者兼實用主義者的丸山教授當然不會相信什麼「日本的悲壯命運」。教授只是譴責而已。

「我國的不幸，不僅在於國家政治被少數寡頭勢力所掌控，也在於寡頭勢力真的因為對這個情況毫無自覺、意識而使不幸倍增。」（《現代政治的思想與行動》）

因為我已經不是學生了，所以這個解說無法讓我滿意。雖然這是一種解釋沒錯，但我認為方向搞錯了，教授忽視了一個**潛在的事實**：開始那場「無謀至極的戰爭」的，不是被押上東京審判的法庭、被同盟國檢察官嘲笑的那些「甲級戰犯」。

儘管實用主義者應該不會相信那樣的「神話」，但是我相信，「百年戰爭」在那些被告們出生前就已經開始。當然，同盟國的將軍與諸位檢察官也都尚未誕生，他們不過是在走向「百年戰爭」的途中才參加的參加者。

東京審判的被告席，與紐倫堡審判的被告席不同，東京審判的被告席上，連一個「對走向開戰的決心有明確意識」的人都沒有；全都是「總覺得是一邊被人推著走」——換句話說，就是被和辻說的「日本的悲壯命運」推著走——「一邊拖拖拉拉地跳進戰爭中」的人，這真的是「驚人的事態」。

在「寡頭政治」這種政治型態中，尋找說明這個「事態」的丸山教授的方法，實在是太像教師、檢察官。而這位教授檢察官，無法理解被告的心理。

在那場復仇審判的被告席上，應該連一個覺得可以把責任推卸給別人、運氣好的話就可以躲過死刑的卑鄙小人都沒有。反而是做出覺悟、認為如果可以的話，一個人扛下戰爭責任也無妨的人占大多數吧。然而，在自己心中卻無論怎麼找都找不到開戰責任的所在之處。因此，在檢察官耳裡，被告答辯聽起來全是「十二歲小孩」的答辯，所以才能夠從檢察官席上加以盡情嘲弄。丸山教授也因為在前面的論文中引用了審判紀錄，而成功地盡情嘲笑了被告們。

這就是真相。

第七章

日俄戰爭的推動者

——日本「右翼」的起源

三國干涉與德富蘇峰

明治二十八年（一八九五年）春天，伊藤博文與李鴻章在下關進行講和談判時，年輕的《國民新聞》主筆，三十三歲的德富蘇峰（德富豬一郎），正在遼東半島旅行。

在熊本長大的少年豬一郎，受到橫井小楠的經世之學以及熊本聯盟[1]的基督教影響，景仰新島襄而進入京都同志社就讀，然而，最後卻成長為基督教徒不可能變成的民權主義青年。如同閱讀他青年時期的著書《吉田松陰》就可明白的一樣，他是懷著第二次維新之夢的熱血革命青年。儘管他又從京都前往東京遊學，然而往來的對象是當時的自由黨員，也跟中江兆民、馬場辰豬等人碰面。雖然他也拜訪了福澤諭吉與板垣退助，大談年輕氣銳的議論，但即使受到板垣退助再三推薦，他還是沒有參加自由黨。可能是因為他志在當個無冕王論客，或許也可以說是他的強勢個性不遜於弟弟德富蘆花的關係。

「平民主義」[2]、「推翻藩閥」是年輕德富蘇峰的信念，他創辦的雜誌書名叫《國民之友》、報紙則叫做《國民新聞》；絕對不是《官僚之友》、也非《藩閥新聞》。後來自由黨跟藩閥妥協的時候，《國民新聞》對此加以攻擊，批判他們是「新吏黨」，因此而遭到自由黨集體抵制。資金方面則是從親朋好友處酬借，並請新島襄擔任保證人。《國民新聞》的標語是：「第一、政治的改良。第二、社會的改良。第三、文藝的改良。第四、宗教的改良。」

然而，隨著日清戰爭的情勢變得緊迫，藩閥之敵《國民新聞》成了朝鮮出兵論的急先鋒，這完全是德富蘇峰自發的「轉向」。

德富蘇峰寫道：

「明治二十七、二十八年戰役，對日本，或是對我個人的歷史而言，都是重大事件。我是至今為止以藩閥政府為對手，奮戰到最後的一人。然而，一但明治二十七、二十八年戰役爆發，我就把藩閥政府、薩長的一切完全拋諸腦後，以全國同心因應清國為當下的最優先事項。為了這件事，我犧牲了我所擁有的一切事物……儘管當時每家報社都熱衷於此，但福澤諭吉老先生最是熱心，詳情我不記得了，但我記得他捐了一萬日圓軍費。」（《蘇峰自傳》）

是故，明治二十八年春天周遊遼東半島時，對年輕的德富蘇峰而言，是在開滿楊柳與杏花的新領土上「高度愉快」的旅行。接著當他再度回到旅順時，看到了什麼呢？

「情勢跟出發的時候完全不同，狀態彷彿像是燃燒的火焰熄滅了一般，問人這是什麼情形，說是終於要歸還遼東半島了，我真的覺得悔恨到眼淚都流不出來。我不恨俄國、德國、法國。我恨對他們折腰的我國外交的掌權人士，用一句話講，我恨伊藤博文和伊藤內閣。

雖然我從以前就跟伊藤內閣在外交問題上交鋒，但現在歸還遼東半島的事實攤在眼前，不是只有啞口無言而已。就算說這次歸還遼東半島的舉動，支配了我一生的命運也不會有什麼問

1 譯注：一八七六年，熊本洋學校三十四位學生受傳教士詹士（Leroy Lansing Janes）影響，自發簽署文書表示願意信奉基督教新教，並在日本推廣。這些人的團體即為熊本聯盟。

2 譯注：又稱「平民歐化主義」，德富蘇峰在自由民權運動時期提倡的主張，認為應該以由一般國民接受西方文明的方式推動現代化。

題。自聽聞此事後，我在精神上幾乎成了另一個人。會像這樣，發生這種事情，畢竟還是因為力量不足的緣故。也讓我開始堅信如果力量不足，所有的正義公道，連一半的價值都沒有。」

「帝國主義者德富蘇峰」在此誕生了。因為三國干涉，而捨棄民權論或自由主義，往「帝國主義」與「軍國主義」重生的日本人的名字，數量多到在此列舉不完。然而德富蘇峰的轉生，是其中的一種典型，而且必須說是一種特殊的典型。德富蘇峰確實算是一位日本的「右翼思想家」，但是卻少有人視他為「純正右翼」。「平民主義者」變成「藩閥主義者」，「國民之友」變成「重臣、軍閥之友」，跟親弟弟德富蘆花也斷絕了關係，後來還有類似像是籌備了「通往日本的破滅之路」這樣的各種惡名，從他生前就已經開始披掛在他身上；不過我在讀了他的《自傳》之後，無法同意這個解釋。德富蘇峰是必須由現代的年輕學徒們再詳細研究一次的重要人物，雖然他寫了一百卷的《近世日本國民史》，但是他自己本身就是代表明治、大正、昭和時代重要面向的**個人歷史**，不能無視、避開他。

有關三國干涉後的心情，他自己這樣寫道：

「那時，我一刻都不想待在要交還給他國的土地上，就找了最近的御用船[3]搭回國。但還是從旅順口的海灘上，抓了一把小石頭跟砂礫用手帕包起來帶回去當紀念品，至少當作這裡曾經一度成為日本領土的紀念。」

三十三歲愛國青年的這份「帝國主義式心情」，與在列寧的宣傳小冊《帝國主義論》中，把戰爭定義成是「統治階級用來將被統治階級的不平不滿，轉向外部的欺騙政策」的此種馬克思主義戰爭論，是毫無關係的。

德富蘇峰「變節」的意義

歸還遼東半島之後的德富蘇峰幾乎變成了「復仇之鬼」。他在七十三歲時的《自傳》中，自省說那是「小小的血氣衝動」，「歸還遼東半島這件事，幾乎把我的身體跟靈魂都吞噬、焚燒殆盡。我決心不管是十年後、二十年後或是一百年後，都必須要洗刷這個恥辱。還有，造成招來屈辱的事態的，既不是軍隊、也不是國民。總之就是伊藤內閣的外交……我們從以前就不遺餘力地揭露，取給他**對外軟弱**之綽號的軟腳外交的本質。」

從此，他開始了身為主戰論者的激烈政治活動。然而，他並非天生的政治人物，活動也未必成功，倒不如說是失敗連連。因為如果是「以俄國為假想敵、意圖擴展國運」的內閣，他就會對擴張軍備也贊成、增稅也贊成、什麼都贊成；與此相反的話，就什麼都反對，所以他集變節者、叛徒的惡評於一身；也因此，《國民新聞》銷量減半，《國民之友》也嚐到停刊之苦。

而且，德富蘇峰這人有個奇怪的特性。說這特性奇怪，可能讀者會聽不懂，這種性質就是，跟覺得是死對頭的人直接見面後聊著聊著，就會變成朋友的性質。就算未必會打從心裡敬佩對方，也會認定此人是能夠共事的人物。

3 譯注：御用船，指在戰爭等時期受政府、軍方徵用而用於軍事目的之船隻。

我原本認為這是九州人比較多會有的一種習性，然而似乎不是那樣。最近年輕的社會學者們開始發表明治天皇制度的「家族國家性」（石田雄[4]）、日本的「單一社會性」（中根千枝[5]）理論，似乎跟那有關。石田雄說起來是從否定角度，而中根千枝是從肯定觀點展開他們的論述，然而不管是哪一個，都如同竹山道雄也已經指出的一般，在長達兩千年以上的期間，持續居住在這個狹長島國，達成了幾乎完全的融合、同化，持續擁有「一種人種、一國語言、一段歷史、一套習慣」的民族，不只社會結構、連在社會演化的形式上，如果自己沒有擁有跟其他民族不同的東西的話，才不可思議吧。

明治維新時，雖然有人在內亂中戰死，但沒有為了德川慶喜跟他的臣子們準備斷頭台。舊大名們接受了華族的榮典，幕臣勝海舟、五稜郭叛亂首領榎本武揚、大鳥圭介，還有其他人也都當上明治新政府的大臣。就算大久保利通把叛軍將領江藤新平處死，但這反倒是屬於例外，同樣身為亂臣的陸奧宗光也在出獄後再度登上大臣之位。

許多「轉向研究者」忽略了在戰前的日本共產黨員大量轉向（這在世界革命運動史上沒有類似案例。對革命黨員立刻處以死刑或流放的國家，不可能會有大量轉向的發生）的背後，有產生被告與檢察官之間不可思議的互相理解與友情。戰後的全學連[6]學生諸君跟辻政信之間、或是全學連跟田中清玄之間「怪異友情」的秘密，或許也是「單一社會」或「家族國家」的現象[7]。這似乎不像是可以用「昨日之敵是今日之友」來解釋的表面現象。

在三十歲的時候，我也有在邊養著出獄之後的病、邊寫好小說《青年》之時，突然收到被視為是政界幕後黑手的政友會[8]大老小泉三申[9]老先生的來信，而且還來拜訪我，讓我很驚訝的經驗。之後，從第二度入獄到老先生去世為止，我都受到他的庇護。

雖然我是在很久以後才知道年輕時的小泉三申是幸德秋水的摯友，但是我漸漸領悟到，日本的統治階級之間把政治犯，也就是反叛者或革命家當成「階級的仇敵」徹底憎惡、迫害的習慣很**微弱**——反倒是把他們當成聖經中的浪子，歡迎他們回家的風尚比較強。是故，我開始對下令連基層警察、監獄官員都要當成「階級敵人」來憎恨的共產黨印刷品產生懷疑，我的「轉向」——也就是回歸日本，漸漸變得穩固。

我在島崎藤村的《法國紀行》中，讀到「在日本無法想像法國階級制度的嚴苛」的這個感想而瞠目結舌，也是在這個時候。

4 編注：石田雄（一九二三—二〇二一），政治學者，東京大學名譽教授。其思想受丸山真男的影響，專長日本近代政治思想、文化。

5 編注：中根千枝（一九二六—），社會人類學家，東京大學名譽教授。首位東大的女性教授、以及女性的日本學士院會員。專長印度、西藏和日本的社會組織。

6 譯注：全名為全日本學生自治會總連合，在一九四八年由一百四十五所大學學生自治會聯合組成。在六〇、七〇年代安保鬥爭時進行激烈的學生運動，後來運動退潮。至今仍有數個團體自稱全學連，但都被認為沒有實體。

7 編注：辻政信戰時是日本陸軍的參謀，指導多起戰事，本身是充滿爭議的人物，但是戰後與左翼的全學連接觸，對他們的活動展現熱情。田中清玄戰前曾擔任日本共產黨的中央委員長，但是一九四一年時轉向為反共主義者，戰後一面展開反共活動、一面卻在安保鬥爭之際金援全學連。

8 譯注：政友會，全名為立憲政友會，戰前帝國議會第一個實施真正政黨政治的政黨。

9 編注：小泉策太郎（一八七二—一九三七），號「三申」，大正、昭和時代的政黨政治家。

政府的「非戰論」

再把討論移回德富蘇峰身上吧。

青年德富蘇峰，自決心要向三國干涉復仇以來，就為了推翻伊藤內閣，讓大隈重信與松方正義「合作」而開始奔走。德富蘇峰原本並不喜歡大隈重信，與其說他是相信社會上稱「大隈是奸人」的評論，倒不如說他討厭大隈重信，只是見了面聊著聊著，「覺得英國推動自主外交的首相巴麥尊（Henry John Temple, 3rd Viscount Palmerston），就是像這樣的人吧，然後開始稍微有點欽佩他的傾向。」

所有事情都是像這樣子，德富蘇峰不管見桂太郎，還是見山縣有朋，都成了他們的朋友。用蘇峰式的說法，就是承認道「即便勉強不說是欽佩，但他們不是平凡人物，是真正的愛國者，對國家有益的人才」。而且到最後，他跟「死對頭」伊藤博文、井上馨也成了「朋友」。

德富蘇峰在明治三十一年（一八九八年）（大約三十五、六歲時），與野田大塊[10]一起會見伊藤博文，「當時，伊藤公說『德富君對勤王主義大概沒有異議』，原本就不應該有異議。如果要問當時我的意見如何，因為我是比伊藤公還要激進的軍備擴張論者，所以認同並持有不應停止增徵地租的立場是必然的結果[11]。我不用等到伊藤公認同我的行為，感到愉悅而讚許我，我們的意見自然一定一致。」之後跟井上馨、山縣有朋、桂太郎「交情成立」的情況，幾乎都與此相同。

身為輿論界人士的德富蘇峰，從此開始孤立。他受到集中攻擊，說他從「國民之友」變成了「藩閥之友」。然而，他有一個不會改變的信念，而且確實該稱之為「執著」的主義。

「世間與論說我是變節者，說我是平民主義的叛徒，說我為了利益，捨棄至今政治上的友人，激烈一點的，還有說我是政治性的娼妓，也有人創造出所有字典都沒有的新成語來罵我，其中甚至有被世間對我的惡評與譴責所迷惑，連跟我親密往來多年的人也疏遠我。雖然中途遭人背棄，但自明治二十八年春天以來，我忍耐一切艱難與辛苦，決心一定要洗刷歸還遼東半島的恥辱，今天在這裡拜讀日俄開戰詔書，對我而言何其愉快。」

然而，日俄戰爭的談和條約引起了國民的不滿、激憤，德富蘇峰的「國民新聞社」遭人縱火。因為身為記者，德富蘇峰跟政府的重要人士很親近，知道不論在兵力上或在財力上，日本已經沒有繼續進行戰爭的力量。以美國為首的列強動向，也已經不能說是對日本友善的了。因為政府沒有告訴國民這些情況，所以既無賠款、也無割讓俄羅斯內滿洲濱海邊疆省分土地的朴資茅斯條約，在國民眼中看起來就是超越三國干涉的恥辱性和談。身在其中，強調朴資茅斯和談必須這麼做的理由的「國民新聞社」，因此被群眾包圍、丟擲石頭，遭到破壞也是自然的發展吧。但是，德富蘇峰沒有屈服，坐守被包圍的新聞社一個月，持續發行報紙。

從此之後，「國民新聞社」不再是德富蘇峰的報紙，德富蘇峰身為意見領袖的使命，看似暫時劃上了休止符。他出國旅行，而《國民新聞》則因為新的經營方式，大幅「庸俗化」，變

10 譯注：野田卯太郎（一八五三—一九二七），日本政治人物、實業家。曾任眾議院議員、遞信大臣、商工大臣。
11 譯注：當時日本為了擴軍經費，提出法案提高土地稅率。

成相當暢銷的報紙，但德富蘇峰未必樂於這份成功。

他在那時候，已經預感到下一場應該要打的戰爭了。接下來這段他的自傳，有予以關注的價值：

「同時，我的注意移往美國。這不見得說是包藏禍心，但美國以三十七、三十八年戰爭（日俄戰爭）為分界，對日本的態度丕變。因此，我認為這個巨大的恐怖，將跨越太平洋而來，遲早會壓迫我國，而且會在將來的大亞洲大陸政策上阻礙日本自由行動之人，沒人能及美國。即使這不一定是在敵視美國，但日本也必須要有足夠的自我防禦的覺悟，所以我認為充實我國海軍力量極為重要。多年以來由於對俄政策的關係，將重點放在陸軍，今後則因為對美政策，將重點置於海軍是必然之事，所以我打算在此方面略盡棉薄之力。」

當時，有這種預感的，當然不只德富蘇峰一個人，只是無法說日本國民全部都有這種預感。不論是哪一國的國民、公民都愛好與尋求和平的日常生活。國民喜歡的事情，是為了自己跟家人，在和平的每一天裡勤奮工作以及娛樂。當一場艱難的戰爭結束時，因為恢復和平而最感到高興的，是國民、是公民大眾。「持續百年的一場宿命戰爭」，是和平的公民最嫌惡的觀念。然而，明治時代大多數的日本國民都對日清、日俄兩場戰爭的停戰處理感到不滿與激憤，發起政治性的暴動，表明對下一場戰爭的期待。可以說不太意識到「東亞百年戰爭」的預感。

但是，「百年戰爭」裡有幾次約十年期間的「小憩」，這段期間政治人物與國民都專注於「戰後經營」，享受和平的日常生活。這是理所當然、符合人性的想法，任何人都想避免戰爭。

這段時間也有許多「和平的政治人物」登場，他們也都擁有誠心與愛國熱誠，為了讓日本進步，想選擇的道路是與英美調和、加入西方列強。如果可以那樣做的話，對日本而言無疑也是和平與繁榮之路，至少對扣除掉東方的日本一國而言，是犧牲最少的賢明之路。

這種類型的文明政治人物，在明治政府當中絕對不少。請回想起前一章引用的內村鑑三的日清戰爭論，裡面有「領導我們的，是非常厭惡戰爭的內閣，再加上政治改革就要開始，國家將達到昌盛的極點。如果說利欲是我們的最大目的，那麼戰爭是我們最應該避免的，不戰才應該是我們自始至終的政略」這樣一段文字。

針對日清戰爭，伊藤博文、井上馨、山縣有朋是最激進的非戰論者，就算針對日俄戰爭也一樣，伊藤博文身為「日俄協商論者」一事太過有名。德富蘇峰也寫到，把這場戰爭帶向開戰的，是民間的「對外強硬論者」以及以小村壽太郎為首的少壯派外交官。

日俄開戰前聚集在《萬朝報》的內村鑑三、幸德秋水、堺利彥等人的非戰、反戰論，與幸德秋水的《帝國主義——二十世紀的怪物》的出版，似乎至今仍受到極高的評價。然而竹內好在〈亞細亞主義的展望〉中指出，他們的非戰論並沒有受到政府的壓制。竹內好寫道，受到壓制的，是對俄開戰論者內田良平的《俄羅斯亡國論》，因為「當時的政府是開戰尚早論者」。

右翼的「浪人精神」

那麼，針對德富蘇峰好像用太多篇幅了，不過我是想讓讀者瞭解到他是日本「右翼思想家」的一種典型。同時也想證明我所說的「東亞百年戰爭」其實不是由政府跟軍方所構想、「共同謀劃」並且遂行的；而是由被稱作「右翼」的思想家與行動家們促進、推動與準備的。「右翼」不是只有德富蘇峰一個人，右翼的人物類型、性質、傾向也不是只有德富蘇峰型。只是他們有著一點共通性：對「東亞百年戰爭」這個既成事實與其無法中途停止產生了預感，以及在實際感受到和辻哲郎博士所說的「日本的悲壯命運」的同時，挺身面對毀滅。國民期盼和平，而「文明政治人物」夢想藉由「文明開化」政策讓日本繁榮並脫離亞洲式的野蠻與貧困。我不會取笑這些人的文明夢，如果這個夢想能夠實現的話，不只是日本的福氣，也是世界的福氣吧。可是最近一百年的世界史，並沒有賜予人類這份福氣。

然後，日本誕生了許多看破和平不過是場夢的全新的「夢想家」。他們被稱作「右翼」，是「東亞百年戰爭」產生的「受挫的英雄」。「右翼」在民間經常埋沒於世，像德富蘇峰那樣的人反而是異於常例。我沒聽說過玄洋社的頭山滿老先生跟黑龍會的內田良平有步上「仕途」，以荒尾精、根津一、宮崎滔天為首的《東亞先覺志士記傳》中的數百位「右翼人士」，全都是終身的「浪人」。陸羯南就只是一介記者，岡倉天心則去了美國，大川周明跟北一輝都是浪人學者。

用政府和軍方領導階層的野心、侵略主義以及「共同謀劃」，來說明「滿洲事變」、「日中戰爭」、「太平洋戰爭」的發生，這種「學術考據」，不過就只是可笑的判斷錯誤。「主戰論」全部都是出自民間。在大東亞戰爭時，主戰論影響了「青年軍官」，一而再、再而三地變成政變計畫，終於推動了軍方高層與政府。

所謂「右翼」究竟是什麼？是區區的暗殺慣犯嗎？是勒索公司或政治人物的流氓嗎？是穿著像納粹的制服，闖進左翼的抗議遊行的日本法西斯主義者嗎？是正在陰謀規劃「逆向」重建舊時日本，極度危險、暴虐的地下組織嗎？

錯！絕對不是那樣，如果有那樣的存在，我也不會稱之為「右翼」，據我所知，日本「右翼」的起源與本質並不在那裡。但是事實上「右翼」在「善良市民」間的評價並不好，這不是從現在才開始的，戰前的時候也很差。右翼團體內部或他們身邊的理解者另當別論，從世間輿論看來他們就只是「打著愛國旗幟的黑道」。右翼自身也承認此事，而其理由很單純。

因為右翼人士經常絕非「善良市民」，而是經常身處法紀之外的「亡命之徒」、「浪人」，是故，跟權力、金錢都無緣。儘管他們有時會計劃像政變的東西，但那是北一輝、大川周明等人跟「青年軍官」結合後發生的現象，他們的「亡命之徒性質」其實是最沒資格坐上政權大位的。高杉晉作說道：「所謂廟堂不是真正男子漢應該久居的場所，長久居於權勢，會生出奇怪的根，腐蝕男子漢的靈魂。」高杉晉作留有一段真實故事，他在下關一揆成功[12]、長州藩政府成立後不久，就因為不願出任政府要職，為了前往外國而帶著伊藤博文逃到長崎。

高杉晉作寫給田中光顯的詩，在最近的古書展中展出：

祖神開闢幾千年
億萬人魂散成煙
愚者英雄俱白骨

12　譯注：一八六五年一月十二日，高杉晉作與志在攘夷的長州藩正義派，為打倒反對其主張的俗論派，在功山寺（今下關市長府地區）發動政變，又稱功山寺舉兵或回天義舉。

正是這種浪人精神——可稱之為老莊思想，也可以稱之為亡命之徒的虛無主義，才是日本右翼精神的起源。西鄉隆盛也是因為這份浪人精神太強，才終於導致他無法留居廟堂。坐上政權大位未必就會濫權貪腐，自古以來，不論專制國家，還是民主國家，貪腐政治人物要多少有多少，但清廉之士也絕對不少。不論本人操守如何，腐敗自然會從低階官員跟他們的下屬之間產生。蘇聯、中共不斷重複「整肅」黨員、官僚就是腐敗的自我修正。但是，作為「權勢的特質」的腐敗現象，一般而言在政治上常常被默許，西鄉隆盛就是無法默許這種現象的人。

革命成功，當上統治者的史達林跟赫魯雪夫也無法拒絕入住克里姆林宮，招待各國大使時，勳章也戴、香檳也喝。身為統治者的毛澤東與周恩來也沒有把延安的穴居生活帶到北京，他們住進了乾隆皇帝、康熙皇帝的紫禁城、中南海宮殿，而必須在北京飯店的大廳裡答覆遠道從日本來的馬屁精諸公的奉承。

無法忍受這般政治現實的「浪人」們，在革命成功之後反而遭到「反整肅」。如果高杉晉作活到維新之後的話，或許會比前原一誠、江藤新平、西鄉隆盛這些潔癖患者還先遭到整肅。

我記得在列寧的某本著書中看過一段，分析「革命家與反叛者」的差異，指出反叛者型人物在革命前會扮演有用的角色，但革命成功後反而會變成反動的破壞者，所以革命家需要鐵的紀律。在俄國革命中，反叛者型的「浪人」們，以路卜洵（V. Ropshin）[13]（《灰色馬》的作者）為首，全部被捕、下獄，沒有自殺者則被處決。被驅逐出國之後，遭到暗殺的托洛茨基，或許就是有太多浪人與反叛者性質的革命家類型。

右翼並非「黑暗勢力」

日本的「右翼人士」們自明治維新以來，一次也沒有坐上政權寶座，而經常是民間的「黑暗勢力」。這個「黑暗」一詞，是政府大官、富豪財團方說的；彷彿每次都被「恐嚇」、被主戰論揮舞的鞭子猛打屁股、屢次遭到暗殺、受到政變計畫威脅、被勒索高額「資金」。以伊藤博文為首的「文明政治人物」，不止一次因為他們的「威脅式建言」，而不得不被迫改變國家的政策方向。甚至有時候還會幹出瞞著外務省跟警視廳，保護及藏匿孫文、印度的鮑斯，以及安南、菲律賓等地流亡者的把戲。對統治者而言，「民間的右翼人士」的確是「黑暗勢力」。敗戰之後，美國檢察當局過度高估日本的 Black Dragon（黑龍會），結果連他們的真面目都掌握不清楚，這件事情也並不奇怪。

日本的「和平的公民」們也無法理解右翼，且很明顯地恐懼、厭惡他們，認定日本社會的「惡」大部分肇因於他們的「暴力」。

舉例來說，以最近的美國駐日大使賴孝和博士的遇襲事件來看，就能夠瞭解這個現象。這起事件就像後來查明的一樣，與日本是文明國家或野蠻國家無關，單純是一起如同字面所示的瘋子行為，然而事情爆發之後，幾乎所有報紙都馬上報導「嫌犯是右翼青年」。當然，錯誤立刻被訂正了，犯人是與「右」或「左」都無關的瘋狂青年。但是，政治上的恐怖主義行動，全

---

13 譯注：俄羅斯革命家、作家，薩文科夫（Boris Savinkov）的筆名。著有小說《灰色馬》（The Pale Horse），描繪其領導的社會革命黨戰鬥組的內部情況。

部都變成「右翼」的獨門生意，或者至少其「背後關係」有右翼組織潛藏其中，這樣的「現代常識」根深蒂固。而且這還變成是知識分子的「常識」，無法簡單論定成是「不知歷史的大眾」的誤解與妄想。去年底，我跟漫畫家近藤日出造對談，當時，近藤說道：「以前日本有所謂的『中國浪人』對吧。就是以頭山滿為首，俗稱為右翼的人。那些人留鬍子、穿有家紋的和服，我原本以為他們是搞恐嚇、勒索的角頭老大，但其實好像不是那樣吧……斷定那些人非常陳腐、無知、封建，也是有錯的吧？」

近藤日出造是誠實的人，是致力於用腦、用心思考的日本人之一，連他都會這樣想。戰後右翼暗殺的對象，不僅是淺沼稻次郎跟野坂參三。前首相岸信介也曾被刺傷，現任首相池田勇人也有遇襲過，每次大選的時候，確實都有像「搞恐嚇、勒索的角頭老大」的人物出現。

儘管我認為日本右翼的本質，絕非如此，然而近藤日出造式的右翼解釋與印象，未必是戰後產生的結果。在戰前也有、在明治年間也有，直言不諱地說的話，是右翼自己造成的。不論怎樣的團體，一定會有敗類附著。不限於右翼，左翼團體中也有敗類，甚至連應該保持神聖的宗教團體也不例外。

明治時代的右翼、亞細亞主義者宮崎滔天在十七歲時，信仰了基督教，進了長崎的教會學校，但他對該教會寫下如下的內容：

「我在這所學校見到了至今從未見過的東西，一是為了要當公費生，詐稱宗教信仰的騙子；一是傳教士為了區分信神的人跟不信神的人而給予差別待遇的手段。因此看起來甚至像是一種應該叫做『定期的信仰復興布道會』的信仰復興布道會。」

在亞細亞主義運動中，也有同樣的**詐欺信徒**。潛藏在伊藤博文背後，投身日韓合邦運動的黑龍會核心成員內田良平，在明治四十二年（一九〇九年）設立了「朝鮮問題同志會」，但他也寫下「之後，隨著同志會的發展，許多人士前來入會，然而其中一部分自詡是志士、浪人，自視甚高，卻是心胸狹小、見識淺薄的人物」。（《日韓合邦祕事》）這些見識淺薄的人物不止中傷同志、打亂同志會的腳步，還輕易被敵人收買。內田良平為了清除這些敗類，不止一次遠赴朝鮮。

敗類不是只有右翼才有的特產，日本左翼運動也製造出很多敗類。特別是在戰爭期間中，左翼運動的衰頹時期，有不少公司與文人，深受打著主義跟黨的旗幟上門拜訪的恐嚇、勒索慣犯之擾。現在好像也還有逼人做不樂之捐的慣犯，茂木某氏、德田球一等人疑似把從蘇聯共產黨取得的資金[14]，放進自己口袋，在交代不清用途的狀況下私用公款。這些事實，如今因已故的尾崎士郎還有其他諸家的著書而變得相當有名。

14 譯注：茂木久平（一八九八—一九七〇），曾任東京市議會（現為東京都議會）議員、滿洲映畫協會東京支社長。茂木久平被認為曾從共產國際中國代表吳廷康（Grigori Voitinsky）處收受金錢，作為帶遠東民族大會的代表出席會議的旅費，但實際上此款項並未用作旅費；德田球一，日本革命家、律師、政治人物。日本共產黨創立者之一。曾任眾議院議員、戰後首任日本共產黨中央委員會幹部會委員長。

但是，我未必會把日本共產黨搶劫銀行事件[15]，以及卡車部隊事件[16]算在敗類現象中。明治時代的自由民權主義者，大井憲太郎一派也曾為了援助朝鮮獨立黨犯下強盜殺人事件。這應該要遵從像竹內好所指出的如下解釋吧：「革命家不分左右，都有精英意識、革命家特權意識。為達目的不擇手段，『砍人搶地、暴力取利是武士習慣』式的精英意識，這也跟法西斯主義有著共通之處，同時也跟一部分的左翼有著共通之處。」

我無法贊同最近把政治恐怖分子當成精神異常或是犯罪集團的風潮（最近這種書出版了兩本）。我也知道代議政治或民主政治的理想是消滅恐怖主義，然而要實現將權力予以抽象概念化的政治，還要花上幾個世紀呢？國家是權力組織，《國家與革命》的作者列寧，雖然否定個人式恐怖主義，但此舉除了是在肯定團體恐怖主義之外，什麼也不是。希特勒也不認同個人式恐怖主義是取得政權的有效手段，但他取得政權之後進行的大屠殺，是會讓人想遮住眼睛、不忍卒睹的團體恐怖主義。

只要有作為權力組織的國家存在，就無法根絕恐怖主義，政治革命是不可能去除掉恐怖主義的。「不流血革命」是革命的神話，並非現實。革命家當中也有聖人型的人物，但是政治革命並非是因為聖人而實現，反叛者跟亡命之徒型的人物扮演著重要的角色。然後，大部分的反叛者跟亡命之徒在革命成功後都被冷酷無情地處決，革命絕非是符合講台上諸位紳士教授所喜好的歷史現象。

我在這章的論述，或許聽起來很像一面倒地在為「右翼」辯護，但是我無意那樣做。我贊同現在流傳的對右翼的惡評，其責任大半在於右翼自身（特別是底層右翼）。然而，那樣的「右翼假象」已經變成理解日本民族主義的嚴重阻礙，為了除掉那個障礙，我只是想盡可能地描繪出接近「右翼真實樣貌」的東西而已。

15 譯注：一九三二年十月六日，日本共產黨員大塚有章等人持槍搶劫東京市大森區（現東京都大田區）的川崎第百銀行大森分行。為日本史上首宗銀行搶案。

16 譯注：指日本共產黨內部派系「所感派」設來籌獲資金的單位，是日本共產黨的特殊財政部。卡車部隊名稱，據說源於在戰後開著卡車闖進日本海軍佐世保鎮守府相關設施，竊取戰後失去用途的軍用物資銷贓的竊盜集團。一九五七年八月二十二日，日本警方同步搜索偵辦卡車部隊。

第八章

右翼與法西斯主義

——日本沒有法西斯主義

庸俗論點「天皇制法西斯主義」

閱讀諸位所謂進步學者的著書，裡面不斷出現「天皇制法西斯主義」、「軍方法西斯主義」、「右翼法西斯主義者」等用語。這些進步人士們，似乎**先驗地**認定日本有墨索里尼、希特勒式的法西斯主義存在，而軍方與右翼為其主力，天皇則位居其頂點，欺騙日本國民，強行把日本國民捲入「有勇無謀的戰爭」。

我認為這說法甚是怪異。墨索里尼、希特勒的政黨，分別在義大利、德國取得政權，建立了所謂的極權主義國家。日本跟這些國家締結三國同盟，遂行了「大東亞戰爭」，這是事實。所以，主張日本跟義大利、德國都同樣是法西斯國家的邏輯，世間的一般大眾也極為容易接受。

話雖如此，我不認為這種庸俗觀點是諸位進步學者所發明的，而是以美國、英國與蘇聯為首的當時的同盟國陣營發明的。第二次世界大戰被他們定義成是「法西斯主義與民主主義的戰爭」，接著以**後者理所當然**的勝利作結，並以此說明、將之理論化。日本的諸位進步學者只是照單全收同盟國陣營那老嫗能解的戰爭口號，也就是說，他們擁有**優秀的、世間一般大眾的理解能力**。

戰爭中的同盟國關係，是基於同一（或近似的）政治軍事上的利弊而締結，這是自古以來在戰爭史上的通則，但同盟國之間的政治體制在性質上未必相同。第二次世界大戰的同盟國陣營，是否全是同性質的民主國家？讀者們光是想起美國與英國、英國與法國、法國與荷蘭，再加上這些國家跟蘇聯，或是跟當時的中華民國政治體制之間的差異，就不需要再說明了吧。他們只是藉著「法西斯主義對民主主義」的口號結盟，各自保護自己的國家利益而已。

如果日本是像當年的墨索里尼或希特勒式的「法西斯主義國家」的話，事情就簡單了。可以不用寫這樣又臭又長的「論文」，一起跟各位進步人士慶祝日本敗戰、日本法西斯主義毀滅，大喊民主主義萬歲，就能夠了事。

然而，越查越發現，這聲萬歲不是那麼簡單就能喊的。就如同頭山滿、內田良平不像墨索里尼，東條英機跟石原莞爾也不像希特勒。發動五一五事件與二二六事件的青年軍官也不像納粹衝鋒隊。是學者的話，應該先從這些差異開始研究。不再經過自己頭腦檢討，就在著書中使用「天皇制法西斯主義」、「軍方法西斯主義」、「右翼法西斯主義者」這些肯定來自戰勝國的舶來品用語，不是嚴謹行事的學者應該有的態度。

丸山教授的「公平分析」

然而，若按照各位進步學者的研究，日本的右翼就全是法西斯主義者了。到底是否真是那樣？有關這點，我們先聽博學的丸山真男教授講課吧。

如同眾人所知，教授是「日本法西斯主義」研究者的先驅，並在他的主要著作《現代政治的思想與行動》中發表學說，認為大體而言，不管在德國或是在日本，法西斯主義者都是「亡命之徒」，而所謂的亡命之徒，具有在特定社會中的反叛者兼寄生者的雙重性質。特別是像下文這樣的分析、列舉，非常有趣，所以我要引用全文：

（一）缺乏持續從事固定職業的意志與能力——也就是明顯缺乏忍受公民生活中的例行公

事（日常事務）的能力。

（二）比起對事物（Sache）熱中，更關心與人的關係。在此意義之下，原則上亡命之徒不適合成為**專家**。即使有適合擔任的專家，也大抵是拉斯威爾（H. Lasswell）所謂的『暴力專家』。

（三）不斷追求異於日常生活的冒險、前所未聞的『工作』，這與前述兩點相映。

（四）而且比起前述工作的目的與意義，更對過程中引起的紛爭、騷動**本身**有興趣，並感到興奮。

（五）私人生活、公共生活不分。特別是欠缺公眾（或是即物主義式）的責任意識，但私人性質或特定的人際義務感（仁義）異常發達。

（六）對於以規律性勞動獲得定期性收入毫不關心或是加以輕蔑。與此相映，有以**非**經濟管道取得不定期收入來維持生計的習慣。

（七）冷酷無情或是面臨最壞情況時的思考方式與倫理道德，成為判斷事物的**日常性**基準。由此產生了對區分善惡正邪的二分法以及「給予致命一擊」式的表現方式的喜好。

（八）性生活放縱。

簡直像是檢察官或是刑警訓練所的教科書一樣，很平易近人的分析。對同意佐藤春夫的「詩人無賴說」、川端康成的「文人流氓說」的我本身而言，這當中也有好幾項聽起來很刺耳。應該也有不少其他**同樣刺耳之人**吧。然而，至少根據我對人類的認識，會覺得刺耳的，不只右翼人士，還包括左翼政黨黨員、工會鬥士，甚至是乍看之下跟「亡命之徒」扯不上關係的保守派政治人物、實業家、管理階層的紳士、嚴謹的軍人、身為聖職者的宗教家、學者、教授、探險家、發明家、藝術家——所謂的菁英或領袖，不分善惡，在**推動歷史與社會的人物**中，有很多這種類型的人物存在。所以必須說這樣的分析很奇異。

至今多少從事過有記錄價值之事的人物，或是現在正在從事該類事情的人物，心裡或多或少都潛藏著這些「亡命之徒特質」，特別是年輕的時候在內心會有很多這樣的特性；而且不只是藏著這些特質而已，還顯現於行動上，硬闖蠻幹，變成街坊鄰居、同鄉親友眼中的麻煩、問題人物。我的書房中幾乎所有明治、大正時代的人物傳記，都證明了這一點。不僅限於政治人物、實業家、軍人，學者跟發明家當中也很多。雖然沒有辦法一一列舉，但是年輕的亡命之徒，不是只有叫做日吉丸的時候的豐臣秀吉而已。不過，前文引用的分析中，「欠缺公眾責任意識」的這一點，至少可以說是丸山教授講過了頭，如果不是的話，或許是他照抄了什麼書。因為這點並非是指「亡命之徒」，而是適用於最狹義的「罪犯」，是從一開始就把右翼人士視為罪犯的偏見而產生的結果。據我所認識的日本右翼人士，在公眾責任這點上表現勝過一般公民數籌，只是他們的「公眾」的意義，跟善良公民丸山教授的解釋不同就是了。單就這點來說，也可以對左翼人士說出相同的評語。他們也是不遜於右翼人士的「亡命之徒」，有為「公」滅「私」的信念，這信念甚至成了他們的第二性格。

另外，如丸山教授所譴責的一般，當不成**專家**這件事，對涉入政治者來說並非不名譽之事。想必丸山教授也知道，「所謂的政治人物就是使用專家的人物」的這個政治人物的哲學吧。以為右翼人士光會喝酒說大話的，跟以為維新志士們老是在祇園或品川玩的一樣，都是說書式的傳說。不就單純只是跟正常的公民一樣，在右翼人士跟左翼人士當中也有喜歡喝酒、喜歡女人的人而已嗎？例如，內田良平跟兒玉譽士夫就滴酒不沾，絕對不收不義之財。特別是右翼人士，決不會為外國金錢所動。這是自明治維新以來的右翼傳統，所以，右翼人士總是貧窮。右翼人士中也有賺到錢的，但這些人僅僅是自己經營的事業幸運成功，而且很多人原本就已經是實業家。玄洋社的創辦人，平岡浩太郎跟頭山滿都是九州煤礦開採業者，然而兩人的事業本身幾乎都不成功；雖然礦坑落入了別人手中，但是對政治運動資金的自給自足發揮了效用。現在影山正治[1]的「大東塾」正在經營印刷廠跟農場，也是為了保護自己免受金錢誘惑。

我不會稱呼專門收人家錢、自稱右翼的人為「右翼」。他們不過只是伸手牌而已，是丸山教授講的寄生蟲。

如果試著更進一步詳細地分析丸山教授的分析，會發現不少所謂的「亡命之徒性格」，是無法適用於現代的、以賺錢為本位的資本主義社會，另外，展現出不屑適應資本主義社會的「浪人性格」、「武士沒吃飯也要叼牙籤的精神」的情況也不少。從長遠的眼光來看，這甚至可以說是人性中的美德。儘管會被「善良公民」們所討厭，而無法融入公民群體，但是他們有對歷史動向的直覺，有現實政治人物不會察覺的、近似夢想的治國方策，並且有為了實現這個方策，拼上性命挺身而出的行動與行動力。只有當這些受到政府、軍方或民間支持者**賞識**時，他們才會收取金錢。許多人用那筆錢作為旅費潛入中國大陸深處後，就再也沒有回來。他們的屍骨暴露在大陸的朔風下，埋沒於沙漠的塵沙中，化做了亞洲的土地。

只讓法西斯主義者跟日本右翼人士獨占這些浪人式的**美德**，至少是學術上的不公平不是嗎？真是對不起歷史上的志士仁人、創造者、發現者、諸位英雄豪傑。自己不紡織、不勞動，只是講道就跟盜賊一起被處死在十字架上的耶穌基督，不是「亡命之徒」嗎？「古蘭經與劍」

的傳道者、征服者穆罕默德不也是「亡命之徒」之一嗎？要當「善良公民」，等到從孫子出生了才開始，都還來得及。

歷史不是由黑夜所創造，是由亡命之徒所開創，這個悖論也成立。以丸山教授的方式分析、定義希特勒與墨索里尼的政黨性質，是一種戰勝者的審判。很可能他們的黨員裡面有精神失常者跟惡棍也說不定。然而，既然是有眾多黨員的黨，就很難防止有此類人士混入。要把希特勒跟尼采都當成狂人，把墨索里尼跟切薩雷・波吉亞（Cesare Borgia）都當成殺人狂，當然是隨戰勝者的高興，但此舉是在褻瀆歷史與學問。如果蘇聯、中共戰敗，不敢保證赫魯雪夫的黨跟毛澤東的黨，不會被戰勝國的學者們用同樣的方式對待。對於丸山真男教授的主要著作中，明顯有搭東京審判中檢方的見解的便車，或是有加以贊同的痕跡的部分，我無法認為是學術性的著作。

當然，丸山教授是公平的學者。他也試著對左翼政黨「公平地」分配前文的分析。

「比如說，共產黨的黨員組成中，流氓無產階級或社會各階層的**脫落分子**所占的比例，比有組織勞動者、專業知識階級多時，當流氓無產階級跟脫落分子占越多，亡命之徒式的要素通常就越濃，其現實政治性的行動方式，自然就變得跟法西斯主義者的行動方式難以區分。」

1 編注：影山正治（一九一〇—一九七九），右翼活動家、思想家。「大東塾」是一九三九年由影山組成的右翼團體，戰後因盟軍占領一度解散，後於一九五四年再度成立，並做為右翼的重鎮，繼續發表評論從事活動。

我無法認為這是自稱實用主義者的丸山教授的意見，而是被講到爛掉的馬克思主義公式。如果是實用主義者的話，不是應該要說明，建築在同樣的獨裁主義與極權主義原則上的共產主義，與法西斯主義的政治性行動方式，**整體來說**常常難以區分嗎？這樣讀者才會信服。

然而丸山教授卻說明這些「亡命之徒性質」，在右翼是普遍的，在左翼卻是例外。這是種對右翼嚴苛卻寵左翼的學說——丸山教授自己在名為〈給某位自由主義者的信〉的辯白中，承認了這件事情。

左右兩派的「亡命之徒」們

來舉個屬於左翼亡命之徒的、知名且易懂的實際案例吧。例如，有一位叫做德田球一的大人物。儘管我從學生時代開始，就從距離這位人物稍近的地方一直關注他，但在身為亡命之徒這點上，我真的不知道有超越他的人。前文丸山教授的分析，不只每一項都說中，而且還有找。因此，反而很受年輕學生與勞工歡迎，就算只是一時，甚至可以說是「閃耀的委員長」。最近荒畑寒村[2]、高瀨清、杉森久英的回憶錄、評傳出版，讓德田球一的人物形象變得明朗，所以讀者也會知道我的說法既非誇張也非中傷吧。一般來說，左派認為收外國的錢像是理所當然的權利一樣，就算像德球[3]那樣把外國給的錢放進自己的口袋並非常態，但是只有這種傳統，是右翼人士所沒有的。這可能是國際主義者（Internationalist）跟民族主義者之間（Nationalist）的差異吧。

身為學生，第一次見到德球，是在東京某處商業區的三層樓大房子裡。雖然我才剛離開鄉下，我還是知道這就是所謂的會客處。我感到驚訝的是，負責帶路的志賀義雄告訴我：「德球是律師，這間房子是正在訴訟中的建物。官司打到完要花個兩三年，在這期間不用房租就可以住。在照顧德球的，是逃到蘇聯的山本懸藏的老婆，以前作特種行業的，是個很有趣的歐巴桑。你看，她很漂亮吧，真是痛快。」身為學生，我確實感到痛快、而且覺得佩服。

與右翼「巨頭」井上日召[4]見面，是在神樂坂的會客處。我現在想不起來是誰為了什麼理由帶我去的了，但那是在我對左翼人士失望，剛開始往右翼「轉向」的時候。雖然我已經是沒有正職的作家，卻因為還年輕，而被影山正治的右翼團體大東塾的清教徒性質吸引，把右翼人士理想化。我只記得看到應該是日蓮宗傳道者、血盟團神聖高僧的人物穿著褞袍[5]，大白天就坐在會客室的長火鉢前喝酒，我覺得很失望，幾乎沒說到話就跑出去了。

是失望的人不好。能夠斬釘截鐵地說出，所謂政治、革命，就是由那樣的**人們**實行，不是學生、學者所理想、空想的那樣清淨潔白，是我自己已經過了五十歲之後的事情。

右翼巨頭們跟左翼巨頭們一樣，一直以來都是用那種亡命之徒式的生活方式在過活。然而，他們不是敗類，不是區區罪犯。要當他們是罪犯，那就是政治犯，不是無恥惡棍。儘管有著亡命之徒性質，卻是負起責任為所當為、行所當行。因為同時內含流氓與聖人特質，所以他們經常擔任黨派首領、領袖。然而，有種歷史悖論認為，比起他們的聖人特質，他們的亡命之徒性

---

2 譯注：原名荒畑勝三（一八八七—一九八一），日本社會主義者、勞工運動家、作家。
3 譯注：德球，德田球一的綽號。
4 譯注：原名井上昭（一八八六—一九六七），日本佛教日蓮宗僧侶，右翼運動家。
5 譯注：一種鋪有防寒用的厚棉的日式上衣。

質更能讓青年們感到強大魅力，青年與群眾同時被聖人與惡棍吸引。但是，惡棍特質多於聖人特質的人物比較受歡迎，在這點上有著人類歷史的黑暗面。

丸山真男教授是位高潔的學者，像學生一般天真無邪，所以無法容忍法西斯主義者與右翼的亡命之徒特質。行，那就這樣吧。只是明明發現左翼人士也有不遜於右翼人士的亡命之徒特質，卻將之解釋為例外的頹廢現象，試圖要把共產黨神聖化，我認為這種努力對丸山教授的學問來說很危險。因為將被視為是太過紳士的布爾喬亞學者的時刻，一定會到來。不，在那之前丸山學說的本身就會崩潰，眼前我已經觀察到開始在崩潰了。雖然丸山真男發表的精心大作，為了論證「日本法西斯主義」實際存在，把美式民主政治與蘇聯共產主義以同樣的幅度神聖化，把東京審判檢方的反法西斯主義理論幾乎照單全收，然而這份努力似乎是徒勞無功的。我熟讀了他的《現代政治的思想與行動》，事實上這份精心大作所證明的，恰巧與著者的意圖相反，只證明了日本沒有法西斯主義存在過。就像日本沒有波旁王朝式的君主專制、拿破崙三世式的波拿巴主義一樣，墨索里尼式的法西斯主義、希特勒式的納粹主義也不存在。明治憲法並不是威瑪憲法，希特勒的政黨藉由否定、破壞威瑪憲法來建立新政府與納粹體制，但日本沒有發生像這樣的大規模政變。儘管明治時代以來，有股叫做「右翼」的主體不明的「黑暗勢力」存在，但這股勢力在一次也沒有取得過政權的情況下，卻推動了軍方，與軍方勾結發動「滿洲事變」、「日支事變」，最後開始了大東亞戰爭。「在這一點上，像法西斯主義又不像，不像法西斯主義又像」，這個似懂非懂的論證就是丸山學說。

我不知道是哪裡的誰最先把日本的右翼運動定義為法西斯主義的。但是，這個嘗試怎麼想都是不可能成功的，至少不能說帶有學術性。日本的右翼運動的歷史，遠早於法西斯主義與納粹主義。就算省略幕末、維新時代，也還比墨索里尼跟希特勒的運動早開始了約半個世紀。北一輝的《國體論與純正社會主義》在一九〇六年（明治三十九年）寫成，內田良平的黑龍會創立於一九〇〇年（明治三十三年），創立於一八七七年（明治十年）的平岡浩太郎、頭山滿的玄洋社，在明治二十年（一八八七年）從自由民權主義轉向「大亞細亞主義」。樽井藤吉的《大東合邦論》的原稿，在一八八五年（明治十八年）就已經完成了。

相較之下，希特勒在一九三三年（昭和八年）取得政權，墨索里尼進軍羅馬是在一九二二年（大正十一年），單單只早了希特勒十年。

從年代上看，日本的右翼運動遠比墨索里尼、希特勒的運動更古老，而且性質明顯不同，是故，認為日本右翼運動跟他們的思想並沒有關聯，才是妥當的解釋吧。

當然，之後進入昭和年代，日本與德國、義大利結盟為軸心國，參加世界大戰。在這段時期前後，墨索里尼、希特勒的思想與奪取政權的行動，無疑對日本右翼與「青年軍官」造成了強烈影響。我也有親眼見過中野正剛的「東方會」成員[6]，穿著納粹風格的制服。我想起戰爭期間，在帝國飯店的某次聚會上，突然被穿著希特勒式服裝的中野正剛對我行了納粹式舉手禮，我大感困惑，不知如何回覆。儘管當時我已經用了「集權主義」、「地政學」等納粹用語在寫《牧場物語》這部國家社會主義小說，但我不認為直譯納粹的運動會在日本成功。當時在日本，並沒有必須推翻的社會民主主義政府，也沒有威瑪憲法。我想起中野正剛的容貌跟身影，看起來非常孩子

6 編注：中野正剛（一八八六—一九四三），記者、政治家，曾任東方會總裁、眾議院議員。「東方會」是一九三六年成立的國家主義政黨。

氣，我不知為什麼感到惋惜，對他直言說：「中野先生，那種制服運動，在日本是行不通的呢。」希特勒青年團來到日本的時候，我擔任雜誌社特派記者，到了輕井澤去，然而我寫不出稱讚他們的報導。在輕井澤的飯店跟各位希特勒青年團成員喝著啤酒，知道他們花俏的制服是為了訪日而特別訂做，出色的合唱與行軍都是被訓練出來的之後，我寫給改造社《文藝》雜誌的報導，不得不變成開希特勒納粹主義的玩笑。我直覺感到，有哪兒不一樣，確實有不一樣的地方。

日本沒有墨索里尼式法西斯主義，也沒有希特勒式納粹主義，只有擁有百年歷史的右翼運動。大東亞戰爭時有嘗試過以直譯的方式引進納粹主義，但納粹主義並沒在日本扎根。就算花很長的時間做，也不會移植成功吧。

義大利法西斯黨跟德國納粹黨，都是從一開始就以奪取政權為目的的政黨，然而日本右翼運動，沒有為了奪取政權而組織過政黨。北一輝與大川周明的出現，看起來似乎展現了政黨化可能性，但卻無法統一全體右翼。右翼總是以在野浪人團體的身分在政治幕後與暗處行動。即使在積極進行破壞行動的情況下，常常也只是講「我們是單純拆掉舊房子，新房子會有別人來蓋」，這句跟吉田松陰年輕時所說的一模一樣的話。右派嘗試過幾次要團結一致，然而卻必定失敗而四分五裂，退回一人一黨的原型。每次一發生這種狀況，年輕的右翼人士們就怨嘆說是因為沒有「政治理論與實行綱領」，在沒有政治理論與實行綱領、想制定也定不出來的現象中，有著日本右翼的性格與宿命。不論他們本人希望與否，他們經常是幕後獻策者，而政府或政黨會採用能採用、該採用的政策。而且，儘管獻策者經常沒有注意到，他們所獻之策，經常是出自於「東亞百年戰爭」觀點的主戰論，所以屢次跟希望小憩式的和平能永遠持續的政府與政黨發生衝突。他們脅迫政府與政黨，有時還進行暗殺。他們的暗殺方式是「一人一殺主義」，不是納粹式的大屠殺。脅迫與暗殺行動需要保密，不需要有一致性、能說服人的理論或是源於投票的民眾支持。在這點上也有著右翼要團結一致一定會失敗的原因之一。

有關日本右翼論，還有很多該寫的，但是先在這邊停筆，只先把下面這些講完。

不可能有法西斯主義不以奪取政權為目的。儘管如此，「日本右翼沒有奪取政權，卻在脅迫政府的同時，完成了天皇制『法西斯主義』這種日本獨特的政治形態。並與德義結盟，挑戰了世界上的民主主義國家，所以日本也跟德義一樣是法西斯主義國家」，這是戰勝的**民主主義**諸國的邏輯、是追隨他們的各位進步學者的邏輯、是很荒謬的邏輯。

最近，年輕學者間似乎開始研究、論證「日本沒有法西斯主義」了。因為才剛開始，所以我還沒有詳細閱讀那些論文，但我認為這是值得高興的傾向。各位學者的研究偏左偏右，都無所謂。重要的是甩開錯誤偏見，盡可能接近歷史真相。

民權論與國權論是一體兩面

那麼接下來，換下一道問題吧。

我最近讀了年輕劇作家福田善之的《Oppekepe》（オッペケペ）這部劇本[7]，這是以壯士劇[8]

7 編注：福田善之（一九三一—），橫跨一九六〇到一九九〇年代初的著名劇作家、演員；《Oppekepe》原文為《オッペケペ》，此詞發音本身沒有特別意義，因為演歌《Oppekepe》是在諷刺當權者，所以經常用來嘲諷官僚、上流社會等特權階級。

8 譯注：壯士劇，自由黨壯士為鼓吹自由民權思想演出的戲劇。

創始者川上音二郎[9]為中心，描寫自由民權運動末期到日清戰爭間的騷亂時代，是包括中江兆民、星亨、川上貞奴以及後來成為幸德事件被告的奧宮建之、幸德秋水也都登場的熱鬧戲劇。

作者將這部作品的背景，設定為是「過去席捲世間的自由民權運動的呼喊、志氣與熱情，現在都已煙消雲散。而志士們悉數、或諂媚權力、或化為街上流浪漢」的時代。

為了反抗如此時勢，川上音二郎帶領的一團壯士劇團，因為唱演歌《Oppekepe》節諷刺當權者，而受到民眾喝采、支持。當然，也受到了官方壓迫，但川上沒有屈服。

民權派的青年辰也，因為相信「這個骯髒的小戲棚子中有一絲光芒」，而跑進劇團想當學徒。

然而，情勢驟變。青年辰也期待民眾的「熱情爆發」，卻意外變成是日清戰爭爆發。劇團團長川上音二郎拜會當時的內務大臣，得到他後援、默許，由民權戲劇改演戰爭戲劇，並受到民眾的瘋狂歡迎。

青年辰也感到混亂，嘶吼道：

「民權論者跟國權論者到底差別在哪！」

這聲喊叫很具象徵性，研究明治時代自由民權運動史的年輕學生，在研究過程中一定會這樣慘叫過一次。我也正好在跟福田善之同樣年紀，三十幾歲的時候，同樣在馬克思主義影響下，研究了自由民權運動史。將當時的藩閥政府，定義成絕對專制主義勢力，因為想要描寫與其鬥爭的「人民勢力」，開始撰寫長篇小說《壯年》。然而，隨著撰寫進度推進，變得區分不出國權主義與民權主義。自由黨的民權論其實是國權論；伊藤博文的國權論未必全盤否定民權論；民權派的板垣退助、大隈重信屢屢入閣；福島自由黨事件的鬥士河野廣中[10]，出獄後也跟伊藤博文妥協、握手；東洋自由新聞社社長西園寺公望，進入伊藤內閣參事院[11]協助制定憲法；看似沒有折腰的中江兆民，就如同前文所述，以國權論者、大亞細亞主義者身分而死；大井憲太郎[12]創立**東洋**自由黨，計劃推動「獨立」而被捕；而從民權論出發的玄洋社，驟變成最激進的右翼國權主義結社。

我也像青年辰也一樣，大感混亂，而放棄撰寫《壯年》了。在那之後經過十五年，我所得知的，就是民權論其實是國權論——借竹內好的話來說，就是「國權論與民權論分為兩個，但其實只有一個」的這個結論。現在，我處在這個立場，期待將《壯年》完成改寫而繼續寫作的小說《文明開化》（《週刊朝日》）。

學者們已經證明了法國共和主義的本質是民權主義，但同時也是國權主義。然而，法國的

9 編注：川上音二郎（一八六四—一九一一），表演者、藝術家，日本「新派劇之父」。以《Oppekepe》（オッペケペ）風靡當時的日本社會。

10 編注：河野廣中（一八四九—一九二三），政治家，第十一代眾議院議長。福島事件發生於一八八二年，是福島縣的自由黨員、農民，因反抗新到任縣令的苛政，而遭致鎮壓的事件。河野時任該縣議長，領導自由黨議員從事反抗。

11 譯注：內閣參事院，今日日本內閣法制局的前身。

12 編注：大井憲太郎（一八四三—一九二二），政治家、律師、社會運動家。大井熱心於計劃遠渡朝鮮，使朝鮮脫離清國而「獨立」的運動，並與舊自由黨的同志一起，製造炸彈、盜取資金，最終因消息洩漏於一八八五年被捕，史稱「大阪事件」。該事件是自由民權運動走向激化的案例之一。

民權是藉由推翻王權而實現，可是在日本，並非如此。而是一面與藩閥政府戰鬥、一面妥協，一邊對立、一邊調和，極為緩慢地朝實現民權接近。極端地說，對外就是當「進出東亞」的急先鋒，對內，成為後來發生的社會主義運動的正面敵人的，是自由民權運動的主流派。

已故的服部之總教授，跟他的馬克思主義者弟子們所進行的自由民權研究，最後會毫無成果，就是因為這個原因。他們因為沒有捨棄掉認為國權與民權是兩種完全互相對立的事物的大前提，所以陷入跟《Oppekepe》劇中的青年辰也相同的混亂。

自由民權運動其實是國權確立運動，這一點現在已經在部分學者之間成為定論。不接受這個說法的，只有馬克思主義者，跟他們的追隨者，但是我想就被記錄下來的史實來觀察，而不跟他們議論。

自由黨是愛國黨

明治七年（一八七四年）創立的板垣自由黨的名稱是愛國公黨，看一下他們的設立「本誓」（黨綱）：

「我輩一片至誠，愛國之心在此大為奮起……主張我國人民的天賦權利，欲以此保全天賜，亦即愛君愛國之道。

奉戴天皇陛下御誓文之旨意……我黨之目的……僅在於使人民自由、自主、獨立不羈。此即讓君主、人民之間渾然一體，彼此分擔禍福緩急，並以此為維持我日本帝國、令其昌盛之道。」

明治十三年（一八八〇年）一月，在「愛國社」岡山縣的有志者的檄文中，有一段文字如下：

「如今外國人恣意逞其鴟梟之欲，視我國人民如鴉雀、兒童、卑躬屈膝的奴隸，雖然已到了修訂條約的時期，卻未能得到他們允諾，究竟要到何處才能見到我國的獨立？國家是生生不息的，不是受單獨的個人所左右。只要讓人民以國事為己任的風氣盛行，振興國家與其貫徹始終的精神的話，絕非不可能運籌帷幄……若國會業已召開，則為民權伸張之始。若民權已伸張，何愁國權不彰？何故要擔憂外國人的跋扈？」（《自由黨史》）

這就是民權即為國權的邏輯，跟維新前的開國即為攘夷的邏輯同樣都是愛國主義。開國引進歐美文明，是為了抵抗歐美列強的壓力，至於引進歐美議會制度，則是為了藉議會制度「增進國家利益、人民福祉，讓人民財力休養生息」，培養與歐美各國作戰的實力。自由黨壯士們的這首《增進國利民福》的歌曲，有「若是不成，就拿炸藥、砰」，這樣的一段危險而且「無法無天」的副歌。

「國會期成同盟」[13]的請願書，不是對政府發出，而是直接呈給天皇。

13 譯注：在日本明治時代國會開設運動中發揮重要作用的團體，後來成為自由黨的母體。

引用其中一段文字：

「開設國會、制定憲法是安撫人民、讓天下穩如富岳之道。而臣等深深領會陛下之志，除欲協助陛下成就大業、保全神州之外，也必定要取得參政權利。」

除了我的「東亞百年戰爭」的假說，沒有其他可以說明自由黨這份愛國性質的理論。自幕末以來，日本面臨的危機造成了愛國的自由民權運動，而「百年戰爭」的進展與危機的增大，使得自由民權運動急遽轉換成了「大亞細亞主義」。只不過，不能說生存於進行的歷史之中、親自創造歷史的人都有意識到「百年戰爭」，因為這就是歷史。

玄洋社「轉向」

最先發現「民權論即為國權論」的，未必是戰後的諸位學者。從明治初期的思想家當中，就可以舉出許多例子，例如福澤諭吉也是，另外德富蘇峰也是其中之一。《蘇峰自傳》中有一段文字如下：

「當時（明治十三、十四年，德富蘇峰十六、十七歲時），我深受世間普遍的民權自由論的影響，但即使在自由民權論者中，我的論點趣旨也跟其他人略有不同。因為當時的自由民權論，名目上是民權，實際上卻是國權。意即明治六年征韓論的餘波，依然支配著人心，在民權論者之中也有半數以上的多數人持應該征伐朝鮮的論點。也就是說在民權論者之中，有多數不如說是一種變形的帝國主義者才對。雖然我是民權主義者，但終究還是反對武力主義者……如果用一句話來說明我的主要觀點，我是曼徹斯特學派，以盧梭的《民約論》做招牌，跟想實行武斷主義的相愛社之流，在根本上就大異其趣。」

少年時代的德富蘇峰在熊本時曾出入「相愛社」，但他寫到，這個社團在當時的熊本是激進派，「完全奉《民約論》為金科玉律」。而且，「宮崎八郎（宮崎滔天的哥哥）等人的同伴，在明治十年戰役（西南戰爭）時組織協同隊，之後有人戰死、有人入獄。相愛社乃是其中未入獄或從獄中歸來者的團體」，「從一開始就跟奉板垣伯爵為領袖的自由黨有聯繫」。

雖然德富蘇峰是在三國干涉還遼之後才醒悟，變成「帝國主義者」、「皇室中心主義」的立場。但可以說，他如此做的根源，蘊含在他少年時代所經歷的自由民權主義當中。

被認為是日本右翼運動的起源與主流的玄洋社，於明治十四年（一八八一年）二月創立。其前身的向陽社社員們，參加了由前原一誠所率領的萩之亂、以及由西鄉隆盛所率領的西南之亂而被捕入獄、處決。說起來玄洋社是向陽社的餘黨，年輕的頭山滿讓西鄉黨人平岡浩太郎與前原黨人箱田六輔握手合作，創立了玄洋社。

玄洋社規章規定：

第一條　應崇敬皇室。

第二條　應愛戴本國。

第三條　應固守人民權利。

日本右翼的宗社，包括玄洋社也是，實際上是從北九州的自由民權運動的其中一環中所產生。根據《玄洋社社史》所載：

「至於『**應固守民權**』這一條，事實上是源於當時如潮水般湧起的民權論，對比『崇敬皇室』、『愛戴本國』，乍看之下似乎很怪……然而，當時距離幕府垮台，尚未經過很久，所謂的維新功臣，執政上任性妄為、放縱，虐待人民，擅自施行有司專制[14]。如是，維新的成果在哪……所以固守民權也就像是效忠皇室一樣。因此他們在主張伸張民權的同時，也主張擴張國權；在大聲疾呼開設民選議院時，也主張發揚國威，並且高聲提倡外征侵略。」

玄洋社不理國內政爭、開始「慢慢對外」的契機，是源自於朝鮮問題。而朝鮮問題指的是，以清國做靠山的「事大黨」與對日本寄予好意的「獨立黨[15]」之間的政爭。

在此之後，援助朝鮮獨立黨，名為「天佑俠」的浪人志士團體，也開始在朝鮮半島上彷若武俠小說般地大展身手，但有關此事，後面再找別的機會詳述。

大東亞戰爭緊接在日俄戰爭後開始

接下來，我想在下一章論證，**正如同日俄戰爭是因為緊接在日清戰爭之後的「三國干涉」**

才在實際上開始的一樣，大東亞戰爭是緊接在日俄戰爭之後的朴資茅斯和會後開始的。

這在許多讀者耳裡，或許聽起來像是無視時間與事件的順序，而悖離歷史常識的武斷說法或是詭辯。

會這樣想也很正常。日清戰爭與日俄戰爭這兩場戰爭在時間上僅有十年間隔。日俄戰因三國干涉而開始，在經過十年的準備期間後，變成熱戰而爆發。但是，日俄戰爭結束後到大東亞戰爭開始，其間卻有三十六年的歲月（一九〇六年到一九四一年）。

即使只看日本跟東方，這段期間確實也發生了許多事件。首先有日本合併朝鮮，孫文、黃興等人因為第二次支那革命失敗而流亡日本，美國排斥日本移民問題。之後爆發了第一次世界大戰，這場戰爭被稱為「歐洲大戰」，歐美各國勢力暫時從東方撤退。日本政府將之視為「千載難逢的良機」，提出惡名昭彰的「對支二十一條要求」，激起中國人的民族主義，埋下「日支事變」原因。日本在第一次世界大戰中參加協約國陣營，占領了青島與德屬南洋群島。後來在一九一七年的俄國革命，日本與美國「合作」出兵西伯利亞，但因為派出的軍隊規模太大，遭到列強質疑與美國的抗議，在未獲得任何成果時就撤兵。而著名的「米騷動」，也是在這一年發生。雖然勞工運動與農民運動頻頻，但國民們還算是享受了一段戰後的小繁榮與「大正自由主義」時光，這段時期是重視裁軍與英美路線的幣原外交的時代。

然後，昭和的動亂時期開始了。濟南事件（蔣介石的北伐軍隊與日軍的衝突）之後的「滿

14 譯注：批判明治政府的政治只由政府內部特定的藩閥政治人物決定的用語。

15 譯注：李氏朝鮮王朝末期的政治團體，又稱開化派。

洲某重大事件」（其實是關東軍炸死張作霖的陰謀）[16]，發生在昭和四年（一九二九年）並導致田中義一內閣總辭。從此展開了右翼團體的活動與少壯軍人的政變計畫的時代，之後緊接著「滿洲事變[17]」、占領錦州、進攻山海關、進駐華北，並理所當然地發展成與中國民族主義正面衝突的「日支事變」。

在日本國內，則持續大舉鎮壓左翼，接連發生了針對政界、財經界人士的右翼恐怖主義與五一五事件；右翼與軍方對政府的壓力逐漸增強，即使不願意，日本的政治與經濟都必須強化戰爭體制。

我打算從下一章開始試著詳細研究，在此之後到昭和十六年（一九四一年）十二月八日大東亞戰爭開始時，日本國內的各項事件與國際情勢的推移。但是，之所以先在這邊試圖勾勒出從朴資茅斯和會到奇襲珍珠港為止的簡單略圖，是因為如果太過拘泥於這三十六年間彷彿天旋地轉般、接連發生的大小事件的細節，會有看丟大東亞戰爭的本質、忽略了大東亞戰爭是持續進行中的一場「百年戰爭」之最終樂章的事實的風險。

我發表了這個嘗試性的論述之後，受到兩位學者反駁。第一位是上山春平的〈有關再論大東亞戰爭的意義〉（《中央公論》），第二位是淡德三郎[18]的〈現代的民族主義〉（《再建》）。

我已經在第一章詳細寫過，我受到上山春平的第一篇論文〈大東亞戰爭的歷史性意義〉許多啟發。之後我跟他在某本雜誌的座談會上同席，座談會結束後也花了些時間互相討論，眼下我們的見解雖然有一些相異之處，但舉例來說，我感覺到上山春平就像竹內好一樣，在這道問題上是位很好的共同研究者。我現在也這麼認為。

淡德三郎是我在三十五年前的京都學生事件（首度以治安維持法調查大學生的事件）時的

同學。他從那時候起就有秀才的盛名，在聚集許多不用功的學生的「行動派學連組」當中，跟慶應大學的野呂榮太郎、京都大學的石田英一郎都是用功的學生。之後，我們有三十幾年沒有相見。如今，不是在共產黨、而是在屬於自民黨系的理論雜誌《再建》中受到這位老朋友的反駁，令人感到非常懷念，這不是在挖苦。我也在日本的激流當中，被往左往右，沖過來沖過去而活到現在，淡德三郎也經歷過在激流中的苦戰與辛勞吧，這不是可以挖苦人的情況。

首先引用上山春平反駁我的部分吧：

「林房雄……在《大東亞戰爭肯定論》中，提出了把大東亞戰爭視為亞洲民族解放戰爭的觀點。但是我認為，與其把大東亞戰爭視為殖民地解放戰爭，倒不如將之視為尋求重組殖民地的戰爭，比較符合事實。

林房雄認為『大東亞戰爭表面上看起來是侵略戰爭，但本質上是解放戰爭』，並認為『日本看起來像是敗北、玉碎了，然而目的卻達成了』，但我終究認為應該視那場戰爭為侵略戰爭，其目的也都以全面失敗的方式收場。

但另一方面，林房雄不將眼光只侷限於這次大戰，而是根據幕末以來持續一個世紀的、與歐美列強對決的全部過程來立論。不過，即使如此，就像我前面所指出的，日本帝國實際上的

---

16 譯注：濟南事件，日本方面對五三慘案的稱呼；滿洲某重大事件，指柳條湖事件。

17 譯注：日本方面對九一八事變的稱呼。

18 編注：淡德三郎（一九〇一—一九七七），社會評論家。曾在京都學連事件（一九二五年）與三一五事件（一九二八年）中，作為學生領袖被逮捕。

腳步，是在不停地擴張『主權線』、『利益線』的同時，建立起了『大東亞共榮圈』的殖民地體制。其間，日清戰爭、日俄戰爭這兩場戰爭給予中國、印度等亞洲各地區的民族運動刺激，使大東亞戰爭成為其廣泛實現獨立的契機，這雖然是事實，但也不能忽略日本藉由日清、日俄兩場戰爭，把台灣與朝鮮作為殖民地，並且藉由滿洲事變、日華事變，也對法屬印度支那、泰國、印尼都伸出侵略之手的事實。」

接下來是淡德三郎的反駁，雖然他同時也在反駁大熊信行教授的意見，我就只接下他針對我反駁的部分吧：

「無論如何，在林房雄的情況……日本從幕末到日俄戰爭間所進行的戰爭在根本上的防衛性性質，與日本在兼併朝鮮之後所進行的戰爭在本質上的侵略性性質，這兩者之間的性質相異處，完全遭到無視，只因為兩種都是『對西方之戰』的這一點，而全被一視同仁。只有在這種詭辯上，主張日本侵略中國、菲律賓、印度支那、緬甸與印尼的太平洋戰爭，也是必須對抗『東漸的西方』的、日本民族不能抵抗的悲壯命運，『百年戰爭史觀』才會成立。」

之後這篇文章又加上了「這只是表明對當時自以為是的為政者的見解之共鳴與同情」、「讓東條英機的亡靈在現代徘徊的巫女」之類的句子。應該說淡德三郎往年的意氣，至今未衰吧。

答覆上山春平、淡德三郎兩人的反駁

前文兩人的反駁，其實不構成對我的「肯定論」的反駁。兩人所提的侵略戰爭說，在我開始寫「肯定論」之前就已經存在。我是**為了否定**下述的庸俗論點，而寫**肯定論**的：「唯一在東亞倖存下來，名為日本的島國，因為在途中變質成帝國主義式的侵略國家，被全世界的民主國家憎恨，遭到圍毆並被徹底打垮；對此深感抱歉，現在正在學習民主與和平主義。」

福田恆存[19]在《文藝春秋》連載中的〈日本近代化論〉有下面的這樣一段。或許會給福田添麻煩，但我要引用：

「就在終戰之後，我從某位共產黨員那裡聽說，雖然大東亞戰爭是帝國主義戰爭，但是要如何看待日清戰爭、日俄戰爭卻成為了問題，因為他不認為到日俄戰爭之前的戰爭是帝國主義戰爭；我覺得這人真是吃飽太閒，對他感到佩服。帝國主義戰爭什麼的，這些詞或多或少不過只是一個時代裡的一位思想家創造出來的用語，有什麼必要拘泥於那樣的東西呢？我覺得很不可思議，現在竟然還有這種議論，讓我啞然無言。」

這是正論式的奇招，我覺得如果我也能這樣甩開對手就好了，但是我的情況會是自己闖進

19 編注：福田恆存（一九一二—一九九四），評論家、翻譯家、劇作家。是批判和平論的保守派文化人，曾翻譯、出演過莎士比亞的戲劇作品。

讓福田恆存覺得啞然無言的諸家議論，並試圖加以否定；因此，果然還是只能用四組[20]穩穩的把對手推出去。

上山春平、淡德三郎式的「帝國主義侵略說」、「百年戰爭途中變質說」，不僅是在進步知識分子與學生之間，而且連在被視為右翼的人士之間都深深滲透。那是可笑的偏見，為了證明那是「令人啞然無言的愚蠢論點」，我不能用張手、肩透這些奇招[21]。我追尋的，是讓跟我自己一樣，一直以來持續反抗的各位讀者打從心裡點頭同意，認為「原來如此，是那麼一回事啊」。

往後繼續執筆的「肯定論」，不只會遭到左翼陣營、也會遭到完全意想不到的人反駁，我必須要有這樣的心理準備吧。

上山春平用朝日新聞社的《通往太平洋戰爭之路》的別卷資料篇，當作反駁我的資料，但是他不知道是不是沒有發現到並非是別卷，而是在本篇第一卷第十一頁，有下面的這樣一段：

「以日俄戰爭為分界點，日美關係驟變。一九〇五年（明治三十八年）八月二十九日，老羅斯福（Theodore Roosevelt）的信件中寫著『我至今以來都是親日的，但是自從朴資茅斯和會舉辦之後，我不親日了』。」

這是段重要的話——不，是重要的事實。要論證日清、日俄的兩次戰役是「一場戰爭」很容易，但是我寫過要證明太平洋戰爭跟這場戰爭是直接相連的很困難。然而，那是因為許多戰後歷史學家用仿效東京審判檢察官的寫法，從滿洲事變附近開始動筆，先往前回顧日韓合併與日本取得台灣，之後再到支那事變，最後因日本「帝國主義野心」、軍方「失控」與右翼「陰謀」而終於引爆了「太平洋戰爭」。由於這種書寫方式滲進讀者的腦中、造成歷史斷裂，所以當然會有該連結的東西連結不起來。朝日新聞社出版的《通往太平洋戰爭之路》全八卷的客觀記述中，有非常多可以訂正這種歷史斷裂的內容。

比如說，該書第一卷第一章第二節當中：

「十九世紀末期，歐洲列強看穿在日清戰爭中落敗的清國國力虛弱，強行向清國索取利益，各自建立了勢力範圍。在這個時期，太平洋另一端的美國，以一八九八年美西戰爭為分界點，從門羅主義轉換成所謂的帝國主義。藉由這場勝利，美國取得加勒比海的控制權，並一躍成為太平洋強國，開始規劃積極進入中國市場。如此一來，美國為了維護跨越兩大洋的利益，推動海軍的大擴軍。

這項新帝國主義政策，在理論上的指導者是馬漢將軍（Alfred Mahan），而實踐上的推動者是老羅斯福。馬漢在一八九〇年的著作《海權對歷史的影響：一六六〇—一七八三》中，分析英國發展的軌跡……強調為了摘取未開拓的加勒比海以及亞洲市場所供應的果實，必須要有足以支配海洋的強大艦隊……老羅斯福也說道，志氣高尚、有氣概的真正偉大的國民，與其追

20 譯注：四組，相撲招式，互相以雙手抓住對方的兜襠布腰帶。

21 譯注：張手，相撲招式，橫揮手掌打擊對手臉部或頸部側面；肩透，相撲招式，一手抓住對手腋下，另一手拍打對手肩膀，將對手摔倒。

求購買犧牲國家名譽而換來補償的低俗繁榮，是不會別過頭不面對各種戰爭的慘況的吧；任何的和平，都比不上最高的勝利偉大。」

這是十九世紀末到二十世紀初，美國的**精神狀態**。這裡引用的老羅斯福的信件，就是在這樣的精神狀態與國際環境下寫成的。日美冷戰從明治三十八年（一九〇五年）八月二十九日開始，之後美國的對日政策、支那門戶開放要求、不斷召開裁軍會議、強迫日本限制陸海軍軍力、幣原外交的痛苦與混亂、軍方的抵抗、右翼的活動、滿洲事變以及日支事變（強制設定防衛日本用的「自衛線」、「生命線」的行動）——這些全都不是太平洋戰爭的**原因**，而是隨著日俄戰爭的結束、事實上已開始的日美戰爭的**結果**。強調日本「帝國主義式侵略說」的各位馬克思主義者，與進步學者的意見，很明顯是**倒果為因**。

第九章

荷馬李的日美必戰論

——關於日美戰爭開始期的一項旁證

緊接在朴資茅斯和會之後的「恐日文書」

前一章，我引用了老羅斯福總統的信，並說道：「日美戰爭緊接在朴資茅斯和會之後開始。」此舉對讀者而言太過唐突，或許給了讀者們武斷、穿鑿附會的印象。

我主張朴資茅斯和會之後，日本國內外所發生的種種重大事件，都不是「太平洋戰爭」的原因，而只是已經開始的日美冷戰結果；如果這是穿鑿附會，那麼我的論證就全都變成為替日本辯護的卑劣詭辯了。

雖然用其他方法也可以證明這不是詭辯，但是我最近從某間舊書店買到了在朴資茅斯和會期間所構想、緊接在和會之後出版的珍貴書籍。這本書與其說是學術性著作，還比較像是一種時局小說，當年在成為暢銷書後，在英國、歐洲被廣泛閱讀，日本軍方也立刻翻譯，並作為「極機密文書」分發給在政府中具重要地位的人士。以現在的眼光來讀，這本書是一種「恐日文書」，而且有很多地方看起來很可笑，但如果是就美國緊接在日俄戰爭後就已預想、預感到日美必戰的這一點上，這是一份讓人很感興趣的文獻。

書名叫做《日美必戰論》（原名：The Valor of Ignorance，無知之勇），原作者是荷馬李（Homer Lea）。此書於一九〇九年（明治四十二年）三月在美國出版，日文譯本則出版於一九一一年（明治四十四年）二月。

我不知道荷馬李的經歷，但是序文裡面的「本書完稿於朴資茅斯條約簽訂後不久」這句話，吸引了我的注意。讓我想起了前一章引用的老羅斯福總統的信當中，「我至今以來都是親日的，但是自從朴資茅斯和會舉辦之後，我不親日了」的這句話。

曾任美國陸軍參謀長的退役中將霞飛（Adna Chaffee）、退役陸軍少將史托利（John Story），為這本書寫序，並對作者論點的重要性表示歡迎、讚賞，特別是後者推薦此書道：「本書是美國所有知識分子、愛國者都應該精讀的軍事著作。」

在當時，這本書是一本為美國軍人階級與「極右翼」代言，列舉美國軍事上弱點的「憂國之書」；但對大多數的美國人來說，或許只給了他們這本書是一種珍奇書籍或是激進論點的印象。從「太平洋戰爭」結束之後的現在的眼光來看，這本書確實存在著可以說是「先知之書」的面相。因為從許多方面都可以察覺到，美國的政治人物與軍方相信本書的「預言」，執行了超越作者所指示的幅度的擴軍，並且改善了陸海軍的體質、制定戰略，穩妥地進行為了稱霸太平洋、打敗日本的準備，而等待著開戰機會。

荷馬李在此書中極度擴大描寫日本的國力與軍事力量，且極度簡化美國的國力與軍事力量。這種誇張的手法是「憂國之書」、「警世之書」的共通特質，不論古今，各國都不缺乏這樣的案例。荷馬李說道，美國的軍備脆弱，不只會隨著開戰而失去夏威夷、菲律賓、阿拉斯加，日軍還會登陸美國本土，「就算美國用全部的陸軍軍力防守舊金山，日本的軍隊也會……在兩週以內逼使美國必須開城投降……崩潰的軍隊將四處散亂，合眾國在此分裂，四處發生內亂，到處爆發暴動，支離破滅、無可收拾。」

這是在朴資茅斯和約簽訂之後立刻發出的慘叫這一點，具有**歷史的重要性**。

美國的恐日病

荷馬李認為，日美戰爭將會接續在日俄戰爭之後的極為接近的未來內發生，並以此展開他的論述。現實中，日美戰爭是在稍微有點長的三十六年歲月之後才發生，這對美國而言，或許該說是幸運吧。這三十六年的時間，是貴重的準備期間，美國不只成功改正、加強了荷馬李指出的軍事缺失，還用一切軍事、政治、外交上的謀略把日本逼進了窮途末路，成功創造出幾乎完美的準備與必定得勝的戰爭體制。

然而，荷馬李假定日美戰爭會在美國還沒做好準備前就先爆發，而論述如下：「概略來說，戰爭的舞台是在太平洋，戰鬥區域則會在菲律賓群島、夏威夷、阿拉斯加、華盛頓州、奧勒岡州以及加州吧。」不過，因為這些區域的戰略要地，現在都在美國的掌控之下，所以如果充分防禦這些地方，便無須擔心戰爭會在近期之內爆發，但是由於現在完全沒有防備，所以已經成為了日本這個好戰國家的野心的標的。

首先是夏威夷群島，日本在日俄戰爭的結尾時，已經積極展現出要占領夏威夷群島的態度。這是在指日本人移民夏威夷一事，而荷馬李說這是為了占領計畫所進行的軍事移民：

「夏威夷的日本移民增加了六萬五千七百人，至於出境者數量則是四萬兩千三百一十三人；這是在以有戰爭經驗者來替換掉不能承受軍隊勤務的人，故日本軍事占領夏威夷大概會成功。服過日本軍隊兵役的移民數量，超過美國野戰軍的全數（軍官十二人、士兵二百〇九人），開戰之後不用二十四小時，美國守軍就會全軍覆沒，夏威夷的主權也將永遠歸於日本吧。」

下一個是菲律賓：

「日本如果要征服菲律賓，會比美國占領古巴容易。古巴的聖地牙哥在宣戰後三個月被攻陷，馬尼拉則大概會在三週內被占領。」

第八章描寫了日軍攻擊美國本土：

「日本在占領夏威夷與菲律賓群島之後，便會在戰艦、裝甲巡洋艦以及水雷艇掩護下，運送十萬名士兵的運輸船，橫渡太平洋。然後，在以每小時十節速度航行的情況下，這支艦隊可能會在宣戰之後四到五週內抵達美國西岸。

對美國而言，主要的大問題是西岸防禦。這個海岸一度落入日本的軍事主權之下，美國將不只是失去太平洋與其屬地，連最富裕豐饒的土地也會歸於日本之手。如果日本占領了華盛頓州、奧勒岡州、加州等地，這些州不僅會因為日軍而與其他州斷絕聯繫，其東部的無人荒野以及如城牆般的山岳也會將兩地完全分離。事態若發展至此，就算花再多兵力跟軍費，都將非常難以收復這些領地。」

雖然第九章與第十章，也很詳細、生動地描寫了日軍登陸美國本土之後的活躍與美軍的苦戰，但我想沒有再引用這本「夢想戰記」的必要了吧。現在看，也只會覺得日本真是被高估了啊。

但是，按卷首的譯者「例言」所寫的：

「本書大意與近日美國的塔虎脫總統（William Taft）的咨文，以及時下美國所大力提倡的國防不夠完備的論點一致。

美國的工業、製造業者們認為本書的刊行為其大好機會，開始大幅進行武器、軍艦等，有利於其本身製造生產的活動。」

這應該是事實吧。因為也有其他好幾種類似這樣的「警世之書」出版了。

總之，美國的對日戰爭準備，緊接在日俄戰爭之後就開始，後來經歷了約三十年的歲月與波折、幾乎接近完成，接下來就只等日本自己掉進這個網子與陷阱裡了。雖然日本陸軍省也立刻翻譯了這本書，並在陸海軍內部與主要的政府機關內分發，但是，完全無法想像當時的日本軍人跟政治人物會有想要占領夏威夷、菲律賓的意圖，更何況攻擊美國本土。

「白色太平洋」的夢想與現實

日本在日俄戰爭的勝利令世界驚訝，這不只是亞洲各國，而是首次包含中南美洲等地的被征服民族們的狂喜。就在幾年前我到南美洲祕魯旅行時，聽到該國的大學生們到現在還舉出東鄉平八郎跟乃木希典的名字稱讚日本，而大感驚訝；但是，對於日本而言，日俄戰爭是場打得很辛苦卻少有成果的戰爭，甚至因此發生了反對朴資茅斯和平條約的暴動。日俄戰爭也不過是「雖然贏了戰鬥，卻沒有決定性勝利的戰爭」。戰爭造成的傷害很深，真的沒有餘力思考在太平洋浪濤彼端的事情。

荷馬李在這本書中批判「日本皇帝的樞密顧問官金子堅太郎男爵」在明治四十年（一九〇七年）三月的《北美評論》發表堪稱「日美共榮論」的論文，他說該篇論文全是謊言，但是我總覺得金子堅太郎的意見是當時日本領導階層的真心話。

據荷馬李所引用的，金子堅太郎的意見趣旨如下：

「日本跟美國從以前就有彼此互補的經濟關係。美國人依賴日本人的貨物，因為日本人也依賴美國的商品，不管怎樣都是不可能發生戰爭的，兩國人民如果被奪走這些生活上的必需品，就會立刻落入不幸的下場。沒有美國的供應，日本人連一天生活都沒辦法過，兩國之間不應發生戰爭。今日唯一尚存，可開發、且有利的市場只有亞洲大陸，所以美日兩國應該在保持和平貿易關係的同時，合作開發亞洲市場。」

荷馬李認為這份意見是詭辯，覺得豈有此理而震怒。因為像絲綢、茶葉、麵粉、棉花、菸草、石油等等，從世界上任何地方都可以買到，貿易關係並不是絕對和平的保證。問題在於太平洋的支配權，爭奪橫跨太平洋兩岸的大量資源必定會肇生日美戰爭。因為日本已經將清國與俄國逐出太平洋，並與英國結盟，所以強敵只剩下美國。為了將太平洋變成自己的海洋，日本在不久的將來一定會挑戰美國吧，美國必須為了那一天的到來而做準備。儘管美國國內的商人階級與經濟學者支持金子男爵式的和平論，但是真正的愛國者決不能向這種市井的庸俗論點低頭——這是荷馬李的反駁。

從半世紀之後的今天來觀察，荷馬李的遠見看起來像是說中了。然而，金子男爵式的「親美論」和「日美不戰論」在很長的一段期間內支配了日本的領導階層，也是事實。日本方面對日美戰爭的預感與準備，都遠比美國慢。

金子堅太郎式的「日美戰爭不可能論」、「日美戰爭迴避論」，不只根深蒂固地存在於政治人物與實業家之間，也深植在陸海軍領袖的腦袋裡。可以說直到開戰前夕……不，是到開戰之後都還存在。那對日本來說絕對會是「理性的道路」，但是，歷史不是只藉由人的理性而推動，而經常是因為人類不講理的熱情與欲望而動。美國建設「白色太平洋」的熱情與日本「防衛亞洲」的熱情，雖然都是一百年前的產物，但是持續悶燒了約一世紀的期間後，直到昭和十六年（一九四一年）十二月八日，終於爆發。

美國將這場戰爭稱為「太平洋戰爭」，日本則稱為「大東亞戰爭」，這並非單純突發奇想，而是各自有歷史上的理由。美國的「理想」是實現「白色太平洋」，而日本的「理想」是建設「大東亞共榮圈」。美國人講「太平洋戰爭」是沒什麼問題，但日本人還是坦蕩蕩地講「大東亞戰爭」比較好。

日本戰敗後，這個「理想」也煙消雲散。然而，美國的「理想」實現了嗎？「白色太平洋」到頭來不也是夢想嗎？荷馬李的警告、塔虎脫總統的咨文、麥克阿瑟五星上將的戰功，最後都沒能把太平洋染白。在戰爭的暴風雨當中，或許曾經看起來是一片白茫茫的樣子，但暴風雨結束之後，太平洋湛藍如昔。不，雖然海浪是藍色的，但圍繞著太平洋的島嶼與大陸的身影，絕非昔日的樣貌，而是大幅地改變，且變得與美國的希望背道而馳。如同「大東亞共榮圈」一樣，「白色太平洋」也未能實現。

崩潰的大清帝國重生成為新的中共帝國；菲律賓、馬來西亞、印尼各自走上獨立之路；對美軍士兵而言，朝鮮半島與南北越變成食人沼澤；而紐西蘭已不再是殖民地；美洲大陸下半身的中南美洲各國，以古巴為首，開始不再為美國之意所行動；台灣與沖繩，當下是美國的軍事基地；至於日本自己，在禁閉於四座島嶼上的同時，早已「奇蹟式」地復活，開始為了能自己決定前途而努力；另外在北方，太平洋的海浪沖洗著想要以實力凌駕美國的蘇聯海岸。

太平洋不再為美國所有，也不再為日本所有。

以太平洋為舞台的日美戰爭，從結果來看，不管是對日本還是對美國而言，都是「有勇無謀的戰爭」兼「毫無收穫的戰爭」。

你往何處去？[1]

然而，我不認為現在的美國人會把我的這些話原封不動地聽進去。美國人——無論領袖、還是國民都相信「白色太平洋」實現了，即使在日本投降之後，依然繼續進行著「太平洋戰爭」。看起來就像是以一種「稱為民主的宗教」的狂熱信徒身分，向亞洲與世界發動十字軍式的神聖戰爭。就算是韓戰的龐大犧牲與越南的無底沼澤也無法讓他們反省、阻止他們。

1　譯注：此句話來自《Quo Vadis?》，為波蘭作家軒克維奇（Henryk Adam Aleksander Pius Sienkiewicz）的歷史小說。

「你往何處去？」——主啊，祢要將我帶向何處？

就這點，可以對信奉「稱為共產主義的宗教」，像羅馬教宗與馬丁路德一樣彼此敵視、鬥爭的蘇聯帝國與中共帝國說同一句話。他們看起來也都像是在根據馬克思主義的舊教與新教教義，各自做著征服世界之夢。

說民主與共產主義是「現代宗教」的，不是我。英國歷史學家湯恩比還有日本宗教學者鈴木大拙都說過同樣的話。

湯恩比對美國這個國家，還做了一個可怕的預言。在他以《失落的自由之國》[2]（現代美國論）為書名譯成日文的著書中，我們可以看到他不祥的預言。

據他所說，始於十八世紀的世界革命，是肇因於在法國大革命之前，一七七五年的美國獨立戰爭而起。

「昔日農夫們在此佈陣，其炮聲響徹世界。」（愛默生，Ralph Waldo Emerson）

湯恩比說，響徹麻州康科德河岸的獨立戰爭炮聲，在之後約兩個世紀「持續繚繞世界，就像蘇聯的史波尼克衛星」。

十八世紀末，此炮聲響徹法國（法國大革命）；十九世紀初，響徹西班牙的美洲殖民地（中南美洲）與希臘；一八四八年，炮聲響徹歐洲全境，聽起來有如萬雷貫耳。在義大利也聽見了，且使她從墳場裡甦醒了。「義大利的復活」始於美國的那聲炮響。

一八七一年，再度在巴黎聽見，就是巴黎公社。朝向東方，這聲炮響引起了一九〇五年的俄羅斯革命，還有一九〇六年發生的波斯立憲革命、一九〇八年的土耳其青年革命。

當時，印度獨立運動的先驅者們已經開始行動了。印度獨立運動是直到最近還在西歐各國統治下的亞洲、非洲各地區的所有獨立運動的起源。一九一一年，在支那聽到革命的炮聲時，在太平洋另一端的墨西哥也聽到了。墨西哥革命在此前一年已經開始。

一九一七年，再度在俄羅斯聽見美國的炮聲，這次的炮火很猛烈。

接下來，土耳其獨立戰爭爆發，然後在一九四八年，發生了支那革命。「兩度跨越太平洋，仍然未現衰勢的這聲炮響，讓玻利維亞的礦工武裝起來。一九六〇年時，也使古巴的貧農們奮起。卡斯楚對於因為他而在美國掀起的大騷動，肯定既驚訝、又感到很滿足吧。」

湯恩比的這幅世界革命的俯瞰圖，漏畫了一八六八年的日本革命、明治維新。雖然他也忽略了明治維新在亞洲各國造成的巨大衝擊，但可能不是因為他對日本有偏見或惡意所致。我認為應該就如同他在其他著作中所表明的「有關日本歷史，幾乎沒有研究」，所以避免了涉略。

如果湯恩比知道佐藤信淵、中岡慎太郎、高杉晉作等維新的學者志士的著書中，提及美國獨立戰爭，且提議「應該學習美國」；知道在維新之前，已經有像吉田松陰般志在前往美國者，以及有勝海舟、福澤諭吉、新島襄等赴美者，而且他們成為了明治維新的原動力、維新後的改革者的話，那麼他肯定不會像前文那樣漏掉這個部分。

據傳西鄉隆盛經常提及華盛頓，在征韓論之後退隱時的居所牆上，也貼著華盛頓的肖像。而且在自由民權運動的青年們所愛唱的歌曲當中，有一段是：

---

2 譯注：英文原著為《America and the world revolution》

回想從前
美國獨立也是草蓆做旗
若不在此降下血雨
國家自由不能固

如果知道這些，湯恩比教授肯定不會漏掉遠早於印度獨立運動、支那革命的一八六八年的明治維新，而且會承認明治維新成為了支那、印度、其他亞洲國家、中東各國覺醒的先驅。

然而，這件事在此並不重要。《失落的自由之國》的主旨是在指摘、警告兩個世紀之前發出世界革命第一聲炮響的美國，現在被繁榮與財富矇蔽，現出跟古代羅馬帝國末年同樣的症狀，變成了過去自己造成的世界革命的障礙了。

自古以來，所有的大帝國都從繁榮與擴張的頂點開始衰亡、崩潰。

美國能夠回復他的革命傳統嗎？儘管湯恩比說「現在的話，還是有可能的」，可是在他心底卻藏著相反的答案不是嗎？他這場演講是距今四年前（一九六一年），在美國的大學舉行的，然而，之後美國的世界政策不是展現出了許多「已經為時已晚」的面相了嗎？

日本的「大東亞戰爭」結束了。但是，在此之後二十年，美國依然在持續從韓戰打到越戰的「白色太平洋戰爭」。

過去的日本列島對美國而言，是太平洋上最危險、堅硬的岩礁。然現在已並非如此。只不過是被「安保條約」束縛，半身不遂的列島。

不過，現在是侵襲亞洲的美國號船長應該三思的時候。就算越過了日本列島，還是太平洋。太平洋的波浪沖刷著印尼共和國的海岸、連接到印度洋與非洲各國，流入越南北部的東京灣，還拍打了中共、北韓、蘇聯沿海的邊疆州與海參崴的海岸。

由一國征服世界的時代已經過去。人類七千年歷史上出現過的大帝國數量繁多，但連一個完全的世界帝國的實際案例都沒有，大帝國會在繁榮與擴張的頂點崩潰。民主主義跟共產主義，都不可能是據以征服地球或統一世界的基本法則。如果想要把其中任何一種當作據以統一世界的法則的話，只會得到盲信、懷抱征服世界之野心的帝國其毀滅的下場！

「你往何處去？」——美國啊、蘇聯啊、中共啊，自稱是人類解放者的強國啊，你們，想要往何處去呢？

第十章

兼併朝鮮

——帶有利齒的民族主義

中野好夫教授的擔憂

英國文學學者兼評論家中野好夫[1]教授，為我的《大東亞戰爭肯定論》寫下了書評，當中對於我幾乎沒有談到「兼併朝鮮」的事實、一下子就跳到滿洲事件，最為不滿，希望我再加以論述。而我認為這不滿很有道理。兼併朝鮮一事，是列寧的知名理論，「到日清、日俄戰爭為止採取守勢的日本，終於進入與英美相當的帝國主義階段」的轉接點。雖然我認為這只是宣傳革命用的小冊子胡亂拼湊的說法，但是因為似乎有不少教授與學生相信，所以在此準備一章，來解答中野教授的不滿與疑問吧。

> 「兼併朝鮮是日本帝國主義確保對大陸侵略的橋頭堡，且天皇制法西斯主義以朝鮮為基地，向滿洲、蒙古、支那本土伸出毒牙。」

這是馬克思主義歷史學家愛用的命題，因為中野好夫教授也是一位進步文化人，所以他說必須相信京都大學的上山春平助理教授的意見，即「大東亞戰爭中含有較多的因素可將其視為是帝國主義化之後的日本，為了重新分割殖民地而進行的戰爭」。

然而，那段話在後面注記著，現在「雖然也有要向左翼史觀學習的地方，但不是忘了批判，請各位安心」，所以我也要安心地講述非左翼史觀。

照《日本的歷史》（讀賣新聞社版）第十一卷的內容，「桂太郎首相**為了資本家**而在國內致力推行**整理國債**，另一方面，則是為了**讓日本資本主義往大陸發展**做準備，謀求**加強殖民**

統治。因此，將韓國變成日本領土就成為當前的課題。前面所述的義兵運動（發生在伊藤博文統監時代，持續了約五年的韓國軍隊與民眾的抵抗），由於**沒有領導階層**，幾乎逐一被鎮壓。一九一〇年（明治四十三年），為了實施日朝合併，陸軍大臣寺內正毅被任命為韓國統監。他一到任，就立刻要求韓方將警察工作交給日本，增加至今為止由日本派遣的憲兵，並將韓國警察置於其下。韓國在被這支憲兵隊壓制的同時，一九一〇年八月，締結了兼併韓國的條約，日本政府同時發表了兼併宣言。」（線是作者所劃，請注意那些都是針對學生的馬克思主義語法。）

雖然接下來便是以「東洋拓殖會社」為中心的「**日本資本主義掠奪朝鮮**，以及往關東州、滿蒙、北支**擴大經營**」，但我不覺得這樣的馬克思主義綱領的通俗講課可以讓中野教授滿意。認定一切都是**為了資本家**，是資本利益與營業策略，實在是太虛假了。首先，當時的日本是不可能已經進入到列寧所說的「帝國主義是資本主義的最高階段」的時代，如果認真地那樣想，就等於是無條件盲從列寧的權威。

我質疑面不改色地把含有大量基於政治性目的與穿鑿附會的小冊子的公式，原封不動地套進兼併朝鮮的各位學者的學究式常識。是誰教人說懷疑為智慧之始的？到現在還對馬克思跟列寧深信不疑的各位戰後派歷史學家，似乎已經失去了當學者的首要條件。

---

1 編注：中野好夫（一九〇三—一九八五），英文學者、評論家，日語英美文學翻譯的泰斗。原為東大教授，一九五三年辭職後專心從事社會評論、以及參與各類型的民主主義運動。

兼併朝鮮的殘忍

我沒有心情為兼併朝鮮辯護，誰都無法否認兼併朝鮮是為了日本的利益，此舉給朝鮮民族造成了龐大損害。但是我要再次重複強調，兼併朝鮮也是作為「日本的反擊」的「東亞百年戰爭」中的一環。

日本兼併了朝鮮，卻在大東亞戰爭敗北，沒有比鞭笞敗北者更容易的事情。明明身為給朝鮮造成損害的日本人之一，擺出學者嘴臉的各位進步派人士是憑什麼特權可以鞭笞日本？如果是打算藉此證明，他屬於與加害者無緣的「階級」，那沒有比這還卑鄙的伎倆。

所有的戰爭，都不只會對他國人民造成許多損害，對本國人民也會。各位擺出學者嘴臉的偽善者，大概是打算以受戰爭之害的日本「人民」之名，對**日本統治階級**揮舞「正義與人道之鞭」吧，只是那種正義的人道嘴臉無法適用於朝鮮民族。

民族的敵人是民族，不是「階級」。

所以，我會老實傾聽下面這段身為兼併受害者的朝鮮人金三奎（首爾日報主編），充滿憤怒的話語：

「不管是哪一國的殖民政策，都是為了該國與其國民，不是為了被統治的民族，日本統治韓國也不例外。的確，在亞洲式封建社會中確立現代土地所有制度、建設鐵路、建築港口、綠化禿山、與辦水利事業、改良稻米品種、振興產業、增加貿易額都是事實。然而，朝鮮民族的生活並沒有因此而提升，反而是農民的土地被掠奪，在日本、滿洲流浪，或是不得不進入深山

火耕。」（《朝鮮現代史》）

「日本推動的『朝鮮近代化』，說到底還是為了方便壓榨的『近代化』，不是為了朝鮮人的『近代化』……世上沒有比殖民主義更殘忍的事物。對殘忍的統治，只會有殘忍的反抗。」

我沒有任何方法可以否定金三奎的話。

日本統治朝鮮的三十五年期間，對朝鮮民族來說肯定就是那樣，就算被說這是「殘忍」，日本人也沒有抗辯的餘地跟方法。

但是，我要冒犯金三奎的憤怒並斗膽地說，那是亞洲的歷史、是日本的歷史、同時也是朝鮮的歷史。歷史既不能回溯，也不能重來，不是靠道歉或懺悔就能補償的。

最好看看金三奎的《朝鮮現代史》裡所描寫的，「解放」後朝鮮的實際狀況。三十八度線是誰劃的？因為南北分裂而造成的「韓戰」，對朝鮮民族施加了何等的殘忍，且現在仍尚在持續吧？

我不是為了躲進歷史裡面逃避責任而寫歷史，金三奎寫《朝鮮現代史》，也不是為了肯定朝鮮的現狀。我也重複訴說了好幾次，我的《大東亞戰爭肯定論》不是為了合理化日本至今所走的腳步與日本現狀。只是，為了抵抗「歷史偽造」與「全面否定、醜化民族精神」而持續書寫。

敵人是幕後的大國

關於古代與中世時期的日本、朝鮮關係，不再重述。兼併朝鮮有至少從幕末到明治四十三年（一九一一年）為止的「前史」。我想要從這段「前史」開始，試著跟金三奎一起思索為何日本在「百年戰爭」的途中，必須斷然對朝鮮做出「極度加殘忍」行徑的理由。

似乎是講到題外話了，我的出生地是北九州。不需要引用古代史學家的研究，就像南九州人有濃厚的印尼系各民族的血統，北九州人很明顯有朝鮮人的血統。我出生的大分縣各村，經由研究神社的神體[2]，發現有許多村莊是朝鮮移民形成的聚落，這些很可能是千年或者更早以前的移民村莊。現在，這些村莊融入了日本、融入到太過完美，雖然我自己肯定也是在這些村莊間出生的朝鮮裔日本人，但我從小到大都沒有意識到這件事情過。最近許多「解放」後的朝鮮人，穿著漂亮的韓服到日本觀光，我在那些人當中，因為發現到有跟我的父母、附近的歐吉桑、歐巴桑容貌一模一樣的人，而著實感到驚訝。

古代日本的中央政府，也因為來自支那、朝鮮的歸化人與移民增加，而發生像是被稱作「大化革新」的政體變化。或許九州地區也曾發生過那樣的摩擦與衝突，儘管也有留下暗示發生過那種事情的紀錄，但千年的歲月，將這兩支蒙古人種的民族完全同化。

話雖如此，對馬海峽對面的朝鮮國，據朝鮮史的紀錄存在了四千年，跟較晚建國的日本，關係卻未必能說是友好。就算扣掉神話時代的須佐之男命與神功皇后，鎌倉時代的「元寇」、豐臣秀吉的「朝鮮征伐」，全部都是鬥爭的歷史。而且這些戰役都不是直接跟朝鮮衝突，幕後都有「大國」的壓力。雖然擔任「元寇」前鋒的，是朝鮮軍隊，但是這是因為元帝國的強大壓力與專制命令所致，這一點作家井上靖在《風濤》的史實部分，寫得很仔細。

許多歷史學家認為，豐臣秀吉的「征伐」所指向的敵人是大明帝國，而未必是朝鮮本身。同樣地，在幕府末年出現而於明治六年爆發的「征韓論」，其真正的目標也是存在於朝鮮背後的「大國」，即大清帝國與俄羅斯帝國，尤其是針對後者露骨的南下政策。

當時的征韓論者，包括西鄉隆盛、江藤新平、副島種臣都「在預想到與俄國戰爭的同時，主張斷然實施征韓」，在第四章，已經介紹過岡義武教授的這個分析。征韓論的直接動機看似是李氏朝鮮王朝的排外主義與侮蔑日本，但在幕後有俄羅斯帝國的南下政策存在。

尼赫魯的「民族主義論」

然而，在與俄羅斯作戰之前，日本必須先與大清帝國作戰。許多歷史學家認為日清戰爭、日俄戰爭兩場戰爭的根本，在於「阻止俄羅斯侵略亞洲」，除了激進馬克思主義歷史學家，幾乎沒有人再將之視為「帝國主義戰爭」，而是將之視為已經階段性完成藉由明治維新所進行的國內體制改革、以及「富國強兵」的日本民族主義的反擊才對。所有新興國家的民族主義，都是因為抵抗外國壓力而產生，國內改革與自我解放達到某種程度，就會轉為擴張政策。

民族主義有與生俱來的尖牙與利爪。

新印度的領袖尼赫魯，在日本戰敗後，對亞洲的新興各國，承認了民族主義的效用，但同

2　譯注：指神道中神所寄宿的物體。

時也分析了民族主義危險的猛獸性質：「民族主義原本是一個國家內部健全、進步的解放勢力，卻很可能在解放後——變成不健全、後退、反動或擴張勢力，變成像該國過去想獲得自由時所交戰的對手國一樣，用貪婪的眼光覬覦其他國家。」這是對日本走過的路線的批判，同時也是對戰後獨立的亞洲、非洲各國的警告。

然而，最近的情勢顯示，不能認為各新興國家有遵循尼赫魯的忠言。中共對印度發起了邊境糾紛，眼前正在與蘇聯民族主義對決當中；印尼的對馬來西亞政策也露出了尖牙利爪。不管如何提倡理性的民族主義，都不可能拔掉民族主義的尖牙與利爪的。

不是只有日本覬覦朝鮮

日本民族主義在初期階段，即在薩英戰爭與馬關戰爭中對英、美、法、荷各國就先露出了小小的尖牙。然後因為中期階段的日清、日俄戰爭，尖牙與利爪大幅成長。然而過程中日本的「百年戰爭」還在持續著，藉由在朝鮮與滿洲劃設「生命線」，準備與原本的大敵「西方列強」決戰。對此，用尼赫魯所說的民族主義的擴張性質來解釋，比用列寧式的「帝國主義論」來說明更為妥當。比列寧早了約一百年，以佐藤信淵、吉田松陰為首的日本民族主義者，已經在與資本主義沒有關係的情況下，提倡朝鮮、滿洲、俄國沿海邊疆州的占領論。

自「征韓論」產生之後，日本開始想要把尖牙利爪伸向朝鮮是事實。然而日本鎖定的目標是「西方列強」、是「亞洲的解放」。雖然也有藉著「文明開化」之名，想要遵從西方路線的動向，然而推動日本的，就是民族主義。民族主義是民族性的利己主義的強烈展現，這對於被當成直接對象的朝鮮來說，肯定麻煩到了極點。然而，明治六年（一八七三年）西鄉派的征韓論，被認為是躁進的出擊策略，遭到「內政論」的阻止。「內政派」害怕的，不只是朝鮮民族的反擊，而是當時視朝鮮為屬國的清帝國之實力、俄羅斯帝國的南下政策以及間接地覬覦這座半島的英、美、法的壓力。

一八六〇年（萬延元年），英法聯軍攻入北京。俄國以調停為藉口，逼清國割讓外東北。一八六一年，俄國艦隊占領對馬，幕府請求英國協助，半年後讓俄國艦隊離去。一八六七年（慶應三年），法國將柬埔寨作為保護國。

以上是幕末發生的事件，然而根據維新之後的年表，首先在明治四年（一八七一年）俄羅斯占領清國伊犁地方。明治五年，俄國用與千島群島交換的名義，取得庫頁島。明治六年，尼古拉耶夫斯克（廟街）鎮守府遷至海參崴，以海參崴作為海軍根據地。明治十六年（一八八三年），法國與清國交戰，將安南作為保護國，接著將之與柬埔寨等合併，施行總督制。此時，法國借給日本自由黨的部分成員一百萬日圓與東印度艦隊，計劃擾亂清國的半屬國朝鮮，但遭到日本政府反對而放棄。

明治十八年（一八八五年），英國征服緬甸，又占領朝鮮的巨文島，但因日本、清國、俄國抗議，兩年後撤退。明治二十年（一八八七年），葡萄牙占領廈門。

日清戰爭在如此的國際背景下開打，日本取得勝利，但立刻遭到以俄國為首的「三國干涉」反擊，交還遼東半島，被迫從朝鮮後退。

明治二十九年（一八九六年），緊接在三國干涉之後，俄羅斯與李鴻章在莫斯科交涉後，取得建設東清鐵路至海參崴的權利，同時簽訂中俄密約結盟。

明治三十年（一八九七年），德國租借膠州灣、俄羅斯租借旅順口，分別建築要塞。

明治三十一年（一八九八年），俄羅斯租借遼東半島，英國租借威海衛，俄國還意圖租借釜山港外的絕影島[3]，因遭日本反擊而失敗。同年，英國租借香港對岸的九龍。明治三十二年，俄國意圖購買朝鮮的第一良港馬山浦[4]數十萬坪的土地作為軍港，遭遇日本妨礙而中止。然後法國租借了廣州灣。

明治三十五年（一九〇二年），俄羅斯更公開地經營滿洲，設置鐵路守備隊、限制清國駐軍，取得對清國官員任免的發言權。

明治三十六年（一九〇三年），俄國租借鴨綠江下游的龍岩浦、建造炮台，在九連城、鳳凰城駐軍一個旅。

日俄戰爭在前文所述的前提與環境背景下進行，日本準備兼併朝鮮了。左翼歷史學家，視明治九年（一八七六年）的江華島事件（朝鮮軍隊炮擊日本軍艦）為良機，指出日本強迫韓國簽訂的「修好條約」是不平等條約，強調這是日本帝國主義侵略的開始，但看前文所列的各項條件，反而是將日本此舉視為是日本針對清國與俄國壓力的自衛與抵抗才正確。對夾在中間的朝鮮來說，這肯定是只會帶來憤恨的屈辱，但我想關注的是，日本的這個擴張政策，在兼併朝鮮之後短短三十五年就崩潰了。

這個歷史的步伐之快，在明治時代出生的我們，親眼目睹了整個過程。然而應該因為日本敗戰而被解放、獨立的朝鮮卻完全分裂成兩塊，北方受到了蘇聯還有中共的壓力、南方受到了美國的壓力。所謂歷史，就是這麼無情。

只是，這份感嘆也是不必要的吧。或許在十年、二十年後，朝鮮的變化就會嘲笑我的多愁善感。滿洲國的國祚也短短不到十五年。朝鮮、南北越、東西德的分裂，還要持續多少年呢？在這一點上，歷史雖然是無情的，卻也是公平的。

金玉均與福澤諭吉

為了更詳細地瞭解兼併朝鮮的前史，必須從明治十五年（一八八二年）開始，觀察約二十年間京城的實際情況。這段期間，韓國被美、英、德、俄、法強迫簽訂修好條約，李氏朝鮮王朝的腐敗已經呈現末期症狀，宮廷內部因為守舊派與進步派的鬥爭與陰謀而儼然成為一座伏魔殿。而且從外部得知此情況的清國、俄國、日本、美國、法國也加入，或者公然使用武力、或者暗地裡灑黃金，勾結國內的各黨派，進行權謀術數等無所不用的謀略大混戰。

最初的主角，當然是清國。朝鮮是清國的朝貢國（半屬國），所以宮廷內所謂「事大黨」就是清國派，勢力很大。

清國的李鴻章，任命德國人穆麟德（Paul Georg von Möllendorff）為朝國的宮廷顧問，並任命英國人赫德（Robert Hart）為總稅務司，派出陸軍的大將吳兆有與怪傑袁世凱率兵三千駐軍京城，以財力、軍力並用，巧妙地操控宮廷。

對此，京城的日本駐軍僅有兩百。而且與朝鮮「修好」的時間尚短，不論在軍事上或外交

3 譯注：今韓國釜山影島區。
4 譯注：馬山浦，今韓國馬山市。

上都很難與清國對抗。日本秘密與金玉均、朴泳孝一黨勾結，並且是從民間開始聯繫。金玉均一黨被稱為「開化黨」或「獨立黨」，其目的為改革李氏朝鮮王朝腐敗的宮廷，「獨立」則是指從清國壓力下獨立。雖然日本民間的志士與熱心人士協助他們的這項目的，但日本政府、駐韓公使最初對他們都極為冷淡。

金玉均在明治十三年（一八八〇年）首次來到日本，表面上的理由是為了「興隆佛教」到日本考察。可以的話，他希望拜會日本高官，但日本的政治情勢卻無法允許他如此。

他最初見到並向其求教的日本人是福澤諭吉，福澤諭吉看出金玉均是位有為的青年——因為當時金玉均二十六歲，卻官拜堂戶曹判官（內政大臣），是才幹、見識、度量都出類拔萃的新人物——福澤諭吉敞開心胸聽取金玉均復興祖國的意見，給予他指導與鼓勵，之後並在自己的別墅收留金玉均送來的數十位留學生，送他們到陸軍戶山學校學習軍事、警察、郵政、稅務等知識。

福澤諭吉基於「朝鮮興廢對東方治安事關重大，如果能引導、開發朝鮮，讓朝鮮與日本同樣走向文明開化，能夠獨立自強、自力更生，不僅對朝鮮有益，也著實是日本之福。如果難以獨立，就讓朝鮮依賴日本，必須徹底防止清國、俄國與其他各國干涉」的觀點，與後藤象二郎商談，讓慶應義塾學生牛場卓藏、井上角五郎等人前往朝鮮。

因為福澤諭吉、後藤象二郎的進言，日本政府在明治十七年（一八八四年）秋天開始以行動支援朝鮮獨立黨，但是伊藤博文、井上馨、山縣有朋等人因為擔心清國兵力與列國干涉，未進行積極援助。金玉均在期待獲得日本政府援助的情況下，與同志朴泳孝等人發動政變，獨立黨一時之間成功組閣，卻遭到清軍反擊而落敗，京城的日本駐軍兩百人也敗北，金玉均與朴泳孝流亡日本，再度受到福澤諭吉的庇護。

這是日清兩軍首度衝突，結果是朝鮮獨立黨員與日本軍隊敗於袁世凱的清國軍隊與李氏王朝宮廷軍，是「我國從陸軍上尉磯村真次以下，包含巡查、僑民等罹難者達約四十人，躲過屠殺的婦女、小孩亦遭支那兵凌辱……我國公使館也遭暴民縱火，被完全燒毀。竹越公使與朴泳孝、金玉均一行人在仁川搭上日本輪船，驚險逃出虎口」（《東亞先覺志士記傳》），如此悽慘的敗北。

金玉均遭到暗殺

儘管日本政府依然對這幾位流亡者很冷淡，**民間有志之士**卻同情他們，不斷有人為了達成流亡志士的志業，企圖對朝鮮政府與清國起事，詩人與謝野鐵幹也是其中之一。著名的自由民權論者大井憲太郎，招募了八十名同志，計劃親自率領壯士前往朝鮮，暗殺事大黨大官、燒毀清國公使館。而卻為了籌措資金而搶劫，導致計畫破局，這就是所謂的「大阪事件」。

另一方面，福岡玄洋社的青年志士們也開始行動。頭山滿拜訪流寓於神戶的金玉均，看出他並非尋常的凡庸之輩，決心援助他，然而得知大井憲太郎一派被捕後，決定先安撫同志們的輕率行動，等待時機。除了玄洋社社員，《大東合邦論》的作者樽井藤吉，與另一位民權論的巨頭中江兆民也參加了這場謀議。

金玉均受到日本政府壓迫，在小笠原群島與北海道過著如同流放般的生活，但由於許多有志之士的同情與奔走，後來成功回到了東京。金玉均從那個時候開始就被朝鮮政府與清國的刺客町上，終於被誘騙到上海，遭到暗殺。屍體被清國軍艦送到京城，頭部與四肢被曝屍獄門，身體則被投入漢江葬身魚腹——這是明治二十七年（一八九四年）三月底發生的事件。

這份暗殺與極刑的情資令日本有志之士群情激憤，成為日清開戰論的引爆點之一。玄洋社社員的野半介[5]拜訪外務大臣陸奧宗光，力陳開戰之急務，但陸奧宗光卻曖昧地說：「還未到開戰時機。」把的野半介引介給參謀次長川上操六。

川上聽完的野半介的清國膺懲論之後，話中有話地說道：「總之，因為伊藤首相是非戰論的大老，要動打仗的念頭是不可能的。如果想要快速解決時局，沒有誰來放把火嗎？如果火燒起來了，因為滅火是我們軍人的任務，我們會盡自己的本務。」

頭山滿聽聞此事後，鼓勵同志說：「像伊藤博文那種膽小鬼，不會動念為金玉均打一場弔唁之戰。真不愧是川上操六，事成的話功勞歸於國家，不成則獨擔其咎，正是男子漢大丈夫的夙願，大家謹慎行動吧。」

當時在朝鮮釜山，已經形成了日本浪人的梁山泊。以福岡的武田範之、千葉的葛生能久為首，數十位水滸傳式的豪傑，在大崎正吉為同志開設的法律事務所內居住、進出，靜觀風雲開闔。

青年葛生能久曾是大井憲太郎的門徒，但躲過「大阪事件」的偵辦，成為了梁山泊的一員。葛生能久是個熱血男兒，聽聞金玉均被曝屍揚花鎮時，曾想要去奪回金玉均的首級。

伊藤、井上、桂、山縣

接下來，武田範之、內田良平、葛生能久等這些玄洋社、黑龍會青年們在「日韓合邦」當中所扮演的角色極為特殊，以「大亞細亞主義」運動的觀點來看，甚為重要。他們相信日韓對等的「合邦」，在這一點上，與東學黨的繼承者、擁有百萬會員的一進會領袖李容九、宋秉畯等人連成了線。日韓合邦在結果上，是以日本片面兼併韓國而收場，但是過程中有許多朝鮮人儘管被罵是「賣國奴」，依然投身協助**合邦**的運動。

根據德富蘇峰編的《公爵桂太郎傳》所寫：

「儘管兼併韓國不外乎是伴隨日俄戰爭勝利而來的必然結果，但對我帝國而言，一方面解決了自古以來的課題，另一方面也解決了維新以後的懸案。不用說，這件事是很難達成的。

確實，自明治維新以來，關於韓國問題，我國思想界有兩大潮流。一支是對外派的主張，還有一支是內政派的主張。前者因為國防線的關係，認為日韓有不可分割的利益，應該由我國將之兼併；後者則在認為韓國不可棄這一點上，屬於與前者相同的見解，但因為顧慮到與各國的關係，發現不可能那麼簡單地就兼併韓國，主張將之置於我國勢力範圍內加以保護。山縣有朋與公（桂太郎）承襲前者的派別，是當時這種主張的代表人物；伊藤博文與井上馨反倒是屬於後者的派別，也是當時這種主張的代表人物。」

據德富蘇峰所說，從日清戰爭之後到明治四十三年（一九一〇年）為止，日本國內所有關

5 編注：的野半介（一八五八—一九一七），政治家。因成為玄洋社社員而加入自由黨，從一九〇八年開始當選過三屆眾議院議員，也身兼九州日報社社長等等實業家的身分。

於韓國的問題，都是這兩派人馬的衝突。日清戰爭之後，山縣有朋與桂太郎極力贊成建設京釜鐵路，伊藤博文與井上馨則反對。日俄戰爭前，山縣與桂主張日英同盟，伊藤與井上則主張日俄協商。認為韓國問題不可能和平解決，努力進行對俄戰爭的準備的，是山縣有朋跟桂太郎；直到最後還努力要維持和平的，是伊藤博文跟井上馨。然而，德富蘇峰卻完全沒有觸及內田良平、李容九等「合邦論者」的存在。

以日俄戰爭之後的日韓協約鞏固保護政治的基礎，是山縣有朋、伊藤博文兩派人馬互相讓步的結果；伊藤博文親自出任首任韓國統監，「標榜正義與人道，主要致力於確立保護政治的基礎，至於有關兼併問題，雖然不輕易聽取別人的意見，但從明治四十年（一九〇七年）開始，便看穿統監政治不可能會永遠持續」，決心急流勇退，辭去統監職務。德富蘇峰就只是寫道「可以感受到他的苦衷有多深」，這一點可能是德富被冠上藩閥代言人惡名的原因之一吧。

桂太郎在伊藤博文辭職後，立刻召開內閣會議，確定兼併韓國的方針。但是，伊藤博文依然沒有捨棄初衷，為了「謀求日俄親善」，與俄國財政大臣會談而出發前往滿洲，卻在明治四十二年十月二十六日，在哈爾濱車站被韓國志士安重根暗殺。「伊藤遭逢橫禍，讓公（桂太郎）更加堅信實行兼併韓國的方針，不容置疑。」（《公爵桂太郎傳》）

兼併朝鮮，是山縣有朋對伊藤博文的勝利。當然雙方主張的差別，僅在於時期與方式之差（保護國或屬國），雙方都認為朝鮮是國防的最前線，且同樣都認為為了解決對清國的問題、滿洲及韓國問題，進行日俄交涉的必要性。德富蘇峰也寫道，就伊藤博文的哈爾濱之行，伊藤跟山縣有朋、桂太郎、小村壽太郎等人之間已經有了「默契」。

據說山縣有朋接獲伊藤博文被暗殺的消息後，深深哀嘆，回頭看看左右，說出：「伊藤博文到最後都是個幸運的人。我身為軍人，非常羨慕他臨終的樣子。」寫下了後面這首詩：

竭力對話之人先一步離去，

從今要拿後世如何？

伊藤與山縣都是吉田松陰門下的學生，也都是長州奇兵隊的組織者。

東學黨之亂

當然，日本人如此感嘆與傷感，對朝鮮人而言都不是問題。不管是民間合併論者李容九，或是宮廷大官金玉均、朴泳孝，對朝鮮民族而言，都只是罪大惡極的賣國賊。金三奎的《朝鮮現代史》也完全忽略了李容九與一進會。

「英國憂慮俄國南下……締結日英同盟、在韓國的日俄鬥爭中支援日本……一開戰，美國也配合英國步調……提供高達十五億日圓至二十億日圓的軍費，其中八億由英美證券市場支付。當日本確定在日本海海戰獲勝時……老羅斯福出面調停……此和約中的第三項，承認日本對韓國的宗主權。

總而言之，俄國是因為戰敗，而美國、英國則是為了確保各自的殖民地——菲律賓、印度的安全，分別容許了日本支配韓國。」

合。

前文這些金三奎的記述都是事實吧。「列強」關於朝鮮的利害，就是用這樣的形式互相咬合。

以我的立場來說，不管是為了期許記述的公平，或是因為身為日本人的心情，我都不能漏寫東學黨與一進會、李容九、宋秉畯以及武田範之、內田良平的存在與活動。幸好我手邊有李容九的遺孤，大東國男的《李容九的生涯》、內田良平的《日韓合邦》、黑龍會編輯的《東亞先覺志士記傳》。想要靠著這些，起碼先將還多未世間所知的朝鮮方「親日合邦派」跟日本浪人團體間交涉的輪廓記下。

明治二十七年（一八九四年）五月，朝鮮各地爆發東學黨之亂。這個黨原本是農民的民俗宗教團體，但隨著組織發展，變成了對李氏朝鮮王朝末期的暴政與兩班（文武特權階級）腐敗造反的革命團體。教主崔濟愚在哲宗時代被處死。在哲宗之後繼位的李太王時代，因為閔妃家族掌握宮中實權，恣意橫徵暴斂，各地爆發農民暴動。天下騷亂之時，東學黨第二代教主崔時亨與高徒李容九、全琫準一同舉兵，殺死郡守、燒毀郡役所、將搶來的錢與糧食全部分發給郡民，所以在東學黨「濟世安民」的旗幟面前，連官兵都丟下武器投降。東學黨軍隊的黨歌唱著：

金樽美酒，千人之血
玉盤佳餚，萬姓之膏
燭淚落時，民淚落下
歌聲高處，怨聲高漲

天佑俠與東學黨

釜山的梁山泊決心援助東學黨。首先派了武田範之、柴田駒次郎去偵查內陸，大崎正吉親自回到東京，與「二六新報社」的鈴木天眼見面，想經由他的介紹與頭山滿見面，但遭到政府探員的阻礙，轉而拜訪了的野半介的住處。

因為的野半介已經先跟參謀次長川上操六有了「默契」，頭山滿、平岡浩太郎、二六新報社社長秋山定輔，也暗地裡支援他們，湊齊了一些資金與人員，再度返回釜山，青年內田良平也加入了這一行人。

才剛滿二十歲不久的內田良平，是玄洋社社長平岡浩太郎的姪子，從以前就懷有前往大陸的志向，少年時與平岡一起前往東京，進入東邦語學校就讀，學習俄語的同時在講道館修習柔道。據說他從此時就認為，俄國比起清國更是日本真正的敵人，所以才學習俄語。他屢屢想要前往大陸，卻被家人阻擋，不准他去，這次總算第一次得到了機會。日本政府當局對浪人志士的戒備相當森嚴，有幾位同志在出發前已經被捕，但內田良平驚險地躲過，成功抵達釜山。

在釜山最初的謀劃，是要從日本領事館的倉庫奪取步槍與彈藥，但因為戒備森嚴而失敗。決定改採第二種手段，決定從日本人在昌原經營的金礦搶奪炸藥，十四名同志為此出發。

抵達昌原後，儘管有與礦山主人牧健三交涉，但他當然不答應。內田良平將牧健三父子綑綁起來，並在山腰上的地窖裡發現大量炸藥，將炸藥放上兩匹馱馬後，解開綑綁牧健三父子的繩子，表達謝意、從容離去。此事發生於明治二十七年（一八九四年）七月。

接下來經過晉州前往內陸，同時途中不斷與朝鮮官兵與農民發生小衝突，在山清這座城鎮，威脅郡守取得旅費，並往全羅道的大都市南原前進。雖然說真是一團土匪，但是因為他們有「為了給東方帶來和平，首先必須掃除在朝鮮的清國勢力，是為此目的來負責點火的。不危害人民，從多年來恣意施行暴政的貪官處搶奪」的「大義名份」，而自稱「天佑俠[6]」，並進一步不斷地持續冒險，終於在淳昌這座城鎮，遇見全琫準的東學黨軍隊。東學黨對一行人大加歡迎。他們在歡迎天佑俠的文章中，有如下的詞句：

「吾黨從以前就不忍坐視貪官汙吏剝削民脂民膏……集合眾人進入全州，全體志在與百姓同甘共苦。意料之外的是，槍林彈雨從城牆上落下，硬是射殺我方千餘名同伴。冤屈、痛苦至極，現已無處可傾訴此等憤怒……青年諸公同意大駕光臨我方陣營，而若非不願啟諭吾等愚昧，即不需任何遲疑……小生等虛席敬待諸公光臨。」

因為東學黨軍隊原本是由農民組成的非正規部隊，所以其情報網路遍佈四方，天佑俠的行動以及援助義軍的意圖已經被詳細傳達給了東學黨的本部。然而，在淳昌的東學黨軍隊是大敗於朝鮮官兵與清國軍隊的殘兵敗將。在這之前，連戰連勝、氣勢極盛，但東學黨的火繩槍終於還是無法對抗韓清聯軍的雷明登（Remington）步槍。他們歡迎天佑俠來援，並非只是社交禮儀。

全琫準已經決心要從淳昌撤退。殘兵只剩三百，天佑俠僅有十四人，而且武器只有幾把火繩槍，彈藥已經用盡。全琫準暫且撤退到雲峰縣的靈地，再次組織三南地區各地的同志，讓他們潛入京城，並定在陰曆七月初旬發起暴動。在與天佑俠定立協助暴動、奪取政權的密約後，雙方離別。天佑俠正式加入東學黨，被給予東學黨的咒文與其他黨員資格證明，可以自由集結散佈於各地的黨員。隔天，全琫準率領敗軍，在烈日下肅然而去，然而在此一別之後，天佑俠永遠沒有機會再見到這位叛軍之將。

之後，天佑俠毅然潛入全州，但因為全州已有配備新式五連發槍的韓清聯軍五百人駐軍，在潛入的當下，就落入觀察使[7]的巧妙圈套，全體被俘。但是當時日本已經因為「天津條約」，而與清國軍隊一同負有鎮壓東學黨的義務。觀察使發電報通知京城日本公使館與釜山日本總領事館，「生擒東學黨人中日本兇徒數十人，速來領回」。天佑俠在日方人員領回之前先行逃脫，途中再經艱難與冒險，兵分兩路接近京城時，成歡的市街裡已經滿是揚起黃龍旗的清軍士兵，日本軍隊也從仁川登陸，日清開戰已經是時間上的問題。

內田良平與李容九

內田良平與東學黨、以及東學黨的後身一進會的關係，就是這樣開始的。這份關係也成為日韓合邦的過程中，內田與伊藤博文牽線的源頭，最後也成為雙方對立與決裂的根源。內田良平絕非伊藤博文或日本政府豢養的走狗，他經常是根據自己的理想與信念決定自己的進退。

東學黨的命運彷彿就是悲慘的本身。這個黨是農民的秘密宗教團體，敵人是李氏朝鮮王朝

6 編注：「天佑俠」，一八九四年東學黨之亂發生時，為了支援東學黨而在釜山的外國人居留地由日本人吉倉汪聖、武田範之、大崎正吉等人所組成的志士團體；另外也有像內田良平、大原義剛等亞細亞主義者從日本前往朝鮮參加。

7 譯注：觀察使，李氏朝鮮王朝官制中的地方首長。

的暴政與幫助李氏朝鮮王朝的外國軍隊。雖然他們對天佑俠展現歡迎之意，但對日本本身應該沒有好感。勇猛的全琫準在日清戰爭之後，再度擴增信徒、重建了東學黨，並認為日本的朝鮮政策的目的在於擁護李氏朝鮮王朝的李氏家族政治，並非為了救濟朝鮮人民，而舉兵與日本軍隊戰鬥，在公州城的戰鬥中與同志李容九都負傷。

全琫準在淳昌被韓國官兵逮捕後處死，武田範之、內田良平等人也被日本官方追捕。李容九不屈不撓，擁立崔時亨為第二代教主，再度開始祕密傳教。

明治三十二年（一八九九年），韓國政府計劃殲滅東學黨，發動大舉鎮壓。數萬名信徒被捕入獄，教主崔時亨被處死，高徒孫秉熙逃到上海，李容九雖然被捕，但未屈服於刑求而供出孫秉熙下落，出獄後將東學黨改組為天道教，更加努力傳教，明治三十七年左右時已有超過五十萬的信徒。

當上第三代教主的孫秉熙，從上海藏身至日本，然而他視日俄戰爭為良機，計劃讓天道教徒反抗日本軍隊、操弄日俄兩國、登上政權寶座，寄送機密信件給李容九。李容九因為已經有過東學黨的失敗前例，懷疑孫秉熙的想法，而與同志宋秉畯討論。

宋秉畯是一種傑出人物的代表，他從很久以前就是東學黨員，二十一歲時因被派任為日本駐朝鮮大使黑田清隆的接待官員，而開始與日本人往來，也因此被韓國人憎恨、前後被置於死地十數次；閔妃暗殺事件後潛逃日本，在北海道種植人參，也在京都學習紡織印染，隨著日俄開戰出任日軍司令部翻譯官而返回韓國。因為發現韓國政府中有許多親俄派，便集結舊獨立協會的餘黨組織「維新會」，計劃日韓同盟，並遊說李容九，推薦他與日本合作，接著與天道教合流創立親日獨立團體「一進會」。教主孫秉熙從日本回到韓國，想趁百萬信徒歡呼迎接他的機會，當上一進會的會長而運用各種詭計，但實權終究是掌握在李容九、宋秉畯手中。

明治三十九年（一九〇六年），發生宋秉畯突然被韓國警視廳拘捕入獄的事件，罪嫌是藏匿人犯。至於所藏匿的人犯，據說是人稱深得皇帝信賴、智謀無法估量的李逸植。李逸植是暗殺金玉均的元凶，因為也想要抓捕抓朴泳孝而活躍於東京，遭到驅逐出境，完全是個詭異人物。他還曾在日清戰爭之後，將俄羅斯勢力引進韓國，迫使皇帝遷移到俄國公使館。

日俄開戰之時，李逸植因為想要給予日本二十幾種的利權，使日本公使感到可疑，導致他被問以盜用玉璽（其實是為了親日奉承日本而與皇帝合作）的罪名，處以流放之刑。

李逸植運用與生俱來的狡詐頭腦，闖進了政敵宋秉畯正在享樂的料亭的席間上求助，宋秉畯將這隻入懷的窮鳥帶回自己的家中收留了兩三天，而這便構成了拘捕宋秉峻的理由。內田良平推測幕後應有什麼內情，試著調查之後發現，是統監部的警務部與韓國警務顧問府意圖摧毀一進會的陰謀。

內田良平秘密與韓國統監伊藤博文見面，向他遊說：

「要達成指導韓國的目的，應該控制親日派與排日派兩派人馬，讓他們為了獲得統監的信任而互相競爭比較好。現在摧毀親日的一進會，只會讓從親清派成為親俄派的人，必須變成排日派才能存在，是為下策。」

伊藤博文同意了，所以內田良平提交有關一進會內情的詳細報告之後，找了一進會的會長李容九，跟他說道：

「如果一進會的方向，與我的判斷一致，那很快就能把宋秉畯救出來。」

李容九回答：

「我的意見與樽井藤吉的大東合邦論相同。一進會是東學黨的後身，東學黨的目的在人民，不在君主。」

然後李容九說想請內田當一進會的顧問，接著宋秉畯獲釋了。雖然內田向宋秉畯提倡日韓連邦說，但宋秉畯回答：「因為在現任皇帝的在位期間終究是沒有成功的機會，首先應該廢止皇帝制度。這是我從閔妃事件以來的十年間所持的論點。」內田同意他的意見，便共同秘密商議加以實行的手段。

閔妃暗殺事件

那麼，因為出現了「閔妃事件」一詞，所以必須把行文回溯到十年前。

這起事件是在明治二十九年（一八九六年），由大院君與日本駐韓公使所策劃的宮廷陰謀，是一場失敗的政變。大院君是李氏王朝最後的皇帝、李太王的生父。自李太王即位之後，他掌握宮廷實權十數年，政治上雖有若干功績，卻是個極端的排外主義者，實施鎖國政策、迫害基督教徒。慶應二年（一八六六年）還因為殺害法國傳教士，而遭法國艦隊前來攻打；明治四年時因在大同江燒毀美國船艦的事件，被美國的海軍陸戰隊攻擊。因為兩次都輕易地讓外國撤退，而越來越有自信，堅守排外主義，日本的征韓論也大多是因為像他這樣的排外主義而起。明治八年，炮擊日本軍艦，造成「江華島事件」，最後導致被迫開放釜山、元山等港口。從此時開始，大院君的勢力衰退，王妃閔氏一族取而代之，然而，大院君指使對閔氏派的軍制改革感到不滿的軍人，讓他們闖進宮中、驅逐閔妃，最終引起襲擊日本大使館的事件。因為清國的北洋大臣李鴻章用鎮壓內亂的名義派兵朝鮮、拘捕大院君，將之軟禁於天津，政權再度回到閔氏一族的手中，這就是明治十五年（一八八二年）的「壬午之變」。

此時，擔任謝罪使而前往日本的朴泳孝等人，目睹日本的「文明開化」，鞏固了獨立自治之志，與依賴清國保護的「事大黨」對立，在明治十七年（一八八四年）發動所謂的「甲申之變」，殺死了「事大黨」的首領；雖然一時之間掌握了政權，但卻被清國的袁世凱率兵打敗，朴泳孝、金玉均等人皆流亡日本。

政權再度回歸閔氏一族手中，為了政權，宮廷內的各黨派，以及外部的日、清、俄、英、美、法各路勢力在檯面下反覆鬥爭。明治二十七年（一八九四年）春天，因為清國趁東學黨之亂無視與日本簽訂的天津條約（對韓的軍事不干涉條約）而出兵，導致日清戰爭爆發。

雖然戰爭的勝利歸於日本，但後來發生了三國干涉，俄國駐朝公使韋伯（Karl Ivanovich Weber）運用獨到的手腕，在宮廷內形塑親俄派，將閔妃掌握在手中，所以連向來被認為是親日派的朴泳孝，都開始露出親俄排日的態度。為了打開這個局面而被派遣到朝鮮的日本公使井上馨，也因無計可施而回國。之後連怪傑朴泳孝也中了精明的閔妃的謀略，差點被逐出內閣。

朴泳孝計劃以訓練隊的兵力發動政變，但密謀卻在事前被發現，而再度流亡日本。日本將清國勢力逐出朝鮮半島，結果卻引入了俄國這個強敵。

根據《東亞先覺志士記傳》：

「閔妃聰明多智，擅長詭計，是兼有陰險一面、嫉妒、殘忍性格的妖媚型女性，從在年僅十六歲時便被立為王妃後開始，巧妙操控李太王，隨心所欲擺佈朝鮮半島，是堪稱能與支那的西太后並稱的、所謂東方女中豪傑的典型，是位少見的后妃。

政治上的機密當然不用說，對有關國事的一切也都一清二楚……井上馨公使在任期間謁見李太王時，閔妃總是在隔著紙門的隔壁房間，給予國王許多提醒與忠言……不久之後閔妃與公使井上馨的關係也漸漸親近……三人開始會對座談話。」

從這些敘述中扣除掉一些**中傷性辭句**的話，將閔妃與西太后相比，未必能說是過度稱讚。她為了擊退日本的野心，聯合俄國公使韋伯，企圖掃蕩親日派，也可以說是身為朝鮮王妃理所當然的行為。

對此，日本輿論沸騰，日本的浪人志士聯合反閔妃派，終於打動日本政府，讓其擺出強硬態度。

日本政府派陸軍中將三浦梧樓，擔任新任駐朝鮮公使。三浦梧樓公使派浪人志士首領岡本柳之助，前往在孔德里閑居中的大院君住處，締結政變密約。此事發生在明治二十八年（一八九五年）十月五日。

朝鮮政府查覺此事，在十月七日通知三浦梧樓公使解散訓練隊。所謂的訓練隊，是日本軍官訓練的朝鮮士兵。

三浦公使決定即日展開行動，讓大院君進入王宮的策略，授予岡本柳之助以及堀口領事官補，命令安達謙藏招集日本志士，聯絡朝鮮親日派。安達日後因成為政黨政治人物而聞名，但少有人知道堀口領事官補就是詩人堀口大學的父親，堀口九萬一。當天深夜，日本、朝鮮的浪人志士團隊讓大院君搭上轎子，率領訓練隊員與日本守備隊員四百多名，在天快亮時抵達景福宮，排除接戰的王宮衛兵，闖入宮廷內部的深處。

閔妃在寢室中遭到砍殺，國王遭到大院君逼迫，同意組成新內閣。三浦公使立刻入宮謁見國王，勸國王「靜養」，禁止國王與各國公使見面。

俄國與美國公使質問三浦公使，但三浦加以拒絕。當天午後的公使會議上，俄國與美國公使激烈追究三浦梧樓的責任，但英國公使與德國公使則態度消極，此事決定交由日本政府解決。

日本政府罷免了三浦梧樓的公使職務，新任公使小村壽太郎命令涉案的浪人志士離開朝鮮，且兩年內不得再回去。接著三浦梧樓公使、杉村濬書記官、堀口九萬一書記官補、荻原秀次郎公使館警察署長、楠瀨幸彥武官等人也被命令回國，被拘留在廣島監獄。四十多名被告被以嘯集兇徒、謀殺等罪名審判，但是三個月後因證據不足而不起訴。

韓國政府逮捕了三十三名嫌犯，並設立特別法院，判處三人死刑、四人終身流放、四人徒刑。訓練隊遭到解散，三名隊長被停職，軍部大臣與警務使被免職，大院君自己也因為身為事件的核心人物而再度被迫隱退。

這就是「乙未事件」，事件結果只導致了李太王震怒、刺激韓國宮廷與民眾而造成了排日熱潮、以及加強了俄國與美國的影響力。

俄國公使韋伯的活躍

根據廣江澤次郎所著的《韓國時代的俄國活躍史》：

「小村壽太郎公使投身在這場風暴當中，但因為排日熱潮劇烈，完全不被韓國國王信任，無計可施。

乙未事件讓韓國宮廷感受到一大衝擊，國王陷入極度的恐慌症，夜晚不進寢室，由軍事事顧問、美國人戴伊將軍（William Dye）及美國傳教士等人，在隔壁房間不眠不休地輪班保護。所吃的餐點，是在俄國公使館或美國公使館烹調的食物，鎖上堅固的鎖後送進宮殿。俄國公使韋伯夫婦、美國代理公使席爾（John Sill）等人最受國王信任。」

閔妃的餘黨堅定地與俄國公使聯手，等待著機會的到來。不久後，大院君系的新政府強行實施斷髮令，刺激到民眾的保守感情，使各地發生暴動，三十多名日本人被殺，日本財產損失達十多萬日圓，不斷有老弱婦孺回日本避難。

俄國公使韋伯見良機到來，便從仁川調派一百名水兵進城，在明治二十九年（一八九六年）二月十一日清晨，讓韓國國王與太子著女裝乘轎進入了俄國公使館。

親俄派巨頭李範晉立刻派遣軍隊與警察到景福宮，殺害總理大臣金宏集、農商工部大臣鄭秉夏、司法大臣魚允中並梟首。被視為是親日派領袖的一行人等四十名，都被殺害或是流亡。新內閣雖然成立，卻因為國王與太子在俄國公使館，發生了政令全由俄國公使館發出的奇異現象。

日本公使小村壽太郎因無計可施而返回日本，由原敬接任，但因為國王在俄國公使館，日後成為重量級政治人物的原敬也一籌莫展，三個月就辭職。

國王在事件正好滿一年時從俄國公使館回到慶運宮，然而，這段期間內俄國公使串通美國公使，取得許多特權。俄國人普利諾（Brynner）獲得砍伐咸鏡北道茂山與鬱陵島的森林權利、美國人莫爾斯（James R. Morse）取得平安北道雲山金礦、法國人格利爾（Grille）取得建設京義鐵路的權利，都是這些特權的案例。

俄國公使韋伯更加展現他的奇特手腕，明治三十年（一八九七年）四月，俄韓密約簽訂，決定由俄國軍官訓練朝鮮士兵。日本認為此舉違反日俄協約，強硬抗議，但韋伯公使嗤之以鼻，不予理會。

後來施佩爾（Alexei N. Speyer）接替韋伯出任俄國駐朝公使，但這位新任公使做過頭了。俄國軍官公開訓練韓國士兵還算可以，但是強迫外務大臣簽訂俄韓同盟條約，罷黜韓國總稅務司英國人布朗（J. M. Brown），讓俄國人亞力塞伊夫（Kiril A. Alexeev）接任海關總辦，一舉掌控軍權與財政權。

英國與日本對此強烈抗議，亞力塞伊夫與俄國軍官遭到罷黜，布朗恢復原職，然而對施佩爾公使而言，最不幸的事情，是排除親俄派的輿論在韓國民間沸騰。

親俄派李範晉、沈相薰等人陷入恐慌，韓國朝廷也疏遠俄國，開始試圖靠近美國。美國人柯布蘭被給予京城的自來水、電燈、電車等事業的特許，他還與韓國宮廷合資設立漢城電氣會社。取得京仁鐵路建設權利的，也是同為美國人的莫里斯。

對此，俄國用驚人的速度推動東清鐵路工程。日本也不能沒有作為，明治三十一年（一八九八年），派林權助擔任特命全權公使、作風強硬的山座圓次郎擔任書記官，採取積極性的政策。首先，就從美國人莫里斯手中收購京仁鐵路的建設權，交由涉澤榮一等人開始施工。

隔年，俄國派遣了簽訂旅大租地條約、在北京外交界展現長才的巴布羅福（Alexander Pavlov）擔任駐朝公使抵達京城。他自信，成功租借關東州，讓東清鐵道直接通至海參崴的話，很容易就能將朝鮮半島掌握在手中。巴布羅福到任後立刻就讓蓋賽林格伯爵在咸鏡、江原、慶尚三道取得捕鯨基地，還與韓國政府簽訂密約，取得許可在馬山浦建設供俄國東方艦隊使用的煤炭倉庫以及海軍醫院。

鎮海灣軍港事件

明治三十二年（一八九九年）四月，俄國艦隊的四艘軍艦駛進馬山浦，卸下標示著「東洋汽船株式會社」的木界標與石界標共一千支，埋設在占地三十萬坪的海岸地區。

廣江澤次郎寫道：「俄國馬山海軍基地浮上檯面，震驚日本朝野。」當時參謀總長是大山巖、次長是寺內正毅、釜山領事是伊集院彥吉。由於收到領事密電，參謀本部派鑄方德藏中校與伊集院彥吉領事、釜山的實業家迫間房太郎共同開始行動，工作極為困難。而俄國的界標連朝鮮人的墓地中都有埋設，也就是祖先的聖地被人插上了界標，朝鮮人因此而憤怒、且組織了

「不賣土地聯盟」，幫了日本的忙。日俄雙方都用朝鮮人當密探，開始猛烈的收購戰。俄國艦隊不惜將郡守監禁在軍艦上並加以威脅，但後來日本的抵抗奏效，俄國放棄了馬山浦，計劃將鄰近的鎮海灣建設成軍港。

巴布羅福公使為了租借鎮海灣，開始在京城奔走，日本公使林權助的妨礙行動，未能見效。日本軍方下定了重大的決心，將軍艦集中於對馬的竹敷港，在某天突然派出數十艘水雷艇部隊駛入鎮海灣，以單縱陣的陣型，在俄國四艘艦隊之間旋繞。

雖然廣江澤次郎寫說俄國艦隊嚇破了膽、起錨逃走，但也可以認為，在朝鮮的日俄戰爭，此時已經開始了。還有，根據他的說法，俄方文獻上對此事件也有如下的記述：

> 「雖然對日本軍隊的忠烈義勇只得驚嘆，但是日本人連商人都燃起強烈愛國心，勇敢地一筆接一筆收購土地，終於把俄國的計畫搞得亂七八糟。對日本人普遍的熱烈的愛國心實在是應該驚訝。」

這就是所謂在勃興時期的民族主義吧。

內田良平的俄國論

關於日俄開戰與其過程，就不再重新書寫。只是，在開戰之前的明治三十年（一八九七年），二十四歲的青年內田良平，隻身前往俄羅斯，還與當時在俄國首都的海軍軍人八代六郎、廣瀨武夫見面，回國後寫下的《俄羅斯亡國論》，立刻就遭到查禁。

「我內田在親自到俄國首都，深入觀察俄國國情，與同志們交換意見、討論後的結果，自己的結論認為，倫理道德的崩潰、政治的腐敗已像以往認知般地那麼嚴重。儘管國民們的不滿躁動已經無法壓抑，但是擔任政府要職的人一心追求功名，策劃對外的大計，且以此為唯一的國策，對於改善內政，完全不在意……所以，很明顯地當俄國的對外策略一旦失敗，就會陷入無論怎麼做都無法收拾的事態。然後革命家們就會想要趁此機會推翻帝制，反倒會主動在暗地裡誘導政府往對外的方策猛衝……就像我國的對俄政策，也是無論如何都不能期待靠折衝樽俎（只靠外交手段）解決困難的局面，必須覺悟到終究免不了會發生一場大衝突。如此，絲毫不需懷疑當兵戎相見的那一天，我國將會立於必勝之地。」

內田良平的預言，準確地說中了日俄戰爭與俄國革命。俄國第一次革命發生在日俄戰爭期間。內田說道：「極端的民族需要極端的革命，他們（俄羅斯）的革命，流的血至少不會少於法國大革命。」將希望寄託於依然微弱的俄國大學生的革命運動，期待他們與「人民大眾」結合的那一日。到了一九一七年，他的期待由列寧與布爾什維克實現了。

根據葦津珍彥的說法，內田良平的對俄決戰論的其中一個面向是，「為了解放在專制政治制度下貧窮、困苦的人民大眾的理想主義式的革命援助論。」

「斯拉夫啊，汝之朋友有幸從東方來了，請對其意圖感到安心吧。

萬一我們為了主義與野蠻的俄國作戰而倒下，後世歷史學家一定會寫說，二十世紀初，有個叫日本的民族，為了拯救數億不幸的未開化民族，勇敢興起仁義之師，奮戰至最終仍為強敵所滅。這真是光榮的敗亡，豈能與喪家之犬相提並論？在此，我們必須要更加鼓勵文明的進軍。」

忽略這個精神，就無法理解性情剛直的內田良平的生涯，還有他的弟子們的行動。在日韓問題上，內田良平的用詞始終是「合邦」，而排斥使用「合併」。就是由於這份精神，他才能夠與朝鮮獨立志士李容九緊緊握手。

《大東合邦論》與李容九

前文的內田良平與李容九的對談中出現了「我的意見與樽井藤吉的大東合邦論相同」這樣的一句話。

在李容九到日本來的明治三十二、三十三年（一八九九、一九〇〇年）左右，正是孫文在廣東起事失敗，流亡日本，開始與日本志士往來的時候。菲律賓獨立黨人龐塞（Mariano Ponce），也受領袖阿奎納多（Emilio Aguinaldo）將軍之命來到日本。在這樣的氣氛中，李容九領悟到朝鮮改革的運動也必須要立基於寬廣的亞洲視野，以及小國日本重生的原因就在明治維新之中。

關於明治維新，清國的有識之士也非常熱心地在研究，康有為的「變法自強論」就是其中的一個顯著案例。康有為根據日清戰爭敗戰的教訓，研究日本近代史，瞭解到日本強盛的原因在於明治維新，將《日本變政考》一書上呈給光緒皇帝，請求皇帝訂立國是、大集群才尋求變法改革。

孫文也鼓勵同志說：「日本原本是東方的一個弱國，幸運得到維新志士，改弱變強。吾黨志士也要步上日本志士的後塵，改造中國，這就是我主張與日本友好的原因。」

李容九也痛感，為了讓朝鮮成為近代式的民族國家，需要的不是像東學黨之亂那樣的民變式暴動，而是有組織的政治行動。李容九停留在日本期間，最值得大書特書的事情，就是入手了可以說是讓他日後下決心幫助日本打日俄戰爭以及推動日韓合邦運動的思想根據：《大東合邦論》。李容九的遺孤，大東國男寫到，這本書給了他決定性的影響。

福澤諭吉的《脫亞論》

出生在奈良的佛寺、加入自由民權運動，後來接近玄洋社的樽井藤吉的傳記就加以省略，但是他的問題之書（《大東合邦論》），首度以日文寫成後，跟福澤諭吉提出《脫亞論》的時間都是發生在明治十八年（一八八五年）這點，相當有趣。

福澤諭吉雖然幫助金玉均、照顧朝鮮留學生，期盼朝鮮自立自強，但是他最關心的還是日本的「文明開化」跟「獨立自主」。根據竹內好所說：「福澤諭吉有身為激烈的民族主義者的一面，對國際情勢緊迫的感受也不輸給樽井藤吉與大井憲太郎。他信奉文明，但他信奉的文明不是當時流行的歐化，當然，也不會是指在鹿鳴館跳舞。據他所說，文明是無情地貫徹自己。

若是加以否定，不可能在國際競爭中存活。」

儘管《脫亞論》是一篇很短的感想文，但吐露出了對清國與朝鮮走向文明速度緩慢的憤怒與焦躁。

「雖然我們日本本土位在亞洲東邊的盡頭，但日本國民的精神已經脫離亞洲的因循守舊，轉移到西方的文明。然而不幸的是，日本的附近有鄰國，一個叫支那、一個叫朝鮮……這兩國的人民都只關注自己，也不知一國的改進之道……對古老想法、作法、習慣戀戀不捨的心態跟百年、千年前的古代無異……盡是些徹頭徹尾只有虛華外表之事……簡直像是個把道德棄如敝屣而殘忍、無恥至極，還態度高傲、無意自省的人。以我輩的觀點來觀察，這兩國在今日西方文明的風潮東漸之際，實在不可能有辦法維持自身獨立。幸好在這兩國中出現志士……企圖訂下像我國的維新般，大舉改革政府的大計。」否則，「今後不出數年，國家便會滅亡，其國土將遭到世界上文明的各國分割，無庸置疑。」

不能把這看成是尋常的謾罵跟自誇。對於當時反抗清朝、李氏朝鮮王朝暴政，而終於開始行動的支那、朝鮮志士與革命家有很大期待的福澤諭吉，是基於某種理由，才對這兩個「惹麻煩的鄰居」大動肝火。

「我們不該拖延，等到鄰國達成文明開化，才跟他們一起振興亞洲。反而應該離開他們的行列，與西方文明國家同進退……確實是只要按照西方人對待他們的方式處置即可。結交損友，就難逃共負惡名，我們要從心中謝絕亞洲東方的損友。」

任何國家的民族主義都有這樣無情的一面。扣除民族式的利己主義與國家利益，民族主義就無法成立。是故，民族主義首先會期盼自己的國家富強、自主，然後變成擴張主義，明治中期以後的日本遵循的就是福澤立論的方向。因此，明治日本興盛了，藉由「謝絕亞洲東方的損友」，讓自己變成亞洲的「損友」。然而，由於「西方文明國家」的「友誼」本來就是得不到的，最後支那民族主義的爆發與抵抗成為主要的原因，使日本迎接了昭和的敗戰，再度被還原成「明治維新前的日本」。制裁民族主義的，既不是「文明」、也不是「正義」，而是民族主義本身。

樽井藤吉的理想

樽井藤吉的《大東合邦論》，雖然與福澤諭吉的《脫亞論》互相對立，但其前提同樣都是「西方文明的東漸」，也就是歐美列強侵略亞洲，所以兩者都是對列強侵略的抵抗方案。先前我已提過在明治維新前，有勝海舟的「日韓支合縱連橫論」。樽井藤吉是否有受到勝海舟思想的影響，並不清楚。但是，樽井主張要捨棄日本國號，與朝鮮合邦建立大東國，而且如果可能的話，與清國合縱（結盟），恢復漢土（支那本土）、韃靼（滿洲、西伯利亞）、蒙古、西藏的獨立自主，進而與西方列強對抗。這確實是可以代表當時日本人心情一種面向的理想論。《大東合邦論》在初版發表的同時，就遭到官方沒收。

雖然放棄日本國號、轉變成「大東國」的主張過於大膽也是被禁止出版的理由之一，但我認為樽井的思想是從民權論出發的國權論，建立在對當時的藩閥政府的尖銳批評之上，含有對於「文明開化主義」的歐化外交、以及對政府對待清國的軟弱態度的攻擊，才因而擋住了當權者的路而遭致不滿。

「使日韓兩國成為自由之國。自主之國以協議締盟來追求和諧，本來就是公理……不容清國置喙。」

跟現在國力微弱、人民痛苦的朝鮮合邦，也不會有直接利益。不如說是儘管他知道與朝鮮合邦像是在背負重擔，但為了日本與亞洲的未來，樽井還是斗膽提倡「合邦」。

「歐洲白人，覬覦東方者，以英法俄三國最熱烈。然後日本最畏懼的是俄國……現在，清國與俄國邊境相連接的土地最多，正要遭逢俄國毒手。在此時，若日韓合併成一國，與清國合縱（結盟），俄國的太平洋艦隊也不可能通過對馬海峽進入支那海……然後清兵往伊犁、帕米爾高原出擊……日本、韓國的海軍、陸軍襲擊俄國東海岸的話……清國不只能收復黑龍江以北的土地，滿洲的根據地也會固若金湯。哪還需要拜託英國來防範俄國？清國人不圖這種長久之計。」

如此一來，恢復安南獨立、再與暹羅、緬甸、馬來西亞、印度聯手，挫英國人的銳氣，規劃拓殖開墾南洋群島的話，「不出數十年，亞洲黃種人國家大聯邦」就會實現吧——這就是《大東合邦論》的結論。

伊藤博文的「甜美空話」

連結內田良平與李容九的，是日韓對等的「合邦」。不知道伊藤博文接受內田良平的進言到什麼程度。只是，伊藤博文以首任韓國統監的身分，在明治四十一年（一九〇八年）六月，集合韓國高官進行了以下的演說：

「我以引導、扶助韓國為目的，原本就不是希望韓國滅亡的人。雖然我對那些暴徒的真意表示同情，但是他們僅止於一味對國家滅亡感到憤怒，不知要救國的理由……從想著韓國、為韓國盡力的這點來講，我的志向與他們沒有絲毫差別……志士仁人殺身以成仁。我是為了韓國，自任為志士仁人的人。」（《伊藤博文全集》第三卷）

這些話裡有幾點讓人無法認為只是誇口說大話，伊藤博文有伊藤式的信念與理想，因為這個理想，而與山縣有朋、桂太郎對立；也因為這個信念，而在哈爾濱火車站被刺客的槍彈擊倒。山縣有朋與桂太郎片面地強行兼併韓國，是在伊藤博文死後。

內田良平在《日韓合邦秘事》中寫道：

「伊藤博文對朝鮮的統治方針，自始至終都是漸進主義，有意仿效而且類似克羅默伯爵[8]（Evelyn Baring, 1st Earl of Cromer）經營埃及的方式。面對韓國人，也毫不顧忌地公開說，他的方針是如果韓國穩定地往富強境界邁進的話，就讓韓國獨立。」

內田將這段話評為「甜美的空話」，自始至終都跟李容九一起堅守「合邦論」，終於跟伊藤博文鬧翻分手。結果伊藤以死償還了一半的責任，但山縣有朋與桂太郎則是完全背叛了內田良平與李容九。

朝鮮民族的大抵抗

然而，不管內田良平要多強硬地提議「合邦論」、或者伊藤博文要自詡為是「仁人志士」，他的「保護政策」也不過只是山縣有朋與桂太郎「兼併政策」的前奏。對朝鮮民族而言，除了「奪人之國、加以征服」之外，什麼都不是。事實上，在伊藤的韓國統監任內，韓國宮廷與民眾的抵抗極為激烈。

日方文獻也沒有隱匿這些抵抗的強度，《伊藤博文全集》第三卷也寫道，伊藤博文隻身謁見韓國皇帝，提出「新協約案[9]」時，多數韓國大臣認為這份協約將會剝奪韓國獨立、感到悲憤，而「市井之徒」也加以呼應而開始騷動。韓國皇帝派出密使到美國總統處控訴日本暴虐，並稱病拒絕與伊藤博文見面。

8　譯注：英國駐埃及總領事。
9　編注：指的是一九〇五年簽訂的「乙巳條約」。該條約規定由大日本帝國掌握大韓帝國的外交權，並設置了統監府，正式使韓國成為了日本的保護國。

「伊藤公不在意危難近逼身邊……用盡各種手段，終於在十七日，見到協約簽訂。當這消息一傳開，漢城內便充滿殺氣，有大官因而自殺，也有人投書給各外國使節請求干涉。雖然形勢艱難，但因我國軍事警察的處置時機得宜，沒有演變成重大事態。隨後，韓國派往美國的密使，美國當局也不予受理……如此一來韓國在名實上都成為一種保護國。」

自殺的大官，首先是侍從武官長閔泳煥，接著是前議政大臣趙秉世、儒學者洪萬植、宋秉濬，韓國人稱此四人為「殉國四忠士」。

條約在十七日的深夜進行簽訂，在伊藤博文、公使林權助與大臣們舉起香檳酒杯慶祝的黎明時，學部大臣李完用的宅邸遭人縱火而火光大起。他在當晚的御前會議率先贊成簽訂條約的舉動，因為宮廷官吏密報而流傳到市內。燒了李完用宅邸後，氣勢大振的「暴徒」們，湧到皇宮門口，大喊反對新協約，形勢日漸不穩。

即使在二十二日，還發生了伊藤博文到水原的八達山狩獵遊玩後，回程所搭的火車被投擲石頭，導致伊藤臉部受傷的事件，但是伊藤並不介意，在回國的同時，將樞密院議長的寶座讓給山縣有朋，親自出任首任韓國統監；隔年，明治三十九年（一九〇六年）三月，又進到京城，讓簽訂新協約的朴齊純擔任總理組閣。韓國人民稱此內閣為「賣國內閣」，至於總理朴齊純、學部大臣李完用、內部大臣李址鎔、農商工部大臣權重顯、軍部大臣李根澤等五人則稱為「五賊」。

呼應這份國民感情，閔宗植首先在忠清道組織義兵，接著崔益鉉在全羅道、田愚在慶尚道、柳麟錫在江原道舉兵起事，聲明要推翻賣國內閣，成立新愛國內閣。李太王也公開講明：「不再聽伊藤博文的話了。」當起了推翻朴齊純內閣的先鋒。之後發生軍部大臣李根澤在深夜遭到兩名刺客襲擊受到重傷，以及裝設有炸彈的小箱子被丟進朴齊純總理官邸的事件。

日本憲兵認為，宮廷秘書官長金升文是這些動亂事件的元兇並加以逮捕，但從他口中得知的意外真相是，李太王自己也下了秘密詔書，命令「暗殺伊藤博文與長谷川好道上將」，甚至還贈送節刀[10]給各地的義軍戰將，嘉獎他們的叛亂行動。（木下宗一《日本百年的記錄》）

韓國皇帝的抵抗並不僅止於此，明治四十年（一九〇七年）六月，發生了著名的「海牙密使事件」。皇帝派出了三位密使，前往荷蘭海牙參加第二次萬國和會，請求列國共同加以保護。但因為幕後有美國人赫伯特（Homer Hulbert）、英國人貝賽爾（Ernest Bethell）等兩位新聞記者的涉入，在京城的《大韓每日申報》公開了李氏皇帝的親筆信，所以發展成一場大騷動。因為皇帝稱病避居於宮廷深處，還以某位外國人的名義向海牙發出電報，表示皇帝遭到日本監禁，而使伊藤博文震怒，終於強行逼迫韓國皇帝讓位。讓位一事立刻就傳進了城裡，使城內發生了民眾叛變，且因為韓國士兵也加入，朝日本警官隊開火，所以伊藤博文命令韓國駐軍司令官長谷川好道出動軍隊，鎮壓叛變。

當然，這並不是一場能輕鬆鎮壓的叛亂。據《日本百年的記錄》所寫——十九日早上一到，像是發了瘋一般的市民們，湧到慶運宮的大漢門前，憤怒大喊著「殺掉毀滅國家的大逆臣」、「把伊藤博文趕回日本」，同時對日本人丟擲石塊，騷動隨著時間經過不斷擴大，光是日本方

10 譯注：日本奈良時代到平安時代，天皇賜給出征的將軍或遣唐使，作為天皇任命象徵的刀。

面死傷人數就多達十九人。

宮內大臣朴泳孝是最後的抵抗者，儘管他過去曾與金玉均一起流亡日本，心裡還是個徹底的獨立主義者。他在讓位典禮前帶著宮內大臣的印信失蹤，與內大臣李通闢、軍務局長李熙闢、侍衛大隊長林在德一同策謀發動宮廷政變，計劃動員韓國軍隊殺死以李完用總理為首的各個大臣，破壞讓位典禮。由於李完用總理的緊急通報，日軍一個營進入韓國皇宮的時間，只比侍衛隊的政變早了一小時。當晚，李完用總理的住處遭縱火燒毀。隔天二十日，伊藤博文在新舊任皇帝都不出席的狀況下，強行舉辦讓位典禮，逮捕朴泳孝，處以流放。

接下來日本解散韓國軍隊，侍衛第一團團長朴性煥對遭軍隊解散感到憤怒而自殺，失控的士兵們占據軍械庫發起叛亂，與日本軍隊展開巷戰。這場叛亂擴及韓國八道，造成了持續五年的「義兵運動」，參加者有十四萬三千六百人，爆發兩千九百次衝突，造成約一萬八千人死亡，約三千七百人受傷。

李承晚的怨恨，李容九憤慨而死

如果找朝鮮方的資料，應該會發現這個抵抗行動被描繪得更加英雄式，而日本的鎮壓被描寫得更殘忍吧，很可惜我手邊沒有那些資料。我在這裡能說的，只有伊藤博文在哈爾濱車站遭到暗殺，是他的政策理所當然的結果。然而，這次的暗殺行動反而加快日本兼併韓國，產生總督府的專制統治，而這在日本戰敗後，只造成了「李承晚的怨恨」這個結果而已。

青年李承晚因反抗李氏朝鮮王朝的腐敗政治，入獄七年，出獄後到美國普林斯頓大學留學。

回到朝鮮後因為寺內正毅總督的暗殺事件被連坐逮捕，雖然遭受言語難以形容的殘忍刑求，但再度成功潛逃美國；雖然在日本戰敗後當上首任韓國總統，成為受到尊敬的救國英雄，但根據印尼總理尼赫魯後來所說的，李承晚與越南的保大、台灣的蔣介石一樣，變成「亞洲討厭鬼」，被國民拋棄、也被美國拋棄，最後在夏威夷客死異鄉。這也是一種革命家命運的典型，是政治無情的一面。

李容九的晚年更為悲慘，與日本兼併韓國同時，一進會與各政黨都被命令解散。內田良平自己寫下：「只被給予十五萬日圓[11]的遣散費，在分給百萬會員之後，每人只收到十五錢。七年期間付出龐大犧牲奮鬥的結果，終於達成了實現合邦的目的，但報酬卻只有十五分錢，所以會員們全都飲恨四散。」

李氏朝鮮皇帝成為享受日本皇族待遇的李王，李完用也受封侯爵，宋秉畯等其他「合併」有功人士，也都分別受封爵位，但李容九自始至終堅決辭退，說道：「在新政施行之曉，很不幸地即將發生與我一直以來的期待相違背的情況……如果被人評價道我是為了這個爵位而出賣國家，應該如何辯解才好。」

李容九吐血病倒，為了移地養病，在明治四十五年（一九一二年）春天，移居到日本的須磨地區。內田良平去探望李容九，李容九握著他的手說：「我們真是太愚蠢了。」內田良平則安慰他說：「今日的愚者可能會是他日的賢者。」但同年五月，李容九最後還是與世長辭。

11 譯注：明治時代日本貨幣以圓為單位，錢、厘為輔助單位。十厘為一錢，一百錢為一圓，一圓與〇點七五克純金等價。

大東國男寫道：

> 「我認為，過去、現在、未來，恐怕都沒有如李容九這般親日的人士。然而，他的親日跟一般觀念中的親日，性質截然不同。東學黨之亂被日本軍隊平定，他自己也受到日軍傷害。沒有人像他對日本那麼憤怒、憎恨。然而他卻以此為契機，從單純的排外主義搖身一變，領悟到世界大勢，開始認真地凝視著日本。」

然而，他卻遭到日本背叛，吐血而亡。前文已經講過，大東國男是李容九的遺孤。他的日文名字肯定是取自樽井藤吉、內田良平、李容九的理想「大東國」。

昭和九年（一九三四年），內田良平在明治神宮境內建立「日韓**合邦**紀念塔」，在銅板上刻上合邦有功者的名字，日本人的首位為伊藤博文，韓國人的首位為李容九，但侯爵李完用的名字被刪除，注記上「為了匡正大義，芳名當中，不列入在日韓併合條約上署名的李容九等當局的達官顯貴」。內田良平到最後都堅決使用**合邦**一詞，拒稱**兼併**。

內田良平之志

伊藤博文到死為止總是對內田良平有關「合邦」的建言態度含糊，內田大為憤怒，與大臣宋秉畯組成推動辭職的聯盟，終於迫使韓國總監伊藤博文辭職。

內田良平自己寫道：

「我這樣急著合邦的理由，是因為支那革命的時機已然成熟，不在之前進行合邦，就有無法進行滿洲、蒙古獨立方策的疑慮。

儘管日韓合邦是由一進會與作者（內田良平）等人在這般苦心下所促成，但其結果卻導致總督政治，該機制背叛提倡者等人士的希望，不僅沒有形成東亞聯邦組織的基礎，甚至連讓一進會百萬群眾移居到滿洲的計畫都變成在畫大餅。」

據竹內好說，《日本帝國主義的源流之一——玄洋社研究》的作者諾曼[12]（Egerton Herbert Norman），將玄洋社與黑龍會會員的活動評為「彷彿很值得敬佩一樣，號稱要將朝鮮從中國的暴政、將滿洲從俄羅斯的野心當中『解放』，而在這些地區從事民間情報工作與政府陰謀」，然而這不過是證明諾曼的眼光並非亞洲人的眼光。對此，竹內好的批評，「將日本對外擴張，全都歸為玄洋社的功績（或是罪惡），太過火了。初期階段的民族主義與擴張主義的結合無法避免，如果將之否定，日本的近代化終究是不可能的」，就會有充分的成立依據。

越是詳細研究內田良平這位革命式民族主義者的思想與行動，竹內好的話就越添重量與厚度。

伊藤博文與李容九死後，玄洋社與黑龍會的浪人志士活動，往支那革命與滿洲問題的方向

12 譯注：加拿大外交官，日本歷史學家，曾於一九四〇至四一年間於加拿大駐日公使館任職，戰後出任盟軍司令部（GHQ）加拿大代表。

展開。與兼併朝鮮相同，即便事態在此也與他們的志向相違背，然而，不能否認其「解放亞洲之志」的實際存在。他們的志向，是亞洲的悲劇性現實所產生的「叛逆精神的結晶」。

第十一章

修改條約

——日本在不平等條約下受苦了五十六年

歷史無情

寫完兼併朝鮮的歷史，我再度深刻感受到「歷史無情」這回事。

雖然可以舉出李氏朝鮮王朝的暴政、俄羅斯與美國的野心、朝鮮民族的落後性云云，來當日本兼併朝鮮的理由。但是不管有什麼理由，因為是基於日本國家利益的單方面的兼併，對韓國宮廷與國民而言，都是不可饒恕之事，特別是對被稱為「義兵事件」的軍隊與農民暴動的鎮壓，非常殘忍。

閔妃遭到虐殺，許多大臣與學者自殺，「義兵事件」持續長達五年，造成許多人罹難。斬殺閔妃、將她拖出宮殿、潑上石油焚毀屍體的兇手名字，就我所讀過的資料裡面並沒有明寫，但肯定是日本浪人志士的其中之一。

然而，韓國宮廷中的親清派與親俄派，也都毫不留情地對反對者進行虐殺。其中最有名的，就是前文已經敘述過的金玉均暗殺事件。

在日本兼併前，因為韓國有親清派、親俄派和親日派等三派，彼此之間也互相殘殺。當然其中有純粹的獨立派，但這派人士也被三個「強國」的其中任一個所利用，遭到背叛、拋棄的結局。

其他還有美國派與法國派。美國藉著基督教徒緩緩擴張勢力，法國則是為了從清國手中奪取安南，不惜利用日本自由黨，讓他們在朝鮮引發暴動，但被日本政府先發制人而沒有成功。

由於日清戰爭，清國勢力首先後退，接下來因為日俄戰爭，俄國被逐出朝鮮半島。這是因為為了防止俄國南下，有英國跟美國在幕後援助的關係。英國為了保護印度，美國則為了保護菲律賓，幫助日本。

日本所需的二十億軍費，其中八億由美國、英國的借款供應。朴資茅斯和約由美國總統擔任仲裁的角色，儘管日本得到了庫頁島南部，卻沒有獲得賠款，只有對韓國的宗主權獲得承認。

英國為了把日本變成「東洋的看門狗」，重新修訂日英同盟，確認了日本在韓國「政治、軍事、經濟上的優越地位」，美國還與日本簽訂密約，以承認日本對韓國的支配來交換日本不對菲律賓出手。

在這些保證之下，最後日本強行兼併朝鮮，但是悲劇也從此開始。伊藤博文在日本兼併朝鮮前夕遭到暗殺，殺死他的，是獨立黨員中的基督教徒安重根。在朝鮮的基督教會與教會學校，背後都有美國在控制。朝鮮獨立志士團體的流亡地點，首先是美國、接著是滿洲、上海以及俄羅斯。

反抗日本的基地，都位於這些外國，造成了「解放」後的朝鮮分裂的原因之一。

這不是在說朝鮮的獨立運動、民族性的反抗是無情的。之後，以許多日本要人的暗殺事件、狙擊天皇事件、萬歲運動[1]為首發生多次暴動，雖然日本方面對此也加以鎮壓，但這也不能說是無情的。

這些反抗與鎮壓，是從征服與被征服中所產生的理所當然的現象，所以學歷史的人，不可以為此逐一感到傷感。在被稱為「文明」的人類七千年的歷史中，這種情況幾乎像是「自然現象」一般地重複發生。悽慘的宮廷陰謀與殘忍的屠殺民眾，是政治史令人毛骨悚然的屬性，現在

1 譯注：萬歲運動，韓國稱「三一獨立運動」。

也依然在持續著。

讓我感到驚訝的，是日本領有朝鮮這個東方史上的重大事件，竟然只持續了短短三十五年。我現在六十二歲，朝鮮在我少年時期被日本征服，在我壯年初期被「解放」，這些全都在我眼前發生。

而且這個解放，是以三十八度線為界，由蘇聯軍事力量在北方、美國軍事力量在南方的方式進行。因為日本戰敗而「解放」、「獨立」之後明明已經過了二十年，但不管在南、北哪一邊，卻都沒有能稱之為是「朝鮮民族的朝鮮」的國家。其間發生了「韓戰」這場大屠殺戰爭，這場對朝鮮民族本身而言毫無意義的戰爭，首先是由美軍與蘇軍進行、接著是由美軍與中共軍隊進行。

據說美軍死傷者數量龐大，超越太平洋戰爭，且中共軍隊傷亡人數也不輸美軍。然而南北韓軍隊與民眾蒙受的損失，無法用言語形容，剩下來的只有跟荒涼的廢墟無異的山河。

今日，三十八度線依然沒有消失。兩側的兩個朝鮮一邊喊著復興與躍進、一邊不斷重複政變與清算，領導階級彼此互相放逐，「民生安定」僅止於作為宣傳用語。

美國在南邊的軍事力量越來越增強，在北邊則是蘇聯與中共的軍事力、政治力公然交戰。即使過了二十年，仍無法預期情況會改善，到處都不存在朝鮮民族自己的朝鮮。

我所說的「歷史無情」，就是這麼回事。兩邊都有名正言順的理由。南邊大聲喊出「民主主義」，而北邊揮舞著「共產主義」的旗幟。兩邊都用「正義」、「人道」當口號，打出「救國濟民」、「民族獨立」的旗印。然而，兩邊講的，在朝鮮民族這單一民族的耳裡，不過都是空言空語。

「正義」與「人道」是被用到爛了的華麗詞藻，是跟現實政治無緣的。

朝鮮在二十年前把日本趕了出去，是件好事。只是，從美國歸國的獨立主義者，與美軍一起支配南部，從蘇聯、中國回來的革命家，與蘇中兩軍一起控制北部，這件事是朝鮮的悲劇。還要花幾年才能克服這個悲劇呢？

然而，人的能力並非只能屈服於歷史的無情。歷史創造人，但歷史也是由人所創造。統一朝鮮的歷史，必須由朝鮮民族自己的手來創造。雖然我自己可能無法親眼目睹。

「神奈川條約」與「安政條約」

在這邊，我想要回顧日本的不平等條約的歷史。在幕末簽訂的「安政條約」，經過漫長的修約運動之後，終於在明治四十三年（一九一〇年）兼併朝鮮之後遭到廢除。

關於不平等條約的廢止，明治新政府自成立當初就辛苦地嘗試，民間有志之士也呼應政府的奮鬥；但以英國為首的歐美列國堅決不同意日本的要求，在經過日清戰爭、日俄戰爭，大膽兼併朝鮮之後，列國才第一次回應日本提出的修約要求。然而，外國人的永久租地權這條尾巴卻留到了昭和十七年（一九四二年）。

日本的戰敗就在三年之後，而同盟國的占領持續了七年，即使在十三年後的今日，被戰勝國美國強加的新不平等條約——「安保條約」，又再次持續束縛著日本，把日本弄得半身不遂。

安政元年（一八五四年）的「神奈川條約」，是在培里的黑船艦隊的威脅下簽訂的。當然是完全無視日本利益的不平等條約。讓這個不平等更加徹底的，是安政五年（一八五八年）哈里斯簽訂的「安政條約」。哈里斯威脅幕府說，正在與清國交戰中的英法東印度艦隊的五十艘軍艦可能會進攻日本，並在「日美修好通商條約」的美名之下，硬推出了以下述內容為重要項目的單方面式的條約：

（1）在通商口岸設立外國人居住區。（租界）

（2）建立日方沒有自主權的關稅制度。

（3）治外法權。（日本對外國人犯罪沒有裁判權）

可以極端的說，這條約是個相當於占領了日本一部分領土，讓貿易通商利益的大部分只歸於外國人，並且使外國人在審判時經常獲判無罪的條約。幕府當局不諳世界情勢與國際法，沒注意到此等條約日後會對日本的獨立自由與產業發展造成破壞性的影響，在美國之後跟荷蘭、英國、俄羅斯、法國、另外還有葡萄牙、德國、瑞典、比利時、義大利、丹麥都簽訂了相同的條約。

外國人居留地的整地、道路、自來水、軍營、火藥庫、醫院等建設費用，都是由日本負擔，而行政權與警察權都屬於外國，形同租金免費的租地權與土地所有權，都是**永久性**的權利。公園、賽馬場都是外國人專用，禁止日本人進入。這些事情，如果讀《橫濱市史》（第三卷下）就會知曉。

維新政府推翻了幕府，卻必須繼承「安政條約」。即使只拿橫濱來看，歐美列強的駐軍有時會超過一萬人，港口也被他們的鐵甲艦壓制。

右大臣岩倉具視在明治二年（一八六九年）時憤怒地說道：「讓外國士兵上岸到我國港內，以及居留的外國人觸犯我國法律，卻讓他們國家的官員處置，這實在該說是我皇國的莫大恥辱。」外國官[2]判事山口範藏、中井弘等人也帶著相同的怒意寫下了陳述書。但關於接下來要如何脫離這種屈辱，連當時「讀洋書」的新知識分子之一、外國官副知事大隈重信都坦承：「儘管我們從以前就公然譴責幕府政策，到現在卻連安政條約是怎麼樣的東西也沒有深入研究過。」每當問題發生，就總是被外國公使壓迫、玩弄，尤其是強硬、固執的英國公使巴夏禮。

岩倉全權公使團的失望

如同前文所述，「安政條約」是德川幕府留給明治政府的極為麻煩的遺產。現在的讀者，或許會當成簡單的問題來思考，但日本其實有五十六年——嚴格地說的話，有八十七年處在不平等條約的支配之下。

喊著「亞洲是一體的！」的明治中期的思想家岡倉天心，在要給西方人閱讀的英文著書中，憤慨地寫道：「西方真正理解日本之時，可能是在日本艦隊在新加坡外海摧毀了英國東印度艦隊的時候吧。」這份怒火與嘆息是所有明治時代的人共通的。

明治四年（一八七一年），日本以岩倉具視、木戶孝允、大久保利通、伊藤博文等人為首，派出隨員一百多名的全權使節團前往歐美，決非只是普通的考察之行。因為明治五年（一八七二

2 譯注：外國官，為明治時代處理外交事務的行政機關，外務省的前身。幹部官職名稱為知事、副知事、判事。

年）七月正逢安政條約的改訂時期，所以使節團的主要目的，在於先從美國開始，與歐洲各國進行改訂條約的預備交涉。

然而，使節團的希望，在從洛杉磯上岸、抵達首都華盛頓的同時，被悽慘地打碎。格蘭特總統（Ulysses Grant）與國務卿盛大歡迎東方來的稀客，但看起來似乎只有傾聽了改訂條約的要求，卻沒有忘記美國的利益。對廢除治外法權、恢復日本的關稅自主權毫不理睬，想要硬推美國制定的修改方案。日本使節團知道美國方案其實只是越改越差的方案，雖又驚又怒、但無計可施，制定不出對策。在華盛頓市時木戶孝允的日記寫道：「他們想要的，盡皆給予，然我們想要的，一件都未能得到。這段期間的苦心、與其遺憾，只能一味地吞下眼淚。」（《松菊木戶公傳》）

而且，甚至發生了因為沒有攜帶全權委任狀，而慌忙地讓大久保與伊藤從華盛頓返回日本的事情，真是不成熟的處事方式。大久保利通、伊藤博文與留守政府的西鄉隆盛、副島種臣、江藤新平、大隈重信、井上馨等人討論，最後大家一致表示，若依照美國的要求修改條約，將會給日本種下百年禍根。使節團在華盛頓停留半年後放棄進行改訂條約的預備交涉，將目的改為考察歐美文明，這是因為他們得知英國態度比美國還強硬。一行人在巡遊英、法、德、俄、義等各個「文明國家」後，只在各國留下留學生就空虛地回國。在對歐美各國的文明與繁榮感到驚訝的同時，使節團全體肯定有同樣深刻的感慨，即修改不平等條約之道，惟在「富國強兵」與「文明開化」而已。

瑪麗亞．路斯號事件

留守政府的外務卿，是剛毅不屈、無所畏懼的副島種臣。儘管岩倉具視、大久保利通出訪外國，他還是以獨自的方針，嘗試廢止治外法權、恢復關稅自主權，威風凜凜地對各國公使團展開議論表示：「撤除治外法權是天地之公道，宇宙之大義。各國強加給我國的最惠國條約，無理、不公。」然而，「英國公使一人，對此表示反對，最後導致議論無從進行。」（《玄洋社社史》）

此時，正巧突然發生著名的「瑪麗亞．路斯號（María Luz）事件」。明治五年（一八七二年）秘魯帆船瑪麗亞．路斯號（排水量三百五十噸）從支那南方的廈門，運載兩百三十一名支那人苦力，為了修理桅杆而進入橫濱港。由於日本與秘魯尚未簽訂條約，故由神奈川縣廳管理此船。然而，由於苦力不堪虐待，跳入海中被英國軍艦救起，英國臨時公使華森（Robert Watson）將人交給了神奈川縣廳。

因為神奈川縣權縣令[3]大江卓也，是一位沒有失去維新志士氣概的爽快男子漢，他立刻訊問瑪麗亞．路斯號船長賀瑞拉（Ricardo Herrera），並詢問奴隸船上的六名支那人，判定招募苦力是用綁架、詐騙、脅迫的方式達成，遂禁止瑪麗亞．路斯號出港。外務卿副島種臣，從東京派遣司法權大判事玉乃世履（後來在「大津事件」中因態度強硬而受稱頌的大判事）與司法少丞河野敏鎌到橫濱，在各國領事見證之下，讓船上兩百三十名苦力上岸、大加善待，也同意

3 譯注：權縣令，相當於今日的縣副知事，地方副首長。

當事人與居留日本的清國人之期望，送他們回到本國。船長賀瑞拉透過美國公使德隆（Charles DeLong）抗議，但遭到外務卿副島種臣駁回。

然而，改正條約，在這之後經過了**數十**年，依然沒有實現。

橫濱居留地與南京町

似乎是講到題外話了，但我想在這裡簡單研究一下明治初年的日本支那關係。

身為「新中國」迷的各位戰後進步派教授、作家中，有許多人採信日本人輕蔑支那人是日清戰爭勝利之後的「帝國主義式自大」的說法，且至今仍堅守不渝。

我已經在第六章提過，那首歌詞唱「日清談判破局，東艦從品川出航……積怨重重辮子佬」的有名歌曲欣舞節，是在明治二十一、二十二年（一八八八、八九年）左右大為流行。之後，在我調查伊藤博文的資料時，從他於明治十五年（一八八二年）左右從柏林寄給黑田清隆的信中，發現「支那豚尾先生」一詞，燃起了新的驚訝與疑問。

進一步再讀到《橫濱市史》的〈居留地的變貌〉這章，我瞪大了眼睛。

「辮髮先生自從他們國家的公使大人來了以後，就以花大錢買的馬大啖了一升豆子的氣勢，精力旺盛地活蹦亂跳，而光是類似喧鬧的行為就很多。」

這是明治十一年（一八七八年）九月二十四日，《橫濱每日新聞》的報導。

辮子佬、清國奴這些詞，也都是從明治時代初期開始就已經存在。說這些詞是從中國人或是清國人的諧音轉化的，此種具善意性的辯護論點，看來應該是錯的，這是日本人明確的輕蔑用詞。

我對支那人絕對沒有惡意，也沒有輕蔑，友人中也有許多支那人。就算是中國共產黨人，只要他不干涉日本內政，我也打算開心地與他往來。只不過，在這本嘗試性的論述中，除了引文以外的部分，經常使用支那、支那人等詞，但這是作為歷史用語在使用，跟把大英帝國（Great Britain）寫做英國、把大日本帝國寫做日本是相同的態度。「中國」與「中華民國」也是他們自己的自稱，還不算是學術上的用語。至於在引用官方文件時則「中華民國」、「中華人民共和國」都會引用。做時代區分時，漢、唐、宋、元、明、清、中共等名稱也都必須使用。

日本與清國簽訂通商修好條約，是在「瑪麗亞・路斯號事件」隔年的明治六年（一八七三年）。然而，清國既沒派駐公使、也沒派駐領事。「居留日本的中國人，匿名向本國投訴，雖然日本人尊敬西歐人，但卻輕蔑中國人，還虐待中國人。」《橫濱市史》對這樣的情況解釋道，這是因為清國缺乏派駐外交官團的經費，而且認為保護僑民首先必須派出軍艦往返日本示威。

清國的駐日欽差大臣（公使）一行，搭乘軍艦海安號抵達橫濱，是在明治十年（一八七七年）正月。

《橫濱市史》有這樣的記述，「公使、副使，搭乘海關小型蒸汽船，其餘約五十名士兵，搭乘小艇上岸，軍官下令在大碼頭上整隊……隊伍前方有兩面寫著『金鼓』二字的旗幟，旗幟下方各有四人拿著鐃鼓，後方則是兩面國旗，國旗後面是半數端著槍的士兵隊，士兵們前方有兩個奇怪的人戴著瓔珞，士兵後方則是八面的巡迴牌；接著公使、副使都坐著支那式轎子，分別有四人扛轎，接著是兩把長柄傘，四人騎馬，後面則是兩人戴著瓔珞……巡迴整個支那居留地、參拜關帝廟，支那商人們以會芳樓的支那料理款待兩位使節。」這一晚支那人街全都掛上燈籠裝飾，歡迎期盼許久的公使抵達。

當時，最初以西方人僕役的身分入境日本的支那僑民數量，來到約三千人，達到全體西方國家僑民合計人數的兩倍。

然而，清朝的北洋大臣李鴻章根據一八五八年的天津條約，准許西方人到支那內地經商、旅行，卻不准日本人去。據說他公開說道：「日本人貧窮又貪婪，偽詐多信用少，而且外貌、文字跟中國人類似，所以日本人到內地從事商業所產生的弊害，遠比歐美人還嚴重。對日條約的重點，是絕對要拒絕日本人至內地通商。」（「外務省記錄」）

也就是說兩邊都有不信任與輕蔑，看起來似乎也很難說是哪一邊先開始的，但是從作為幕府「國學」而支配德川時代的儒學中所產生的「中華崇拜」、「支那興趣」流行的情況來思考，在日本人之間產生的清國奴感情，是到了明治時代初年，接觸到現實的支那僑民後才產生的，如此認識方為正確——這份感情到了明治一〇年代末，因為李鴻章與袁世凱在朝鮮動用三千軍隊，強行壓迫日本，終於發展成「積怨重重辮子佬」，不就是如此嗎？這是日本民族主義對大清帝國輕蔑、壓迫日本的反彈。而日本政府也對李鴻章反彈，准許橫濱的一般外國僑民到箱根、熱海山區遊玩，但卻不准支那人去。

支那僑民增加，首先讓日本人感到頭痛的，就是他們吸食鴉片與賭博的習慣，但是比起這一點，更加抵觸到日本人潔癖的，是他們日常生活的骯髒。

《橫濱每日新聞》如此報導參訪清國公使何如章所搭乘，來到日本的軍艦海安號：

> 「艦內隨地小便的情況，要用力閉口，不、不是閉口，而是要閉鼻。許多士兵在炮塔旁邊，有人吃東西也有人剪頭髮、有人賭博也有人午睡，形形色色，言語無法形容。」

除了走私鴉片，他們還引起偽造紙鈔的事件。從賭博、竊盜到殺人，犯罪事件層出不窮。明治時代初期的《居留地風俗記》寫道：「橫濱有三種東西出名：南京町、賭博、賣淫。其中，南京町的風俗鄙陋」，「聚集在南京街的支那人店鋪，有匯兌店、藥店跟兩三間骨董店，具備像是商店的風格」，扣除掉這些，實際狀況似乎是：「其他大致上骯髒、狹窄、淩亂……以為是在賣當地名產的商店，其實二樓是流氓的賭窟，大白天就可以公然聽到妓女的調情話語。就像賣油漆的店兼賣烏龍麵，五金工具店賣桑葚酒、紫蘇酒。分不清是店面還是廚房、是客席還是庖廚，關帝廟旁邊是長毛犬的狗屋、小孩則在餐桌附近拉屎，這些都很骯髒。」《橫濱市史》敘述到，南京町最初吸引了日本人的好奇心，但是後來給愛乾淨的日本人帶來嫌惡感，是形塑出對支那人蔑視感的重要原因。

讓我來說的話，「南京町」的骯髒醜陋，不是只在日本才發生的現象。在美國、歐洲的「唐人街」，當初也被視為是比貧民窟還低級的賤民窟，是犯罪與陋習的巢穴，排斥運動屢屢發生，頑童們則唱著「辮子中國佬之歌」來謾罵他們。這未必能說是因為華僑的團結力道很強，給商業上競爭者的白人帶來了威脅。他們的貧窮與骯髒才是原因。但是，這個**原因的原因**是什麼呢？

我在那裡看到了清朝末年的惡政與暴政。當時，被散佈到世界，建立「南京町」或是「唐人街」的支那人，並不是移民、而是棄民。如果不是像瑪麗亞．路斯號的奴隸苦力，就是兩手空空，從本國逃亡的貧民。他們投靠僅有的親友，靠著同鄉意識，在外國人居留地的一隅層層疊疊地居住，不選擇職業、忍耐骯髒與迫害，雖然被人說「目不識丁，不懂道德」，但他們首先必須專注於生存。

應該回想起的是，戰前的夏威夷、加州、中南美洲的日本移民，六成以上是沖繩縣人，其他則是日本各地的貧窮農民；他們甚至不被說成是移民、而被說成是棄民，被叫做日本鬼子歧視，而經常成為排斥運動針對的對象。有惡政處就有棄民，被清朝的惡政與列強的殖民主義沖散的棄民，在世界各地產生了南京町與唐人街。

今日的華僑，已經是世界經濟的一大勢力，甚至成為從前支援國民黨，現在支援中共的一大政治勢力。這是歷經超過一個世紀艱苦奮鬥的成果。現在不管哪國的頑童，都不能再叫他們「辮子中國佬」或是「清國奴」了。

話題雖有點跳躍，但明治時代中期之後，日本浪人志士團體與以孫文、黃興為首的支那革命家團體的共鳴與合作，是在「滅清興漢」的旗號下進行的。頭山滿、宮崎滔天、內田良平、北一輝都是基於這點，而成功與漢人革命家聯手。當日本政府害怕「西方列強」而加以奉承，並幫助清朝與袁世凱，想要摧毀漢民族革命時，日本志士與支那革命家的合作也中斷了。

井上馨的惡名

接下來，再次回到條約修改問題。

副島種臣，在以征韓論者的身分下野之後，與學問以及自然景色為伍，告別了政治。在他之後，寺島宗則擔任外務卿，負責修改條約的事務，然而儘管輿論也強力支持他，但列國態度依然強硬，幾乎沒達成成果，便把位子讓給了井上馨。惡名昭彰的「歐化主義外交」與「鹿鳴館時代」自此開始。

在為數眾多的「維新元勳」當中，風評差到像井上馨這樣的人物，還真是有點無人能及。他在宴席上被西鄉隆盛嘲諷，說他是「三井的掌櫃」的這件事情，也著實是家喻戶曉。原先跟井上馨是盟友、後來成為政敵的大隈重信，也在他的《昔日談》中寫道，連明治天皇自己也都說：「光是看到井上馨的臉都覺得討厭。」

在堪稱明治時代初期的大醜聞事件的「尾去澤銅礦山事件」、「藤田組偽鈔事件」中，井上都被視為是反派主角，受到以司法卿江藤新平為首，政府內部的反長州派人激烈的攻擊與追擊。今日已經知道後者是毫無根據的事件，但有關前者，井上馨在法庭上獲判「徒刑兩年，罰金三十日圓」。就算井上馨傳記的作者再怎麼強辯說井上馨是冤枉的，還是無法認為他在這次貪汙事件中是清白的。

井上馨這號人物，到晚年還被人取「打雷老頭」[4]的綽號，生來急躁輕率，說好聽是性情直率——他有不分場所與對象，不斷想到什麼就脫口而出，口出惡言樹敵的毛病，而成為長州派系中最大的弱點，被薩摩派、佐賀派、民黨派盯上，木戶孝允、伊藤博文、山縣有朋都為了救他，而非常辛苦、頭痛。

井上馨因為自己惹出來的麻煩，好幾次辭職、還被人當成暗殺的對象；他也曾為了逃避而

4 編注：原文為「雷親父」，意指常不顧周遭，講話聲音很大的老伯。

出國、也曾決心當個實業家，與澀澤榮一一起下野，然而只要一有狀況，就被叫出來擔任政府要職，以作為元老之一的地位終其一生。不能將此都歸因於是盟友伊藤博文的友誼，或是長州派對薩摩派必須得保持勢力平衡。

惡評如潮的人物有**獨到**的才能、樹敵無數的人物有**力量與勇氣**，這些情況很多。平凡的惡棍，就算友人與黨派再怎麼加以庇護，還是會自取滅亡。急躁輕率的井上馨也是像這種類型的才能與實力兼備之士。我對這號人物感到興趣，就是因為他的**惡名**。

他在元治元年（一八六四年）從英國回到長州後，被政敵襲擊，全身二十多處受到致命重傷。但並不是因為他跟伊藤博文一起提倡開國談和論，而是因為之後他跟高杉晉作站上了藩內攻擊「俗論派」的前線，所以遭到砍殺。他很年輕就取了「世外」的號。高杉晉作則是仿效西行法師，取號「東行」；井上的號「世外」，好像也不是單純的玩笑話。這個號有著不畏懼世間毀譽的率性，還帶有一種反抗世俗的性質，而屢次失控暴走，井上因而被西鄉隆盛討厭，甚至惹火明治天皇，樹立許多沒有必要的敵人。

他最為世間輿論所集中攻擊、最後終於使他辭去外務卿職務的原因是，根據「極端文明開化論」與「歐化主義」所主張的「條約改正方策」。在這點上，他到戰後的現在，依然是左右兩派歷史學家攻擊的目標。我對**這一點**感到興趣。說起脾氣火爆，儘管伊藤博文被說是更勝井上馨一籌，但伊藤博文天生為人誠懇，加上待人友善不設防，至少在政府內部少有敵人；然而井上馨因性情率直、不顧後果，有著連伊藤博文的失敗，都要自己扛下的傾向。只是在本章，我想要把焦點集中於接下副島種臣、寺島宗則兩任外務卿的失敗之後，井上馨的「條約修改策略」與「文明開化論」上，並嘗試描繪井上馨的人物形象。

鹿鳴館時代

井上馨以外務卿身分從事修改條約的重大任務，是在著名的「鹿鳴館時代」。鹿鳴館在明治十三年（一八八〇年）開工，明治十六年完工。十一月二十八日的落成慶祝會上，邀集了各位親王、大臣、各國公使、其他國內外朝野紳士等共一千兩百多人。

惡名昭彰的「歐化時代」，在此之前就已開始。井上馨親自擔任調查委員長，編篡接待外國貴賓用的《內外交際宴會禮式案》。這本書從邀請函的發送時期、賓客座席順序、扶助婦女的方法、男女化妝室、服裝都詳細記載，從明治十四年（一八八一年）左右開始，各位大臣參議，每月一次舉辦晚宴、晚會、舞會、園遊會等等，進行讓上流階級人士以及其夫人千金熟悉「歐美交際禮儀」的準備。並聘請楊森（Johannes Janson）擔任舞蹈老師、羅雷擔任音樂老師。明治十八年五月，參加鍋島直大、前田利嗣兩位侯爵夫婦主辦的大舞會的達官顯貴、紳士淑女們竟然有三百多人。當時時事新報報導：「去年以來在鹿鳴館設立的舞會會員們，認為此時就是展現平日舞技的時機，如花美女雲集而來，不知不覺時間已到深夜。到了凌晨一點仍然繼續跳舞的情景，真是人間天堂。觀看者也不知不覺地感受到了文明的恩惠。或許文明社會在交際上就應該要如此。」

伊藤博文夫婦在明治二十年（一八八七年）四月主辦的化裝舞會，最為盛大著名，其細節因為許多明治時代史書已有記載，此處不再贅述。只是，在井上馨與伊藤博文所提倡的「歐化主義」中，特別是晚會與舞會從一開始就受到輿論的攻擊，被說是「競比驕奢、追求淫逸的頹廢活動」，而責難之聲在這場化妝舞會達到顛峰，終於導致勝海舟的「時弊二十一條」建言書產生。

但是，井上馨對任何責難都不屈服。他將以與外國人交際為目的，全面使用英語的「東京俱樂部」遷至鹿鳴館內，予以支援、獎勵；還為了接待外國人，蓋了與鹿鳴館相鄰的三層樓高的西式建築「帝國飯店」。另外也擔任「演劇改良會」的發起人，並且成為矢田部良吉、外山正一[5]等人創辦的「羅馬字會」的會員，主張廢除漢字。

他在明治十九年（一八八六年）一月，在羅馬字會大會演講的最後一段講到：

「其實歐美各國對日本的認識非常少，試著在歐洲的某個鄉村問人，日本是個怎麼樣的國家？則未必會沒人抱持著，以為日本是支那的屬國，或者以為是朝鮮的一個村莊這樣的妄想。讓這些歐美各國的人士詳細知道日本有哪些產物、日本的地理形勢如何、日本的風土民情是如此這般……使他們詳細知悉之時，才有可能讓我國的國情全部使外國瞭解。到此種程度才能夠達成跟外國對等的交往。」（《世外井上公傳》）

國粹派的猛烈反對運動

根據明治十八年（一八八五年）的新官制，第一次伊藤博文內閣成立，井上馨的職位從外務卿變成外務大臣，繼續為修改條約而努力。然而，雖然他費盡所有的努力與苦心，這次修改條約的失敗，終於導致必須中止交涉，將外務大臣的職位與修改條約的任務，讓給政敵大隈重信。

失敗最重要的原因，首先就是歐美各國——特別是英國的強硬態度。對於治外法權、領事裁判權、關稅自主權等事項，儘管各國擺出了一些像是多少會讓步的態度，但其實是寸步不讓，對此，井上必須採用一些像是雇用外籍法官這樣的苦澀妥協策略。

不斷重複召開的修改條約的秘密會議的內容首先走漏給政府高官們，後來傳到民間。最先向井上馨的修改草案提出反對意見的，是日本政府的法律顧問，法國人布瓦索納德（Gustave Émile Boissonade）。

布瓦索納德提出警告說：「雖然日本從明治維新以來雇用很多外國人，但那些都只是顧問或是教師，在法院用外國人當**官吏**，這次是頭一次。這對日本來說絕對不僅只是不利，也有讓日本的立法權落入外國掌控下的疑慮，且將招致國民怨恨，任何動亂或許都有可能爆發。」

以井上馨的立場，他認為總算是突破了治外法權的一角：「期盼我國裁判權將逐步從外國手中恢復，終將讓我國達到完全不受束縛的獨立地位。」（外務省文書）所以才做出這樣大的讓步。但是反對派不管他的苦心，井上馨、伊藤博文的解釋，也無法對抗布瓦索納德的「正論」。而且因為這個秘密方案，在事前就走漏至政府高官與民間，所以騷動擴大。

就算事情並非如此，「鹿鳴館方式」的歐化主義，挑起了國民的反感，讓國粹感情開始凝結。民黨新聞全體攻擊井上馨的國恥修改草案，因為自由黨壯士大舉湧進了元老院、內務大臣山縣有朋的官邸、各國公使館，使各國公使對外務大臣井上馨提出了抗議。

5　譯注：矢田部良吉（一八五一—一八九九），明治時代植物學者、詩人；外山正一（一八四八—一九〇〇），明治時代社會學者、教育家，曾任文部大臣。

在政府內部也發生了反對運動。鳥尾小彌太、三浦梧樓、曾我祐準等中將級陸軍軍人與外務省小村壽太郎等人站在最前頭，和杉浦重剛、千頭清臣、長谷川芳之助等學者聯手，煽動輿論。因為此時土佐派的堅毅男子漢谷干城（農商務大臣）從歐洲考察回來，向伊藤首相提出了激烈的意見書，贊同反對運動，讓混亂與騷動倍增。

谷干城的意見書，也是一份「正論」。他在外訪期間，徵詢維也納的施泰因（Lorenz von Stein）教授與柏林的格耐斯特（Rudolf von Gneist）教授意見，鞏固了國權主義與國粹思想才回國，但他到湘南夏島的別墅拜訪伊藤博文，逼伊藤私下讓他看修改草案。因為伊藤不讓他看，谷干城震怒，回到東京之後送了一篇長文的意見書給伊藤博文，要求傳閱給各位大臣。

其中一段寫道：

「明治維新以來，政府當局夙夜不懈地從事修改條約，但經過十五、十六年的歲月依然未見其功績……據我所聞的是，既然我國既有的法律規範很多不適合外國人的話……便欲致力於制定適合外國人的法律規範，藉此討外國人歡心。我谷干城必須說，我認為我國政治沒有獨立精神……現今在作為國家獨立的重要權力——立法的領域內接受外國人地干涉，要如何說這不是亡國的徵兆？」

全文刊載在《子爵谷干城傳》當中，據該書內容，有存在著伊藤博文親筆所寫，對這篇長文意見書加以反駁、揶揄、謾罵的秘密紀錄留下。然而因為谷干城隻身去謁見天皇陳述意見後便提出了辭呈，所以伊藤也變得無法抵抗谷干城的「正論」了。當時《郵便報知新聞》報導：

「谷農商務大臣在先前的二十日（明治二十年七月），謁見陛下約三小時之久，詳細陳述許多意見、充分傳達至聖聽，最後下定決心提出辭呈。該大臣的意見一度被內閣諸侯拒絕，但針對其中某一項，內閣閣員中幾乎都有表示同意的傾向，尤其是，據傳宮中顧問官當中也有人大為同意大臣的意見而加以贊成者存在。」

《日本郵報》評論谷干城辭職，寫道：「古語說駿馬難御，就是在說像谷子這樣的人嗎？」民間的有志之士、壯士在九段的靖國神社舉辦「谷君名譽表彰運動會」、大喊「谷干城萬歲」，一路大遊行走到位於市谷田町的谷宅。據說這是日本首次的示威遊行。

板垣退助也向天皇提出長達兩萬字的意見書。布瓦索納德、谷干城、板垣退助的意見書，被秘密印刷在全國散佈，有志之士、青年、學生，爭相搶閱。

就連伊藤博文也終於屈服了，他讓井上馨辭職，自己兼任外務大臣。井上被調任至宮中顧問官的閒職，雖然與修改條約的關係，表面上看似在此終結，但他的「歐化主義」，產生了強烈的「國粹主義」、「日本主義」潮流的反作用力，凝聚成反政府勢力。制定惡名昭彰的「保安條例」（明治二十年、一八八七年），以及根據保安條例將志士逮捕、逐出東京的行動，看起來主要是針對民權論者，然而可以認為此時民權論已經自行發展成為國權論。民權論者與國權論者站在同一陣線，反對「賣國的條約修改草案」。據說自稱是「日本主義者」的谷干城，在夏島別墅當面指責伊藤博文時，主動稱自己是「民權主義者」。（〈伊藤的黑田清綱宛書簡〉）

國權派與日本主義者，先是聚集到了谷干城的身邊。

熊本人末岡武足（後來的《忠愛新聞》發行人）到土佐拜訪引退的谷干城，把他帶到東京。谷干城很開心的踏上前往東京的路途，在大阪與柴四郎（《佳人的奇遇》作者）、池部吉太郎會談，不久後進到在東京的私宅，而陸羯南、千頭清臣、古莊嘉門、杉浦重剛等人已經聚集於此。三浦梧樓、鳥尾小彌太也已展開活動；過去的民權社團「玄洋社」，把國權主義的旗號變得更鮮明；學者、思想家西村茂樹組織「日本弘道會」；三宅雪嶺、杉浦重剛、志賀重昂、島地默雷的「政教社」發行了雜誌《日本人》（後來改名為《日本及日本人》）。後藤象二郎、大石正己的《政論》、鳥尾小彌太的《保守新論》也都在這個時期誕生。

由谷干城與陸羯南等人共同規劃、獲得三浦梧樓與淺野長勳侯爵等人出資的報紙《日本》，在明治二十二年（一八八九年）憲法公布之日創立。有關這份報紙為明治時代中期的新聞傳播發揮的重大作用，應不需再從頭道來吧。

井上馨的真心

接下來，井上馨辭去了外務大臣的職務，雖然「歐化主義」時代看起來像是已經過去，但他絕對不是放棄了修改條約的志向與努力。不管反對言論的攻擊與譴責再強力，即使維新之後經過了二十年，依然壓在日本身上的「安政條約」，是對日本絕對不利的「不平等條約」，這件事情並沒有改變。安政條約造成的損害，隨著日本國力或多或少的提升，變得一天比一天明顯。然而，對從維新以來經常身處政府中央，從內部看著列國對日政策過來的井上馨來講，「修改條約」是多麼困難的事情，是顯而易見的。所以對此他也寫了意見書（明治二十年、一八八七年七月），其中一段寫道：

「處理此事的方法，只有改變我帝國與人民，讓他們變得如同歐洲人民一般。亦即，如果嚴重一點來講的話，必須在東方的土地上建立一個歐洲式的新帝國。其一國之人民，以及身為組成分子的各國人民，假如不先成為勇敢、活躍的人民的話，是不可能獨自變得強大的。也就是說，日本人民的自治制度與活躍的行動，會讓日本人民變得強大，而這對於要達至日本政府的強盛來說，是萬不可欠的。」

具體實行的方法是：

「只有讓我國人民接觸到歐洲人民，各自感受到不便，認識到不利之處，並吸取西方生氣蓬勃的知識。也就是說當我國人民各自具備文明開化所需的生氣蓬勃的知識，以及敢做敢為的氣質時，我帝國方能達到真正的文明境界。

本大臣必須藉由推翻更早之前的斷言，來提起此事。將我帝國變為歐洲式帝國吧！將我國人民變為歐洲式人民吧！在東方的土地上建立起歐洲式的新帝國吧！只有在能夠如此做到時，我帝國方有可能在條約上，得到與西方各國同等的地位，我帝國才有可能藉此獨立、藉此富強。」

井上馨的這一意見在各種著作中屢次被引用，但在左翼人士與右翼人士之間風評都很差。

左翼學者在這一段裡面發現「歐洲式帝國主義」在日本萌芽，而右翼學者認為這種「文明開化主義」是對西方的屈服、獻媚，懷疑井上是否真有愛國之情。

前者完全是搞錯重點，而後者儘管是從明治十幾年時開始持續的在野精神的發現，但因為太過厭惡「文明開化」與「鹿鳴館舞會」，忽略了伊藤博文與井上馨藏在這些事物底層的苦心與抵抗精神，至少對兩人的愛國心意，這種看法太過嚴酷。

井上馨的意見書原文，是篇幅達到六千多字的長文。雖然我無法引用全文，但井上馨在該文前半部寫著歐洲列強對亞洲、非洲、南方群島[6]的侵略與殖民幾乎已經完成，在亞洲還勉強維持著獨立國家表象的，只有日本跟清國。眼下在歐洲雖然爆發戰爭，一旦結束，歐洲列強勢力會倍增，或許會再度開始征服亞洲。屆時，儘管一定會有人主張日本應該採取中立，但此想法非常天真；我們必須認識到，列強武力一定會加諸於日本。

井上馨是為了防範此困難於未然，所以主張「應該在東方建立一個歐洲式新帝國」，絕對不是像一些人所責怪的是膽小的論點。他的「歐化主義」是「拿別人的武器當我方的武器」的這種幕末、維新以來的「開國即為攘夷論」。還加上了為了日本的富國與強兵即「獨立強盛」，即使要忍受最大障礙的不平等條約帶來的一時之間的恥辱與一些不便，也應該走上加以廢除的方向，打開日本的國力興隆之道，此種詳細的經濟政策。

然而，他的鹿鳴館式歐化政策，不僅太過浮華，確實也有太多對西方獻媚或屈從的面向，所以不僅引起民間反對，也造成政府內部反對，最後連盟友伊藤博文都必須把井上馨趕下外務大臣寶座。

大隈重信的登場與失勢

大隈重信在與井上充分協議密約之後，接續他成為外務大臣，負責面對修改條約事務。大隈所面臨的，是在與井上馨相同的條件下反覆操心，是同樣的列國強硬態度、相同的輿論反擊。

儘管歷史學家葦津珍彥寫道，井上馨的理想與志向應該是伸張日本國權，但是在在野人士當中，「**日本國權只能透過抵抗列強而加以確保、伸張的信念很明顯**。這份朝野態度的差異，透過明治外交史，連綿不絕，形成兩股龐大潮流」，他的解釋也可以正確適用於大隈重信。大隈沒有採取「鹿鳴館式的舞會政策」，但當他的修改策略透過倫敦時報報導、洩漏給民間的同時，所引起的猛烈反對，超過了對井上馨的反對。最後大隈重信因為玄洋社社員來島恒喜的炸彈攻擊而失去一隻腳，內閣總辭，藉由歐化主義外交來修改條約的政策遂被中止。

以我的觀點來說，把井上馨弄下台、讓大隈重信失去一隻腳的原因，未必只是輿論的反對而已。真正的原因，是歐美列強無論如何都要堅守安政年代不平等條約的強大壓力。政府當權者認為能夠用外交談判與計謀漸進式地改正，但這其實是個天真的夢想，除了像岡倉天心所說的，「在新加坡外海殲滅英國東印度艦隊」之外，沒有策略可以修改條約。只有日清戰爭、日俄戰爭勝利還不夠，兼併朝鮮之後，總算修改了條約，但是條約的尾巴卻還留到二十幾年之後，日本實質上是被不平等條約束縛了八十七年。

就如同諸家明治史所示，在日清、日俄戰爭時，伊藤博文以下的政府當權者經常持續採取

6 譯注：南方群島，指位於日本南方的伊豆群島、小笠原群島等島嶼。

不戰論、開戰尚早論，而被說是「恐清、恐俄症病患」。即便在日俄戰爭前夕也是，幸德秋水的《帝國主義》因為是非戰論，而獲准公開刊行，但內田良平的《俄羅斯亡國論》，卻因為是主戰論而被禁止上市。批判政府軟弱的，經常是民間的「日本主義者」、「硬對外論者」。

對於修改條約，井上馨、大隈重信的立場跟昭和時代的幣原喜重郎的立場很相似。井上、大隈、幣原都很固執，但都不是單純的歐美崇拜者。雖然他們也都因受到輿論的攻擊而失勢，但到現在誰都不會否定他們是愛國者吧。

他們失敗的根本原因，在於想從西方列強中尋找友人。誤信可以用以「歐化」、「文明化」、「和平主義」為根據的外交手段，改變日本命運。

不需要用到春秋筆法，也能說在明治時代中期讓井上馨、大隈重信失勢，且在進入大正、昭和時代後，讓幣原喜重郎的外交失敗的，未必是「日本主義者」、「右翼人士」、「軍方」；反倒是想在「西方殖民主義者」、「亞洲征服者」當中，尋找「友人」的「歐化式潮流」。

井上馨與幣原喜重郎的**惡名**淵源，未必是來自於他們的性格或人格，也未必是因為前者是「三井的掌櫃」或者因為後者是「三菱的養子」，而都是因為他們儘管憂國，卻誤認了「日本真正的友人」的所在這一點。

第十二章

昭和動亂的思想背景

——大川周明與北一輝

玄洋社、黑龍會與支那革命家團體

再把話題拉回到歷史吧，這本試論不是時事評論，而是回顧日本走過的百年，並為了摸索、探求走向未來的正確姿態的歷史研究。

日本的民族主義的擴張政策，從一開始就不會停在朝鮮半島與鴨綠江線上。

「日俄戰爭的結果，我國只取得在韓國的優越權利、俄國在滿洲鋪設的南滿鐵路、租借大連、旅順的權利、以及半個庫頁島，滿洲的領土則還給了清朝。當時若是知道俄、清之間有攻守同盟的密約，絕對不會把滿洲還給清朝。」

這是內田良平的《日本的亞細亞》當中的一段。

「如果日本軍隊在遼陽會戰或是奉天會戰中失敗的話，清國一定會呼應俄軍，肯定會加入攻擊日本的行動。」日本志士從六年前，就開始跟中國革命家連絡，訂立計畫，在清國參戰的同時就點燃革命之火，但是，「可惜啊，俄國與清國的密約內容是攻守同盟一事，還未為世間所知，因為清國政府也未展開軍事行動，孫文的舉兵計畫也被迫必須延期。」

孫文、黃興等人的革命運動，與日本民間志士團體關係匪淺，是眾所周知的事實。孫文頭一次流亡日本，是在明治三十一年（一八九八年）。孫文透過宮崎滔天，認識犬養毅、平岡浩太郎、頭山滿，在他們的合作與幫助下，計劃在廣東與惠州舉兵、在上海暗殺李鴻章、援助菲律賓阿奎納多將軍的獨立運動，但全都失敗。明治三十七年（一九〇四年），孫文再度流亡到日俄戰爭中的日本，葦津珍彥寫道：「孫文透過日俄戰爭，認識到這是亞洲對歐洲進行的解放戰爭，認為在世界史上轉換的時代到來了。」

也是在這個時候，「中國革命同盟會」在東京赤坂的內田良平宅邸成立，這是廣東系統的孫文派與湖南系統的黃興派的結合。除了這兩人，還由章炳麟、汪兆銘、宋教仁、張繼、胡漢民、李烈鈞、李根源等人領導，以一萬五千名留日學生為溫床，刊行機關報《民報》，將推翻清朝的革命思想跨海送進大陸。

當時的日本政府（桂太郎首相）將「革命同盟會」視為危險團體，德富蘇峰也攻擊其「共和思想」。但頭山滿斷定：「就算支那變成共和制，說那將會影響到我國國體，是自己在侮辱國體。」並且與犬養毅等人極力鼓勵、庇護「革命同盟會」。內田良平向日本政府與軍方表示，「有關滿洲問題，先確認中國革命黨與日本的大陸政策間有利害一致之處存在」，強硬地主張不干涉革命黨，努力說服日本政府與軍方。

日本政府認為「革命同盟會」危險的理由，是因為同盟會的標語「倒滿興漢」，主張推翻清朝，將原本是滿洲人的清國政府趕回故鄉滿洲。機關報《民報》也提倡「日本與革命中國的國民聯盟」，包含孫文在內的革命領袖也公開說：「對中國而言，滿洲是外國，滿洲問題全部委由日本處理。」他們預測，在革命後漢民族勢力不會及於滿洲，清朝可能會重建滿洲帝國，與俄羅斯帝國聯手，成為漢民族的敵國。

頭山滿、犬養毅、內田良平等人的熱情與壓力，雖然成功阻止了日本政府干涉支那革命，但有關滿洲問題，現在必須承認孫文的承諾跟內田良平的預測都錯了。

滿洲與日本的「變質」

確實，滿洲是清朝的發祥之地、故鄉，但其實質已經完全改變，變成了漢民族的滿洲了。到明治中期為止，由於清朝的「封禁令」，滿洲不過只是滿、蒙族約三百萬人、漢民族約兩百萬人的土地；然而在孫文等人的革命運動的進行過程中，有號稱兩千萬或三千萬的山東移民湧進，明確地變質成漢民族的土地了。

在「兼併朝鮮」後，日本跨越鴨綠江開始伸出利牙與尖爪的時候，「孫文的承諾」已經過時了。與人口兩千萬的朝鮮民族拼命反抗「兼併」同理，人口三千萬的漢民族，不可能會歡迎日本入侵。孫文與他的弟子們不得不取消「放棄滿洲」的承諾，因為張作霖、張學良父子開始抵抗，國民黨的方針變成「收回旅順大連論」，之後日本的對滿洲政策，不得不採「武力侵略」的形式。

然而，對於抱持著日本「兼併朝鮮」之後，變質成帝國主義，從「解放亞洲的先驅」變成「亞洲的壓迫者、侵略者」這種論點之人的見解，我並不贊同。若從帝國主義性來說，日本從明治維新前意識到「西力東漸」的時候，就已足夠算是具有**帝國主義性**了。只是，我說的帝國主義，跟列寧式意義下的「帝國主義」不同，跟「資本主義的最高階段」沒關係。是尼赫魯所說的那種意思，亦即是一種民族主義的發現、成長，並以此作為追求自主與解放的民族活力。意思是，成長的民族主義轉化成擴張政策，讓尖牙與利爪長大，首先是台灣、朝鮮受害，接著瞄準滿洲。以佐藤信淵為首的幕末思想家們，描繪的未來想像圖中，不僅是朝鮮、台灣、庫頁島、西伯利亞，連東南亞各國都為了「日本的反擊」而被明確注記為「侵略對象」。

日本無法停下腳步

據葦津珍彥所說，孫文在《三民主義》中責難日本說：「日本在馬關條約中要求朝鮮獨立，卻武力兼併朝鮮，日本哪裡有信義？」甘地在他的《印度自治論》裡憤怒地說：「日本的天空有英國國旗在飄揚，那不是日本的旗幟。」

以支那人與印度人的立場，孫文的責難與甘地的憤怒，是理所當然的。但是，對此無條件同意的日本人，忘記了日本的歷史與命運。作為反擊西方侵略亞洲的「東亞百年戰爭」，日本仍在繼續。在途中是無法停下腳步的，孫文與甘地只是無法那麼深入地認同日本的煩惱而已。

不認同我的假設性論述的學者們，主張日本在好幾個時間點上都有機會停下腳步，也就是應該可以避開「有勇無謀的大東亞戰爭」。但究竟真的是那樣嗎？如果把日本「可以停下腳步」的論點反過來看，應該就會變成跟英國、美國的路線協調，成為一種更巧妙的「亞洲壓榨者」的主張。不然就是，不戰而屈於西方壓力，躲回維新之前的四座島「享受瑞士式繁榮」，這種愚蠢的「和平夢想」，而這是不可能加以實行的愚論。我想讓大膽提出這種「理性的謬論」的各位戰後派學者，站到幕末、明治時代中期、兼併朝鮮、滿洲事變、大東亞戰爭爆發前夕的政治中心看看。他們能用什麼「理性」跟「政治影響力」來讓日本停下腳步呢？許多人物為了讓日本停下腳步，一度做過努力，我不認為他們會比現在的各位進步人士「度量狹小」。確實是有大器的人物，但他們也無法讓日本在「百年戰爭」的途中停下腳步，現在的各位進步人士也不可能辦到。沒有什麼東西像事後諸葛的嘴臉那麼蠢、那麼惹人厭的。

防範火災於未然的，是賢人；成功挺身撲滅開始延燒的火災的，是勇者。然而，這一百年間的日本人，無法得到賢人也無法得到勇者。因為「東亞百年戰爭」是被從外部點燃的大火，是被歐美各國根據周全的計畫置入一些間隔，看準適當機會一次接著一次縱火引起的火災。日本人沒有得到防範火災的餘裕，必須在不斷猛烈燃燒的火災當中與火焰對抗。有時還需要像神話中的勇士一般，揮劍斬掉自己身旁熊熊燃燒的枯草。也曾希望過風向改變，火災往鄰村的方向燒；也有利用逆風自己放火過。為此，日本人自己被誤會成是惡劣的縱火犯、遭到責難。

我不會責怪對抗縱火的勇者，許多日本人被燒死，滅火之後倖存下來的勇者們，幾乎全部都全身受到嚴重燒燙傷。

應該有別的機會談在戰場上陣亡、受傷的幾百萬士兵。在這本試論中，我主要一直在談思想與思想家。在這章也是要選三位出現在延燒百年的大火末期的思想家，試圖回憶他們所完成的任務——沒有開花、結果，現在看起來像是壯烈犧牲了的功績。

愛國者的宿命

「東亞百年戰爭」在初期階段幕末，出現了佐藤信淵、平田篤胤、藤田東湖、佐久間象山、吉田松陰等學者與思想家；在中期出現了西鄉隆盛、福澤諭吉、板垣退助、中江兆民、樽井藤吉、大井憲太郎、頭山滿、內田良平、宮崎滔天、德富蘇峰、岡倉天心、陸羯南、高山樗牛、與謝野鐵幹、二葉亭四迷；在末期出現了大川周明、北一輝、石原莞爾。

這個名單還有許多名字應該加進去，另外，因為因人而異的關係，也會有不少人對這批人選歪頭表示疑問吧。然而，像是福澤諭吉，因為「文明開化論」，被人忽略了他身為激進民族主義者的一面；板垣退助、中江兆民、大井憲太郎因為「民權論」，讓他們以國權論者立場進行的行動，遭人遺忘。代表百年戰爭末期的，除了大川周明、北一輝、石原莞爾以外，應該再加上權藤成卿、橘孝三郎、笠木良明、中野正剛，還有其他諸家，對此我沒有異議。但是在這章，先談「昭和動亂」的領導思想家：大川周明與北一輝，再於「滿洲事變」的章節談石原莞爾。

前文名單中的思想家、行動者當中，有幾個人看起來彷彿在歷史上光榮地留名，但仔細一查，大部分人一生都命運悲慘，被監禁、被放逐、生活貧窮、生病、被捕入獄、被處死刑或是因為暗殺而慘死。不光只是他們本人，繼承他們思想、行動的弟子與同志們也都走上相同的命運。

戰後的各位敗戰評論員們要給他們冠上「帝國主義起源」、「天皇制法西斯主義者」、「亞洲侵略者」、「超級民族主義者」還有其他進口的荒謬惡名來稱呼他們，是這些評論員們的自由。但是應該不會有人否認，他們同時也是以亞洲與世界的規模，在構思、夢想日本的國內改革與國運發展的理想家吧。而且他們絕大部分都是遠離權力寶座的「民間人士」、「浪人」，其中許多人身為失敗者，活在悲慘命運中，死狀悽慘。

這無法只以日本國內的政治情況來理解，也無法只用他們的思想的「內部缺陷」來說明。不管哪個國家，有時候都會把愛國者當造反者對待，但隨著國運發展與國家情況穩定，通常會恢復他們的名譽，讓他們成為「光榮的復權者」。然而，日本在這一百年間，他們的評價不斷動搖，在反覆復權與失權的同時，在敗戰二十年後的現在，甚至還有人幾乎是被埋沒而終的。現在的狀況是到了最近，在思想界的角落才勉強開始有了重新發掘他們的努力。評論員當中有些人稱此為「新民族主義或是新法西斯主義復活」，敏感的新聞界悄悄地作了「新民族主義」

特別報導，但我對這些事完全沒有興趣。歷史的大道不是銀座的小巷。哪可能有Neon sign（霓虹燈）又有Neo-Nationalism（新民族主義）呢？既沒有新也沒有舊，民族主義永遠都是民族主義。

「超國家主義」的誤解

簡單地說，所謂「超國家主義」是什麼？這是東京審判的用語，是Ultra-Nationalism的翻譯。「ultra」用美式發音念是arutora（アルトラ），但日本人會比較熟悉德語式念法urutora（ウルトラ）。這個「超」是列寧的著書《超左翼主義——共產主義的幼稚病[1]》書名中的「超」。如果不翻譯成「超」，只單純翻譯成「極端」的話，比較容易讓人理解，應該也就不會產生出像丸山真男式的無用誤解與不可思議的穿鑿附會——把「超國家主義者」跟所謂的「天皇制法西斯主義」掛勾，並將他們當成黑幫或是暴力團的學術暴行。

「極端民族主義」（Ultra-Nationalism）[2]，不是在否定民族主義。若是否定的話，以民主主義之名，用最民族主義的方式來戰鬥的美國跟同盟國，就失去立場了。所以東京審判發明了「極端民族主義」這個新詞，來將日本審判、處刑。丸山學派搭了他們的便車，但他們大概不是故意的。因為敗戰癡呆症的病毒麻痺了他們的頭腦，所以很容易就中了檢察官的魔術跟催眠術。他們學術上的愚蠢行徑，當然有再審的必要，只要現在時機到了就行。

從我在前文舉出的「極端民族主義者」們的命運中，可以看見「東亞百年戰爭」的悲劇性質。他們的悲慘命運以及為世間埋沒，主要是因為**外部的**原因。蕞爾小國四面強敵環伺，必須在不斷受到他們的威嚇與攻擊的同時，進行思考與行動；此乃小國的愛國與革命思想家的命運。

邱吉爾、戴高樂、麥克阿瑟、史達林在戰爭期間，都是「戰時民主主義」與「戰時共產主義」旗號下的「極端民族主義者」。只是因為他們是戰勝者，沒有被當成惡人制裁而已。

在日本，從幕末到昭和時代的民族主義者，在戰敗後的二十年間，全被當成被告對待到今天。特別是大川周明、北一輝、石原莞爾的一生，就是一場悲劇。他們提倡、計劃、試圖實行，作為從最初就注定要一敗塗地的「大東亞戰爭」戰時體制的「昭和維新」——這項困難的「敵前工作」而失敗。北一輝被處死刑；大川周明在東京審判的法庭上發瘋，從精神病院出院之後隱居山村而病死；石原莞爾目睹他理想的滿洲國與東亞聯盟的崩潰並面對敗戰後，在病床上漫罵東京審判的喜劇性與荒謬性的同時，被當成瘋狂軍人，離開人世。

佐藤信淵的思想與生涯

同樣的情況，也可以用來說幕末的民族主義者。

例如，在大川周明的《日本精神研究》中，摘要式地釐清了平田篤胤的年長學生佐藤信

1 編注：英文翻譯書名為："Left-Wing" Communism : An Infantile Disorder.

2 編注：Nationalism 一詞日文通常以片假名的拼音直接翻譯成「ナショナリズム」，本書則將之譯為「民族主義」；但若日文以漢字的「国家主義」翻譯時，為避免混淆，本書譯為「國家主義」。

淵的思想與生涯。佐藤信淵在明和六年（一七六九年）出生在東北山中的村莊，在嘉永三年（一八五〇年）以八十四歲高齡辭世。他在江戶開辦私塾，批評天下政治，被幕府官員追究，在四十六歲時被趕出江戶，又在天保三年（一八三二年）六十四歲時，被判處江戶十里四方追放[3]，退居山村。但是他好幾次偷偷潛入江戶，在天保九年（一八三八年）因為與同志渡邊華山、高野長英謀議，著作《戊戌夢物語》反對幕府的「夷船打退令」，被幕府下令逮捕，不過因為門下弟子鹽谷宕陰在深夜密報而驚險躲過，沒有在「蠻社之獄[4]」中被處死。而且在這之後，到八十幾歲高齡都還不放下筆，連「天文、地理、農政、水利、兵學、火器技術」都在其著作範圍，讓大儒學者鹽谷宕陰大為敬佩，說他「學風當今世上無人能比」。據說佐藤信淵遺著多達三十六部，兩百一十五卷。

大川周明說：「他用明晰的頭腦，回顧日本的國際地位，得到國家存亡、危過累卵的觀察。」所以他警告說，若不在進攻西伯利亞濱海地區，為俄國南下做準備的同時，占領南洋群島為英國北上做準備，就無法鞏固日本國防的基礎。

這就是有名的《宇內混同秘策》，影響了島津齊彬而形成大陸出擊論，成就了西鄉隆盛，影響了松平春嶽（慶永）讓其造就了橋本左內；還被吉田松陰讀到，造就包含桂小五郎（木戶孝允）、久坂玄瑞、高杉晉作在內的松下村塾志士團。從藤田東湖、勝海舟、平野國臣、坂本龍馬、中岡慎太郎、真木和泉守等維新志士的遺稿當中，也明顯可以看出反映與影響。佐藤信淵在年輕時到江戶遊學，拜入蘭學者宇田川槐園門下，也與海防論者林子平往來並進入同鄉前輩平田篤胤門下，學習包含天文、數學、海防、神道的一切知識，「訓練出亞里斯多德般的頭腦」，大川周明說，三十幾歲的時候，「他的政策論述，不只已經跟保守狹隘的幕府天懸地隔，他建立的國家論的基礎，也已經完全否定幕府的存在，以近代郡縣政治為理想」，而且還更進一步。

《權貨法》是佐藤信淵晚年最後的著作，是概略商業國營的理論與實務，用以下莊嚴的一章作結：

「在太平的兩百五十年間，可能因為天下的金銀集中到商家而停止流通，導致很多諸侯苦於國用不足，也有不少貧民飢寒交迫。而且這四、五十年來，又因西方夷狄英吉利、法蘭斯、丹麥、葡萄牙等國的貪婪之念極強，派出許多軍艦橫行大洋。如果找到軍備虛弱的國家，就會立刻入侵。據說他們已經滅了莫臥兒國（印度），還進攻滿清且將之擊敗，讓滿清每年獻上六百萬兩白銀。滿清與莫臥兒國，都是世界無雙的強大國家，因此聽說這兩國被打敗的時候，我認為英國是貪婪可恨的大盜賊。所以，應該窮極精銳之海防軍備，萬一他們來犯皇國，便運用這些軍備消滅那些夷狄，以報國恩。然而我已年老，手腳生癱殘廢。還想要實施理財法，令官庫大為富裕、使人民蒙受深厚恩澤、提振武士與平民之勇氣，但下賤（自己）就算上達此法也有越俎之虞，且年紀到了八十一歲，死期已近。是故，將此書獻給執政公卿列入內參，之後死亡之時，就算是明天就死，也沒有遺憾。」

3 譯注：禁止進入江戶的日本橋半徑五里的範圍內，江戶時代一里約為四公里。
4 譯注：蠻社之獄，一八三九年，渡邊華山、高野長英等人因批判幕府鎖國政策被捕入獄，是幕府對從事西洋學問研究的蘭學者們的初次壓制。

研究原典的必要

內村鑑三在日清戰爭期間，為了讓西方人閱讀，用英文寫了《代表的日本人》。被選進這本書中的「日本人」，有西鄉隆盛、上杉鷹山、二宮尊德、中江藤樹、日蓮上人等五位。

大川周明的《日本精神研究》，選了橫井小楠、佐藤信淵、石田梅嚴、平野國臣、宮本武藏、織田信長、上杉鷹山、上杉謙信、源賴朝等九人。這是從大正時代末年到昭和時代初年，為了向「社會教育研究所」的青年學生們講授，讓更多青年們閱讀而出版的。大川周明在此之前或是幾乎相時，在拓殖大學講授「復興亞洲的各項問題」，然後寫了續篇〈亞細亞建設者〉，描寫伊本・沙烏地（Ibn Saud，沙烏地阿拉伯建國國王）、凱末爾（土耳其國父）、禮薩汗（Reza Shah Pahlavi，伊朗國王）、甘地、尼赫魯（印尼）等五人走過的「充滿荊棘之路」，與他們「善戰奮鬥」的事蹟。這些都收錄在「全集」中。《大川周明全集》全七卷，菊判[5]尺寸約六千頁，沒有一篇毫無價值的無用文章，博學多聞堪稱大正、昭和時代的佐藤信淵。他對日本與亞洲的熱愛與憂憤，即使在敗戰後的今日，依然猛力打動讀者，讓讀者反覆思考接續在日本戰敗後的「亞洲、非洲、中南美洲大動亂」的意義。

老實說，曾身為昭和初年左翼學生的我，完全不知道大川周明的著書與思想活動，我當時連著名的《日本兩千六百年史》都沒看完。因為我是第五高等學校與東京帝大的馬克思主義團體「新人會」的會員，所以只有跟繼承大川周明思想的「七生社社員」對立，進行激烈辯論，在校園裡面小打一架。當年那位自稱國際主義者的學生，現在身為一個超過六十歲的老書生，讀《大川周明全集》跟《北一輝著作集》，為這些書劇烈的光輝與殘照而驚嘆——這也是「日本知識階層史」的一個面向吧。就算用最含蓄的表達方式講，這就是「讀史的喜悅」。

在過去被稱作「進步文化人」，自認是戰敗日本的「頭腦與良心」的青年學者之間，最近在進行明治時代以來「右翼或民族主義思想家」們的**原典研究**。像是竹內好的《亞細亞主義》、吉本隆明的《民族主義》、橋川文三的《超國家主義》（《近代日本思想體系》，筑摩書房）、還有神島二郎、野村浩一、今井清一等人對《北一輝著作集》進行的編纂與解說、高橋和巳寫的《北一輝》（講談社版《反叛者的肖像》）等，都是一部分的實際案例。以這幾位為首的少壯學者們，因為進行**原典研究**，而留下各種強列的印象還有影響，也是事實。他們研究、解說的**方向**與**目的**各不相同，但對於他們的研究結果，有一點是肯定錯不了的，即是對於沒讀過原著本，就避而不談「右翼思想」與「日本民族主義」的反省。

因此，也上演了各種悲劇與喜劇。日本共產黨的黨員歷史學家、他們的同路人「歷史學研究會」會員、日教組講師團系統的各位學者，似乎想要讓不可能在日本札根的共產主義在日本札根，而開始研究民族主義，但這努力完全不會有成果，而且在未來也沒有成功的可能性。以「眼前的政治性戰略與戰術」為動機的研究，經常會偏離學問之道，走上意外的歧途裡迷路。只有順從自身內在的要求，為了形成、發展自己的思想而開始研究的人，才能夠靠近學問的真相。這種類型的研究者，會被舶來品思想專賣店的赤旗屋的各位掌櫃，貼上「新民族主義者或新法西斯主義者」的標價牌，開始被當成轉向者、叛徒對待。最近，我被迫讀了蠻多赤旗屋系統對我的論點的「批評」，以為是不是只有我被攻擊，卻得知被分類成與我同級、或是比我更

5 編注：菊判，為日本的一種印刷規格，成書開本為寬一五二公厘、高二一八或二二七公厘。

「先驅」的新民族主義者的「進步主義學者」的數量，出乎意料地多（從竹內好到桑原武夫都是），我對此相當驚訝。但是我無法因為這齣喜劇笑出來。因為我自己接觸大川周明、北一輝、石原莞爾的**原典**，頭一次知道他們的思想根據，才只是最近的事情。

大川周明在敗戰的前一年，昭和十九年（一九四四年）出版的《新東洋精神》（「全集」第二卷）的序文中這樣寫道：

「日本思想貧困，是經常反覆為人悲嘆之處，事實上也確實是貧困。原來如此，日本精神的確受到強調。在那種主張的人當中，也有人對不與他們的言論起共鳴的人，就彷彿怒罵到『要當非國民嗎？』一般。儘管如此，多數知識階層悄悄懷著反感，對他們的大吼大叫充耳不聞，偶爾用委婉措詞，戰戰兢兢地發出否定的批判。連同胞都打動不了的言論，沒道理能觸動亞細亞的心弦。儘管亞細亞誠懇地在尋求思想，但很不幸地，依然沒有得到。」

這一段，可以原封不動地同時適用於日本現在的左翼與右翼人士。連同胞都打動不了的言論，怎麼能打動亞洲，更何況觸動世界心弦！然而，大川周明跟北一輝都打動了至少一部分「東亞百年戰爭」末期的日本人，形成了「昭和動亂」的思想背景。他們的「敵前工作」沒有成功，但這是所有預言家式思想家共通的命運。預言家不見容於故鄉，現實的歷史在細節上，也不會照著預言家所說的走。只是為了長遠的未來，預言會活下去，生存下去。

橋川文三在他編著的《超國家主義》中收入〈日本精神研究序〉，竹內好也同樣在《亞細亞主義》中收入了《安樂之門》，這都不是偶然。這間接證明了，重新研讀大川周明思想經歷的回想與表白之必要性，如今依舊存在。前文的兩本書，證實了身為學者的大川周明，從青年時代開始，是如何一心尋求真理。

《安樂之門》是他在出獄、出院之後的隱居生活中所寫，最晚年時期的著作，竹內好解說這本書，寫道「這是大川周明晚年回顧自我的宗教性自覺過程，寫成的一種精神性質的自傳。從西方哲學到印度哲學，進一步到日本主義，大川周明的這種徬徨與同時代的精英分子，有相當的共通性。他的交友關係中也有解明亞細亞主義的線索」，正是這樣子的內容。

大川周明的遊歷

首先來看《日本精神研究》吧。

「精神經過多年遊歷之後，我再度回到我靈魂的故鄉，第一次在日本精神當中看到有我長年尋求卻未得到的莊嚴事物。」

青年時代的大川周明，「我被湧至我內心的最深處、緩緩將我全部徹底浸潤的要求所驅動，我年輕的靈魂在抱著一切的矛盾、衝突與熱情的同時，過於思慕古聖先賢；我也想走上他們走過的登高的道路，自己接近精神的峻嶺巔峰，竟而雀躍著辭別故鄉。」

大川周明在明治十九年（一八八六年）出生於山形縣，在庄內中學、熊本第五高等學校畢業後，在明治四十年（一九〇七年）進入東京帝國大學文科就讀，專攻印度哲學。畢業後沒有從事固定工作，靠著幫忙編輯宗教雜誌、參謀本部委託翻譯的稿費等，勉強餬口。有時明明被眼科醫生宣告將會失明，依然珍惜片刻、大量蒐購東西方的書籍。據說他通曉英文、法文、德文、梵文等外文，還學了中文、希臘文、阿拉伯文。

「這條道路險峻，走過的人都知道。那是深深的疑惑、漫長的苦悶、許多的淚水。我也曾因為小小災禍挫折，因為些微憂患而苦惱，而向耶穌基督求助……就在向上[6]之心要耗盡時，耶穌基督出現在我身旁般般開示……我靠著這份開示得到力量，平安渡過許多難關。在此時，我認為，耶穌基督所說的神，是會為了我，在我寂寞時當好友、受傷時當慈母、犯錯時當良師、虛弱時當慈父，如此高貴的嚮導，到別的地方找，絕對找不到。」

雖然大川周明後來才知道，在法然、親鸞[7]的教義中，也有跟耶穌基督開示他的完全相同的事物。對此，他回想道：「是因為我的靈魂早早就離開故鄉，踏上遊歷的旅途，所以才反而先受到耶穌基督的教誨。」在明治時代出生長大的青年們的心靈之窗，大概都是像這樣朝向著外國與世界敞開。

這也是時代的樣貌。不久後，對基督教會空洞的精神主義與偽善感到失望的青年大川周明，在耶穌基督之後尋求救贖的對象，竟然是馬克思。而這份意外的自白，也能夠當成精神發展的自然軌跡加以理解。

「整體來說，我對輕忽物質的道德虛偽展現了憤怒……所以我認為必須徹底改革社會制度，真的就奉馬克思為我的導師。」

當他發現佐藤信淵「志向與馬克思同樣是救世濟民的改革，而且根據馬克思絕對難以與其相提並論的深遠思想，嘗試著提倡理想國家」，是很久之後的事了。後來的「大亞細亞主義者」、「超國家主義者」，竟然跟大正、昭和時代的青年一樣，從基督教與馬克思主義開始他的「徬徨旅程」。

大川周明還進一步寫道：

「我的靈魂，有時候還會旅行到古希臘，與柏拉圖同住。我看到柏拉圖在尋求清高的善良理想的同時，為了想在『國家』中加以實現而奮起的身影，我感覺彷彿找到集耶穌基督與馬克思於一身的偉人一般。當我知道他理想的國家時，就再也不認為耶穌基督跟馬克思是我的導師了。

我讀柏拉圖的《理想國》，感到像是首次能夠清楚理解，少年時在漢學者開的私塾念書時，含糊地揣摩的『王道以文始』的深奧意義，而喜不自禁。然後我後來在儒教，尤其是《大學》中，發現與柏拉圖相同的思想體系，又發現熊澤蕃山、橫井小楠的思想，跟柏拉圖思想在據以立論的基本精神上，都若合符節。」

6 譯注：向上，佛教用語，指絕對平等的境界，或是朝向該境界前進。

7 編注：法然、親鸞，皆為日本歷史上的高僧。

這些回歸日本之舉，全都是好幾年後的事情，年輕時的大川周明的靈魂，一路朝著西方古典邁進。

「我的靈魂，首先為愛默生吸引，又從愛默生被帶往德國神秘主義者處。

我的靈魂造訪美麗的義大利，特別受到但丁與達文西吸引……當時岡倉覺三（岡倉天心）老師在東京帝國大學文科大學，教授東方藝術史，我也是聽課的學生之一，我也曾經覺得老師貫穿整個明治時代的異類天才性格，讓人想起達文西而獨自感到高興。

我的靈魂又前往荷蘭，造訪『被逐出教會的神聖史賓諾莎』，也曾熟讀他的《倫理學》，並與歌德一起感到『從來沒有如此清晰地看過這個世界』。接著遊歷近代德國，見到偉大的哲學家如群林般聳立，懷著近乎崇敬之心找到了他們的書。尤其是黑格爾與費希特帶給我最深的感動，我甚至曾經認為日本沒有思想。

我的靈魂又在不知幾年後，到了印度遊歷。又感到薄伽梵歌信仰對我而言，到今日依然神聖。」

如果讀《安樂之門》中「我為什麼會念大學的哲學系呢？」、「我在大學時代學了什麼？」等章節，就會知道這些話，絕對不是平凡的辭藻華美的文章或年輕學生在自誇。他就像世上所有好學不倦的學生一樣，順從不厭倦的探究精神與內心猛烈燃燒的要求，熱中於探索世界各國哲學的深奧之處。

讓青年大川周明「從多年的精神遊歷，回到靈魂故鄉（日本）」的，是什麼呢？「我的眼睛至今完全只向內看，總算開始往外看、對政治現象產生深厚關心」，其動機為何呢？

「就像這樣，我全心投入研究印度哲學，大學畢業以後也沒特別去找工作，靠著參謀本部的德文翻譯工作，賺取所需不多的衣食費用，同時，每天到大學圖書館去。所以不知不覺間，我的心中就開始萌生對印度哲學的深厚興趣，以及想要瞭解現在的印度與印度人的想法。大正二年（一九一三年）夏天，我在某天晚上散步到了神田的舊書店，偶然發現店裡擺著亨利・柯登爵士（Sir Henry Cotton）的《新印度》[8]……因為無意間買到的這本書，我的人生步上了未曾預期過的方向。

在我讀這本書之前，我對現在的印度幾乎一無所知。我心裡對印度的印象，就是婆羅門修行的道場、佛陀誕生的聖地而已。然而柯登的書，用率真、不加修飾的筆致與無從造假的事實，鮮明、深入地將印度的現實展現在我眼前。那跟我在腦中所描繪的印度，實在判若雲泥，我感到驚訝、悲傷，而且憤怒。我讀完柯登的書之後，找遍圖書館裡有關現代印度的書拼命讀。持續閱讀的過程中，我得知不只是印度一國，茫茫亞洲大陸，無處不成西歐的殖民地或半殖民地。我從印度更進一步，讀亞洲各國的近代史、讀有關亞洲問題的書籍，努力想要知道歐洲稱霸亞洲的經過，列強以亞洲為舞台競逐的情勢……

我的朋友當中，有不少人覺得我轉向是走上歧途，勸我回來研究最重要的真理。即使如此，我心裡已經無法忍受置身塵世之外而冥想思索，不問俗世。」

8 譯注：原文書名為：New India, or India in transition.

這個**轉向**不只是從哲學轉向政治，如果讓我斗膽地說，是大川周明對「東亞百年戰爭的發現與自覺」。

時間是大正二年（一九一三年），日俄戰爭結束已經過了八年，但日本國內與世界絕非處於和平狀態。反對桂太郎內閣的護憲運動發展成民眾暴動，而最後軍隊出動了。美國通過排日法案、支那第二次革命失敗，孫文、黃興等人流亡來到日本。在二次革命中還發生「南京事件」（日本僑民遭到屠殺，婦女、兒童被施暴，日本國旗受到汙辱），以黑龍會為首的右翼團體攻擊政府的「軟弱外交」，最後引起外務省政務局長阿部守太郎被暗殺的事件。第一次世界大戰在隔年大正三年夏天爆發，日本對德國宣戰、進攻青島。大隈重信內閣強推惡名昭彰的「對支二十一條」是在大正四年（一九一五年）；隔年大正五年（一九一六年）俄國革命成功，而美國與日本出兵西伯利亞、米騷動、煤礦暴動，都發生在大正七年（一九一八年），第一次世界大戰在這一年終於結束。

在這個戰爭、革命與暴動的時代，哲學青年大川周明拋棄哲學，開始埋首於讓他日後寫出《近世歐洲殖民史》的世界政治研究；跋涉於以佐藤信淵、橫井小楠為首的「祖國名山、大河」，在準備寫作《日本文明史》、《日本精神研究》等名著的同時，終於讓「大亞細亞主義」、「日本主義」在自己的靈魂中結果，以「昭和維新」的理論指導者的身分，投入實際執行的運動。

與北一輝相逢、訣別

要瞭解大川周明改造日本與解放亞洲的思想和行動，看他與北一輝相逢與訣別的情況會是捷徑吧。這同時也會解明北一輝這號「魔王式人物」的思想與行動，釐清「五一五事件」與「二二六事件」的關聯。

在大川周明死後，發現了題為〈回憶北一輝〉的遺稿，收錄在「全集」第四卷。北一輝是在昭和十二年（一九三七年）八月十九日被處死刑，當時大川周明身為五一五事件被告，正在獄中。這份追悼錄是在戰敗後的昭和二十八年（一九五三年），為了北一輝的《日本改造法案大綱》復刊而寫的，但似乎是因為印刷廠火災，在未能發表的狀態下留了下來。

「大正八年（一九一九）夏天，我們因為滿川龜太郎的首唱，組織猶存社……在牛込南町設立總部，費心進行維新運動。然後因為滿川的提議，要邀請當時在上海的北一輝，回東京成為猶存社同仁……我就是這個人選。這事在大正八年八月八日決定，滿川龜太郎說，三個八字重疊，是非常好的兆頭，非常開心。在這個值得慶賀的日子寫了一封信，向北一輝介紹我，說我是文學士大川周明。然後何盛三賣掉他珍藏的書籍，籌了一百日圓當我的旅費。」

當時上海正處在革命與動亂的巔峰中，排日火焰正熊熊燃燒。因為事情需要保密，大川周明從唐津搭貨輪出發，航行途中困難重重，在八月二十二日晚上，總算成功抵達上海。北一輝已經離開長期寄居的長田醫院，藏身法國租界，但大川周明要北一輝到長田醫院來，「跟他打過初次見面的招呼之後，一起前往名叫太陽館的旅館，在房間裡整天持續談話，到晚上就躺在一起整晚聊至天亮，隔日又到北一輝位在法國租界小巷裡的陋室談；隔天二十五日，立刻搭開往長崎的輪船離開上海。」

「《日本改造法案大綱》，其實是從我去上海前一個月開始……（北一輝）在言語難以形容的苦悶中動筆，我前往上海的時候，是在他寫好第一卷到第七卷，並開始寫第八卷《國家的權利》之時。

因為當時我不知道北一輝正全神貫注在如此的改造日本的具體方案，跟他敘述到日本國內的情勢，說動亂徵兆已很明顯，懇求他立刻回日本。北一輝則認為雖然動亂徵兆明顯，但革命機運仍未成熟。他說道：『只是，我自己也切身感受到改造日本的必要，從大約一個月前開始寫改造方案大綱的稿子。但一本參考書都沒有，也沒有安靜的書房。自己跟中國的同志們計劃了第三次革命，但事與願違。在憎恨日本而大喊、失控的群眾怒濤之中，抱著同志（譚人鳳）的遺孤，懷著被地獄烈火焚燒身體的心情動筆，卻食不下咽，每天就只是喝幾十杯水度日。有時頭痛欲裂，儘管請岩田富美夫用強壯如鐵腕都會發麻的力量拍打，但寫了一兩行就橫躺、寫了五六行就仰臥，在氣息奄奄的狀態下開始寫最後的第八卷的時候，你意想不到地前來拜訪。我相信這是天意，所以欣然接受你們的邀請。距離原稿脫稿也不遠了，脫稿後會立刻後送，想請你先把已經完成的部分帶回日本，分發給各位國家棟樑（愛國的同志）。』」

大川周明立刻踏上歸國之途，北一輝在三天內寫完剩下的原稿，讓岩田富美夫帶到東京。以滿川龜太郎為首的同志們，讀了這份稿後，歡欣鼓舞、立刻謄寫，第一回分送了四十七份給估計是「當代義士」的人士。而「最顯著的反應」就是政府禁止分發、販售這份稿件。滿川龜太郎因為秘密出版，而被內務大臣提告，幸好獲得不起訴。

「接下來，北一輝依照約定，在大正八年（一九一九年）年底離開上海……一月五日，在牛込南町的猶存社安頓下來。北一輝回國的消息，震驚了當局。因為有傳出誇張的謠言，說北一輝帶著陰謀回國，計劃動員八十名部下，先在東京縱火、接著讓全國陷入動亂。

北一輝（自大正三年以來就熱中誦持法華經）就如同他說的『革命是順逆不二法門，其理論不立文字』一般，不拘泥於任何主義。他有若是開口就能咳唾成珠的口才，至今卻一次也沒上過講台；有一動筆就能立刻寫得有如百花盛開、令人眼花繚亂的文筆，卻完全置身於新聞業界外，專心窩在猶存社的一間房間裡，行讀誦三昧之事。在誦經時聽見天上傳來的聲音，回答了有質疑之人、教導了有疑問之人、一心說服為數甚少的求教者。就這點來說，北一輝有與世間一般的改革運動者或革命家截然不同的別種面貌。」

追悼錄為了傳達北一輝的面貌，而詳細描述了北一輝的成長經歷與風貌，關於那些就請各位看原文，在此只引用重要的幾點。

第一點，是關於北一輝二十四歲時的著書《國體論及純正社會主義》與三十五歲時的著書《支那革命外史》的部分：

「以福田德三、田嶋錦治、田川大吉郎為首，許多知識分子送了對這本書賞讚的信給北一輝。像福田德三博士就認為，日文書當然不用講，包括用西方語文寫的著作當中，近來沒有碰過這麼好的作品，寫說『一言以蔽之，我認為稱之為天才的著作最為適當』。矢野龍溪認為，二十四歲的年輕人不可能寫出這樣的著作，懷疑北輝次郎[9]是幸德秋水之流的假名，專程發信到北一輝的戶籍地佐渡詢問，得知北一輝是真正的作者，從此一生都持續對北一輝表示敬意。當時在讀賣新聞連載社會主義論而突然聲名大噪的河上肇，讀了這本書，欣喜若狂，立刻拜訪了北一輝。只是當時的社會主義者們，因為北一輝肯定、讚美日俄戰爭，而避免公開發表對這本書的意見，但幸德秋水、堺枯川、片山潛等人屢次到牛込喜久井町的寓所拜訪北一輝，想讓他參加社會主義運動。」

但是，這本驚倒時代的書，立刻遭到查禁。北一輝只將未牴觸法規的部分分冊，自費出版，在他的寓所掛上「孔孟社」的招牌。

「北一輝把《純正社會主義》一書的出版處掛上孔孟社招牌一事，是要瞭解北一輝時絕對不可忽略的重要事實。北一輝的社會主義，不是馬克思的社會主義，他在二十歲左右時，是孔孟『王道』的近代式展現，後來皈依法華經之後，就是釋迦牟尼『無上道』的近代式展現。正因如此，北一輝拒絕一切熱心邀約，不跟你們所謂的『直譯式社會主義者』一起行動，並以援助中國革命為目的，成為了萱野長知、清藤幸七郎、宮崎寅藏、和田三郎、池享吉等人組成的『革命評論社』的同伴。然後以此為機緣，認識了當時陸續流亡來到日本的孫文、黃興、張繼、宋教仁、章炳麟、張群等人，明治四十年（一九〇七年）他二十九歲時，革命烽火一在武漢點燃，他就立刻回應宋教仁的電報邀約，前往上海。」

這次革命成功推翻清朝，結果卻以讓袁世凱成名收場。宋教仁被暗殺，北一輝被日本總領事處份三年禁止居留支那，在大正二年（一九一三年）一度返回日本。

《支那革命外史》是北一輝在這段放逐期間的著作，「這本書刊行時，吉野作造博士說此書是『支那革命史中的白眉』，大加讚賞，不僅是因為這本書是北一輝對支那革命的嚴格批判，而是為了批判支那革命，讓文筆自由奔馳於法國大革命與明治維新，在揭示適用於古今東西的革命原理上，有無可比擬的特色……北一輝已經在這本書中，將明治維新的本質與過程釐清，強力建議必須改造日本。是故，這本書是《日本改造法案大綱》之母。」

「一般歷史學家用西南之變就認定西鄉隆盛是一名反動派，北一輝與他們完全相反，他認為西南之變，是針對維新革命的倒退或是不夠徹底發動的第二次革命。然後因為這個第二次革命失敗，在日本導致黃金大名（富豪財團）的聯邦制度，以及支持這個制度、與德川幕府完全相同的官僚政治成真。維新精神就如此倒退回封建時代，然後因為又引進對法國革命反動時代的西歐、尤其是德國的制度，造成了以腐木連接朽根、東西混淆的中古世紀式日本。如此一來，日本需要讓民族重生的第三次革命，對北一輝而言，便是不證自明的結論。」

就跟所有的追悼錄一樣，不能否認大川周明的北一輝論，有過度褒揚與傷感、自我辯護的影子。因為代表「東亞百年戰爭」末期的兩位革命思想家，在相逢的同時就像兩顆新星一般相

9 譯注：北輝次郎，北一輝的原名。

撞發出猛烈火光，然而分別之後就沒有再重逢。關於理由與原因，儘管北一輝研究者高橋和巳的解釋，能夠傳達一部分的真相，但此事之後在述，先讓大川自身來說話。

「魔王」與「須佐之男」

大川周明說道：

「我讀北一輝的國體論與支那革命外史，很快就為其文章所傾倒，到了跟他見面、對談，又為從他舌尖迸出來的雄辯而驚嘆。就像物以類聚這句話講的一樣，性格上相似者會互相吸引是事實。然而，也有天生才能差異甚大的人，彼此互相大力吸引的情況，我跟北一輝的情況就是後者。」

他也寫道：

「有關我離開北一輝的經緯，世間有許多不同說法，整體來說都是判斷錯誤的臆測。分離的根本理由簡單明瞭，因為我當時還未到達北一輝領會的宗教境界。當時我叫北一輝『魔王』，相對地他給我取名『須佐之男』。

那是因為以前的我性情激烈、行動不顧後果，事情出錯的話可能會把天上的斑駒倒著剝皮[10]，所以那樣取名……北一輝自己則是……雖然名叫魔王，但其實是佛魔一體，往來於天地之間、融通無礙。然而由困於是非善惡、人情義理纏身的我來看，如果一直這樣跟北一輝一起出沒，我認為最後我不會變成佛魔一體的魔，而是與佛對立的魔，所以就在某次事件之際，對北一輝發揮了『須佐之男』本色，以這次激烈吵架為契機，狠下心遠離北一輝……雖然一別之後未再相見，彼此之間真情不斷、依然相通，好幾次書信來往。而隨著我自己加深宗教上的經驗，變得能更進一步領會到北一輝的本領。」

接著他引用了後文北一輝的信（寫在昭和二年〔一九二七年二月〕，緊接在北一輝因為宮內省黑函事件入獄，獲得保釋之後）：

「敬啟者，相別一年有半，在獄中沉思所想，便是兄弟分離，歸來後又誠摯地無法停止憶及你。有關為了革命目的該做什麼，儘管本來就應該根據我個人觀點進退，與你的友情產生隔閡這點，我無法不認為責任全部在我。就算彼此各有五分道理，如果說你是脫俗非凡的仙骨，我便是擅長辛酸甘苦的世間俗事的老妖怪，犯下了像對你動怒這般嚴重的疏失、深感羞恥地度日……在獄中作夢夢見你時，我深知你還有擔憂、畏懼我的心情。幾年、幾月之後再相見也可以、或者在途中哎呀哎呀的打招呼，開心相見也可以，請你感到連那個魔王也忘不了我，而付之一笑。」

10 譯注：日本神話中，須佐之男做出許多惡行，導致最後被逐出眾神居住的高天原，將斑駒倒著剝皮是其中之一。

在今天，五一五事件幕後有大川周明在，二二六事件幕後有北一輝在，是眾所周知之事。雖然付諸行動的是民間有志之士與少壯派軍人，但推動他們的是「須佐之男」與「魔王」的思想。而且同樣走過昭和維新路途的這兩位革命思想家，在昭和時代初期相逢之後立刻訣別，到他們的悲劇生涯結束為止，再也沒有相見。

然而，大川周明明顯受到北一輝思想的影響。大川周明年紀比北一輝小三歲，在他的《追悼錄》當中，針對《支那革命外史》這樣寫道：「我從這本書中學到很多。如果要我從一生中讀過的許多書籍中，選出受到最深刻感動的十本，我一定會把這本書列入其中。」

經過耶穌基督而抵達馬克思，然後因為柏拉圖、佐藤信淵變成國家社會主義者、日本主義者的大川周明，透過北一輝而成為維新者、革命家，藉由領導「三月事件」、「十月事件」、「五一五事件」而身為實行者，只是在時間上領先北一輝一步。因此，要解明「昭和動亂」，比起研究大川周明，應該先從研究北一輝開始，才是正確順序吧。北一輝除了前文舉的三本著書之外，什麼都沒有寫，沒有講課、沒有演講、也沒有時事評論。只有在高聲朗誦法華經的同時，為來造訪他的人解說、施加他魔王式的影響——當然，兩人都有激烈的個性，精明而有獨創性的頭腦，所以無法說哪一個是老師、哪一個是學生。

北一輝的「國體論」

在五一五事件之後四處亂飛的「黑函」中，有一份標題為「皇軍一體論續篇」。

這份黑函收錄於《現代史資料》國家主義運動篇第二部，根據其備注所寫：「前文是用專門搞革命的這種激烈言詞，譴責部分身為民間策士卻與軍方派系鬥爭有關係的人士（北一輝、西田稅派），同時認為擾亂軍方統制者，終究是因為這些專門搞革命的、跟一心想維持現狀的統治階級再加上共產國際的暗中活動所產生，極力強調皇軍統制。」解說者認為，這份黑函通篇都是「統制派」宣言，可以說是「統制派」（永田鐵山、建川美次、小磯國昭、板垣征四郎、石原莞爾、辻政信等）自己寫下自己意識形態的資料。

這份「黑函」當中，下面這段值得注目：

「北一輝顯然是社會民主主義革命的核心人物，是最為徹底的天皇機關說主義者。為什麼要允許他講出不知分寸的國體明徵[11]？還有，西田稅只是學完整套他的主義的徒弟。

然而是否是因為不知道這樣的實情，應該是作為舉國、舉軍、愛國陣營總動員的目標的此一問題，卻允許這些人介入，弄到被他們老奸、幹練的煽動行為所操控，以致令人嘆息愛國陣營連一個傑出之士都沒有。」

根據解說，「能夠推定這份文書，很可能就是根據能夠讀到《國體論及純正社會主義》的

11 譯注：大日本帝國憲法的學說以天皇是憲法下的最高統治機構，主權屬於國家法人的「天皇機關說」，以及主張由天皇擁有主權的「天皇主權說」為兩大主流。五一五事件（一九三二年）後，主張天皇機關說者遭到打壓，岡田介內閣被軍方、立憲政友會、右翼團體逼迫發出《國體明徵聲明》正式宣稱天皇才是統治權的主體。

特殊人士，或是徹底憎惡北一輝與西田稅的當時某位陸軍重要人士的原始資料寫成，在此已經明示了北一輝與西田稅會因為二二六事件被槍決的命運。」

如同前文所述，《國體論及純正社會主義》是北一輝二十四歲時的著書。據高橋和巳說，北一輝經常對讀了此書來問問題的青年軍官說，「不，這是我還是個年輕小夥子的時候寫的」，含糊其詞。這個「天才年輕小夥子」的著書，確實是憂國之書，同時也是革命之書，宣言「反對第二國際決議、贊同日俄戰爭，反抗全日本國民輿論、否認國體論」，並且說道「躲在國體論背後揮舞迫害的刀刃、施放誹謗的箭矢，就是政府裡的卑鄙小人跟膽小的學者們，當成唯一戰略而正在採行的手段」。把有賀長雄、穗積八束、美濃部達吉等博士的家長式國家論、天皇萬世一系論、以及不夠徹底的天皇機關說，痛擊、嘲笑得體無完膚。議論的矛頭，還從金井延、丘淺次郎、一木喜德郎、山路愛山、安部磯雄等人，擴及到達爾文、馬克思，在痛擊資本主義危害的同時，否定「平民主義」，並提倡天才主義、貴族主義式國家社會主義，大喊「吾人的社會主義，乃是讓人類進化成神的架橋工程」，最後極端地說出，明治憲法下的天皇——是白癡、低智商現代學者們的「國體論者」神轎中被安置的天皇，不是真正的天皇，是「以對國家本質與法理的無知、神道的迷信、奴隸道德、顛倒的歷史解釋，所捏造的土人部落木偶」，「日本國民被萬世一系這句話打到頭，全變成了白癡」。他宣稱，世間所謂的「國體論」絕對不是指今日的國體，也不是過去日本歷史中的國體，明顯是要破壞今日國體的反動「復古式革命主義」，吾人為了學問、為了國體本身、為了日本歷史本身，必須摧毀所謂的「國體論」。

小時候的性格，到老都不會變——必須認定北一輝這份「國體否定論」，在《支那革命外史》、《國體論及純正社會主義》中也都是連貫的。是故，也造成了他的敵人，軍方「統制派」

的譴責，同時也**因此**打動了許多民間青年與青年軍官，成為昭和動亂史上最大的事件，二二六事件的原動力，而他和他的弟子們都被天皇稱為「叛賊」，死在刑場上。

昭和十二年（一九三七年）八月十九日，在代代木刑場執行槍決前，西田稅對北一輝說「我們也來喊三聲天皇陛下萬歲吧」時，北一輝想了一下回答說：「不，我不要。」這件逸聞相當有象徵性。北一輝享年五十五歲。他的遺書——寫在法華經背面的短文——只有留給支那革命家同志譚人鳳的遺孤，同時也是養子的北大輝而已。

「父親什麼也沒有留給你，只有留下這顆無可類比、最為尊貴的寶珠。」

黑函亂飛

關於北一輝與大川周明訣別，有許多說法。

據檢察官齋藤三郎的《右翼思想犯罪事件的綜合性研究》所寫：

「大正十五年（一九二六年）左右，北一輝發送黑函指稱宮內大臣牧野伸顯等人有收賄事實……引起安田銀行恐嚇事件，西田稅、北一輝等人被以恐嚇罪法辦。因為這起事件，在行地社內部發生內訌……在北一輝、大川周明兩大巨頭間形成難以跨越的鴻溝……革新日本主義陣營中產生了完全互相敵視的北一輝派與大川周明派兩大潮流。」

據高橋和已的《北一輝》所寫，訣別的原因在於這次內訌之前的「越飛（Adolph Joffe）訪日事件」。越飛是為了進行有關承認蘇聯問題的預備交涉，受邀到日本，但越飛到日本前，在廣東與孫文見面，約定俄支合作，激怒了北一輝。因為對討厭孫文的北一輝來說，俄羅斯是日本與支那共同的敵人。北一輝寫了「訓誡越飛君公開信」威脅越飛。以這件事為分界線，大川周明與北一輝的對立浮上檯面，猶存社解散，大川周明轉往由內大臣牧野伸顯擔任顧問的「社會教育研究所」，成立「行地社」。北一輝擺出超然的孤狼姿態，但他的門人卻陸續組成「大行社」、「秋水會」等「暴力主義式小結社」。

後來，「北一輝為生活所困，為了籌措生活費，雖然是間接的，但他介入了某間公司的勞資糾紛，跟大川周明派互揭瘡疤」之後，他寫了有關「朴烈事件[12]」的黑函，擾亂議會，達成了挑起不信任政黨與官僚的情緒的目的，但是「透過這次事件，大川周明派的西田稅，加入北一輝陣營，之後以北一輝最忠實弟子身分，在關東大地震災後的社會不安與農村窮困背景下，開始和構思改造國家的青年軍官聯絡」。

另外，據齋藤三郎檢察官說，把大川周明跟北一輝、西田稅派之間的關係「從水火不容變成不共戴天」的，是「十月事件」（錦旗革命）。

在「十月事件」前，有「三月事件」（昭和六年，一九三一年）。這起事件，根據大川周明自己在法庭上的陳述，情況是：

「以陸軍大臣宇垣一成為首的軍人（包括小磯國昭、建川美次兩位少將、二宮治重中將），抱著非比尋常的覺悟，基於要在一九三六年前解決滿洲問題，**重建日本，讓日本能夠承受長期**

戰爭的需要，企圖發動政變，但因為諸般原因（宇垣一成改變想法，岡村寧次、永田鐵山、山下奉文等上校主張時機還早，德川義親侯爵的安撫等），所以中止，可是大川周明等人認為不能讓老人參加，決定要自行解決。在參謀本部，支那課長重藤千秋上校、俄羅斯班長橋本欣五郎中校、關東軍板垣征四郎少將、土肥原賢二上校等人聚集，因為不知道滿洲形勢會在日本的軟弱外交下變得如何，所以不能只交由外交手段……決定使用武力拖延這個問題的想法，於是在九月十八日發生了滿洲事變。」

「因為這次，政黨政治連本國的政治都無法妥善處理了，不能連滿洲都交給政黨政治處理……因此，由於必須火速連國內問題也解決，所以在此進行政變計畫。」

大川周明自己招供說——「十月事件」的軍方核心人物，是橋本欣五郎中校。中校階級以上者沒有參加，以校級軍官為中心的軍人、加上大川周明等五人聚集，秘密制定實際計畫、決定攻擊目標與負責人、兵力等事項，攻擊二十處地點，計劃一舉打倒現任政權，但在十月十八日曝光而失敗。

根據一份據傳是由田中清少校所寫的筆記內容：

12 譯注：指一九二三年發生的朝鮮人無政府主義者朴烈，與其女友金子文子計畫殺害天皇與皇太子的大逆事件，以及隨之發生的兩人在預審過程中的不雅照片引起在野黨立憲政友會批判政府等一連串的事件。

「參加兵力：軍官只有在東京者約一百二十名。各個近衛步兵團派步兵約十連，步兵第三團派約一連，但是在夜間起事時，第三步兵團幾乎全數參加。

來自外部的參加者：大川周明博士與他的門人。西田稅、北一輝派、來自橫須賀的海軍軍官拔刀隊約十名、來自霞浦的海軍轟炸機十三架、來自下志津的飛機三到四架。」

值得注意的是，連政變成功後的閣員名冊都準備了。

「首相兼陸軍大臣　荒木貞夫中將
內務大臣　橋本欣五郎中校
外務大臣　建川美次少將
大藏大臣　大川周明博士
警視總監　長勇少校
海軍大臣　小林省三郎少將（霞浦海軍航空隊司令官）」

根據齋藤三郎檢察官的「研究報告」——北一輝、西田稅派從以前就跟大川周明派互相對抗，在陸軍、海軍、民間都有相當多同志。看兩派的同志的階級分佈，大川周明在參謀本部、關東軍幕僚軍官、校級以上軍官中有許多同志，相對地，北一輝、西田稅派則是因為西田稅的關係，在尉級青年軍官中有許多同志。

「因為有這樣的關係，當這次十月事件成功，施行根據這份計畫的改革時，最得意的會是大川周明，對北一輝、西田稅來講就一定會是不愉快的失意……北一輝、西田稅表面上沒有反對這份打倒政黨財團特權階級、意圖實施改革的計畫，但對來訪的青年軍官，針對具體改革方案的優缺點、資金來源、大川周明的個人問題表現出批判態度，特別是針對大川周明遊樂的樣子說壞話。這些話傳到大川一派耳中，大川周明派便說壞話報復，說北一輝、西田稅是革命掮客……兩派反目日益激化。」

當事件以失敗收場，這個反目的情況更加惡化。

北一輝、西田稅派說大川周明跟牧野伸顯告密，大川周明派主張是北一輝跟西田稅向宮內省洩密……也有一部分意見認為，橋本欣五郎等主謀耽溺於遊樂，成為事件曝光的線索。

齋藤三郎檢察官做出結論認為，「就如同以上所述，北一輝、西田稅與大川周明之間的鴻溝，擴大到北一輝、西田稅辭世為止都無法跨越。」

從檢察官調查筆錄或是情蒐報告中找歷史真相，必須嚴格、謹慎，但是齋藤三郎檢察官的報告，與其說是客觀地寫了範圍廣大的資料，不如說是以「一般以右翼事件稱呼的這些事件，成為推動日本面對當下歷史轉折時期的力量的一種日本精神之展現」的立場來寫。雖然含有之後可能會被左翼論客稱為「司法法西斯」起源的**主觀性**，然而戰後的各位左翼評論家，依然對其「資料性價值」給予高度評價，認為是一份重要文獻。

只是，讓我來說的話，因為「三月事件」與「十月事件」受挫，導致大川周明、北一輝的對立，從歷史洪流的觀點來看，並沒有那麼重要。雖然是重複贅述，但因為領袖性格差異造成的對立與決裂、同一陣營分派的謾罵與中傷；因為憎惡、誤解、猜疑而導致的殺傷事件等等，是跟所有的革命運動都分不開的。失敗的革命中發生的內訌很悽慘，成功的革命裡發生的前同志互相殺戮，更為殘酷。發生在法國大革命、俄國革命、明治維新前後的互相殺戮，是革命無情性質的典型，「昭和動亂」裡砍殺永田鐵山、狙擊西田稅事件跟那些比起來，就像是普通的交通事故。

儘管大川周明、北一輝的決裂與鬥爭，「三月事件」、「十月事件」受挫、告吹，「昭和動亂」不但沒有平息，反而擴大。重要的是這些歷史事實。

檢察官齋藤三郎說道：

「十月事件……有刺激軍隊內部的革新傾向，令其更形熾烈的重大事物。另外，也對一般民間的革新分子造成很大影響。」

「井上日召一派、橘孝三郎一派，因為十月事件，分別讓同志待命，只等著軍方起事之日。十月事件失敗，無法改變他們的想法，反而讓他們產生搶先犧牲、拖延軍方革新的龐大勢力起事的想法。遂成為導致產生血盟團事件與五一五事件的原因之一。」

這些事件失敗，更進一步造成今牧嘉雄博士發動「準備暗殺齋藤實首相事件」，兒玉譽士夫、岡田理平等人發起「天行會事件」，天野辰夫、前田虎雄、影山正治發動「神兵隊事件」，最後終於造成「二二六事件」爆發。

二二六事件涉案者，末松太平的回憶錄，《我的昭和史》裡面寫著一段內幕如下：

「據說終戰時，透過國務大臣小畑敏四郎，向東久邇宮內閣提出政策建言的大岸賴好上尉，一直把《日本改造法案》放在身邊參考。杜魯門（Harry Truman）指示麥克阿瑟實施的『日本管理政策』，不過只是很粗糙的東西。根據其主旨，在緊接在敗戰之後的東久邇宮內閣時代，稍微變得具體的麥克阿瑟的各項政策中，比如說廢止治安維持法、農地改革，有占領軍當中日本通、進步派的意見，但似乎也有部分北一輝的想法。」

北一輝在法庭上說：「我連作夢都沒想過，我的改革方案原則可能會由真崎甚三郎上將或柳川平助中將實現。」就算僅是一部分，北一輝的改革想法似乎由麥克阿瑟加以實現，這是歷史的諷刺。不，不是諷刺，這或許就是歷史。因為北一輝的「法案」是「日本改造法案」，為了改造國家需要很大的權力。藉有占領日本取得絕對權力的麥克阿瑟跟他的幕僚們，利用了一部分北一輝的「法案」，並不奇怪。

大川周明晚年的心境與對美國的抵抗

接下來在最後，有必要再談大川周明晚年的思想。他對自己的立場與心境，說明如下：「世間稱我是右翼，有時也稱我是右翼巨頭等等，那是對左翼講的話。跟共產主義對立得最極端的是什麼？是資本主義。果真如此的話，資本主義者跟財團，才真正應該被叫做右翼不是嗎？我在年輕的時候有醉心於社會主義過，但是我沒有印象我至今曾歌頌過資本主義或財團一次，所以叫我右翼並不適當。」

這是大川周明在敗戰後十年，昭和三十年（一九五五年）七月寫下，一篇抵抗美國、題為《天照開闢之道》的文章的開頭：「我既不是反共主義者、也不是反資本主義者。勉強說的話，我是非資本主義者、是非共產主義者，更適切地說的話，我是非主義者，我不奉行任何『主義』。如果當成『主義』來堅持，大概所有的思想，都會變成向世間施放毒害。所謂主義，是統一人類生活的適當立場。人生不斷流動，不知止息。所以適於統一的立場，也必須因應時勢與情況改變。戰時是軍國主義，承平時是和平主義，國家貧窮的話是產業主義，國家富裕的話是文化主義。整體來說就是個人或國民，因應各自的情況而取捨的立場。因此，將這些立場其中之一當成亙古不變的真理般主張，排斥一切其他立場，就是因為機械式頭腦運作，自我中心很強而導致的情況。所以標榜主義，經常是一種挑戰。」

然而，這是「晚年的思想」。應該認為「須佐之男」時代的大川周明，是能夠充分與「魔王」北一輝對抗的好戰意識型態的實行者才適當。但是，他說不奉行任何集團、政黨、階級的「主義」的「晚年告白」，也是實話。大川周明跟北一輝，確實都有那樣的無政府主義面向。這種類型的思想家，比起現實的革命家，更是永遠的造反者，因為有獨創性、所以倜儻不羈，因為自由無礙、所以孤獨，終至成為孤狼。

「世間有提倡日本主義，排斥一切異國事物的人，我過去也有被人當作是其中之。然而，就像看了聖德太子的例子就知道，日本絕對沒有拒絕異國事物。

標榜日本主義這件事情本身，就已經是執著於『國家』的物部黨精神[13]，跟以不起衝突為基礎的日本傳統精神，差距十萬八千里。因為我是要根據日本正統精神而活的人，至今從來沒有過標榜過日本主義。言論不如證據，我以前有被蓑田胸喜那一掛人當中的日本主義者，說我有非日本式的思想而激烈批判過。也被三浦義一的門人說我藐視皇室，用不敬罪對我提告。現在也一直被日本第一的愛國者，福田素顯先生稱為無法無天到底的國賊，對我口誅筆伐。」

我讀了《大川周明全集》的解說，才頭一次知道，他的代表作之一，在戰爭期間有最廣泛讀者群的《日本兩千六百年史》，其實也是受當局審查而遭到刪減的改訂版。

儘管大川周明被人稱為「右翼法西斯主義者」，卻離權力寶座很遠。不，他是經常對權力造反，持續與其鬥爭的浪人學者之一。北一輝的無政府主義傾向更加激烈。高見順在去年的《文藝春秋》發表「大魔王觀音」（風雲兒北一輝），從側面觀點生動地描寫出這號人物難以理解、魔王式的性質。北一輝與幸德秋水、大杉榮、朴烈、黑龍會成員、中國革命家都結交朋友，身為危險思想家，過著經常被警察監控的生活。在上海看起來像是「社會主義支那浪人」，在日本看起來像是「國家主義革命家」。在幸德秋水大逆事件時，因為跟黑龍會有關係，在千鈞一髮之際躲過被法辦。儘管北一輝跟大杉榮、無政府主義者張繼有往來，引起搶奪大杉榮遺骨事件的，卻是北一輝的門人，岩田富美夫成立的大化會。親自撰寫朴烈不雅照事件中的「黑函」威脅當時的內閣的，就是北一輝自己。北一輝為了籌措運動資金，也介入勞資糾紛，也毫不在

13 譯注：指日本古代的有力氏族物部氏，主張推崇日本傳統神道信仰，反對外來的佛教。

乎的接受財團「獻金」。雖然沒有直接參與二二六事件，然而卻以「民間領袖」名義被槍決。《大義》的作者杉本五郎少校，認為北一輝是可恨的反國體、反天皇主義者，加以猛烈批判。的確，北一輝在被槍決時，沒有喊天皇萬歲。年輕時的大川周明也寫道，無法理解魔王北一輝，但他也坦白到了晚年，總算能夠理解北一輝「佛魔一體、順逆不二」的心境。

老實說，我想說我還並不懂北一輝、大川周明的本質跟真面目。但是，知道的只有這兩人是代表「東亞百年戰爭」末期的魔王式思想家而已。兩者都是孕育出注定走上敗北命運、而且預定在歷史上解放亞洲的戰爭的浪人學者，卻在一度離別之後，就再也沒有重逢。然而，生出他們的基礎只有一個。兩者的思想與行動——尤其是北一輝難以理解的思想與行動，肯定是從「東亞百年戰爭」的「難以理解的性質」產生。

北一輝被處以死刑，大川周明卻彷彿因為若非由神就是由魔王導演般的一連串偶然，而得以存活到敗戰後。他自由不羈的造反精神也倖存了下來。

病癒之後，大川周明翻譯《可蘭經》、寫了《安樂之門》，等到占領與公職追放結束後，又開始用抵抗者立場發言。他指出、強調當時新聞界氾濫的歌頌美國言論與醜化日本言論，並非日本人真正的意見，高喊「因為認為日本比美國劣等，想把日本變成美國的美國帝國主義，是對日本本身的挑戰，所以如果不捨棄那樣的主義，絕對不可能可以期盼真正的日美親善」，承認對朝鮮、台灣、滿洲進行的所謂「皇民化」失敗，抨擊麥克阿瑟，說：「《麥克阿瑟之謎》（The Riddle of MacArthur）的作者康瑟（John Gunther）的豪言稱，君臨被占領的日本七年的麥克阿瑟，其占領日本的目的是要讓『日本整個國家、全部文化』都『美國化』。我對美國人要用美式作法，一點異議都沒有，但是如果美國認為只有美國文化才是真正的文化，想強迫他國接受美式民主，那就是立刻應該厭惡、拒絕的美式主義。」

他還鞭策病軀，前往農村演講，在確保日本重建與復興的同時，在昭和三十二年（一九五七年）十二月，結束了他孤獨的生涯，享年七十一歲。

如今那個「魔王」跟這個「須佐之男」，在領悟到地獄鮮紅火焰實為繁花的同時，就「大東亞戰爭」之後的亞洲與世界動向，會和石原莞爾互相傾訴著什麼樣的想法呢？在解放途中的亞洲、非洲、中南美洲各國的未來會如何？第三次世界大戰會爆發嗎？是否真會像石原莞爾所說，發生世界最終戰爭，讓北一輝與大川周明理想中的「世界王道國家」實現？我想問他們的，就是這三道問題。

第十三章

滿洲事變序曲

——皇姑屯事件

詭異的軍事謀略

昭和三年（一九二八年）六月四日，在滿洲奉天附近發生了**詭異的**爆炸事件。被殺死的，是滿洲統治者張作霖大元帥，炸掉列車的主謀，是關東軍參謀河本大作上校。但這事件詭異的地方在於，田中義一擔任首相的日本政府與參謀本部領導階層，都不知道這個爆破計畫。新聞記者當然也不知道，我們國民也不知道。

東京朝日新聞奉天特派員發出電報，標題為「張作霖在列車上罹難——疑為南軍便衣部隊[1]計謀」，報導內容如下：

「四日上午五點半左右，張作霖搭乘的專用列車，在距離南滿鐵路奉天車站約一公里處，南滿鐵路陸橋下方的京奉鐵路上快速前進時，突然間，炸彈轟然爆炸，南滿鐵路陸橋被炸毀，行駛中的張作霖特別列車中，貴賓車廂與客車車廂三輛遭破壞，一輛發生火災燒毀，陸橋也正在燃燒，我軍守備部隊與警察正在出動當中。」

記者根據現場調查結果，認定此事為與張作霖軍隊交戰中的蔣介石北伐軍隊便衣部隊行為，用電報發出後續報導說：

「此案是在極為縝密的計畫下進行，不知今後他們計劃了什麼謀略，奉系內部的緊張與狼狽程度，正是自奉系有史以來前所未見的嚴重。」

昭和三年（一九二八年）時，我二十五歲，參加左翼文藝團體，但我周遭的左翼人士也都不知道事情真相，只是看著新聞感到驚訝而已。

然而，不久後張學良率先得知真相，蔣介石知道了，支那全體民眾知道了，世界也知道了，一部分日本人也知道了，日本國民被正式告知此事，是在敗戰後。

昭和三十八年（一九六三年）出版的《通往太平洋戰爭之道》第一卷（朝日新聞社），如下寫道：

「從北京出發的張作霖搭乘的特別編成列車，在六月四日早上，五點二十三分時，在南滿鐵路與京奉鐵路交會的陸橋下方被炸毀。乘坐在第四節貴賓車廂的張作霖身受重傷，不久後死亡，同乘的吳俊陞也被炸死。根據河本大作制定的爆破計畫，由加派中隸屬於朝鮮軍旅的工兵部隊設置炸藥，由獨立守備隊隊長東宮鐵男上尉進行實際指導……

河本大作在向陸軍中央提出方便關東軍出動的要求後，實際在奉天的大和飯店前面事先集結了約一個旅。然而，**不知道河本大作計畫的關東軍參謀**，在三日將這支部隊解散了……

不知道河本大作炸死張作霖的陸軍中央，繼續主張給予關東軍出動以及實施『當發生戰亂時在哈爾濱、吉林集結僑民』措施的權限，向外務省施壓，**一如預期**，**田中首相毫不知情**，在七日的內閣會議上，拒絕了陸軍大臣白川義則提出的這項提案。河本大作的計畫就只炸死了張

1 譯注：指南方的國民黨便衣部隊。

作霖，以完全失敗收場。」

田中義一首相**不知道**事情真相，陸軍中央也**不知道**，同為關東軍參謀者也**有人不知道**。真是奇怪又詭異的謀略。雖然說所有叫做謀略的事，都是在極度保密的狀況下由少數人進行，但是不可能有連陸軍中央、首相都不知情的謀略。至少應該是根據參謀本部謀略部的計畫與命令執行，如果問謀略部部長，首相就能立刻知道事情真相，才是國家級的謀略。但是關於這起爆炸事件，據說田中義一首相間接地模糊得知近似真相的資訊並感到驚訝，開始煩惱，是在事件爆發後六個月，也就是十月之時。

「田中義一首相拜訪西園寺公望，向他報告似乎有軍人涉及此事時，西園寺公望向田中義一要求斷然處罰，以維護日本在國際上的信譽。因為田中義一出身軍方，而立憲政友會是採合作態度的政黨，所以西園寺公望期待田中義一能就此問題壓制軍方。」

然而，田中義一首相既無法壓制軍方，也無法壓制立憲政友會。此時，參謀本部已經得知事件真相，與立憲政友會的有力幹部聯絡，雙方在反對公佈事件真相達成共識。「現在陸軍全體已經賭上組織命運，挑戰田中義一首相，立憲政友會幹部對此也贊成。」立憲民政黨以軍事參議官宇垣一成擔任幕後黑手，發起倒閣運動，因此不久後田中內閣垮台，接著田中義一猝死，發生了田中義一自殺說流竄的大混亂。

到這地步已經不是政治了，也不是作為政治延長的戰爭謀略，而是軍人叛變，或者是一種軍方革命。

田中義一首相的困境

田中義一兼任首相與外務大臣。當時，張作霖進出北京，與北伐的國民黨軍隊對立。儘管田中內閣為了保護在滿洲的特權而採從旁利用張作霖的政策，卻因為濟南事件而與蔣介石的國民革命軍正面衝突。因為已經燃起的反日運動火焰日益加劇，連滿洲都受到波及，所以田中義一想讓張作霖回到滿洲，但絕對不讓蔣介石進入滿洲，於是向雙方通告意向。由於這很明顯是干涉內政，張作霖跟蔣介石都不同意。然而，因為北伐軍隊士氣旺盛，張作霖的軍隊敗相日益顯著，張作霖不得不順從田中義一的要求。田中義一堅定打算利用張作霖來維護**在滿洲的特權**，以河本大作為首的關東軍激進派與立憲政友會強硬派，踰越了田中義一的**政治**界限。

當時，加入蔣介石北伐軍隊，目睹「濟南事件」，被捲進反日漩渦，在鬼門關前走了一回的佐佐木到一上校，認為張作霖政權必定敗北垮台，向河本大作發出密電，說應該趁此機會除掉張作霖，暫且將滿洲讓給張學良一派，之後再掐住他們的手，一舉實現讓日本統治滿洲。他的《一位軍人的自傳》寫道：

「炸死張作霖事件，是河本大作上校根據我的獻策策劃，由派駐在北京的下永憲次上尉發出密電，告知列車編組詳情，由駐奉天獨立守備隊隊長東宮鐵男上尉，按下電氣點火器開關。事件發生之後，出現數人聲稱『是我幹的』，但真正的當事人卻默不作聲。然而，這件事情終於在議會造成問題，田中義一被罵是什麼都不知道的『我是首相』[2]，結果最後關東軍司令官村岡長太郎中將調職，河本大作、東宮鐵男兩名軍官左遷內地。」

然而，事件結果導致張學良加入國民黨，滿洲升起青天白日旗，反日氣氛日益加劇。「這個苦肉計，在之後兩年間，讓我國對滿洲的外交陷入困境，實在感到抱歉。但是，幸好因為這兩年的實地教學，要醒的人已經醒了。沒醒的，只有外務省、政黨、財團而已。」

在議會追究、攻擊這個問題的，是立憲民政黨的永井柳太郎與中野正剛。田中義一首相一直表示「目前正在調查中」，加以閃躲，但在這之前發生了無法徹底閃躲的事件。緊接在事件爆發之後，田中義一謁見天皇，向天皇報告說「這起事件目前由陸軍大臣調查，若是關東軍有涉入，將由軍事法庭處置」。之後陸軍大臣白川義則入宮晉見天皇，天皇特別叮囑「加強軍紀」。但是，陸軍大臣遭遇陸軍內部反對，無法召開軍事法庭，事件負責人只受到行政處分。田中義一向天皇報告這件事情，天皇一句話都沒有答覆，之後才對侍從長鈴木貫太郎說「完全聽不懂田中說的，不想再聽田中的報告了」。

失去天皇任命，田中內閣總辭。田中猝死後會傳出他是自殺的說法，原因或許就在這些事件中。

稍退一步的回顧

話說炸死張作霖的影響傳回日本後，只導致田中義一首相「猝死」，在滿洲只造成張學良易幟加入國民黨，抗日運動浮上檯面而且更形劇烈，看起來似乎是「徹底失敗」，但歷史的洪流絕對沒有在此停止。佐佐木到一上校說的「幸好因為實地教學，要醒的人醒了」，這也是在不為政府與國民所知的舞台幕後，悄悄地、順利地在準備接下來的「滿洲事變」。

要理解這份準備與再度爆發的事件，必須稍退一步回顧一次從當時到現在的世界與亞洲情勢。

張作霖在被炸死之前，趁著北伐的蔣介石軍隊、馮玉祥的北洋軍閥、毛澤東的共產黨軍隊三方混戰之際，進入北京成立軍政府，自任大元帥。三方混戰變成四方混戰，各方勢力背後分別有美國、蘇聯、英國、日本等國「援助」。不用說，這些「援助」的目的，當然是利用支那內亂，保護、擴大自己國家的特權。但「新中國」已經醒過來了，反殖民主義鬥爭成為國民運動，以收回租界、廢除不平等條約、民眾暴動、抵制、罷工展現。這波排外鬥爭不只針對日本，也向美國、英國發動，蘇聯也不例外。「列強」打算援助、利用支那內部三方混戰、四方混戰的任何一方，但情況已超出外國人能夠利用的內亂。

進入革命時期的支那，在互相鬥爭的各方勢力基礎裡流動的，是「復興中國」——也就是支那民族主義；各國不要說加以利用，若有失手，可能就會落入被趕出中國的情況。激烈的反英運動，已經比反日運動先展開了。蘇聯對國民黨政策失敗，因為蔣介石發動上海政變清黨，政治顧問鮑羅廷（Mikhail Borodin）遭到驅逐。然而，英國巧妙地閃躲，接著美國、蘇聯也藉承認支那「自主權」，閃過民族主義的銳利刀鋒。但是，日本落後了；不，不是落後，日本從

2 譯注：此句中的「我是」，是山口方言，發音為 Oraga（おらが）。田中義一出身山口，自稱時常用方言。

一開始就陷入了無法如此「巧妙回身」的立場。

以英國為頭陣，西方各國的「歷史性使命」，是將全世界殖民地化，這項使命在上一世紀已經達成一半。法國取得北非與法屬印度支那；荷蘭領先法國，取得以爪哇、蘇門答臘為首的「荷屬東印度」地區；西班牙征服中南美洲與菲律賓。新帝國美國途中闖了進來，美國拋棄門羅主義，在美西戰爭中獲勝，稱霸新大陸，將西印度群島、墨西哥作為屬國，讓日本「開國」，奪取菲律賓，兼併夏威夷，主張「白色太平洋」，盯上支那大陸，並在日俄戰爭之後，確認日本列島是前往支那最有害的障礙。

另一方面，在歐洲的邊疆，在歷史的角落裡沉默的半亞洲式未開化國家俄羅斯，因為彼得大帝而開始甦醒。因為英國與法國壓力，俄羅斯在西邊遭到阻擋，於是往東方的西伯利亞與阿拉斯加前進，用庫頁島與千島群島問題威脅日本，盯上滿洲、蒙古與大清帝國發生衝突，因此引發日俄戰爭，遭遇了意料之外的「亞洲的反擊」。英國與美國，在日俄戰爭時與日本結盟、支援日本，是為了妨礙俄羅斯帝國進出東亞，這件事不需要再說明吧。

但是，在日俄戰爭中落敗，對俄羅斯自身與世界也都造成預料之外的副作用。因為日本戰勝，俄羅斯開始覺醒，後來在俄國內部，羅曼諾夫王朝也因為列寧的黨而覆滅，共產主義蘇聯這個新帝國出現了。史達林不僅繼承列寧的革命，也繼承彼得大帝的雄心壯志，開始侵略東亞、征服世界。

蘇聯不管是對舊帝國英國而言，或是對新帝國美國而言，都是難以對付的新興帝國。蘇聯反向操作十八、十九世紀的歐美殖民政策，藉由煽動、獎勵國民黨與中國共產黨的民族主義，闖進來分割支那。英國、法國、美國，對此都不得不退縮。一失手，不僅既有的殖民地與特權會被奪走，本國還會因為共產國際建築在列寧「帝國主義是資本主義最高階段」煽動神話上的謀略陷入危險。

歐美列強想藉「反共」團結，日本政府跟軍方當然也「反共」。只是這次團結，因為彼此利益衝突而無法順利進行，「列強」只能各走各的路。

首先，英國與美國順利拉攏蔣介石的國民黨，國民黨與蘇聯斷絕關係，全力集中於反共與抗日運動。日本變成支那民族主義正面的敵人，「大亞細亞主義」、「興亞主義」都失去效果。但蔣介石在此也犯了致命錯誤，極端地說，國民黨變成了英美的魁儡政黨，不再是支那國民之黨。我不是配合日本的利益與偏見，在指出這件事情，蔣介石的過失是經由之後的歷史證明的。蔣介石的國民黨喪失了「國民之黨」實質內涵，由中國共產黨取而代之並成長茁壯。儘管毛澤東的黨提倡國際共產主義，但本質上還是支那民族主義黨。最初接受蘇聯援助，現在還是自認是馬克思、列寧主義的正統傳人，與蘇聯對立。

把日本軍隊趕出支那大陸的，不是重慶的國民黨政府，是美國、英國與同盟國軍隊。但是，支那民族主義的目標，是驅逐所有的「帝國主義國家」。儘管重慶國民黨政府成功躋身戰勝國，卻無法滿足支那國民的希望。戰後的政治狀況與戰局發展，快速倒向對中共有利的方向，毛澤東政權把一切帝國主義勢力，包含蔣介石政權在內，都逐出國外，只留下蘇聯。這不是國際主義的勝利，是支那民族主義的勝利。不出十五年就發生中蘇對立，是理所當然的結果。中華人民共和國是在亞洲新誕生、復活的新帝國。無法與國境相連、有多年互相侵略傳統的俄羅斯新帝國「和平共存」，此乃理所當然。儘管都是二十世紀的共產主義新帝國，俄國有俄國的歷史與傳統，支那有支那的歷史與傳統。俄羅斯有伊凡雷帝、彼得大帝與史達林皇帝的功績，支那則近有乾隆皇帝大舉征服、擴大版圖，遠有超越羅馬帝國的大唐帝國前例。

史達林公開說日本敗戰是「日俄戰爭的復仇」，是俄羅斯民族主義的心聲；毛澤東說美國是「紙老虎」，罵赫魯雪夫是修正主義者、是向美國帝國主義投降者，在他收復失地的計畫中，當然有一部分西伯利亞、蒙古、西藏、印度邊境地區，連大清帝國舊屬國越南、馬來群島各國、沖繩、朝鮮都有，是因為當中包含了自大唐帝國以來的民族自傲，以及支那民族對列強長達一個世紀以上的殖民的怨恨。

新中共帝國無法饒恕鄰國俄羅斯共產帝國的理由，跟無法饒恕美國、英國、日本的理由相同。舊俄羅斯帝國與日本交互地覬覦滿洲、蒙古、朝鮮，但新俄羅斯帝國並沒有捨棄這項傳統政策。「中蘇對立」並非是主義或意識型態之爭，必須當作是貫穿漫長歷史一直持續對立、鬥爭的兩個帝國的民族主義再度點燃，方能理解。在此有著爆發下一次大戰的危險，有著「中共的悲壯命運」。

因為大清帝國老化、衰弱，日本這個小國，反覆各種困難，以創造、加強「武裝天皇制度」這個戰爭體制的方式，即使不甘願，也「代表」東亞各國，持續地打了「能在戰鬥獲勝，卻贏不了戰爭的百年戰爭」而完全落敗離開戰場，脫下戰士的盔甲。日本這位戰士，現在正在歷史舞台幕後休息，這是約一百年來首度休息。現在才頭一次能回顧家庭，思考充實產業、內需、貿易，整頓內政，被給予走向「現代化」的餘暇。

緊接在敗戰之後的日本的風景，因為持續了百年的戰爭，政治跟經濟都千瘡百孔。制度、道德、習慣、都只有適用於戰爭的，連個對和平的日常生活有用的東西都沒有。由於最後的大敗戰，人沒屋子可住，庭園跟農田變成焦土，人心荒廢，我也幾乎絕望，認為要恢復至少要花一世紀。我認為我完全營養失調，將不久於人世，躲進鎌倉山谷間的深處，想要寸步不離這座山谷，死在這裡。然而，世上沒什麼東西比人的預想、計畫、計算那般靠不住。過了三年，我沒死，開始有時候會從山谷底出來到東京去，每次出去，看到橫須賀線鐵路沿線復興的情況，都瞪大眼睛，後來開始會覺得高興。雖然遭到公職追放，但不是失去謀生方法，只要工作，就有相應的收入，兩個兒子也成長得很好。我也盡我所能的努力工作，但日本人整體來說肯定比我更努力工作。經過十年的時候，我計算要過一世紀才能達成的復興，已經看似開始就緒了。韓戰之後世界情勢驟變，似乎也對日本復興帶來了好處。現在是敗戰後二十年，這份「繁榮」，就算背後伴隨著我們老世代不喜歡的各種現象，但在二十年前有誰能夠預測到這份「復興」呢？

新中共帝國的使命

然而，要安心談「日本復興」還太早，我想談的是中華人民共和國這個新帝國的命運。日本發起的「東亞百年戰爭」結束了，但是還有東亞問題留著。其他還有非洲、東南亞各國、中南美洲各國的問題，美國自己國內也有黑人問題燃起。加入聯合國的各個新興國家，大部分是在日本戰敗後獨立的國家。不要去說這些國家的獨立是日本奮戰、玉碎的結果吧。但是，那是日本對西力的抵抗——要說那是侵略，是各位左翼學者的自由——日本對西力的抵抗產生了正負兩面效果，而比起負面效用，新興國家的獨立肯定是正面效用的結果。只是，獨立並不直接意味解放與繁榮，許多新興獨立國家是所謂「低度開發國家」，是「近代化之前的國家」，其自身含有許多困難的問題，距離地球上所有人種、民族都擁有平等與共通的繁榮的那一天還很遠。

這些新興諸國中最大的，是中華人民共和國。這個新帝國藉利用「侵略中國」這個日本對西力抵抗的負面效果，讓亞洲最強大國，舊支那帝國復活。可以說亞洲、非洲新興獨立國家的人氣與希望，都集中在這個新帝國。中共自身也自認這些國家的「希望之星」，看起來有意地在努力要變成那樣。為此，會越來越強調反美主義，同時必須展開反蘇聯鬥爭。我稱此為「中共的悲壯使命」，中共無預期地繼承了日本的「東亞百年戰爭」。

日本被趕下歷史舞台，眼前正滿足於被趕下舞台，在「天下太平氣氛」中，治療戰爭受的傷，想要走到「現代化」之路。現在的日本人的意識中，既沒有「興亞」，也沒有「脫亞」。就算首相被戴高樂將軍說是賣電晶體收音機的業務員，日本現在暫時應該要專心修理作為「百年戰爭」結果，千瘡百孔的國內吧。（對天下太平氣氛與喪失國家目的，日本人已展開部分的抗拒，但那是另外一個問題。）

如果未來近期在東方要發生戰爭，主角已經不會是日本帝國，而是中共帝國。現在以及未來近期的日本，在任何一點上都沒有成為戰爭主要動力的條件與實力。以美國帝國、蘇聯帝國與中共帝國為主角的三方混戰的世界戰爭，會持續百年還是因為核子武器而在一瞬間終結，只有神知道。

第十四章

內政派與外政派

——作為外政派之發難的柳條溝謀略

柳條溝爆炸

成為滿洲事變導火線的柳條溝事件[1]也是關東軍的謀略。直接提案、規畫的首謀者，是石原莞爾、板垣征四郎兩位參謀。

昭和六年（一九三一年）秋天，九月十八日晚上十點過後，關東軍柳條溝分遣隊河本末守中尉，接獲板垣征四郎參謀密令，率領七、八名下屬，在張學良軍隊據點北大營附近的柳條溝鐵軌，裝設黃色方形炸藥，在預計十點四十分抵達奉天的急行列車行經之前引爆。然而因為爆破不徹底，只有炸壞一段約一點五公尺長的鐵軌，列車沒有翻覆，順利通過。但是河本末守中尉依照預訂計畫，開始向北大營射擊，派出下屬中一名一等兵當傳令，向在北大營北方的文官屯待命的川島正上尉所率領的連報告，「北大營的支那士兵炸毀鐵路，現正交戰中。」報告傳到奉天特務機關、島本正一中校的第二營營部與第二十九步兵團團部，進行了緊急召集，開始攻擊北大營與奉天城。

「收到特務機關緊急通報，代理總領事森島久人趕往板垣征四郎處，嘗試說服板垣征四郎以和平手段解決，但板垣反而責罵森島久人，要他不要干涉軍隊指揮權……花谷正（特務少校）甚至拔出軍刀威脅說『把干涉的人殺掉吧』。總領事林久治郎不斷打電話給板垣征四郎，說服他中止戰鬥，但板垣一直向他通告『軍隊已經按照既定計畫行事』。」（《通往太平洋戰爭之道》）

悄悄設置在奉天獨立守備隊軍營中的攻城重炮（二十四公分榴彈炮），已經朝北大營開火。

這門炮是在七月初從日本內地秘密運來，用鐵皮屋頂偽裝，但已經在炮上瞄具標記奉天的主要目標，準備好隨時可以對準標記發射。

北大營的一個角落在晚上十一點過後已經遭到占領，石原莞爾參謀此時在旅順。在旅順的關東軍司令部的司令官本庄繁，最初拒絕石原莞爾發動全面攻擊的建議，但看到參謀長三宅光治以下各位參謀、幕僚堅定團結表示「不要讓板垣征四郎和石原莞爾變成第二個河本大作」，沉思五分鐘過後說：「好，責任由我負，動手吧。」下達命令全面攻擊。

隔天凌晨一點過後，送達參謀本部的電報內文如下：「十八日晚上十點左右，在奉天北方、北大營西側，暴戾的支那軍隊破壞滿洲鐵路鐵軌，襲擊我軍衛兵，與部分前往馳援的我軍守備隊發生衝突。據報，奉天獨立守備隊第二營現正出動前往當地。」

又是政府不知情的謀略

這是一次完全的謀略，要對石原莞爾、板垣征四郎兩位參謀追究事情的直接責任。在這個時間點上尋找大東亞戰爭開端的進步派歷史學家們，做出結論認為：「從柳條溝的卑鄙謀略開始的日本侵略戰爭，發展成包含日支事變、太平洋戰爭的十五年戰爭，日本被逼進大敗戰與大

1 譯注：事件發生地點正確名稱為柳條湖，當年日本傳達事發消息時，誤把湖傳成發音近似的溝，後來許多日本資料也都寫柳條湖。一九七〇年日本學者研究原始資料後，提倡應稱為柳條湖，但未獲重視。今日各方資料多以柳條湖事件稱呼。考量本書寫作時間，維持原貌譯為柳條溝。

毀滅，是理所當然的刑罰。」

然而，我不採「十五年戰爭說」，我要堅持採取「東亞百年戰爭」立場，也要解釋滿洲事變。是什麼讓石原莞爾、板垣征四郎規畫、實施了這個「卑鄙的謀略」？不是當時的日本政府。以元老西園寺公望、首相若槻禮次郎，外務大臣幣原喜重郎為首的政府，絕對反對在滿洲行使武力，天皇自己也一心期望與鄰國支那和平相處，以內大臣牧野申顯為中心的宮中勢力也一樣。

陸軍中央也反對即刻實行武力解決方案，參謀本部不允許訂立計畫以外的軍事行動，禁止關東軍獨斷專行，尤其是禁止謀略行為，軍方中央的意見是「軍人不應參加政治性策謀與支那浪人的陰謀」。

在柳條溝事件前夕，九月十五日，板垣征四郎收到東京的櫻會（陸軍青年將校組成的革新團體）首領，橋本欣五郎中校給他的電報：

「穿幫了，在建川去之前動手。」

陸軍中央為了說服關東軍，派遣建川美次少將前往當地。儘管板垣征四郎知道建川美次少將與永田鐵山少將未必反對武力解決，但認為要是建川美次以時機還早當作理由，來勸告他們延期或是中止，就麻煩了。於是命令花谷特務少校帶建川美次到奉天的料亭菊文，用酒把他灌醉，趁隙實施爆破柳條溝。這個像喜劇般的真實故事，流傳了下來。

說財團資本家跟他們的「走狗」政黨，為了資本利益，希望事變開始，這是馬克思學派的謊言。立憲政友會雖然有部分人是像森恪那樣的強硬派，但森恪跟田中義一都與石原莞爾、板垣征四郎的謀略沒有關係。三井、三菱也都支持幣原喜重郎外交的對美英協調路線，希望藉由對支那貿易取得「和平獲利」，主要言論機構也都警戒、反對關東軍的「激進行為」。

外務大臣幣原喜重郎，在緊接在事件之後的內閣會議上，明言說這次事件是關東軍謀略，朗讀奉天總領事林久治郎、南滿鐵路理事木村銳市的報告，激烈攻擊陸軍大臣南次郎。《滿洲事變機密作戰日誌》寫，陸軍大臣南次郎無言以對，氣勢被挫，喪失勇氣提案必須由朝鮮軍越境增援。

幣原外交的親美英路線，在戰爭中受到各界嚴厲攻擊與譴責，但幣原喜重郎有自己的信念。他堅信為了日本的安全與發展，自己的路線是正確的。敗戰後傳出幣原喜重郎以首相身分率先接受「麥克阿瑟和平憲法」，可能是他這份堅信的持續，罵他是膽小鬼外交官是錯誤的。只是，他未能察覺到有一股超越他的信念與路線的力量，存在於日本與世界史之中。

幣原外交的本質

如果能直直貫徹幣原路線到底，日本就能躲過那場「毀滅性戰爭」的想法，現在還依然存在。這個想法的背後，有多愁善感的和平主義，同時也藏著日本作為世界「列強」之一，與英國、美國、法國、蘇聯合作，**和平地**統治、壓榨支那與東方各國，可能就能享受繁榮的狡猾意圖。

第一次世界大戰中，日本與德國及同盟國為敵，加入英美法俄協約國陣營，此舉對日本而言，肯定是「理性」而且「有智慧」之道。戰爭結果導致德國與同盟國沒落、法國衰弱、俄羅斯因為革命而一時崩潰，日本則是可以成功自誇說成功與英國、美國同樣躋身世界三大列強。

但是這樣跟美國、英國的路線合作達成的日本「繁榮」結果，能長久持續嗎？不，那可以叫做真正的「繁榮」嗎？

最大份的利益是美國、英國的。日本得到的，只有南洋的小群島，一時繼承了德國在支那的特權，但因為美國干涉被搶了回去。因為美國與英國的壓力，繁榮與景氣夢碎，國內貧窮高漲，不到十年，已經被打成跟戰敗的德國相當的「沒有資源的國家」。在美國主導的裁軍會議上，經常陷入被動，日本形同武裝被解除一半，完全被剝掉身為「三大列強」的實質。

如果那真的是「通往和平之路」，裁軍跟幣原外交應該值得歡迎吧。但是，最嚴重的事情是，相信幣原路線的領袖們，完全忘了日本是亞洲與東方的一部分。作為世界史宿命的征服東方行動，並未因為第一次世界大戰而結束。而且西方各國征服的目標，不是只有支那，身為亞洲強大獨立國家的日本也不可能從這些征服目標中被排除。

認為靠著與西方列強並肩齊步，就能享受文明、和平與繁榮的天真夢想，就是所謂幣原路線的本質。要說「亞細亞主義」跟「大東亞共榮圈」是夢想，是言論的自由，但是必須說，幣原喜重郎的「和平外交」是更加背離現實的夢想。

佐佐木到一的《一位軍人的自傳》，有一段有趣的內容如下。大正十二、十三年（一九二三、一九二四年）間，佐佐木到一擔任駐外武官，派駐廣州，與孫文關係相當親密，每次介紹來自日本的重要人物與孫文見面，孫文每次都反覆說：

「未來國民黨統治支那之日，必將滿洲委任日本。」

「日本幹參謀的，都目光短淺。為什麼在歐洲大戰時不加入同盟國（德國）陣營呢？」

因為滿洲是清朝的故地，對以「滅清興漢」為革命目標的孫文與當時的國民黨來說，並不重要。或許孫文的心情、真心話，是比起被俄國或美國搶走滿洲，更想「委任」給同為亞洲人的日本。儘管如果孫文活到國民革命成功後，是否真的會實踐這個真心話的約定，仍有疑問，但蔣介石也屢次講出同樣趣旨的話，也是事實。然而，把蔣介石弄成正面敵人的，也是日本自己。

但是，撇開根據那樣的假定做的空想，孫文第二段話，有太過嚴重的意義與預見。問說為什麼在歐洲大戰中不加入德國陣營，是因為孫文知道亞洲的真正敵人，是協約國陣營的英國與美國。就算日本未必有必要跟德國站在同一邊，也不應該跟英美站同一邊，孫文的真意，可能是日本應該徹底站在亞洲跟東方的立場吧。然而，日本幹參謀的——不只是軍人，遵守幣原路線的政治人物、外交官、學者、記者，搞出了加入英美陣營，與支那為敵的形勢。根據佐佐木到一的《自傳》，大正十二年，在廣東演出排日戲劇，戲一演完「孫文的夫人宋慶齡與廖仲愷的千金，就拿起帽子繞著場內募款救助貧民，我們日本人只能一邊苦笑著，一邊放幾張紙鈔進去」。

一如預期，之後不到二十年，日本就如孫文所料，落入以「沒有資源的國家」身分加入德國、義大利陣營作戰的窘境，但是此間歷史展現了奇妙的逆轉，支那以日本的敵人身分，加入美英陣營，成為包圍日本的ＡＢＣＤ防線[2]當中的Ｃ，完全變成最棘手的一環。

這就是歷史。

---

2 譯注：日本稱一九三〇年代後半各國對日本施加的經濟制裁為ＡＢＣＤ包圍網。Ａ為美國（America），Ｂ為英國（Britain），Ｃ為中國（China），Ｄ為荷蘭（Dutch）。

美國的挑戰——白色太平洋之夢

佐佐木到一上校在廣東被迫觀看的排日戲劇，是因為大正四年（一九一五年），日本強迫北京的袁世凱政府簽訂「對支二十一條」的產物。當時的大隈重信內閣，認為歐美勢力因歐洲大戰一時撤離東方，是「千載難逢的良機」，只用「為了確立日本在東方的特權，要遵守日英同盟義務」這理由就參戰。在進攻青島將德國勢力從山東省掃除之後，將「加強在蒙古、滿洲的特權，繼承德國在山東的特權，建立在支那本土其他地方的優越權利」等事項整理成二十一條要求，以發動武力作為威脅，強逼北京政府就範。不管看其中哪一項條款，都只能說是火災現場的小偷被發現後，態度轉硬變成強盜搶劫。「日支親善」、「大亞細亞主義」都因為這個強逼舉動，化為烏有。

「二十一條正是讓之後的日華關係陷入難以挽救的沼澤，**確定美國對日本不信任的原因**，要說是日本外交史上最大的失策，也不為過。」

《通往太平洋戰爭之道》的這個記述，扣掉我標記的部分，必須全部加以承認。根據該書對這一段的注解，這段似乎是引用喬治．戴維斯的著書，但是自從培里來到日本，美國有信任過日本嗎？已經講過，日俄戰爭的時候美國借了錢給日本，但這是為了將來要稱霸太平洋。面對俄羅斯南下，把日本當成暫時的防坡堤使用，在日本戰勝俄羅斯的同時，美國就開始把日本當成太平洋上的障礙物對待。所以，劃線的部分必須重寫才對。

巴拿馬運河開通後，美國的亞洲政策是建立在「把太平洋變成白人的海洋」的「白色太平洋」構想上。作為亞洲唯一的獨立國家，日本妨害了美國實現「白色太平洋」，同時又不斷壯大。美國對日本的不信任，從一開始就**決定**了。

「二十一條」是「日本外交史上最大的失策」，是事實，但是那是支那人該對日本人說的話，不是美國能置喙的。

一如預期，美國立刻就利用日本這次「大失策」開始進行巧妙的反擊。激烈譴責二十一條，對支那民眾反日情緒表達同感，以「門戶開放」名義，開始致力於將二十一條變得有名無實。然而，因為德國與同盟國軍隊在歐洲的戰力強得出乎預料，導致美國必須參戰，而採取對日本讓步態度，一時之間放鬆了干涉強度。日本政府，尤其是田中義一內閣，趁美國鬆手之際強逼、威脅支那，讓日本跟支那的關係，越來越惡化。

在第一次世界大戰結束的同時，美國終於開始全面反擊。在巴黎和會上展現像是要援助支那的態度，想阻止日本的要求（轉讓德國在山東的特權、讓渡德屬太平洋群島，人種平等提案）。然而，日本用在戰爭期間與英國、法國、俄羅斯、義大利簽訂的秘密協定，當成擋箭牌奮戰，甚至顯示要退出和會的決心，讓人種平等提案之外的各項要求獲得同意。因此「中方甚為失望，排日運動發展成所謂五四運動，波及中國全土」，《通往太平洋戰爭之道》這樣寫，但這也是美國打的如意算盤吧。

在巴黎和會上，人種平等提案遭到否決，是很具象徵性的一件事。當時的美國跟英國，都不打算承認有色人種是人。世界是白人的，亞洲與太平洋也必須是白人的。

美國將第二次世界大戰中，針對日本進行的部分命名為「太平洋戰爭」，更具象徵性。美國認為，因為日本戰敗而成功實現了「白色太平洋」。美國以占領日本、去除日本人的骨氣，支配韓國，將沖繩、台灣、菲律賓變成永久性基地，讓南越獨立的方式，認定太平洋與亞洲為自己所有。

韓戰是最初證明這是太過天真的夢想、愚蠢的錯覺的實際證據。儘管美國將之稱作反共戰爭，但實際阻止美軍進擊的，不是蘇聯軍隊，是北朝鮮軍隊和中共軍隊。征服者麥克阿瑟也在這場對亞洲的戰爭中完全落敗，造成了戰史上罕見的大量傷亡，被美國人自己叫「食人惡鬼」，從榮耀的寶座上扯下、召回本國，老兵凋零。

亞洲的反擊現在依然持續，主要動力是中共新帝國。這次反擊雖是以共產主義名義進行，但中共把蘇聯人趕走，跟蘇聯的援助切斷關係。北朝鮮也強力提倡自力更生，付諸實行，不能再視北朝鮮為蘇聯傀儡國家。注意看看現在南北越南戰爭的實際情況吧，這很明顯是作為封鎖中共政策的一環，由美國進行的戰爭，但真的會成功嗎？把腳踏進「難以挽救的沼澤」，正在徒勞無功地浪費金錢、武器、人命的，不就是現在的美國嗎？

如果在中南半島作戰失敗，美國或許會再找出其他缺口與戰場。如果這也失敗了，美國與擁有核武的蘇聯聯手，像過去打擊「亞洲領導國」日本帝國般，著手全面擊潰新中共帝國的可能很大。中共在命運上繼承了日本的「百年戰爭」，「亞洲的悲壯命運」扛在中共自己的肩上，中共是否真會像日本一樣，被白人帝國主義聯盟擊潰呢？

這件事是無法預言的，然而，世界正在快速變化。亞洲之外，還有非洲、中南美洲各國正開始覺醒，我認為美國跟蘇聯無法輕易握手言和。而且想成為第三勢力、承認中共的法國戴高樂政府上台，肯定會讓世界局勢更加混亂。美國國內發生了黑人暴動，還有波多黎各人地位在黑人之下，旁邊就是卡斯楚的古巴島與中南美洲各國。只要全體美國國民沒有要再當「食人惡鬼」吃光全世界的人類，今後的歷史是不會順著美國的意發展的吧。

幣原外交的本質（二）

那麼接下來，再回到幣原外交與滿洲事變問題吧。

所謂幣原外交，一言以蔽之，就是順應華盛頓體制，向美國的亞洲政策屈服，這說法並不包含對幣原喜重郎個人的攻擊或責難。幣原喜重郎是一位為了打破當時日本身處的困境，堅守、實行日本領導階層認為最「理性」、「現實」路線的堅毅外交官。屢屢與軍方發生衝突，受到反對黨、少壯派軍人、右翼學者攻擊，但幣原喜重郎自己都不為所動。

在美國與英國倡導下，華盛頓會議在大正十年（一九二一年）十一月舉行。美國、英國、法國、義大利、支那與其他共九國參加。會議議題不僅是限制海軍軍備，也包含太平洋與遠東地區問題。因為察知此會議目的在於牽制日本的支那政策，日本試圖將議題限於裁軍，但因為美國與英國壓力而遭排除。

會議結果，決定美國與英國可以擁有的主力艦數量為五，日本數量為三，法國、義大利數量為一點六七。日本主張要有相當於美國七成的數量，但沒有被接受，日本全權代表，海軍大臣加藤友三郎海軍上將，擔起全責批准六成方案，海軍次官井出謙次中將寫了內容如下的信：

「國防不應由軍人獨占……國家若不全體動員投入，就難以達成目的。所以，在整建軍備的同時，若不發展民間工業能量，獎勵貿易，確實充實國力，就算軍備再充實，也無法活用。用白話說，就是沒錢就打不了仗。第一次世界大戰戰後，俄國跟德國變成這樣（崩潰了）的結果，只剩美國有跟日本爆發戰爭的可能性。就算暫時假設日本在軍備上有能力抗衡美國，不過用像日俄戰爭那麼少的錢，是無法進行戰爭的。但講到要去哪籌錢，找不到美國之外的國家可能會買日本的外債。如此，要是把美國當成敵人，這個方法就不能用了，所以日本就必須自力籌措軍費，沒有這份覺悟，就無法進行戰爭。雖然還有英國、法國，但不能指望他們。如果這樣論述，結論就是日本跟美國之間不可能進行戰爭……日本在此必須避免與美國戰爭……除了盡可能避免日美戰爭，等待適當時機之外，沒有其他辦法。」

宇垣一成上將也在他的日記裡寫：

「與英美為敵，仍非上策。在華盛頓會議上讓步之舉，亦可說是近乎賢明。」

幣原外交是根據當時的領導階層如此的認識產生。

幣原喜重郎在記者會上說：「現在世界上人們的心，已經普遍排斥偏狹、排他的利己政策，反對濫用武力，否認侵略主義，可以認為，所有國際問題，都正走向以取得相關當事各國瞭解、合作的方式處理的時機。」承認華盛頓體制，在昭和元年（一九二六年）第五十屆帝國議會上聲明將對支那厲行徹底不干涉內政主義。

這也是一條路，他是相信文明與人類理性的理想主義者。但是，歷史不只因為人的理性而動，尤其是政治與國際關係會嘲笑、背叛這種理想主義。儘管幣原喜重郎付出他的信念與努力，但英國加強了新加坡要塞，美國發動排日運動，支那抗日運動日益激化；在國內因為倫敦海軍條約引發軍人不滿，輿論痛罵幣原軟弱外交，最後終於因為爆發滿洲事變，導致幣原喜重郎必須從政治舞台退場。

《陰謀、暗殺、軍刀》的作者森島守人這樣批評幣原喜重郎：

「外務大臣幣原喜重郎對內政太漠不關心，而且在性格上太拘泥於形式邏輯。幣原外交對滿洲的挫敗，總之是內政失敗的結果，當時世間甚至還有人以春秋筆法，痛批幣原喜重郎引起了柳條溝事件。」

撇開如此「痛批」是否正確不管，柳條溝事件跟先前的炸死張作霖事件一樣，無視中央政府與陸海軍高層意向，將他們蒙在鼓裡，而且是在幣原喜重郎擔任第二次若槻禮次郎內閣外務大臣任內爆發。內閣會議決定不擴大滿洲事態，但關東軍占領奉天、長春，朝鮮軍因為司令官林銑十郎的獨斷命令越境，出動到滿洲。

參謀本部裡的「秘密參謀本部」

板垣征四郎上校面對陸軍大臣的制止，回覆了一封態度反抗的電報：「不要徒勞無功地埋頭於消極的宣傳戰，應該趁千載難逢的好機會，毅然勇往直前，解決蒙古、滿洲問題……區區負面宣傳之流，絲毫不足為懼。」最後甚至發出等同於叛亂的電報，寫說「軍隊根據一定的任務行動，沒有必要逐一接受參謀本部命令」。

是什麼讓一介上校參謀板垣征四郎，懷有這般自信，無視政府與軍方中央，將事變擴大？《橋本欣五郎上校的手記》編者中野雅夫，對此加上了很有趣的說明。

> 「儘管當時陸軍大臣與參謀總長都糊里糊塗不知情，此時參謀本部裡面已經產生**另一個秘密參謀本部**。另一個參謀本部，與板垣征四郎之間有獨特暗號，當參謀總長金谷範三對關東軍發出電報，指示『不要擴大事變』，就發出電報說『參謀本部停止軍事行動的命令，是在形式上應對內閣會議，其意向並非要停止軍事行動』。
>
> 當參謀總長阻止朝鮮軍越境，就發出另一道命令說『無須服從總長命令，立刻越境增援關東軍』。
>
> 這些暗號電報怕被發現，不使用軍方通訊管道，從東京、品川、淺草等地，每次都更換地點從郵局發出。
>
> 而且，**另一個參謀本部**因為政府、軍方領袖每次都擺出要制止、妨礙關東軍行動的態度而動怒，集結在東京的三百名青年軍官，嘗試政變推翻政府。為此動員十三個團，還準備了六十支機槍、飛機、炸彈、毒氣，計劃殺害、監禁軍方領袖、政府、重臣、財閥、官僚。這就是所謂被稱為錦旗革命的十月事件政變。事件在實行前夕敗露，相關涉案人士被捕，但得知此事的關東軍，對陸軍大臣還有參謀總長發出獨立宣言，表示：『我們為了天皇統治的國家，正在滿洲粉身碎骨行動，但日本政府每次都掣肘我們，讓我們無法完成大業，關東軍在此將打破皇軍

榮耀歷史，從帝國分離、獨立。』阻礙軍方處罰相關人士。政府與軍方領袖驚愕、戰慄，失去對策，不知如何是好。」

只讀解說的這個部分的話，會認為這是場完整的叛變，是事情未成就收場的軍方革命計畫。

「錦旗革命」與橋本欣五郎

他們軍人自稱這一次行動為「錦旗革命」，叫它「昭和維新」。在這之前的明治維新是由武士階級、浪士與國學者發動。德川幕府封建制度已經老朽，農民尤其窮困，沒有發展出自己奮起打倒封建制度的第三階級。明治維新是由被稱作勤王志士的武士團發起，廢止了幕府與武士團自身，並建立了統一國家。比起國內情勢，讓武士團起事的原因，國際情勢如黑船來到日本與「西力東漸」更為重要，他們的標語是「尊王攘夷」。

「錦旗革命」與「昭和維新」的計畫，跟明治維新同樣都是因為武士團（軍人）的內憂外患意識而產生，結合民間學者（例如北一輝、大川周明等）與浪人團體（例如岩田愛之助一黨、井上日召的血盟團、前田虎雄的神兵隊等），互相呼應，尋求改革國內體制。其目的為確立以美國、英國為敵人的決戰體制。明治維新時，中岡慎太郎回顧美國獨立戰爭，作為維新的模範；昭和時的橋本欣五郎一黨，雖然是參謀本部俄羅斯班成員，卻沒有模仿俄羅斯革命的方法，而試圖採用土耳其的凱末爾的軍隊政變方法。明治維新跟昭和維新，都是不能用階級鬥爭理論說明的政治現象。

橋本欣五郎在昭和十年（一九三五年）十月所寫的手記開頭如下：

「自明治時代以來蓬勃發展的日本，也在進入昭和年代之後，人心鬆懈，滿是滔滔而至的自由主義思想，國家觀念大幅磨損，四處充滿個人主義思想。還有在大正時代末期因為共產主義傳入，而使我國舉世無雙的國體都要遭到危害的情況，讓懂道理的人，都對國家前途深切感到擔憂。

而且政府完全不從事期望國民幸福的政治，每天爭奪政權還不夠，政黨很明顯是資本家的走狗，說他們腐敗到了極點，大家也幾乎不懷疑，接連發生政治人物、大臣的嚴重收受賄賂醜聞，天皇的本心幾乎沒有傳遞給國民，讓人感到政黨政治是天皇政府唯一且最大的障礙。

就算經濟大為發展，都是個人資本主義的極致，棄國家利益不顧，卻汲汲於自己的利益。經濟發展反而未必成為國家的利益，貧富差距擴大，接著代表資本的政黨政府又展現出他們是國民的敵人的觀點，事情這樣子發展下去，國民義憤將會爆發，讓人擔心會累及皇室。而且政府、政黨、資本家都仍未清醒，然而儘管如此，宮中高官，還跟政府串通，蒙蔽天皇聖明，因此國民怨恨聲浪高漲。

外交也變成搞外交的傢伙們的外交技術、外交生意，完全不是增進國民幸福的外交，追隨、妥協，恬不知恥，搞外交的傢伙們，窩囊到看起來彷彿是國際妓女。

我和同志們直覺，讓事情像前文所述般發展，可能會引起國民群眾革命，而且在發生革命時會產生共產主義式的傾向，可能會導致無可比擬的國體受損。我和同志們日夜深慮，要如何挽回前面所說的情況，希望達成由天皇獨自掌權的政治。」

並非只有橋本欣五郎中校有這份樸實的危機感與革新思想，這個感覺與思想普遍淤積在少壯派軍人、青年軍官與一部分國民心中。

橋本的手記有一段如下：

「到了此時，最起碼我們必須且僅能從左傾團體中，找出某種程度的主義與熱情持續奮鬥。這種奇異現象，到底給了我們什麼啟示？」

儘管當時的勞工運動、左翼政黨，特別是共產黨，其受到的鎮壓，是成長於敗戰後的青年們無法想像的，但左翼運動卻走向擴大的方向。撇開俄羅斯傀儡團體，讓青年勞工與大學生斗膽跳進鎮壓風暴中的，是跟少壯派軍人一樣的危機感，是對日本革命的希望。這個憤怒與希望，在右翼思想家與少壯派軍人手中成為「皇道維新」、「錦旗革命」、「昭和維新」的構想展現。橋本手記寫道：

「我察覺到改造國家除了靠同志團結之外，沒有別的方法。立刻各別懇請、說服中央優秀的上尉、校級軍官。雖有數十人同意，但也有很多剛從陸軍大學校畢業，主張要升官，令人擔心是否有實行意志的人。長勇、小原重孝、田中彌、天野勇，熱烈回應，表示要誓死參與這項志業。還有相當多擁有優秀意志的人。至此，同志們每月在偕行社集會，交換意見並加強團結。」

這就是著名的「櫻會」誕生的事情經過，之後，包含海軍軍官的「星洋會」，還有青年軍官團結組成的「小櫻會」也誕生了。

德川義親

已經談過賦予這些軍人思想背景的民間學者北一輝、大川周明，來看看其他跟「櫻會」合作，在背後支援的軍人以外人物吧。

橋本欣五郎的手記中，列出的民間「盟友」名字，有大川周明、岩田愛之助、松尾忠二郎、萬俵喜藏、高橋利雄。

根據中野雅夫的解說，岩田愛之助是愛國社首領，松尾忠二郎是神戶製鋼、北九州鐵路董事、播磨造船社長，萬俵喜藏是貿易商、關西物產董事，都在滿洲事變之後提供資金給橋本欣五郎。高橋利雄是俄羅斯通訊社長，為了提供蘇聯情資，而出入參謀本部。

在橋本欣五郎手記中，雕刻家朝倉文夫，在立憲政友會的床次竹二郎介紹下，與橋本欣五郎見面，招待橋本欣五郎到家裡共進晚餐，同時大力表示對時局的憤怒，這一段特別有趣。朝倉文夫是大分縣人，是我同鄉的前輩，我第一次聽說他有過這個故事。當時的青年藝術家、文人多數傾向左翼，但是像朝倉文夫般，心中抱有大川周明、橋本欣五郎中校式的憤怒，而講出口的人也不少。

蒲田醫院院長今牧嘉雄博士也登場了，左翼陣營與勞工運動人士中，赤松克麿、小池四郎、望月源太等人參加了大川周明陣營。

在看了中野文夫的解說才知道，對我而言最為意外的新事實，是德川義親侯爵為這次三月事件，提供了五十萬日圓資金（相當於現在的兩、三億日圓）。外號獵老虎的領主大人，有名的德川義親侯爵，在戰爭時以南方軍顧問身分待在昭南市（新加坡）。我擔任隨軍記者，在新加坡待了大概兩個月，幾乎像是每天都到德川公館去玩。當時左派理論家領袖大森義太郎教授的妹妹，大森松代在德川公館擔任秘書，還有其他好幾位出身良家的年輕美少女在，又因為有送給不喝酒的侯爵的東西方美酒，原封不動的留著，德川公館成了記者們常常出入的好地方。

不論是關於軍事或是政治，侯爵什麼都沒有跟我們說，只是邊開心地笑著邊看我們喝酒玩樂的情形。侯爵大方的領主大人言行，實在讓人無法想像，這人為三月事件給行動隊長清水行之助的擾亂東京行動，提供了五十萬日圓資金。

德川義親侯爵是越前福井藩主松平慶永的二兒子，後來成為養子進入尾張德川家。松平慶永是島津齊彬的盟友，是起用橋本左內，活用其才能，被大老井伊直弼當成政敵，下令隱居的人物。歷史學家上山春平也引用他的東亞經略論，說松平慶永的意見中，揭示了維新之後的日本的路線，然而這位慶永公的兒子，卻當上了日本軍隊從英國奪取的新加坡的軍政顧問。

中野雅夫寫道，德川義親侯爵「是著名的社會主義者石川三四郎的友人，而且很早就有改造國家的意見，所以可能很容易贊同政變吧。清水行之助在敗戰後立刻將這筆五十萬日圓（因為三月事件中止），還給德川侯爵」。

德川義親侯爵將這筆五十萬日圓原封不動捐贈作為設立日本社會黨的資金。當時社會黨的領導階層把德川侯爵宅邸當作設立準備辦公室，在德川宅邸集結，據說日本社會黨這個黨名也是由德川義親侯爵裁定決定的。

中野雅夫認為德川義親侯爵交遊、援助橫跨左右兩派，是因為他的「大名式性格」，這樣說也對，但我在這裡無法不感受到應該稱為「歷史血脈」的事物。儘管主導明治維新的力量，是尊王派學者與武士團，但像薩摩藩的森山棠園（新藏）父子、長州藩的白石正一郎般的商人、像武洲的澀澤榮一家族或福島的河野廣中兄弟這樣的富農、醫師、僧侶、神官都展開行動。不僅如此，以島津齊彬為首，松平慶永、伊達宗城等許多其他藩主、各藩的家老級武士的上司們也援助志士們的國內改革行動，甚至幕府陣營也有不少以勝海舟為代表的革新派。

在有外患的時候，一個國家的革新，會超越階級鬥爭理論，變成這樣全體國民式、民族主義式的形態。

內政派與外政派

昭和時代的革新派軍人，有內政派與外政派。內政派主張先改造國內，外政派主張先解決滿洲、蒙古問題，之後再實施改造國內的行動。橋本欣五郎中校是內政派的代表。

「在我們的同志間，進行國家改革方案研究時，產生主張應該先改造內部，還有先處理外政，再及於內政兩派論點。因為，不管怎麼改造內政，靠這個貧弱、固定的領土，改造內部也不可能對國民幸福有很大的期待……有同志持此論點，尤其是很多缺乏堅決行事魄力的人持此論點。我主張當然需要處理外部，但是靠像現在這樣以柔弱政客之流為基礎的政權，是不可能處理外部問題的。所以若是不以改造內部的方式，建立強力的政府再擴及外政，就不可能實行處理外部的行動。所以說如果像改造內部的要點般，斷然實行處理外政，鬼神也會走避，我要朝向我的先內後外主義邁進。」

然而，在內政派的政變計畫因為準備不足、內訌、高層安撫而受挫的期間，外政派這邊卻先發難了。就是炸死張作霖跟柳條溝事件。應該就是佐佐木到一、河本大作、石原莞爾、板垣征四郎、辻政信等，代表外政派的軍人，但是因為他們在外派的當地，所以應該不是像橋本欣五郎手記所寫的，像在日本內地的「外政派」那樣「尤其缺乏堅決行事魄力的人」。

在這些人當中，石原莞爾還有名為「東亞聯盟論」的獨特理想論。父親張作霖被炸死的張學良加入蔣介石的國民黨，滿洲揚起青天白日旗，在檯面下或是公然的繼續進行「反日侮日政策」。日本方面受害超過百件，其中也有像中村事件那樣殺害軍人的案件。住在南滿鐵路附屬地，一百多萬憤怒的日本人，以及特別是以「滿洲青年聯盟」為代表的強硬論者，期望關東軍早日奮起。應該也可以認為，在如此情勢中，石原莞爾跟同志板垣征四郎一起連絡了橋本欣五郎的「秘密參謀本部」，為了實現「東亞聯盟」理想，毅然實施了柳條溝的謀略。

然而，歷史不會照著理論走，戰火越過萬里長城延燒到支那本土，變成跟「東亞聯盟」理想完全背道而馳，一陷入就難以脫身的戰爭，集結亞洲全部力量對付美國、英國的盤算完全亂掉，鋪下了在即將到來的對美國、英國的戰爭中敗北的基石。

第十五章

往日中戰爭發展

——「東亞聯盟」的理想與現實

關東軍的「恣意行動」

接續在柳條溝爆破事件後，日本政府對關東軍的「恣意行動」的方針，就只是「不擴大方針」。

關東軍原本的主要任務，是防衛包含旅順、大連在內的關東州，保護南滿洲鐵路以及居住於其附屬地的日本人。如果採取超出偏離這項主要任務的行動，一定會跟在張學良指揮下的軍隊發生衝突，並且因為張學良已經加入國民黨，揚起青天白日旗，當然也就必須與蔣介石的軍隊為敵，而蔣介石的背後則躲著美國、英國的軍事力量。再者，如果關東軍與朝鮮軍進入哈爾濱與間島地區[1]，就會侵犯蘇聯權益，必須對與蘇聯發生戰爭的危險作心理準備。

陸軍中央也不得不採取不擴大方針。從天皇開始，西園寺公望、牧野伸顯等重臣、政府、政黨（尤其是民政黨）、財經界、海軍都認為，關東軍的恣意行動是極度危險的魯莽行為，集體反對。立憲政友會與財經界也有一部分強硬論者，但極為少數。一部分少壯派軍官、民間右翼團體、滿洲當地的日本人，尤其是「滿洲青年聯盟」，全面支持關東軍的行動，但都沒有成為能夠推動輿論的勢力。參謀本部禁止關東軍進入哈爾濱，陸軍大臣南次郎發布「勿將軍隊推進至寬城子以北，不可對南滿鐵路以外的鐵路動手」訓令。

儘管如此，受石原莞爾，板垣征四郎兩位參謀指導的關東軍依然「恣意行動」。用板垣征四郎名義發回參謀本部的電報寫：「應該趁千載難逢的好機會，毅然勇往直前解決蒙古、滿洲問題。如果能至少在蒙古、滿洲天地建設新國家，區區負面宣傳之流，絲毫不足為懼。」

關東軍打算實施第三項謀略，命令哈爾濱的特務機關人員（百武晴吉中校、甘粕正彥前上尉等），散發排日傳單，對日本總領事館、朝鮮銀行、哈爾濱日日新聞投擲炸彈，想製造占領哈爾濱的藉口，但軍方中央不允許他們出兵。

「恣意行動」的原因與條件

關東軍「恣意行動」是事實，但是，是什麼讓他們「恣意行動」的？

已經講過，那跟日本國內的「昭和維新」運動是相呼應的。然而，關東軍畢竟是滿洲當地的駐防部隊，在滿洲情勢中，應該有**更為**直接的原因，讓當地軍隊「恣意行動」。

一、支那本土排日運動波及滿洲，張學良將之組織化、積極化。

二、因為中共進入滿洲，加速「收回滿洲論」與「推翻日本帝國主義論」。

當時滿洲約有二十萬日本人居留，朝鮮人在間島地區有約四十萬、滿洲北部約八萬，加上其他地區，合計估計約七、八十萬。排日運動也針對朝鮮人，引發了「萬寶山事件」與「間島暴動」。奉天當局制定了「驅逐朝鮮農民辦法」，在各地發生「朝鮮、支那人衝突」。據報在京城、仁川、平壤、新義州等地，發生了針對這些衝突的暴動，朝鮮的支那人死傷數百人，暴動反彈到滿洲，事態更加惡化。

日本政府加以抗議，蔣介石、張學良，都承認這些行為太過分了，但因為他們從一開始就為了內政煽動、利用排日運動，事到如今不可能採取鎮壓行動，也無意採取行動。而且民間的

1　譯注：主要範圍在今日中國延邊朝鮮族自治州一帶。

「農工商學聯合會」、「國民外交協會」，脫離張學良的政策與命令控制，一心往排日運動直線前進。支那民族主義興起，已經發展到國民黨領袖無法控制的程度。

此情勢讓關東軍決心行使實力，張學良也預期會如此，悄悄地進行對日本占領蒙古、滿洲反擊的準備。但張學良既不是像一部分日本軍人所評價的「受美國壞影響的敗家子」，也不是「隨時可以解決掉的黃毛小子」。雖然他下場悽慘，但應該認為，他當時已經充分具備引發「西安事件」，強迫蔣介石進行國共合作，統一抗日戰線的智慧與策略。而且他心底堆積著對炸死父親張作霖的日本的深厚怨恨，他勸蔣介石盡快停止沒有用處的內戰，自己專注充實滿洲軍備，決心對日本不久後必將發動的攻擊進行反擊。

然而，因為北伐的蔣介石軍隊，遭到共產黨軍隊與陳濟棠、汪兆銘、陳友仁等人領導的廣東國民政府軍隊夾擊，陷入困境，張學良也因為在以收回東清鐵路為動機，在滿洲、蘇聯邊界與蘇聯軍隊發生的戰鬥中落敗，在軍事上失去自信，只能隱忍等待時機。

另一方面，美國苦於空前的經濟不景氣，暫時從支那、滿洲問題抽身。史達林的蘇聯也忙於進行五年計畫建設國內，想要避免與日本衝突。英國、法國、德國也都持續採行傳統的機會主義政策，想將滿洲的事情交給日本跟支那。

「滿洲青年聯盟」的產生與活動

在這些狀況中，造成關東軍的「恣意行動」。然而，在此不能忽略在滿洲的二十萬日本人動向。河本大作上校炸死張作霖的行動，在結果上等同於失敗收場，此事件對在日本內地的日本人當然不用說，對在滿洲的日本同胞也是晴天霹靂，換句話說，也能夠說沒有國民輿論支持。

然而，在此後三年間連續發生排日、抗日事件，在大連、奉天、長春、南滿鐵路員工內部、鐵路延線附屬地居民中，也引起了激烈的民族主義，形成對蔣介石與張學良的怒火。同時，這也化做針對所謂「幣原外交」，以及看起來如同被幣原外交掣肘的軍方中央的怒火、焦躁而展現出來。

「雄峰會」、「滿洲青年聯盟」就是因此產生。這些用「強力外交」當標語的好戰民間團體，後來當然有協助關東軍，但這些團體成立，跟軍方沒有直接關係，這些團體反倒是為了撻伐政府與軍方軟弱，而**自然產生**的。

根據《滿洲青年聯盟史》，昭和三年（一九二八年），此聯盟是以大連新聞社主辦的滿洲青年議會（模擬議會）為母體產生，在同年十一月，發表了如下的成立宣言：

「將蒙古、滿洲作為日華共存地區，提升文化、開拓富源，以此互利，確保雙方民族繁榮無窮盡與東方永遠和平，正是我國偉大使命。

現在我們的聖地：蒙古、滿洲已經瀕臨危機。在此國家存亡之際，在朝者沒有因應策略，在野者不喚起國民輿論，若是坐著默不作聲，裝聾作啞，祖國必定蒙上亡國的悲慘命運。這就是我們奮起，發動運動確立新蒙古、滿洲政策的理由。」

《通往太平洋戰爭之道》將這個運動定義為「以滿洲為背景的思想聖戰」，說滿洲的青年們效法明治維新時的青年志士，為了共赴昭和的國難而悲憤，以從「盡是爭奪政權的老舊時代為政者」手裡奪取「確立蒙古、滿洲政策」的指揮權為目的。

另外，聯盟創立者之一的金井章次說：

「滿洲青年聯盟有因為『青年』名稱，而被嚴重誤解之處。聯盟的會員資格，是『在滿洲獨立謀生者』，當時三千名會員中，一個靠家裡養的學生都沒有，大部分是三十幾歲、四十幾歲的正值青壯巔峰時期的人士。首任理事長是南滿鐵路董事，後來出任運輸大臣的小日山直登，第二任理事長是現任參議院議員（時任南滿鐵路地方部地方課長）的平島敏夫。我是滿洲事變當時的理事長，在事變爆發的昭和六年（一九三一年）時，跟板垣征四郎、土肥原賢二兩位上校都是四十八歲。滿洲青年聯盟成立以來一直祈禱的滿洲獨立草案起草者中西敏憲，當時是南滿鐵路總公司總務部文書課長，同樣地，枏本是南滿鐵路撫順煤炭礦事務所勞務課長。另外我想當時身為社員活躍的南滿鐵路總公司鐵道部員山口重次、長春的牙醫小澤開作、是安正利等人都是四十幾歲。

儘管也有想法認為滿洲國建國，是直接與關東軍的軍事行動相聯，但我絕對沒有那樣想。有一群文人統治派人士，目睹大正十四、十五年（一九二五、二六年）以來，因張作霖、張學良父子進入支那本土的野心而極度疲敝的一般大眾，他們進而憎恨張家暴虐、加以反抗。我稱這些人為『保境安民』主義人士。他們的主張，是封鎖萬里長城以北（保境），讓人民安定（安民）。而且這些人都認為要跟日本合作發展經濟、聯合實施國防、施行政治。」

金井章次並舉出王永江、郭松齡、于沖漢、袁金鎧、臧式毅等人的名字。

「王道政治」之夢

在滿洲建國議題上，有許多日本人真心抱著「獨立」與「五族協和[2]」的理想，不是只限於「滿洲青年聯盟成員」。笠木良明派系的青年參事官以及相信「東亞聯盟」的人，也必須算在這裡面。然而滿洲國也不得不像「日韓合邦」變成「兼併朝鮮」那樣變質，我斗膽說，這也是在「東亞百年戰爭」進展過程，不得不發生的變質。

戰爭是政治的延長，是政治的集中展現，在政治跟戰爭中都不可能有「王道」，盡是「霸道」，相信王道者會敗北，實行霸道者會成為勝利者。金井章次在他的回想中寫，「曾向袁金鎧推薦實施王道政治」，而袁金鎧反問他：「軍隊真的是那樣就好嗎？」或許袁金鎧比較清楚政治的本質。理想家相信王道，但是現實的政治，尤其是戰爭，是容不下王道的。政治上的理想家們，不得不在失意中互相牽著手說：「我們實在太蠢了。」這個時刻將會到來。

王道政治是孔子與孟子的理想，大川周明在柏拉圖的「貴族政治」中，也發現了相同的王道政治。年輕時的北一輝，也將他自費出版《國體論及純正社會主義》的出版社，取名為孔孟社。西鄉隆盛在他的《南洲遺訓》裡講的，是王道政治的原則，所以他失去當政治人物的資格，必須當個造反者死在城山。石原莞爾因為是日蓮宗信徒、「東亞聯盟論」主張者，是理想主義者、王道主義者，所以他也只有失意的晚年。

當然，我不是在讚美「霸道」。讓人走向政治，進而死在戰場上的，是「王道」的理想。

2 譯注：滿洲國的民族協和政策標語，五族是漢人、朝鮮人、滿人、蒙古人、日本人。

只是在感嘆，回顧被稱作「文明」的七千年歷史，勝利經常落入「霸道主義者」手中。「王道」經常自己破敗，「霸道」因「霸道」自己毀滅，然而「王道」常像不死鳥般從灰燼中復活。「王道」最後終於打敗「霸道」，令其無法再起的時候，應該一定會來到。人類抱著這個夢想，一直以來忍受了七千年歷史無情。

我也想當個在抱著「實現王道之夢」同時，走向人生終點的人。

笠木良明與「雄峰會」

談「滿洲青年聯盟」，就不能漏寫「雄峰會」。這個團體是大亞細亞主義團體，在滿洲事變前，於南滿鐵路公司員工間誕生，並在滿洲事變後與「滿洲青年聯盟」聯手合作，挺身從事滿洲建國，投身自治指導部、縣參事官運動等特殊工作。但因為其過於激進、純粹的理想主義，所以被下令解散、驅逐，其領袖為笠木良明。

笠木良明的名字，在以大川周明、北一輝為兩翼的亞細亞主義維新團體「猶存社」會員中出現。當大川周明與北一輝訣別後，笠木良明身為大川周明派，留在「行地社」，但不久後與滿川龜太郎、中谷武世等人離開「行地社」，主持「東亞聯盟」、「大邦社」等團體，繼續進行興亞運動。不過在昭和四年（一九二九年），他從至今一直服務的南滿鐵路東亞經濟調查局，轉調到南滿鐵路總公司。他強烈奔放、超俗、如妖僧般的身影在大連出現。

笠木良明篤信佛教，創立「東亞青年居士會」，私淑[3]甘地，又稱革命家列寧為列寧大和尚[4]。他的志向是日本維新、解放亞洲、協和世界，主張超越王道主義的皇道主義，但總是反對「固執的國家至上主義」。

「頑固的愛國者堅持錯誤的國家至上主義，同時產生錯誤的國家否定主義者。他們第一句話就講說，我國國體冠絕世界。就算是我，在尊重歷史上，也不遜於任何人，但淨是拿過去的歷史到處比較、對照，夜郎自大，這是精神上的老人的壞習慣，是在光榮歷史的未來準備墳墓的亡國態度。一個國家的歷史不是古董，是總是加以破壞，每天重新加以完成的創造、進化的痕跡。」（《笠木良明遺芳錄》，〈愛國的唯一道路〉）

他擔任南滿鐵路的人事主任，但在此思想周圍，自然組成了「雄峰會」。可以說在南滿鐵路公司內部，不論幹部、中堅員工、青年員工，這樣的氣氛或思想已經充分萌芽。

在滿洲事變爆發同時，笠木良明與「雄峰會」同志們一起前往奉天，與石原莞爾、板垣征四郎會談，也與「滿洲青年聯盟」的幹部見面，合作建立「自治指導部」（于沖漢擔任部長）。

「『自治指導部』不是普通的行政組織，是為了重建因為緊接在事變後發生的滿洲人反抗，而全面崩潰的地方行政，派遣指導人員（縣參事官）前往滿洲各縣的危險工作。在昭和七年（一九三二年）三月滿洲國建國為止，對滿洲五十八個縣各派遣了數名年輕的參事官，但也有

3 編注：私淑，私自敬仰某人的學識，然而並未得到他直接的傳授。
4 譯注：大和尚為日本佛教對高僧的稱呼。

不少人死在任務途中。」

根據笠木良明門下一員，曾挺身參加參事官運動的甲斐政治的回想，

「當時我們作夢也沒想到，柳條溝事件是蓄意造成的事件。因為各地發生的侮日、排日運動，滿洲官員對朝鮮人的壓迫很激烈等等因素，我們不加懷疑地起身。在關東軍與張學良的軍隊戰鬥後，各地土匪興起的狀況下，單獨、或是最多兩人左右，前往滿洲各縣（最初是滿洲南部），開始治安工作。不是受到命令，也不是負有義務，只是相信在這個機會保護、解放滿洲人是當下最大的使命。戰死時得到軍屬人員待遇，南滿鐵路員工得到一些津貼，是很久之後的事了。如今回想起來當時心中完全沒有想到這些，甚至覺得是種不可思議的現象。可跟當時共產黨的年輕人，以坐牢或是喪命的心理準備從事地下運動對照思考。

所以我們在各地與關東軍對立，因為比起居留滿洲的日本人利益，我們更擁護滿洲人利益，所以被日本人排斥。到滿洲建國時，還有許多年輕人就如同字面所述，以死保護滿洲人的利益與存在。然後直到滿洲國崩潰，悲劇收場為止，都還持續作這件事。

我認為，至少是不能讓兼併朝鮮時，日本人做出的惡毒掠奪行徑，在滿洲再度發生。然後建國十周年前，在滿洲國官員與協和會會員被認為幾近達成這項目標時，我提出了辭呈，就那樣離開滿洲。」

石原莞爾也在作夢

笠木良明在滿洲國建國之後，過了四個月就遭到「驅逐」。笠木良明門下一員，齋藤進次郎寫到，原因是與時任滿洲國總務廳長官駒井德三對立，因為年輕的參事官們盡往笠木良明處聚集，都不到長官的地方去。所以駒井德三動怒，向關東軍投訴「因為參事官反對軍方認可的協和會，所以協合會做不了該做的工作」。（《遺芳錄》）

齋藤進次郎感嘆說：「建國僅僅四個月就被斬斷王道精神道統的滿洲國，是不可能可以健康、純真地成長的……驅逐笠木良明，完全是滿洲國要沒落的兆頭。」

而在同一本書裡，也登了如下的當時南滿鐵路高幹十河信二的批判性追悼文章：

「我反對在滿洲事變之後設立的自治指導部的設立草案，由於我也反對從南滿鐵路派遣員工到自治指導部，中西敏憲跟笠木良明等人似乎也很困擾。

不管是滿洲或是中國，都必須是完全的獨立國家，這始終是我的心願……我反對自治指導，也是因為我認為，明明就沒有別的國家自治發展程度像中國社會，事到如今，日本人對中國人進行自治指導，可說是非常愚蠢。

說到底，日本的文明、思想起源很多是從中國傳來的。因為如果研究中國文化的話，就會理解日本文化本身，所以我在北京開了古典研究會。事情的原委是，我想藉復興黃河文明，謀求中日兩國親善與復興東亞，而這個行動得到笠木良明給予合作與支援。」

看起來真的像是各有各的說法，但這就證明了，當時的日本人針對日中問題、亞洲問題，進行許多認真、透徹的思考，同時煩惱與行動。

然而，歷史會超越人們的意見與行動進展。「東亞百年戰爭」因為滿洲事變，進入了最後的活動時期，就是戰爭。戰爭不是自己一頭熱，是有對手的。在漢民族民族主義這個強敵背後，有美國、英國、俄羅斯這些更強大的敵人。一度開始「恣意行動」的關東軍，必須無視日本政府不擴大事態的方針，拖著政府讓「失控」情況持續。這不是任何人的罪過，想要找出嫌犯，去逮捕「歷史」就好。

儘管石原莞爾的蒙古、滿洲政策，是針對與美國發生持久戰爭，做出心理準備的軍事占領方案。然而不久後，石原莞爾放棄軍事占領方案，開始相信「東亞聯盟」夢想。他首先自己編織出「世界最終戰爭論」加以信奉，相信「東亞聯盟」，相信日蓮宗的預言與法華經，靠著這份近乎盲信的信念，成為拉動關東軍與日本軍方「恣意行動」的火車頭。

現在回顧的話，全都是夢，可能有些人只會覺得是「惡夢」，但我要將之稱為「美麗的夢」，人類是有作夢的能力，從作夢感受到生存意義的動物。

不喜歡石原莞爾的人，應該很多吧。但是他也是日本的宿命與時勢所生的**不幸的天才**之一。他也已經成為故人，要稱他跟大川周明、北一輝是「三個瘋子」，是很輕鬆的事情。然而，「天才跟瘋子只有一線之隔」，儘管這句話已經講到爛了，天才未必只會是給世間帶來和平與繁榮的人物，也屢屢發生給世間帶來完全相反的事物的情況。而本人則被當成不為世間所容的預言家或是狂人對待，多有終身不得志的情形。石原莞爾也是這種類型的天才。

讓蒙古、滿洲獨立，組成以日本、滿洲、支那為中心的東亞各國聯盟，在約三十年後要發生的「世界最終戰爭」中獲勝，達成統一世界與和平，是他的**天才構想**。然而這個預言，跟所有預言家的話語一樣，全都落空了。他被當成反軍隊的軍人、精神異常者召回日本內地，後來被編入預備役，卻依然不停巡迴日本各地提倡「東亞聯盟」與「世界最終戰爭」理想，目睹日本因為原子彈問世而敗戰，結束了不得志的人生。

為了理解建國不滿十五年就毀滅，名叫「滿洲國」的不可思議帝國，必須要知道石原莞爾的理想，或者是夢想。在歷史上，短命的帝國絕對不少，拿破崙的帝國很短命，希特勒的帝國更短命。雖然「滿洲國」也是其中之一，但誰也無法否定滿洲國曾在歷史上存在過。

石原莞爾的著書、演講筆記，他的同志們寫的論文，在抱著成見與反感來讀的人眼裡，也有看起來就只是充滿武斷與矛盾的盲信式白日夢的部分吧。

但是，極致的信念，會顯出盲信的相貌。說共產主義是「沒有神的宗教」的，是湯恩比教授，大川周明博士也在《安樂之門》中，講了相同的事情。但一直以來，讓包含共產主義與民主主義在內的所有**宗教**驅動人類，一直創造歷史的，就是其信徒的「盲信性質」。

「世界最終戰爭論」是他在陸軍大學校在學期間想到的，是從對世界戰爭史的研究中產生的結論。一言以蔽之，是說因為戰爭武器急速進步、發展，終將會發明若是使用了可能就會讓人類滅絕的強力武器，其結果就是不可能進行戰爭，而實現世界統一與和平的預言。

石原莞爾在開始提倡這個奇特理論時，噴射機跟原子彈都還沒有發明。但是這位「盲信」的軍人，預感到原子彈、氫彈與按鈕戰爭的時代將會到來。研究、分析從古代開始的戰爭史，寫到第二次世界大戰為止是「持久戰爭」，但在之後經過二十、三十年所發生的「世界最終戰爭」，會變成在一瞬間不止毀滅敵方首都與軍事基地，連國民與人類本身都會毀滅的「決戰殲滅戰爭」，所以不可能進行戰爭，會實現世界統一。

石原莞爾主張這個世界統一主體會是日本，是以日本、滿洲、支那為中心的「東亞聯盟」。只擷取這點的話，在日本敗戰後的今日，看起來像是大幅失準的預言。石原莞爾是看到原子彈掉在廣島跟長崎之後才死的，因為是由美國發明、使用了殲滅人類的武器，所以以日本為主體的世界最終戰爭與世界統一論崩潰了。

然而，若是石原莞爾依然健在，或許他會繼續主張他的預言有說中：

「原子彈、氫彈並非最終決戰武器。現在中共的領袖們不就認為原子彈、氫彈不足為懼，堅決地挑戰美國跟蘇聯嗎？而且根據我的預言，第二次世界大戰不是世界最終戰爭，我說最終戰爭會在二十年或是五十年後開打。在這中間或許會發生什麼情況，不見得不會發明任何可以殲滅人類的武器。日本會在大東亞戰爭中落敗，是因為政治人物跟軍方中央不懂東亞聯盟論，沒有成功組成東亞聯盟。我的世界最終戰爭論跟東亞聯盟論仍未消失，日本跟支那都走上了復興之途，其他東亞各國也都獨立，開始反擊，美國與蘇聯已經開始痛苦。實現東亞聯盟是今後的問題，世界最終戰爭的預言也一定會說中的吧！」

現存的石原莞爾著書《世界最終戰爭論》，是他在昭和十五年（一九四〇年）在京都的演講的筆記，但其中有一段關於「日中戰爭」的敘述如下：

「眼下，日本跟支那持續在進行在東方未曾有過的大戰爭。然而，這場戰爭畢竟還是出自為了要讓日本、支那兩國真正合作的煩惱。日本從發出模糊的近衛聲明之後，就認知到這件事。不是從近衛聲明之後，從開戰最初就稱作聖戰的，就是這件事。不管付出什麼犧牲，我們都不是要尋求賠償。真的只要確立日本跟支那的新合作方針就好，這個想法正在成為現在日本的信念。無法否認自明治維新之後，日本人為了完成民族國家，輕視其他民族的傾向很強。遺憾的是，在台灣、朝鮮、滿洲、支那，日本無法抓住其他民族的心，最大理由就在這裡；深刻對此反省，是處理事變、進行昭和維新，組成東亞聯盟的基礎條件……我認為聰明的日本民族跟漢民族，可能很快就將看清大局，彼此誠心諒解吧。」

理想家總是這麼樂觀。日本民族與漢民族的相互諒解，在石原莞爾生前、死後都沒有達成，那是不可能達成的。就算用滿洲是清朝故地當理由，從支那本土切割、分離滿洲，迎接被廢的宣統皇帝當滿洲國皇帝，用五族協和口號建立新帝國，占滿洲人口絕對多數的，是以來自山東的移民為主力的漢民族。就算被稱為「滿洲建國組」的人士，理想與信念再清純、再熱烈，都是日本人這方片面施加的——即使有「保境安民」派的合作——也是不可能抓住三千萬漢民族、百萬反日朝鮮民族、加上因為漫長歷史而漢民族化的滿洲人、蒙古人的心的。更何況漢民族因孫文以來的革命運動而對民族主義產生自覺，要和他們互相理解、握手言和，那是夢中之夢。伸出拿棍子打過對方頭的手，誰要跟你握手呢？

同時間，「東亞聯盟協會」發行的《昭和維新論》，雖然是承襲石原莞爾見解，加以論述、解說的小冊子，卻認為世界統一將在今日以後約五十年左右實現，假設世界最終戰爭會在三十年左右爆發，論述如下：

「為了讓東亞民族能夠進行發揮全部能力的綜合運動，組成東亞聯盟同時，要斷然實行與此對立的各項國內革新；換句話說，藉由以東亞全境為單位，內外合一的革新政策，讓東亞各民族，最大限度地發揮所擁有的力量，以此完成在世界最終戰爭中必定獲勝的準備，這是昭和維新的基礎方針。然而這段期間，必須經常預期，會遭遇歐美帝國主義者武力壓迫。今日正是準決賽的時代，這份建設工作帶有敵前作業性質。」

這確實、無疑地是敵前作業。歐美各國壓力太強，支那民族主義根深蒂固，東亞聯盟理想被戰爭現實壓倒，變成「空談」收場。而且在日本內部，也出現聯盟的敵人。東亞聯盟論被當成一種「危險思想」，被軍方主流派視為異端邪說，石原莞爾被委婉地從滿洲放逐到日本內地，而他的同志或是相當於弟子的東亞聯盟思想信奉者，所謂「滿洲建國組」各位人士，則被分散到支那北部與蒙疆[5]。

作為異端邪說的「東亞聯盟論」

東亞聯盟理想為何會成為被視為異端邪說的想法，成為石原莞爾、東條英機兩位將軍的衝突，最終以前者敗退收場呢？也不能說，是因為獲勝的東條英機是特別的惡人，落敗的石原莞爾，是超越世俗的善人。我認為這是理想與現實的衝突，東亞聯盟是理想，戰爭是現實。理想常常被現實壓爛，或者是被當成有害無益的空想擱置。東亞聯盟協會編的《昭和維新論》，將石原莞爾的「理想」摘要如下：

「**日本絕對不應該有領土野心**，已經獨立的各個國家，要加入東亞聯盟，也應該完全是依據該國意志自願加入。東亞聯盟的指導原則，是王道主義，是東亞各國道義的團結。**組成東亞聯盟時，也不應該以力量強逼**，要如同東亞各國真的能誠心合作一般，**強國日本必須自己克制、反省、謙虛**。

當日本天皇被尊為東亞聯盟盟主時，也就是東亞聯盟奠定基礎之日。然而，**必須嚴加反省，是日本民族不當的優越感，在擾亂東亞各民族理應達到這份信仰的自然心境，必須立刻改正這種大為不忠的行為**。

即使天皇已經被尊為東亞聯盟的天皇，**日本也必須嚴加克制自稱盟主的行徑**。還有，我等的道義被各民族懷疑；而且制止歐美帝國主義者暴力的力量明明不夠，卻強權般地主張自己是聯盟的核心，是沒有自信的結果，會產生嚴重的反效果，對此我等應予以反省。」

就算只讀這些來判斷，也會知道東亞聯盟論者的主張，是對政府、軍方、官僚、財經界、尤其是在滿洲與支那當地的日本人態度的激烈批判；是對於那些外派的軍人、自稱右翼浪人、想撈一筆錢衣錦還鄉的人、大聲主張日本是東亞盟主的吹牛大王的直接攻擊。

被攻擊者會反擊，當然會產生反論，主張列舉「絕對不應該有領土野心」、「日本必須自

5 譯注：指當時中國的察哈爾省、綏遠省等地。

己克制、反省、謙虛」、「擾亂東亞民族心境的，是日本民族不當的優越感，不嚴加反省就是大不忠行為。即使到了天皇被尊為聯盟盟主的時候，日本也必須嚴加克制自稱盟主的行為」，這些像和尚說教的事，是打不了仗的。軍人的任務，是消滅敵人以及征服；大藏省官員的任務，是確保稅收來源；內務省官員的任務，是為了維持治安而掃蕩犯罪者。然後，在軍人與官員的腦中，**經驗式地**產生了不可撼動的信念與錯覺，認為敵人、稅收來源、不法分子、犯罪者都是滿洲人、漢民族。「一直說著五族協和，好不容易建立起來的滿洲國也將會毀滅，唯有掃蕩、鎮壓才行」這個想法，成為迎接建國十周年後的滿洲國**日裔**軍人與**官員**的常識，東亞聯盟理想消失，其主要提倡者與信奉者遭到驅逐，我的雙眼也目睹了「滿洲人」正一天一天在叛離的**事實**。

那時候我待在滿洲，跟幾位滿洲人作家往來，但其中一位，當被要求跟大家一起在方形紙籤上寫字，就每次都寫「我是黃帝子孫」，這是對日本人自稱「天孫民族」的抵抗。跟建國大學的滿洲人學生在農村晃了一星期以上，某天晚上靠著喝了白酒的醉意在閒聊，其中一人說：「大學不錯，但是受不了每天早上都被逼著往東京方向朝拜，我們晚上都偷偷的往重慶方向朝拜。」雖然我沒有跟任何人洩漏過這件事，回國之後過了幾個月，我在報紙的角落，看到一則報導，寫說建國大學的優等生幾乎全是重慶派，而且他們的秘密團體被當局查辦。比這更讓我驚訝的，是在敗戰後得知，以前在新京[6]跟他隆重地握手，還讓他請我吃飯的滿洲國總理張景惠，以他為首的大部分內閣閣員都是國民黨秘密黨員，跟重慶有直接聯繫。

這就是所謂戰爭跟征服的實際狀態，是民族抵抗的真實面貌吧。

石原莞爾並非法西斯主義者

不只是滿洲國。看最近發表的汪兆銘遺書，南京政府也在抵抗日本。即使在平時，要調和不同民族也是很困難的，更何況是在進行戰爭的同時，就算提倡民族調和，在被發動戰爭，被用武力征服的民族耳裡聽起來，就只會是貓哭耗子吧。

我寫這章，不是為了嘲笑東亞聯盟理想。我在戰爭期間跟現在都贊成「東亞聯盟論」的基本原則。理想不是會滅絕的東西，若是時勢變化，就會像得到雨水的苔蘚類植物一樣再度發芽、取回生命。

「東亞聯盟論」當中，不朽的要素是什麼呢？是下述這些部分：解放世界上被壓迫的民族、殖民主義與帝國主義終結、戰爭因為可以毀滅人類的武器出現而消滅、和平因為世界統一而到來。托爾斯泰說道「理想因為沒有實現而為理想」；歷史學家湯恩比寫道「耶穌基督的理想在祂出生後將近兩千年也還沒實現，總有一天一定要實現的吧」；孔孟的「王道政治理想」、馬克思的「人間天堂理想」也都還沒有實現。但是所有「預言家的書」，都必須用長期眼光看，短期間的歷史事實，經常與預言家的預言相違，乃因這份預言，是圖解化的民族、時代的苦惱與悲願的展現，所以內涵了盲信者的白日夢、滿懷希望的觀測，還有誇下的海口。然而迫使人類行動的，是預言中盲信的部分，所以歷史丟骰子總是丟出想要的那一面的反面，產生劫難與災害、戰爭與革命，一面要求犧牲大量人類，一面走上九彎十八拐的道路，極為緩慢地往實現

6 譯注：滿洲國首都，今為長春市。

預言家們理想的方向接近。

石原莞爾的「東亞聯盟論」，是日本內政改革，意即也是「昭和維新論」。乍看之下，很像是受到蘇聯共產主義與德國納粹主義影響，而有極權主義傾向，但石原莞爾自己敘述如下：

「似乎有不少人認為極權主義就像是人類文化的最高形式一樣，但我無法贊成。本來，極權主義實在緊繃，而且要求過度的緊張，會造成缺乏安全機制的結果。蘇聯經常發生的肅清行動當然是，也應該認為德國槍斃衝鋒隊領袖、副元首（赫斯，Rudolf Hess）逃亡事件，是極權主義傾向的展現。我堅信極權主義時代絕對不可能永遠持續。今日的世界大勢，讓各國為了發揮最高效率準備戰爭，無論如何，甚至要犧牲安全性，都必須採行極權主義。所以我認為，極權主義就像武術選手在決賽前的集訓。

儘管集訓是提升效率的最佳方法，但整年集訓緊張兮兮，不可能不覺得厭煩。所以應該只在決戰前夕短期間進行。

極權主義，是人類本能地在無意識間以直覺感受到世界最終戰爭將近，為了進入針對世界最終戰爭的集訓的產物。到最終戰爭為止，會持續數十年集訓生活吧。從這點也可以推斷，最終戰爭正在逼近我們眼前。」（昭和十五年，一九四〇年五月演講）

預言家的眼光總是朝著遙遠的地平線彼端，而不看自己腳下。不管怎麼樣提倡王道政治，強調日本人的反省與謙虛，用謀略跟武力進行「滿洲建國」，靠戰爭強推「東亞聯盟」，對滿洲人跟中國人來說，不只麻煩至極，還是死活問題；而發射炮彈、丟下炸彈之後，還強迫、虐待占領區域居民，掠奪糧食的日本軍隊，除了是最該憎恨的外敵，什麼也不是。

脫離歐美殖民主義、推翻清朝惡政，是自孫文以來支那民族主義者革命家的願望，因此有一段時間，中國革命家對日本的奮鬥寄予信賴與好意，但「滿洲建國」與日本軍隊入侵中國本土，造成了把這份信賴最後所剩的根連根拔起的結果。孫文的弟子蔣介石，還有毛澤東當然都知道亞洲的終極敵人是西方列強的殖民主義，但是對聲稱是「聖戰」、強行發動武力進攻的日本，只能毅然抗戰。在所有的戰爭中，出現在眼前的入侵軍隊都是敵人。就算知道英國、美國、法國、蘇聯在過去是敵人，未來某個時期肯定又會成為敵人，為了跟眼前的日本軍隊戰鬥，必須依靠歐美帝國主義者伸出的援手，兩害相權取其輕。

從日本軍隊占領上海、進入北京城、進攻南京的時候開始，「日中戰爭」在實質上，已經變質成以重慶政府與毛澤東的八路軍為媒介的日英、日美、日蘇戰爭。進步派學者把這個變質視為是大東亞戰爭的帝國主義性質，與重新劃分殖民地的戰爭的見解，太過草率。認為「東亞百年戰爭」是東亞解放戰爭，但在其結尾，掉進了歐美列強的陷阱，被引進難以脫身的「日中戰爭」困境，招致了敗戰的見解才妥當。

儘管石原莞爾說「東亞聯盟論建設工作，帶有在歐美列強武力壓迫逼近時進行的**敵前作業**性質」，就正如他所說的，支那戰線無止盡地擴大，漢民族抵抗強烈，歐美列強，尤其是美國、英國公然援助重慶，造成了把日本拉進無底沼澤的情勢，不可能再進行「敵前作業」。

戰局激化與互相殺戮的持續，不容許任何種類的理想介入。「聖戰」、「八紘一宇」、「大東亞共榮圈」、「亞洲一體」等理想，隨著戰局進展，變成平凡的戰略性口號收場，只有互相殺戮變成實體，只有在戰線上的勝負支配一切，戰爭指導必須交到戰爭專家、戰爭技師手上。

東條英機作為石原莞爾的敵人登場這件事，就像先前所述，把石原莞爾當作善人，東條英機當作惡人，是什麼都解決不了的。戰爭進展本身就會排除有理想家氣質的軍人，讓身為戰爭技師的軍人以領袖身分登場。儘管我無法判斷東條英機作為戰爭指導者與戰爭技師是否是位優秀的將軍，但只能在這裡明白地說，讓東條英機登場的，是戰爭政治的終極本質「憲兵政治」，也就是戰爭本身的進展。

東亞聯盟論仍然存在

剩下的只有交戰國的實力、戰力問題。

從這個觀點看，大東亞戰爭初期階段的戰果，幾乎都可以說是奇蹟式戰果。對政府、陸海軍領導階層來說，這是場盡可能想要避免的戰爭；極端來說是場被逼迫、被引誘的戰爭。不需要借用山本五十六元帥的話，就可知這是場「如果最後勝利屬於日本，那就只是因為天佑神助，換句話說，是場從一開始就沒有勝算的戰爭」。在明明知道這點，卻還必須斗膽奮起，與全世界五分之四的國家為敵的狀況中，有著「東亞百年戰爭」的總結，有著日本的宿命。能夠笑著說這只是「有勇無謀」、「誤算」、侵略主義者失控行徑的人，只有東京審判的檢察官。

我同意那場戰爭以日本完全敗北收場，但我不同意列寧與他的弟子們說的，**其目的**為「重新劃分殖民地」這點。「日中戰爭」與「大東亞戰爭」從頭到尾都是「東亞百年戰爭」的延續，將之解釋為對東亞殖民地化的失敗反擊才妥當。

石原莞爾的「東亞聯盟論」，是這項解釋的證明之一，在樽井藤吉、岡倉天心、北一輝、大川周明、笠木良明的理論中都有相同的理想存在。這些人的東亞解放論隨著「日中戰爭」、「大東亞戰爭」開始受到回顧、被想起，鼓舞了日本人；但隨著「百年戰爭」接近終局，政治領導轉移到戰爭技師手中，而被當成「有害的反軍思想」，被無視、打壓、擱置。喪失理想，已經是敗戰現象。因為敵人反攻，運補路線被截斷，被迫必須在當地籌獲戰爭物資的軍隊，為了對抗原住民的反抗與敵人的游擊戰術，戰爭末期症狀「憲兵政治」必須出現。儘管在日本內地也強行實施相同的憲兵政治，但日本國民咬著牙忍耐，不滿累積、士氣低落，但沒有發生通敵行為或是叛亂。然而，被占領地區居民不會這樣忍耐，相信「東亞解放戰爭」，與日本軍隊合作的人，快速地叛離而去，反而開始展現把同盟國軍隊當成「解放軍」歡迎的傾向。這就是所謂敗戰，戰勝國陣營從這個敗戰現象中，採集、收集日本陣營的「戰爭犯罪」，要多少有多少，得以自稱解放者，舉辦東京審判。

「如果日本在大東亞戰爭中獲勝，殖民主義就會劃下休止符了吧」等等，我不會說那樣的話。我想說的只有，日本的「東亞百年戰爭」，是為了給掩蓋世界的殖民主義致命一擊的努力、奮鬥。後世的歷史學家肯定會把日本民族的百年奮鬥，當作「偉大行為」讚賞吧。為了人類的歷史，日本人可以先把努力成功撐過「百年戰爭」的驕傲，收在心裡。

石原莞爾的理論，作為沒有說中的預言，看似已經變成過去的事物，但其基本精神，如同釋迦牟尼、孔子、耶穌基督、穆罕默德，還有馬克思的預言般活著。誰能夠嘲笑、無視對統一地球、滅絕戰爭、世界和平、民族協和與繁榮的希望與努力呢？

第十六章

昭和維新

——趕不及的「敵前作業」

磯部淺一中尉的獄中遺書

「明治維新」成功了，「昭和維新」失敗了，這是為什麼呢？為了回答這道問題，從「二二六事件」的研究開始吧。

這起事件領袖之一，磯部淺一中尉的獄中遺書，〈行動記〉有一段如下：

「起事的目的，是斬殺重臣、元老，尤其是自倫敦海軍條約以來侵犯統帥權的奸賊，掌握軍隊，走向維新的第一階段。絕非五一五事件、血盟團事件，亦非生野之變（文久三年，一八六三年，平野國臣等人發起的兵變）、十津川之變（同一年，天誅組發起叛變），有鳥羽伏見之戰（慶應四年、一八六八年，薩摩、長州聯軍進行的討伐幕府戰爭開始）的心理準備。然而，儘管表面上完全是掌控軍方進行，但必須在軍方展現要鎮壓的態度的場合自爆，與掌控的軍方一起爆炸，是場相當複雜的鳥羽伏見之戰……我在二月二十三日去拜訪北一輝先生，問他為什麼在支那革命武昌起義時，傑出的革命志士都犯了錯呢？他說：『總之，因為革命這回事是沒有計畫的，沒有計畫、什麼都沒有，就自然起火的，所以不管怎樣的人，都會慌的。』我心想，的確如此。因為革命會在時機成熟時自燃起火，所以沒有計畫。也不能寫行事曆。從發起到結束，自始至終幾乎都是沒有計畫的狀態。不瞭解這個哲理，就別評論二月義軍事件[1]。

還有，不准說是部分急進人士太過著急而失敗的。絕對不是那樣，時機未成熟的時候，就算部分或是軍方急進派同志著急，也絕對不會起火……日本的二月革命不是因為疏於計畫而失敗收場，也不是因為部分急進同志太過著急而失敗收場，不是因為兵力少，也不是因為子彈不夠。不過就是明明時機只有勉強成熟到蛤御門之變（元治元年，一八六四年禁門戰爭，幕府、薩摩聯軍戰敗）的程度，就企圖要進行鳥羽伏見之戰，果然就只能得到跟時機成熟程度相符的收獲。」

這份遺書是篇幅很長的事件紀錄，性質上不會被允許帶出監獄，但被交付給陸軍監獄守衛平石光久（現為善通市議會議員），偷偷帶出監獄，藏在自己家中。後來交給橘孝三郎的女婿塙三郎，珍藏在水戶的愛鄉塾，在昭和三十二年（一九五七年），由日本週報社出版，我們也才能看到。是很珍稀、貴重的文獻，尤其是裡面對北一輝、西田稅辯護的言論，很重要。

林八郎少尉的遺書

林八郎少尉（二十三歲）的遺書，題為「起事失敗與成功的真正原因」。

「既然極力留下起事的成敗對錯的記錄，那麼尋找其意義，應當是擔憂天下的志士的一大責任，那起事的『成』，是什麼呢？

起事一舉成功，至少帶給重臣圈子一大痛擊，其結果為：

一、揭露陸軍領導階層無知、無能、沒有節操，陸軍中央的幕僚中心權力至上主義、維持

1 譯注：二二六事件。

現狀方針，以此將錯綜紛紜的流派分成維新、非維新兩大陣營，最後朝向能統一成維新陣營的階段前進。

二、相信給予純真、熱血青年自覺與鼓舞。

三、相信讓一般國民自覺到非常時期的深刻。

失敗是什麼呢？

無法徹底掃除遮蔽天日的烏雲，然而今日若是走一步盡一步忠、行一里盡一里忠，能夠起事就是大成功，何況是留下了前所未有的實戰紀錄。」

成功的真正原因，首先舉了「主要提倡者的熱烈革新精神」，讚揚栗原安秀中尉、磯部淺一中尉的熱情與行動，特別提到栗原安秀中尉的「如果事情敗露，我要自己一人自殺，全讓我扛，你們要再起」這句話。

至於失敗的原因，林八郎舉出「放鬆了推動的唯一手段」，沒有藉由接續在奇襲之後的攻擊壓倒、殲滅敵人，請託了不該請託的膽小老人們跟自我中心權力主義化身的中央幕僚。認為他們到底是「把我們當成墊腳石踐踏，想讓幕僚法西斯時代出現吧，以陛下之名要弄各種權謀術策，屠殺忠誠無私、熱誠愛國的志士」，大為憤怒。

磯部淺一中尉的筆記中也記載，當參謀本部的土居明夫騎兵少校在動亂中的首相官邸向他們說：「大概做到組個皇族內閣程度，政治與經濟都改革，軍備也一定要充實啊，怎樣，跟我們一起幹吧」的時候，村中孝次上尉同時喊說：「喂，磯部，那種軍人是法西斯，必須先從那傢伙開始收拾啦。」二二六事件的青年軍官們，有獨特的反法西斯理論或是情緒。

軍方法西斯主義的謊言

村中孝次上尉的遺書中，有一段如下：

「首先，認為這次起事目的，在於強行實行政變、發布戒嚴令、成立軍政府、斷然進行昭和維新，藉以實現北一輝著作的《日本改造法案大綱》的說法，完全錯誤。如果不是盲人摸象，就是用自己扭曲的標準揣度、測定他人。

我們並非企圖政變，並非基於野心、私欲，想以武力奪取政權，而發起這項行動。我們心裡想的是，為了要引發昭和維新，宣言明示大義，為昭和維新開頭。」

橋本欣五郎中校的十月事件，連推舉皇族建立軍政府的內閣閣員名單都做了，村中孝次上尉認定這是一部分陸軍幕僚的法西斯主義思想，抨擊說「這正是倒退回武家政治」。

「國民不該成為軍方傀儡，忍受軍方頤指氣使，認為該以兵權跟戒嚴令決定所有事務，那是中古封建時代的思想。今天的國民已經不只是過去的工商階級，一直以來都是平等的，而且有輔佐天皇治理國家政治的自負與欲求。我們反對認為應該像以武力解決滿洲問題一樣，斷然實施國內改革的愚蠢、危險思想。期待國家因為由國民發起的重大覺醒運動而飛躍，我們認為，這是維新的基礎想法，我們止於斷然實行國民運動的前哨戰。」

人類的遺書，含有複雜的心理語調，原封不動照單全收，會有錯失歷史真相的情況，但也有反而是遺書才顯現了真心的情況。我將二十位被告在執行死刑前夕的遺書，從頭到尾全部讀完，各自有著微妙的語調和差異，但在裡面找不到謊言或是無用的自我辯護。

《昭和史》（岩波新書）寫道：「日本法西斯主義史上最大的政變，二二六事件儘管動員了一千四百多名兵力，仍然太過簡單地告終。這起事件展現了在要在日本建立法西斯主義統治這件事情上，天皇機構的強大與有效。」又是「天皇制法西斯主義」的詭辯。「反叛部隊」難道不是在天皇名號下起事，又向天皇之名歸順了嗎？

雖然中村菊男教授的《昭和政治史》講說「日本沒有像在德國或義大利可以見到的，由一黨幹部長期獨占權力的現象，軍方領導階層也無法打破『明治憲法』的限制。希特勒停止威瑪憲法，超越威瑪憲法行動，但在日本沒有發生這樣的事情。就算說是『天皇制法西斯主義』，天皇自己並不喜歡法西斯主義，對軍方的動向採批判態度。另外，可以舉出支撐**天皇制度**者，是元老、重臣、財團、軍方、官僚等，他們也遭到軍方與右翼國家主義者敵視，不喜歡法西斯主義。是故，日本沒有法西斯主義存在，不可能有所謂東京審判說的『共同謀劃』」，我要補充這個論點，先說：「二二六事件中的青年軍官，也不喜歡法西斯主義，打算以回歸天皇的名義，剷除在軍方內部產生的法西斯主義式因素。」

然而，二二六事件也失敗了，一時之間陷入混亂的軍方領導階層，不久後重整陣容，由於巧妙的誘導戰術，「義軍」被變成「叛軍」，遭到鎮壓、逮捕，事件以造成十九人（包含北一輝、西田稅）被判處死刑，約五十人被判處徒刑收場。

竹山道雄的正論

明治維新成功了，但「昭和維新」失敗了。從三月事件、十月事件、血盟團事件、神兵隊事件、五一五事件開始，包含二二六叛亂與石原莞爾的「東亞聯盟與昭和維新」，全都受挫，未達期望的目的就收場。

不能只在軍方暗地裡的鬥爭、政治人物無能、右翼人士失控裡面找原因。我在前一回引用的石原莞爾的「其建設工作帶有敵前作業性質」這句話裡找到了真正的原因。

明治維新也是「東亞百年戰爭」最初時期的「敵前作業」。但是，幸好當初「歐美帝國主義諸國」一度放棄征服日本，因為侵略亞洲和非洲其他部分、當地內戰、「列強」彼此衝突等理由，收起了直接「行使武力」的矛頭。所以儘管明治維新（日本的統一與國內改革）反覆失敗，常常腳步踉蹌，但無論如何，往文明開化、富國強兵的路上發展，藉著在明治二十三年（一八九〇年）公佈憲法，得以具備現代國家形式。

若是在到達這階段之前，就被施加「歐美帝國主義者的武力」，日本的「八月十五日」，或許不用等到明治時代中期，就已到來。但是因為前面所述的情勢，沒有被施加「武力壓迫」，無論如何，日本是成功順利通過了日清戰爭與日俄戰爭兩場戰爭。在明治維新的時候，領導階層預感日清戰爭、日俄戰爭情勢緊迫，無法避免，經常讓衝突激烈的朝野雙方勢力「妥協」，在閃避致命爆炸的同時，成功達成困難的「敵前作業」。

但是在「昭和維新」的時候，無法如此。世界變得狹窄，「歐美帝國主義者行使武力」，比起明治維新前後，是數十倍壓力的圍繞，日本無法躲避與美國、英國以及與蘇聯的衝突。以建立高度戰時體制、因應即將到來的大戰爭的「昭和維新」實行計畫，在許多地方發生，但彼此之間並沒有連絡與統一。彷彿像是有很多火山口的火山，經常反覆小規模噴發，儘管熔岩性質相同，噴出的方向卻不同，其中也有完全沒有觸及一般國民眼睛，以地底噴發收場的。

我們開始能看到像是事情真相的東西，是在敗戰後，那只是之前被當成秘密的紀錄、文獻、回憶錄被公開向大眾發行而已，在沒有讀這些東西的人眼裡，至今依然是個充滿難以理解的事件，難以理解的時代。

我也曾經是其中一個一無所知的人，我看五一五事件、二二六事件看起來完全都是突發事件，想知道真相也沒辦法知道。也是到了最近，才開始閱讀戰後出版的數量龐大的文獻。然後最先知道的，是引發這些事件的「青年軍官」自己，也跟被暗殺的重臣、將軍、財經界人士一樣，不知歷史「真相」而行動。如果仔細讀二二六事件青年軍官的遺書，會發現他們的見解有許多矛盾。再舉例來說，被視為是「統制派」巨頭的永田鐵山，遭到「皇道派」相澤三郎中校砍殺，但這是由於「誤解」，也有出現文獻指稱關於「改革國家意見」，是永田鐵山的方法比較激進。同樣地，北一輝的盟友西田稅，遭到五一五事件的青年狙殺，許多二二六事件的青年軍官，將西田稅與北一輝都尊為真正的領袖，為西田稅的清白辯護。然而他們卻將同為「昭和維新論者」的石原莞爾列入暗殺對象名單，狙殺片倉衷少校。

滿是完全搞不懂的事情，因此造成了「軍方法西斯主義者的叛亂，反而導致強力的軍方法西斯主義機構完成」這種奇怪觀點，也被當成是一種「常識」記載、接受的情況。

竹山道雄的《昭和精神史》（新潮文庫），是對這種「敗戰常識」的專斷與不合邏輯性質的有力反論。雖然這是在昭和三十年（一九五五年）寫的書，但根據竹山道雄的「後記」，其動機為：「我在寫這本書的時候，已經有很多回憶錄或是內幕之類出版，但全體來說，幾乎沒有要釐清歷史性格的，對這個問題的關注，也還很少。研究現代史的，只有左翼歷史學家。我覺得那段期間（所謂的昭和動亂期）的種種現象，奇怪得不得了，想要釐清，雖然讀了那樣的研究會的年報，但是完全無法贊同。儘管我在這裡寫了那件事，但這份心情至今沒變。」

竹山道雄在反覆批評左翼學者對歷史解釋的態度的同時，依靠當時所有能夠取得的文書與他自己的體驗、調查，針對「昭和十年（一九三五年）前後的青年軍官運動」與「重臣、軍方、財團、政黨的動向」，提出許多應該傾聽的新解釋與判斷。例如，「我認為現在被叫做日本法西斯主義的東西，其中很大部分是跟戰時體制混淆了」等，看似平凡卻重要的指摘。以及「青年軍官想藉天皇推翻『天皇制度』」。並說明這個情況中的「天皇制度」，是指由重臣、政黨、財團、官僚、軍方派系所組成的制度。最後，不管在日本人的哪個階層裡，都沒有德國、義大利式法西斯主義者存在，東京審判的檢察官與左翼學者的「日本的『天皇制法西斯主義者』共同謀劃，實行針對美國、英國的戰爭」的這種看法，就完全只是專斷意見的各個章節，尤其優秀。雖然我也是到了最近才讀了這本書，受到很大的啟發，但我想推薦對關心「大東亞戰爭」正確解釋的讀者們一讀。

二二六事件帶給我的衝擊

我在二二六事件發生的四天期間，還有之後的時間，都單獨待在鎌倉。關於事件，除了廣播與報紙報導以外一無所知，但同年七月，發表了「叛軍」被處刑的消息與判決理由書，看到類似「事件真相」的東西時，抓住我的，是異樣的興奮。

在發表判決的同時，我在雜誌《改造》立刻推出的「二二六事件」特別報導別冊附錄中，寫了一篇題為「一份感想」的短文如下：

「我認為這起事件，是劃破當今陰鬱時勢的陰天的一聲響雷。

似乎有不少人感到，因為這件事，時勢更加陰鬱，但我認識到的是完全相反的感受。不是源於道理，可能是在我心中沉睡的『青年軍官式』事物，因為這起事件被喚醒了吧？（在這之後有大約兩行被打上隱諱號，我現在想不起內容了）

日本是特殊的國家，這跟說俄羅斯是特殊的國家，法國是特殊的國家意義相同。然而，置日本這份特殊性質於考量之外的改革意見，無論如何絕對不能相信。應該以維新前的櫻田門事變，自由黨的加波山事件[2]為代表的『無法壓抑的大和魂』式改革運動，充分置於考量當中，考量這次事件。

社會的進化，完全是有一定的鐵則的。所以，明治維新沒有依照櫻田的志士們的期望發展，憲政日本也沒有如同加波山的志士們的要求發達。將要到來的新日本，可能也不會變成『反叛軍』軍官期望的樣貌吧。（約二十字被打上隱晦號。）

對在離自己身邊太近的地方發生的事件，會看到太多不必要的『內情』，反而忽略了真正的意義。故意去找人類行動的『內幕』，誇大人性弱點、野心、對權力的欲望，是現代的壞習慣。

判決理由書寫道『關於被告當中，軍官、前軍官以及重要平民等人，面臨國家非常時局而爆發的憤世憂國的理由，以及一部分被告規避決定其去留的各項理由，也並非沒有可以諒察之處，以下省略。』

還有，一位反叛軍軍官曾說：『軍人被說是不熟悉日本的實際情況，但絕對沒有那種事。我們軍官，跟士兵一起吃飯、睡覺，就如同字面所寫，與山野一起生活。即使不打算知道農民、勞工、下層市民的實際狀況，也必須知道。不知道日本實際情況的，是財團、重臣、軍方派系、政黨，叫做學者、知識分子的有閒人士。』

可以原封不動地接受這些話。仔細調查是不必要的，只是，關於對將會到來的日本的社會型態的預想，應該保留各人理想的自由吧。」

同一本特集附錄，還有刊登以阿部真之助為首，青野季吉、小汀利得、武田麟太郎、尾崎士郎、蠟山政道等許多人的感想。每篇都是滿是隱晦號，被弄成無法判斷重點的文章，但其中似乎是我的感想最為右翼。很多論者擔憂日本的法西斯化即將來臨，警告其危險性。只有尾崎士郎說：「我認知到的，是這起重大事件在某處（並非全面），連結著我們的生活感情」，「下雪的日子的印象有浪漫的亢奮，正是因為事件爆發，留下了奇蹟式的感覺，從像是流動而去般的熱情中，描繪了難以名狀的美。」最後引用萩原朔太郎的詩：「在我轉身背對不走的路上，

2 譯注：加波山事件，明治十七年（一八八三年）九月，以河野廣體的團體為中心，茨城縣下館的富松正安，栃木縣內民權運動派人士，計劃在縣廳落成時引爆炸彈暗殺縣令三島通庸以及出席的大臣，但鯉沼九八郎不慎在製造過程中引爆炸彈。計畫曝光後，相關人士躲到茨城縣加波山頂。揭揚寫著口號的旗幟，散發呼籲起事的傳單，襲擊警察局以及富商。這批民權運動人士後來解散，陸續被捕起訴的，除躲在加波山上的十六人，還有鯉沼九八郎、自由黨幹部內藤魯一等人，其中有七人被判死刑，三人被判無期徒刑。

新樹全都被砍了。」看似在惋惜青年軍官們被判處死刑，當時是個要是講想講的話，就會被打上隱晦號或是被查禁，所以所有作家都慣用委婉寫法的時代。

有關五一五事件也是，我知道的就只有這樣的一篇檄文：

「日本國民啊，正視眼下的祖國日本吧。政治、外交、經濟、教育、思想、軍事……哪裡有皇國日本的身影呢？

被政權與政黨利益遮蔽的政黨，還有跟他們勾結，搾取民眾膏血的財團，再加上擁護政黨與財團，喜歡實行壓迫的日本的官員，以及軟弱外交、墮落的教育、腐敗的軍隊、惡化的思想跟苦於塗炭的農民勞工階級，然後到處成群結隊只會出一張嘴的傢伙……

現在如果不起來的話，日本就只有滅亡了。各位國民！拿起武器起來吧……以天皇之名，打倒君側的奸人吧！消滅國民之敵，既有政黨與財團吧！懲治專橫至極的官員吧！打敗奸賊、特權階級吧！農民啊！勞工啊！全體國民啊！守護祖國日本吧！」

人類——所謂知識分子——也是不會把文獻全部讀過才行動的。會因為一張檄文、一本小冊子，變成左翼，也會變成右翼。橫亙在行動底部的，是名叫「時勢」的像惡魔一般、又像神一般的事物。

兒玉譽士夫的自傳

現在被視為「右翼巨頭」之首的兒玉譽士夫的自傳《惡政、槍聲、亂世——風雲四十年紀錄》（弘文堂），即使只當成讀物來讀，也是很有趣的書，但作為釐清大正、昭和時代的右翼產生與成長的文獻，就非常貴重。

大正十五年（一九二六年）——這一年我身為左翼大學生之一，在京都看守所，兒玉譽士夫是十五歲的少年，從朝鮮京城的姐姐家跑走，到神戶去找二哥，拿到十日圓旅費，又到東京找大哥，在向島一間鐵工廠當日薪一圓二十錢的見習工。

不景氣越發嚴重，發生米騷動，接著在神戶的三菱、川崎兩大造船廠，發生大規模罷工，左翼人士活動變得活躍，工會與農會陸續成立，但財團與資本家不管世間情勢不穩，不理睬勞工，持續在進行不當而且殘忍的壓榨。

「就算這樣說，我當然也是身處被壓榨一方的力量微薄的勞工之一……在漫長的一天裡，被迫工作到精疲力盡，而且領到的薪水只有一圓二十錢。工作地點本來就沒有設立任何衛生設施或福利機構……與其說我們是巨大機器當中極為微小的部分，倒不如說只是不能用了就該隨手丟進垃圾桶的可憐消耗品。」

做完一天的工，一邊拖著扁扁的空肚子，一邊拖著沉重腳步走過的白鬚橋邊，有一排賣跟小孩子的手掌差不多大的大福麻糬的攤子。

「『如果狀況改善了，真想吃那個大福吃到飽啊』，這就是我至少想要達到的願望。然而，在現實中，那終究是無法實現的。」

這樣的生活持續到了昭和三年（一九二八年），少年兒玉譽士夫決心至少要念夜校，為了籌措學費，除了工廠的工作，還去做遞送鐵管的夜間工作，把五、六十貫[3]重的鐵管搬上大八車，在夜間的市區搬兩三里遠。也有在走坡道的途中，下巴被往上翹的推車手把打到，人跟車一起翻了一圈過。就算這麼辛苦，到手的薪水只有四十錢。結束遞送回到宿舍房間時，已經是天開始亮的時間了。因為是粗重工作，肚子會餓。每天晚上平均要吃掉價錢一碗十錢的支那麵兩碗。手上還剩下二十錢，就算整個月都做，不休息，也很難存到五日圓。

「當時在我們的工作地點，已經成立小單位工會。我是位階最低的見習工，也參加當會員。正因為我徹底知道我們的立場越來越慘，然後勞資不平等情況實在嚴重，所以我會贊成組織工會，當然不會反對這件事。」

但是，**是什麼**拉住少年兒玉譽士夫，讓他對左翼運動的立場變得**批判**的呢？

「原因之一是，在勞資糾紛等場合，為什麼要舉紅旗，用『我們的祖國蘇維埃』這種奇怪的口號呢？我怎麼都覺得這怪得不得了。我們日本的祖國，當然既不是蘇維埃，也不可能是別的外國。」

少年工人開始煩惱，可以說他覺得至少該念夜校求取學問，還有開始做送鐵管的夜間工作，跟同為打工同伴的學生一起吃攤販賣的支那麵時，被當地混混圍毆，還有有生以來第一次被關進拘留所，都是這份煩惱與憤怒的展現吧。從工廠走回宿舍的道路兩側，「整面貼滿無數用很刺眼的粗體字寫的左翼與右翼煽動海報。我很鮮明、強烈地感到，那簡直就是左翼與右翼兩方在對我喊著，來啊、來啊」。

昭和四年（一九二九年），少年兒玉譽士夫十八歲了。社會情勢越加險惡，勞資糾紛數量越來越多。也傳出意見說濱口雄幸內閣的政策是「讓勞工、農民當經濟恐慌的犧牲」。少年兒玉譽士夫想，「現在開始上學，勉強念書，當上所謂大人物又能怎樣？所謂大人物，不管是政壇大老，或是大實業家，結果還不是支配窮人、無力人士，搾取這些人的汗水與油脂，只有自己輕鬆愉快的越來越有錢嗎？」開始漸漸感覺「出人頭地」、「升官」這些事情很蠢，每天從工廠後方的窗戶盯著隅田川的流水看，認真地思考。「該參加左翼呢？還是往右翼去呢？」

儘管因為「起來，萬國勞工」的歌聲感覺到胸中熱血悸動，但對唱「把紅旗，高高升起，死在紅旗底下」的革命歌曲，怎樣也無法產生同感，反而是感受到強烈的反感。

當時的右翼團體已經有「大日本正義團」、「赤化防止團」等，但他們的鬥爭看起來似乎只針對共產主義與社會主義。雖然北一輝的《日本改造法案》，已經開始影響一部分陸海軍軍

3 譯注：貫，日本過去使用的重量單位，一貫約為三點七五公斤；大八車，木製的大型雙輪人力車，用來載運貨物。

官與民間右翼人士，但其動向尚未公開顯現於世間檯面上。「玄洋社」與「黑龍會」的動態依然健在，但似乎比起日本國內問題，更加著眼中國大陸方向，少年兒玉譽士夫不太清楚他們的動向。

讓十八歲的兒玉譽士夫下定決心走向右翼的原因，是「建國會」的出現。建國會幹部有帝國大學教授上山慎吉博士、前東京市長永田秀次郎、國家社會主義者津久井龍雄、赤尾敏等人，在青年兒玉譽士夫眼中，看來是一群「擁有非常進步的想法」的人士。

「儘管當時幾乎所有右翼團體從頭到尾都只是在攻擊左翼，但對於金權政治或資本主義的專橫反彈、抵抗，公平地來看，我認為是相當革新的。是故，若是有不近紅旗而能對金權政治或毒辣資本反彈、攻擊的思想結社，不可能不懷著強烈關心被吸引。」

這就是兒玉譽士夫的「右翼入門」。進入「建國會」之後不久，昭和四年（一九二九年）十一月三日明治節，青年兒玉譽士夫因為「天皇直訴事件」入獄。兒玉譽士夫寫，在六個月的獄中生活最高興的是，讀了相當多喜歡讀的書，像是把飯扒進空著的肚子裡一樣，一邊節省時間、一邊貪心地讀書。

出獄是在昭和五年（一九三〇年）八月底，「昭和動亂前夜」。首先讓青年兒玉譽士夫目光為之驚異的，是與大川周明與北一輝提倡的既有的國家主義完全異質，以革命為目標的新國家主義勢力突然出現。

兒玉譽士夫寫道：「許多長期以來對到此為止的右翼思想感到不滿的民間有志人士們（尤其是青年階層），也正好『像口渴者找水喝』，投入這個新的思想潮流。」引用《日本改造法案大綱》的重點。當時的青年兒玉譽士夫，也是這些「口渴者」其中之一。

這一年十一月，青年兒玉譽士夫離開建國會，加入津久井龍雄的「急進愛國黨」。首度與黑龍會的內田良平見面，還在隔年昭和六年（一九三一年）春天，參加以大川周明博士的「行地社」為中心的「全日本愛國者共同鬥爭協議會」，獲選為「青年前衛隊」五十位成員之一。後來這些前衛隊員中，出了許多在「昭和動亂」中大顯身手的人物。

青年兒玉譽士夫因為在國會散發傳單的事件，而被抓進了拘留所。但因為對時任大藏大臣井上準之助的傲慢態度與政策感到憤怒，所以一起送給他一把短刀，還有寫著「要防身用、要切腹用，請自由使用」的信的事件被捕，再度入獄。監獄裡關滿了共產黨員。

兒玉譽士夫反省說，他們「整天拼命讀書、寫東西、熱心念書，我被他們的認真打動，他們讓我心悅誠服。那時候的右翼，受到的世間批判並不嚴厲。當時一般人看待我們的眼光，是把我們當成愛國者，同情我們，似乎因為如此，而多少有點被寵壞了」，同時感到「之後，這些傢伙肯定會變強」，「我們也必須要好好念書，不要輸給他們」，感到某種對抗意識，還進一步起了戒心。昭和七年（一九三二年）二月九日，兒玉譽士夫提早出獄，回到「急進愛國黨」總部，接著睡了一覺醒來，持槍的警察闖了進來，跟津久井龍雄一起被帶到警視廳。當天傍晚，井上準之助遭到血盟團成員青年小沼正暗殺。

釐清與事件無關之後，兒玉譽士夫獲釋，但開始被特別高等警察跟蹤，煩得不得了。青年兒玉譽士夫靠「雄峰會」的笠木良明幫忙，去了滿洲。

兒玉譽士夫與「東亞聯盟」

笠木良明對兒玉譽士夫說的第一段話，是「我絕對無法贊成如同日本侵略滿洲般的做法，反倒是必須要從日本也同為亞洲民族的觀點，思考在這片土地上以五族協和為目標，建立所謂的王道樂土」。兒玉譽士夫說：「對於在趁著戰勝，如同疾風般正在滿洲的曠野猛烈進攻，意氣風發的軍部面前，苦言相勸『不要奪取滿洲』的先生的為人，還有堅定的信念，我的心怎麼可能不被吸引。」

青年兒玉譽士夫頭一次接觸到「東亞聯盟」思想以及與其同體系的「昭和維新論」。受笠木良明指引，青年兒玉譽士夫開始為「協和會」與「東亞聯盟」工作。只是，雖然東亞聯盟論者付出努力，戰火還是擴大越過萬里長城，發生了上海事件。

兒玉譽士夫在昭和七年（一九三二年）三月，血盟團事件爆發後，好幾次被日本內地的同志們催促說「日本比滿洲重要，所以趕快回來」，笠木良明也對他說：「為了讓日本的有志之士，認識滿洲建國的真正意義，幫我出版我寫的小冊子。」兒玉譽士夫接受了請託，回到日本。一回到日本，就突然爆發了五一五事件。

這起事件肯定給了青年兒玉譽士夫強烈印象，特別是他在「自傳」中引用了五一五事件的被告青年軍官，在軍事法院法庭公開審判時所做的如下陳述：

「我們的下屬當中，有許多人出身東北地區農村……那些士兵的姊妹們，因為接續在寒害之後的大歉收，想吃飯也沒得吃，落入犧牲自己身體，被賣去當藝妓或娼妓的境遇。我們從身為長官的立場，很清楚地聽聞了這些士兵們悲慘的家庭狀況，也親眼確認了……他們儘管因為背後家庭的不安與不幸而感到害怕，但還是為國家奉獻，是明確的事實——明明知道這個事實，卻還必須指揮、鞭策這些士兵的本官的立場——想到這、想到那，與其說只是遺憾，不如說滿是讓人肝腸寸斷的情緒。」

儘管五一五事件相關人士想達成的「昭和維新」失敗了，躲過法辦的同志必須繼承他們「改造國家」之志。兒玉譽士夫被「天行塾」的頭山秀三找去參加下一場叛變計畫的準備工作。那個計畫內容是：「襲擊兩三名政黨有力人士，在其住宅放火，同時炸毀送電電線，把帝都變得一片漆黑，讓政府發布戒嚴令，之後的處理就讓大川周明、北一輝兩人去推動軍方革新派，來讓昭和維新成功。」

儘管兒玉譽士夫反省說：「之後回顧，這實在幼稚、粗糙，只要軍方能取得政權，日本一定會成為理想的國家吧，是空中樓閣式的天真想法，怎麼想都是輕率。」但也補充說：「至少當時是徹底認真思考這件事，認為有充分的可能性。」一如預期地，這次計畫也因為不慎在藏身處引爆手榴彈，導致相關人士一個不剩的被法辦，起事告吹。

兒玉譽士夫被追得走投無路，拿手槍對自己的胸部開槍。醒過來的時候，已經在特別高等警察戒護下，躺在東京帝國大學醫院鹽田外科的病床上。子彈稍微偏離心臟，沒有死成。一個半月之後，傷勢痊癒，被移送到看守所，在這裡待了三年，最後被判刑三年六個月。天野辰夫的「神兵隊事件」還有「二二六事件」都是在兒玉譽士夫入獄期間中發生。

出獄是在昭和十二年（一九三七年）七月，「支那事變」已經開始了。在這之後，兒玉譽士夫才要發揮真本事，但要在此停止引用他的自傳。只是應該注目在「如此革命不成」篇章中，反覆強調「由大川周明、北一輝與其他許多人領導的昭和維新目的，並不是要讓我國走向軍國主義、或是想要助長軍方派系勢力，而且絕對更不會是為了讓軍方派系政治擴張」的點。陸軍高層內部也產生「皇道派」與「統制派」兩個派系，互相競爭，也許有想要讓取代政黨政治的軍方派系政治實現，但是「現在仍然似乎有一部分人認為，五一五事件與二二六事件兩起事件，彷彿跟這兩個軍方派系有直接關聯一般，但這個曲解嚴重的不得了」。

這是正論。以「錦旗革命」為首，所有的「昭和維新」會失敗，都是：「想依靠軍隊這個外力，本來就是錯的。就算獲得一部分軍隊幫助，也會被敵對方的軍隊派系反擊，抓住疏漏。因為青年軍官們身處軍隊這個特別的組織當中，同志之間團結力道很強。然而民間方面就沒有那樣程度的團結與連絡。所以，在客觀來說的情況下，應該處於領導立場的民間陣營，實質上比軍方陣營更劣勢，因此產生了反客為主的奇怪現象。要利用人的，跟要被利用的立場顛倒了，就沒有成功的可能性了。」

這是兒玉譽士夫的分析，但確實也是如此。然而，站在更全面的觀點看，我認為「昭和維新」失敗的真正原因，就像先前講的一樣，在於來不及做完石原莞爾說的「敵前作業」。儘管明治維新時的「敵前作業」，付出很多犧牲，但總算是趕得上日清戰爭、日俄戰爭。就像是日本海大海戰時，全體日本艦隊成功「在敵前回轉」。但是在「昭和維新」的時候，就來不及了。敵人的包圍網太過強大，是故必須在無法解決「日中戰爭」的期間中，進入與美國、英國的戰爭。國內改革要花時間，沒有時間那樣做了。

第十七章

大東亞戰爭開戰

——敗而無悔的戰爭

十二月八日的感動

聽到最初的開戰消息時，我在奉天。當時下著堅硬的細雪，我想是在要趕前往新京的快車，離開旅館時在玄關聽到的，但是不記得是聽到廣播還是看到報紙號外。

雖然只是自己一人搭著人力車要趕去奉天車站，但打在臉頰上的雪花，讓人覺得爽快。感覺壓在肩膀上的沉重行李被甩飛，陰暗、沉重地在全身血管中淤積的某種東西，在一瞬間被吹散。

如果人力車車伕不是滿洲人的話，我一定會用很大的聲音跟他聊，跟日本人們在一起的話，應該喊了三聲萬歲吧。

那樣做也是有特別的理由的，在從下關開往大連的輪船上，我跟配戴參謀肩章的軍人、外交官、南滿鐵路公司職員、代議士、實業家、軍醫同搭一艘船，在食堂裡的議論，集中在日美是否應該開戰。

參謀軍官沉默不語，外交官跟實業家反對開戰，也有人說不解決日支戰爭，就進入對美戰爭沒有勝算。年輕的南滿鐵路公司職員批評說：「那意見跟川越茂大使的意見一樣吶。」說自己在九州鄉下當小鎮醫師，突然被徵招的老軍醫（穿著中尉軍服，但確實是個像小鎮醫師的穩靜人物）用很小的聲音說，我不懂政治跟國際情勢，但是無法理解日支事變怎麼拖了這麼久，為什麼連我們老人都要被拖到大陸深處的戰線去。年輕的南滿鐵路公司職員大力主張，「再這樣持續日支事變下去，確實沒有意義，應該盡快改為對美國、英國開戰」，我也贊成他的意見。參謀軍官說，「等時機到了遲早會幹吧，但是政府跟海軍持自重論調」，便離開討論。

食堂裡的客人聚集過來參加討論，持即刻開戰論點的，占全體意見的三成。然而，自重派跟開戰派都沒有確實的資料跟立論依據。

我也只是**從心情上**主張開戰論，完全沒有可以駁倒自重派的資料。只是就在反覆說只要不打擊美國、英國，我們腦裡的鬱悶跟壓在我們頭上的陰暗沉重烏雲，就不會消散的這段時間內，船已經開到大連，只留下了對美國、英國戰爭的開始還在很遙遠的未來的印象。

在那之後僅僅第三天，在奉天聽到了開戰的消息：

「十二月八日早上六點，帝國陸海軍，在今日八日凌晨，於西太平洋與美國、英國進入戰爭狀態。」

得知奇襲珍珠港，是在到達新京之後。

最近，在《人間的條件》作者五味川純平也參加了的座談會上，講了我當時的心情，五味川純平則是留下了與我完全相反的印象，說：「這下事情嚴重了，我當時想日本接下來要怎麼樣呢？」還客氣地補充說：「可能是世代差異吧。」

《日本百年記錄》作者，木下宗一寫得很清楚。他寫到從廣播聽到開戰消息時，自己身為新聞記者，卻什麼資訊都沒掌握到，所以衝擊格外強烈。一瞬間還覺得，「這粗魯行徑真是豈有此理」，「會輸」的感覺從脊梁穿過。

這也是世代差異嗎？

因為我沒有機會接觸政界或是軍方的高層與中間階層，對發展到開戰的原因完全一無所知。只是，因為開戰的消息而受到的感動，就像前文寫的一樣，跟五味川純平還有木下宗一完全相反。原因是什麼呢？五味川純平跟木下宗一不可能說謊，我也是照實下筆。

比我資深很多的前輩，詩人高村光太郎的「十二月八日的記錄」，有一段如下。高村光太郎在第二次中央協力會議會場上，聽到宣讀宣戰詔書，但是：

「一直聽著身體就自己縮了起來，不知不覺間眼鏡也起了霧，我就維持那副樣子。當宣讀完畢，大家像醒了一般，突然開始走動。我也緊張地回到等候室，坐在旁邊的椅子上，慢慢地，但是強力地在腦中覆誦，這份布告宣戰的詔書，**感覺腦中澄澈透明**。

世界為之一新，時代就在剛才大舉分界，昨日就像遙遠的過去一般。現在此刻，登上了被拉高而且穩固的軌道，帶著沒有修飾、虛假的深遠意義，發出光芒，再遠的地方都能前往。

我覺得如果從後世來看，這每一刻的時間，正是在描繪歷史的急轉彎的時間……又聽到廣播的聲音，趕著走進會場看看，正在報告襲擊夏威夷珍珠港的戰果。擊沉兩艘戰艦，意想不到的捷報，透過呼吸有點喘的播音員聲音傳開時，在場坐著的人們都禁不住拍起手來，我也不由得落下眼淚。」

這是活過明治與大正年代的日本人的感慨、淚水。高村光太郎是懂西洋的文明與文化價值的詩人，身為雕刻家，儘管是間接受教，他是羅丹（Auguste Rodin）的弟子。雖然如此，所有明治時代、大正時代的人都知道，在政治上與軍事上，西方是日本的壓迫者——這真的是在出生於大正年代，成長於昭和年代的世代無法理解的心情嗎？

如同前文所述，日本在安政年代的不平等條約之下，受苦將近一個世紀。日清戰爭、日俄戰爭都是贏了戰鬥，卻沒能贏得戰爭的「東亞百年戰爭」一環。即使靠這兩場戰爭，也沒有**完全**改掉不平等條約。

刊登了前文高村光太郎文章的《昭和戰爭文學全集》（集英社），第四卷的解說者奧野健男也寫到，大東亞戰爭前夕，西方列強針對日本的經濟封鎖網極為猛烈。美國禁止出口石油給日本，想要從荷屬東印度取得石油而進行的日本、荷蘭會談也因為美國、英國的壓力失敗。ABCD經濟封鎖網勒緊，讓日本無法動彈。日本人對最後的突破策略日美交涉寄予期望，但若感到這也行不通，除了用武力獲得生存所需資源以外，別無他法。

「對於對中國的戰爭，感到模糊的愧疚的大眾，以及將之視為侵略戰爭，明確地予以批判的知識分子，都在事情變成對美國與英國的戰爭時，態度驟變……每個人都想，要開始發生大事了，這下事情糟糕了，日本會怎麼樣啊？感受到戰爭就近在身邊，像是被用力勒緊一般的緊張感覺。同時也有像『終於幹了，揮拳打了驕傲的美國、英國這些過去繁榮過，現在國力衰落的國家跟白人們，讓人喪失理智』的爽快感覺。隨著戰爭初期階段的戰果陸續回報，緊張感轉化成解脫感，恐怖感轉化成優越感、喜悅、驕傲。有色人種與發展中國家，對白人與先進國家的自卑感，被一舉解放。陷入僵局的中國戰爭的愧疚與陰鬱心情，因為與美國、英國戰爭得到大義名分，變成像烏雲散去放晴了一般的心情。可以說在歷史上，日本人沒有整個民族沸騰得像這個時候這樣過。」

奧野健男屬於比五味川純平、木下宗一還年輕的世代，但可以說，這是免於因為敗戰的萎縮而失去元氣的公正解釋吧。

「沒想到有生之年還能碰上這樣開心、痛快、值得慶賀的日子。這幾個月、這一兩年來，像烏雲一樣籠罩在我們頭上，壓得我們喘不過氣的那股憂鬱，隨著十二月八日公布詔書，而煙消雲散。」

這是同樣收錄在《全集》中，已故的長與善郎說的話，但年輕的奧野健男也能夠理解這份心情吧。我並不會認為，連那些從戰爭末期到戰後這段期間出生長大，現在二十幾、三十幾歲的年輕人都能瞭解這種心情——但是我想先告訴大家一個事實，幾乎所有活過明治、大正時代的日本人，知識分子也是、一般國民也是，都是這樣判斷、解釋十二月八日的。身為跟我們同年代，或是緊接在之後的世代，卻說感受完全相反的人，如果不是身在相當高層，詳細知道日本軍備的薄弱與劣勢的話，只有在所謂「戰後民主主義」的混亂中，遺忘開戰當天的感動，陷入記憶錯亂的人而已吧。

帕爾博士的「日本無罪論」

有關大東亞戰爭史，不必重新講，那完全是敗戰。後世的歷史學家會把日本軍隊的勇敢戰鬥與毀滅，寫成英雄史詩流傳下去吧。然而，被稱作是在世界戰史上史無前例的「戰爭初期階段的豐碩戰果」，在僅僅一年以內就被逆轉，之後三年期間留下了一百五十萬名戰死者、三十五萬因為轟炸而犧牲的後方國民、全數覆滅的聯合艦隊、被擊沉了三十五艘商船、化為焦土的都市（其中兩處被用於原子彈實驗）以及營養完全失調的國民。昭和二十年（一九四五年）八月十五日，日本投降了。

之後，占領持續了七年期間，在當中進行了「東京審判」。

作為理所當然的順序，我在這裡必須先談帕爾法官（Radhabinod Pal）的《日本無罪論》。或許現在已經有很多人忘記了，帕爾博士以印度代表身分，參加東京審判，論證這場審判不值得被稱為審判，只是「儀式化的復仇」，是唯一一位主張全體被告無罪的法官。

根據田中正明所說，這份判決文篇幅比其他十一個國家的法官的判決文加起來還長，但是「當時，日本的報紙不知道因為什麼原因，只有刊登用幾行字寫『只有印度法官主張全員無罪，做出與眾不同的判決』這樣程度的報導」。

因此，我們知道有帕爾博士的《日本無罪論》，卻無法知道其內容。幸好，我的手邊有帕爾博士的朋友，深懂帕爾博士想法的田中正明的著書。田中這麼認為：

「東京審判『日本進行了侵略戰爭』的方針，原封不動、無條件地獲得認同，現在孩子們依然在受那樣的教育。日本進行的戰爭是侵略戰爭還是自衛戰爭，這應該是交給後世的歷史學家批判，沒有必要把戰勝國的判斷或是戰時的宣傳不加思索，照單全收。在腦裡被塞了『日本就是幹了沒臉面對世界的侵略戰爭的首謀』這個罪惡意識的期間中，日本不可能會有真正的繁榮。」

基於上述觀點，田中正明在昭和二十七年（一九五二年），發表帕爾博士判決文中重要部分的摘譯，又在昭和三十八年（一九六三年）八月出版了題為《帕爾博士的日本無罪論》這本加上作者意見的新著作，所以靠著這兩本著作，我才能向讀者介紹帕爾博士的意見。

有關法律，特別是國際法，我幾乎一無所知，只記得在大學學過叫做「不溯及既往原則」的原則，就是「法律不溯及既往」的原則。然而東京審判中卻以「開羅宣言」與「波茨坦宣言」的條款為法律基礎，讓不可溯及既往的法律溯及既往。

開羅宣言寫道：

「三國之宗旨，在剝奪日本自一九一四年第一次世界大戰開始後，在太平洋上所奪得或占領之一切島嶼，及日本在中國所竊取之領土，如東北四省、台灣、澎湖列島等歸還中華民國。其他日本以武力或貪欲所攫取之土地，亦務將日本驅逐出境。我三大盟國（美國、英國、支那）稔知朝鮮人民所受之奴隸待遇，決定在相當時期使朝鮮自由獨立。」

接著，波茨坦宣言第八條內容是，

「開羅宣言之條件必將實施，而日本之主權必將限於本州、北海道、九州、四國及吾人所決定其他小島之內。」

因為東京審判不管怎樣是弄成了審判的形式，所以，雖然沒有辦法把東鄉平八郎元帥或是乃木希典上將都弄成戰犯，但溯及到十五年前的滿洲事變，製造了許多戰犯。帕爾博士的抗議、辯護人清瀨一郎的辯護，都遭到無視。

而且，以開羅宣言、波茨坦宣言為根據，強加給日本的和平條約，甚至溯及一百年以前。他們公開說，要「把日本推回明治維新前的狀態」，也照著所說的實行了，這證明了我的「大東亞戰爭是東亞百年戰爭最後樂章」的假說。或許他們沒有意識到，在密蘇里號上簽訂的投降條約，證明了「太平洋戰爭」是「薩英戰爭」與「馬關戰爭」的延續。

東京奧運的旗幟

日本的確被推回四座島嶼之中，形狀就是明治維新前的原樣，但是任何力量都不可能把歷史本身給推回去。圍繞著太平洋的各個島嶼與國家的樣貌，也如同前文所述，跟一百年前截然不同。簽訂敗戰條約後，經過二十年的日本，絕對也已經不是明治維新前的日本。

聽起來或許非常唐突，我在電視上的奧運開幕典禮與閉幕典禮，清清楚楚地看到了這個「無法推回去的歷史」的身影。有九十幾面國旗在這裡飄揚，其中將近三分之一是「大東亞戰爭」後成立的新興國家，把這些加上中共、印尼、北越、北朝鮮的國旗來想的話，應該就能理解我想說的是什麼事情了吧。

我不會說這些新興國家全是「大東亞戰爭」生的兒子，那是各個低度開發國家自身民族主義的成果，蘇聯共產主義中的反殖民主義，對此可能也有大力幫助吧。只是如果拋棄沒用的自卑來說的話，在那場「民族祭典」上，以令人驚訝的增幅示人的新國旗，是獻給帝國主義與殖民主義的悼旗。若是讀史之人，是不會說出「日本持續百年的苦戰對此什麼貢獻都沒有」這種話的。儘管民族分化、獨立、再次整合的過程應該會進一步持續、反覆進行，但只有透過這個過程，地球國家才會慢慢形成。

美國設了陷阱

通往日美開戰的事情經過——《通往太平洋戰爭之道》第七卷，詳細描寫了日本國內情勢與到開戰為止的外交史。

開戰前（昭和十四年，一九三九年）成立的米內光政內閣，其首相米內光政海軍上將，是一位強硬的不介入歐洲戰爭論者，反對日德義三國同盟，特別是致力於堅持不對美國開戰的方針。

米內光政首相在內閣會議上，以海軍大臣資格斷言說：「沒有贏得對美英海戰的可能性，日本海軍本來就不是為了要進行與美國、英國為敵的戰爭而建設的。」

宮中相關人士與財經界支持米內光政的方針，天皇也對此感到高興，《原田日記》[1]記載：「儘管天皇在近來歷任內閣總理謁見時經常心情不悅，但最近米內光政總理謁見時，天皇心情非常愉快，總理也說這很罕見，覺得不可思議。」

把天皇寄予深厚信任，採取不戰方針的米內光政內閣「直接推翻的——是陸軍與木戶孝一內大臣。木戶呼應近衛文麿與平沼騏一郎冷眼看待米內光政內閣的行動，陸軍有一半是因為德國的閃擊戰失去心理平衡，一半是因為被以法屬印度支那問題為餌的德國外交操作控制，雙方都想要把不對美國開戰的方針在這任內閣任內解決掉，最後開啟能夠通往對美國戰爭的道路，但是**其實是美國自己進一步間接參與最終行動，排除不對美國開戰的米內內閣**」。

宣稱是美國搞垮米內光政內閣的說法，並不是所謂的春秋筆法，而是現實的事實。帕爾博士的《日本無罪論》論證美國並用了政治、經濟、軍事手段，順利地推行工作，讓任何形式的親美或是主張對美國不開戰主義的政府都無法在日本存在。

其中一項，就是美國跟英國在日中戰爭裡，都不遵守中立國義務，公然援助蔣介石政權。根據田中正明的說法，東京審判檢方也明確承認這項事實，說：「美利堅合眾國對中國，在經濟上與軍事因素上，都進行了過去以非交戰國立場未曾見過的規模的援助，而且若干美國人民，與中國人一起參加了對日本侵略的戰鬥。」在這方面，英國也一樣，根據記錄，光是美國與英國軍事顧問團人數就達到數百人，有超過兩千名美國、英國人參加戰鬥。

日本政府多次抗議，但援助蔣介石的行為越加擴大，美國空軍開始空運軍事物資到重慶，這很明確是戰爭。日本輿論認定美國、英國是具有敵性的國家，認為不跟美國、英國作戰，就無法讓蔣介石屈服的意見，漸漸占據支配地位。

對於這點，帕爾博士判定，「美國因為自身的行為，在距離攻擊珍珠港之前很久，就成為與日本交戰的國家了。」

美國從一九三八年七月開始，就對日本採取經濟壓迫政策。隔年七月，片面廢棄對日通商

1 譯注：西園寺公望的秘書，原田熊雄的日記，出版時所用的書名為《西園寺公與政局》。

條約，對日本實施禁運。「這些禁運物品中，不僅僅是軍需品，還有很多是日本平民生活絕對必要的物品。」

國務卿赫爾（Cordell Hull）在隔年一九四〇年六月演講如下：

「合眾國在過去一年期間，一直對日本施加經濟壓力，其效果已經顯現。將合眾國艦隊部署於太平洋，然後為了穩定日本、美國問題，在不冒險進行實際軍事敵對行為範圍內，盡可能採取所有措施。」

有可能靠搶奪對方的糧食，勒對方的脖子，達到所謂「穩定」嗎？

日本為了打通活路，特別是為了進行有關石油的談判，派遣商工大臣小林一三到荷屬東印度（印尼）。抵達巴達維亞[2]是在一九四〇年九月，談判一直持續到隔年六月，但荷蘭已經是ABCD線中的D了。荷蘭用巧妙的外交謀略，把小林一三商工大臣拖著到處跑了九個月，在日本被評為鋒利如剃刀的實業家小林一三，也一無所獲的返國，最後必須寫「大臣落第記」文章。簡單講，就是被美國爭取到了時間。美國在一九四一年七月，將一切對日本貿易置於政府管制下，後來終於凍結了日本人在美國的資產。

帕爾博士說：「這是經濟戰的宣戰布告，的確不是中立行為。與此同時，澳洲、荷蘭、英國一起採行經濟、軍事措施，就像日本人命名的一樣，正是『對日包圍』政策。」

珍珠港的誘餌

美國政府使用各種手段，一面爭取時間，一面整建戰爭體制，在準備幾乎完成時，實施了石油禁運。

有關此事，嶋田繁太郎前海軍大臣在東京審判被告席上陳述如下：「海軍手頭上的石油庫存數量有兩年份，未來再取得更多的可能性已經被斷絕。這樣下去，會因為補給石油的能力逐漸降低，日本海軍即使收到政府要求，也很明顯不可能賭上性命進行海戰了。」

美國政府很清楚，日本在面臨石油禁運時，將被逼入絕境，但日本不會坐以待斃，會用武力進入荷屬東印度。小羅斯福總統說，「在南太平洋水域一定會爆發戰爭」，而且美國敢大膽實施禁運，是因為堅信已經做好開戰的準備。

帕爾博士說：「關於最後爆發的太平洋戰爭，日本很明顯從一開始就完全沒有企圖要引發這場戰爭。」

日本任命野村吉三郎為全權大使，並且為了避免戰爭，竟然持續了「日美會談」八個月以上。檢方見解認為日本躲在這個「欺騙式」談判暗處，爭取時間進行開戰準備、攻擊珍珠港以及其他「共同謀劃」，然而據帕爾博士說法，真相是完全相反：

「談判破裂了，這最是令人感到遺憾。然而至少在日本這邊，所有的事情都是拿出誠意做

2 譯注：巴達維亞，雅加達在荷蘭殖民時期的名稱。

的，本官在任何一個項目裡，都沒有發現欺騙的痕跡。」

的確，在談判過程中，日本也進行了戰爭準備，但是雙方都做了戰爭準備。大西洋會議在談判進行中召開，是眾所周知的事實。在這場會議上，羅斯福總統與邱吉爾首相達成的四項基礎協定之一，是關於針對日本的最後行動的協定，也就是當談判未成功收場時，美國與英國將聯手訴諸戰爭的協定。

根據葦津珍彥的《明治維新與東方的解放》，「用與日本會談來拖延與日本的議題，在其間以經濟壓迫讓日本的戰略物資（石油、鋼鐵等）枯竭，羅斯福與邱吉爾都認同這樣是有利的。但對於在與日本之間尋求對等、妥協的和平解決方式形式的和平，完全沒有熱情，問題只有要在何時、如何讓日本投降。與此相較之下，雖然可以說近衛文麿內閣的外交很悲痛，但可能也難逃被批判說有重大缺失吧。談判沒有進展，緊張情勢升高。日本提議承諾從荷屬東印度撤軍，要求交換美國解除經濟壓迫，總之就是回到七月之前的狀態。此時美國政府內部出現看法，認為稍微擺出妥協姿態，再把談判拖延兩、三個月，不是比較有利嗎？於是美國起草了回覆日本的文書草案，私下通知各國領袖討論，蔣介石對這份對日本輕微妥協的方案強烈表示反對之意。邱吉爾看到蔣介石當時的通電，自己在回憶錄中評論那份電報是『發瘋的抗議書』，但還是勉強通知其他領袖說支持蔣介石的主張。這份邱吉爾與蔣介石的電報，讓羅斯福下定決心，認為打擊日本結束事態的時候已經到了。」——這是昭和十六年（一九四一年）十一月二十六日發生的事情。

田中正明進一步說：

「美國把主力艦隊集結在太平洋，英國也加強東方艦隊，以新加坡為根據地，進行戰爭部署。豈止如此，根據戰後在美國軍事法院與參眾兩院聯合調查委員會所揭露的資訊，顯示羅斯福總統在遠比日本攻擊珍珠港早的時候就已經發出密令，下達戰爭命令，美國輿論為之愕然。開戰時的太平洋艦隊驅逐艦部隊指揮官希波德少將（Robert Theobald），在他的著書《珍珠港最後的秘密》（Final Secret of Pearl Harbor）中，舉出證據坦承『珍珠港是為了讓日本先發動最初一擊的誘餌』。無論如何，認為羅斯福總統藉著把日本逼進絕境，挑釁日本，讓日本發動戰爭，製造契機參加第二次世界大戰的見解，被比爾德博士（Charles Beard）、唐奈爾教授、格魯大使、金梅爾前司令官（Husband Kimmel）、魏德邁陸軍上將（Albert Wedemeyer）等，當時美國有力的負責人們一個接一個揭露，也舉出與此事件有關的證據。

只是，這些重要的證據一個都沒有在東京審判上被提出，而且當時美國方面也努力藏匿這些證據。」

被錯譯的加密電報

在日本、美國會談進行當中，發生了日本發給野村吉三郎大使的加密電報，遭到美國情報部門破解，而且在重要部分有錯譯的情況下，向領導階層報告的事件。

例如，原文「本案是修正過後的最終讓步方案，是如下所述的緩和方案」，被譯為「本案是修正過後的**最後通牒**，**將我方要求放寬**如下」；還有原文「若美國詢問所需期間時，要以約二十五年作為目標，以此宗旨來思考……此時要堅持用某種抽象字句交涉『所需期間』，旨在努力形塑不會無限期駐軍的印象」，被錯譯成「當美方詢問有關適當期間的時候，**含糊地回答，要花費的期間會持續二十五年**……我方從以前就常用曖昧言辭表示意思，貴官要盡可能不徹底講明，而且要說的甜一點，委婉表達這個意思，努力形塑無限期占領不會是永久占領的印象」。

儘管帕爾博士說這是「日美戰爭的悲劇」，但就算翻譯正確，結果也不會有明顯差異吧。羅斯福與邱吉爾的鬥志沒有動搖，實質上的戰爭已經開始。

赫爾備忘錄

美國方面的最後通牒，是昭和十六年（一九四一年）十一月二十六日的「赫爾備忘錄」（Hull note）。

儘管已經有許多「太平洋戰史」中引用這份由十項條款構成的備忘錄全文，其中重要的兩項是，「三、日本將全部的陸海空軍與警察力量撤出中國與法屬印度支那。四、兩國政府不支持重慶政府以外任何的中國政府或政權。」

邱吉爾在他的回憶錄中寫，被召喚到美國國務院，被國務卿赫爾直接交付這份備忘錄的野村吉三郎大使等人，「就只是茫然自失，帶著悲痛的表情離去。」

要從中國跟法屬印度支那撤軍，還能接受。但是第四項不用說，是逼迫日本放棄汪兆銘政權還有滿洲國。第五項是命令日本無條件放棄在中國的一切既得權利，第九項是要求廢棄日、德、義三國同盟。田中正明的「如果日本接受赫爾備忘錄，就意味著日本要倒退回日清戰爭以前的狀態」的解釋是正確的。根據帕爾博士說的話：「這已經不是談判，是意味著對日本發出逼迫全面投降的最後通牒。」

東京審判的全部被告都表示與此相同的感想，不只日本的領袖那樣認為，據說後來在美國，希波德海軍少將說「赫爾備忘錄正是像拿鐵棒毆打日本一樣的挑釁」，格魯大使也在回憶錄裡寫「這時候，開戰的按鈕已經被按下去了」。事實上日美開戰並非在十二月八日，而是十一月二十六日。

帕爾博士肯定東京審判的被告們關於這份備忘錄的陳述，說只要日本的領袖們是愛國者，對這份嚴苛的最後通牒予以拒絕，起來反抗是理所當然，那對日本而言是為了生存、為了自衛不得不採取的措施。

「連現在的歷史學家都能像下文這樣想。意即，就這次戰爭來說，在攻擊珍珠港前夕，收到跟美國政府交付給日本政府相同的通牒的時候，**甚至連像摩納哥王國、盧森堡大公國般的國家，也會拿起武器起來對美國進行反抗吧**。美國政府也明確的預測、算計了這樣嚴苛的片面通牒是最後通牒，等同於宣戰布告，日本政府當然會加以拒絕，可能進而行使武力。

因為羅斯福總統與赫爾國務卿相信，日本方面不會接受包含在前文所述的備忘錄中的提案。所以不等日方回覆，在把前文提到的文書直接交給日方代表後隔天，就對美國前哨區域的各個指揮官發出戰爭警告，命令他們進入戰爭體制。羅伯（Robert Craigie）[3]報告書明確指出，

3 譯注：英國外交官，於一九三七年九月至一九四一年十二月日本與美國開戰前任英國駐日本大使。

美國的前哨指揮官們在十一月二十七日已經收到警告指開戰之日正在逼近。」

這就是真相，儘管歷史真相也會落得埋沒於所謂時勢中不為人知的下場，也有隨著時間經過自然展現的，但也會因為學者們的努力，被挖掘出來，而讓所有人得以見到。日本與美國開戰的內幕，可能還有很多我們不知道的「真相」吧。

只是，相信藉由我在第九章介紹過荷馬李的《日美必戰論》，在本章介紹帕爾博士的《日本無罪論》，讀者已經能夠理解為什麼美國將那場戰爭命名為「太平洋戰爭」，而日本稱之為「大東亞戰爭」了。

美國為了「白色太平洋」而戰，日本為了「黃色大東亞共榮圈」而戰。所以，對美國而言，是「太平洋戰爭」，對日本而言徹底是「大東亞戰爭」。都是打了百年歲月，美國勝利而日本敗北，但雙方的「理想」卻都沒有實現，太平洋跟亞洲都被還回各個民族手上的詭異戰爭。

詩人的心情

在這裡，試著稍微換個觀點思考同樣問題吧。

竹內好的《亞細亞主義展望》中有寫一段逸聞，是岩波書店上一代老闆，岩波茂雄的故事。「岩波茂雄在情感上，也是非侵略型的亞細亞主義者。據說岩波書店的接班人小林勇的著書中有寫到，他在日華事變正在進行時，拒絕捐款給軍方，毫不在乎被軍方盯上。但是到了太平洋戰爭的時候，在聚會席間脫口而出說『要幹掉美國跟英國的話，我也贊成』。」

在其他地方也有很多岩波茂雄型的日本人，他們並非知道政治、軍事上的機密或日美談判的真相。然而，他們在承認日中戰爭沒有意義、有害無益的同時，在情感上直覺感到，如果是以美國、英國為對手的戰爭，就算輸也必須賭上國運。

接近政治、軍事中樞的人，絕對不會因為日本與美國開戰感到高興。他們相信日本必定戰敗，試圖避免這場戰爭。正確地說，是日美若是要戰，必須先讓日中戰爭結束，努力盡可能把對美國、英國的戰爭延期到未來。近衛文麿內閣的智囊，「昭和研究會」的主流派這樣想，石原莞爾的「東亞聯盟」成員也這樣想，但是他們的努力沒有結果。日本自己灑在支那大陸的種子，結出有毒的果實。ABCD包圍網中的C，蔣介石自己成為最為頑強的敵人，日本最後不得不跳進羅斯福與邱吉爾設下的陷阱。

以愛國評論家身分活躍的武藤貞一，也寫了帶有「聽到對美國、英國宣戰的消息，我因為擔憂日本的前途，有十天以上晚上幾乎無法入睡」這種意義的文章，這跟山本五十六元帥還有嶋田繁太郎海軍大臣的憂鬱是相通的吧。

然而，我們這些不知道開戰真相的文學家中，許多人處在與岩波茂雄相同的情緒中。覺得「日中戰爭沒意義，但是，如果是要幹掉美國、英國的話，贊成！」

《昭和戰爭文學全集》第四卷中，收錄了許多開戰當時的詩人們作的詩，這些詩未必是沉醉在戰爭初期階段勝利者的放聲高歌。每一首都是在情感上感受到事態不得不發展至此的日本人，用全力發出的心聲。

高村光太郎唱道：

拼死。
此時人乾脆、堅強，
此時心靈豐富而充滿希望
是我們民族的常態。
即使人不急著赴死
死亡也會從前方逼近。
唯有拼死是毀滅死亡之道。

接著又說出「沉思吧 先生」，並唱道：

我們日本沒有要毀滅先生的國家，
只是要毀滅抗日思想。
若是執著抗日，先生亦將滅亡。
我們日本現在要打擊英美。
英美被東亞的天地否定了。
他們的魔手將被粉碎。

室生犀星因為「攻陷馬尼拉」感到喜悅，深有感概地寫下：

想想看吧
我們的祖母們在秋天夜裡作家庭手工
編織纖細悲傷的馬尼拉蕉麻線
將之全部搾取的那個馬尼拉，
死去的許多祖母啊、母親們啊
在因代工使你們受苦的馬尼拉
日本的旗幟飄揚起來了
祖母啊、母親啊、姐姐啊……
你們的孫子們奮戰了

三好達治慶祝成功奇襲珍珠港，唱道：

啊、那恫嚇，啊、那示威
啊、那經濟封鎖
啊、那ＡＢＣＤ線
可笑，脂肪過多的民主總統
比糖還甜吧，[4]就像昨夜的謀略一般

4　譯注：日文裡形容人天真與食物味道的甜味都用同樣的形容詞「甘い」。

美國太平洋艦隊全軍覆沒！

伊東靜雄在開戰一周年時，抒發心情：

問眾神，要如何忘掉
如同天之岩戶打開般
痛快舒暢地哭泣接下詔書的早晨

大木惇夫前往爪哇戰場，為鼓舞印尼與亞洲人民，寫下：

亞洲人民啊，現在起來，
起來，與太陽、曙光之子一起甦醒吧！
爾之吳哥窟
爾之婆羅浮屠
爾之聖典
讓屬於爾之事物歸還於爾吧！
……偉大的亞洲、偉大的亞洲，
正是為了亞洲的亞洲
亞洲人民啊，一舉起身吧。

我們是太陽、讓夜晚明亮的火炬
是曙光

這些詩人們，除了大木惇夫，都已經成為故人。高木光太郎面臨敗戰，把自己放逐到東北地區山中；三好達治對詩集《捷報到》的所有詩篇感到羞恥，而試圖加以掩藏。有什麼好羞恥，有什麼好後悔的呢？「大東亞戰爭」，就是一場如同這些詩人們想以詩展現的心情，直覺地感受到的一樣的戰爭。日本人拼命戰鬥，有男子氣概地戰敗，然後偉大的亞洲現在已經開始用自己的雙腳站起來了。

這一卷的解說者奧野健男，還引用吉植庄亮、加藤順三、齋藤茂吉、會津八一、土屋文明、釋迢空[5]等人的短歌，寫道：「可以發現，這些並非皇國御用歌人式被動想法，並非單純因為宣戰詔書感動，而重新下決心為了天皇，為了祖國戰鬥。就如同齋藤茂吉、會津八一、土屋文明等人的作品所展現的一般，可以從中看到現在正是針對白種人支配東方，經年所累積的怨恨發洩的時機，這種積極、有自主性的興奮心情。這樣的想法，在成長於明治時代的文學家之間特別強烈。從年輕時被培養的民族主義熱血，因為與美國、英國的戰爭，而再次開始沸騰。」

「偏偏就在此時，降下大詔，肉體震盪，天皇的話語，情緒激烈。」（吉植庄亮）。

5 譯注：釋迢空，折口信夫的筆名。

「要攻擊、毀滅的心態驕傲、年邁衰老的國家，是指什麼呢？」（齋藤茂吉）

「勇敢的男子漢啊，一度躍起的話，就能讓英國的醜陋黑船完全沉沒。」（會津八一）

「當聽到逼近婆羅洲，心情雀躍的白人，邪惡地前來占領此地。」（土屋文明）

「不輸同志的英雄豪傑，要在嚴酷局勢中求生的一年到來。」（折口信夫）

這份民族感情是從明治時代以前的父祖的時代就培養至今的，在一百年前「東亞百年戰爭」開始的時候，這份民族感情也作為「攘夷熱潮」、「神州正氣」，產生許多激烈的詩歌。同樣的感情，在作為「百年戰爭」最後樂章的「大東亞戰爭」，透過文人、詩人、歌人想要以詩歌展現的心情流露而爆發，並非受到任何人的命令。

戰爭確實是輸掉了，但是忍受百年命運，達成歷史使命的日本國民，有什麼好羞恥的呢！

第十八章

民族主義有尖牙

——尼赫魯的警告

「安全的思想家們」

起初，我預計要用結尾部分的一章，來反駁諸家的反駁，但是我不那樣做了。反駁的數量很多，我也收集了許多反駁的剪報，收集著收集著，我失去了答覆反駁的興趣與義務的感覺。每個反駁都很像，赤旗屋日本代理店的各位店員，提出的反論是已經聽到厭煩的形式主義論點。其他的許多人，大多有大學教授或助理教授頭銜，但都是些展現不像是教授的**弱小腦袋**，讓我非常驚訝，覺得竟然這樣都能當教授的言論。

舉個例子來說，最近，在《思想的科學》這本進步雜誌當編輯，名叫山田宗睦的年輕**哲學家**，出了一本叫做《危險的思想家——否定戰後民主主義的人們》的書，把從武者小路實篤、安倍能成、大熊信行、竹山道雄、福田恆存、林健太郎、高坂正堯、三島由紀夫、石原慎太郎、江藤淳等許多人到我的思想家與作家們，當作「應該畏懼的危險領袖們」，加以「告發」。

被出版社硬送了這本書給我，我讀了一遍，但這完全就只是一本用像記者寫的文章，把中傷報導串在一起的無聊書籍。只是，令我驚訝的是，這本書的推薦人，寫下「他的血從此噴出」這樣外科醫生式讚詞的久野收，是學習院大學講師；用「這本書是成功的第一號」這種人造衛星式稱讚方式的日高六郎，是東京大學教授；說「為灌滿熱情的這份告發聲援」，自任啦啦隊長的家永三郎，是東京教育大學教授；亢奮地說「雖然力量微薄，我也想趕快加入他的戰鬥行列」的長洲一二，是橫濱國立大學教授；警告說「這本書從頭到尾都是在嚴詞逼問現在的時代，發出嚴重警告」的鶴見俊輔，是同志社大學教授。

教授、教授、教授、教授！他們在這二十年間，到底在書房跟研究機構裡念了什麼書，在教室裡教了學生什麼啊？

我很尊敬教授。我知道不管在日本，在西方，靠著稀鬆平常的努力，都是當不上教授的。但是，在這裡鼓起精神「死守戰後民主主義」的久野收、日高六郎、家永三郎、長洲一二、鶴見俊輔這幾位教授，到底是什麼教授？

我認為他們是普通的記者團體，我知道他們偶爾會在報紙、雜誌發表零碎的論述文章，其中有幾位，用共同研究名義，共同製作了題目叫做「轉向」的大作。因為我也是一位轉向者，所以試著讀了這本書，但發現只是在說，為什麼在日本自共產主義轉向者數量多到在世界上沒有其他案例。這是完全沒有查明這個異例現象根本的非學術性「研究」。覺得他們真的是群頭腦很爛的傢伙，他們竟然在不知不覺間「轉變」成為大學教授。日本的大學好像相當欠缺人手，連記者都找來當教授。

這就是所謂戰後派教授吧，似乎只有因為敗戰與占領，用了與學術實力不同的方式，為他們敞開當教授的大門這件事是事實。家永三郎教授在最近的報紙上憤怒地說，他編纂的教科書被文部省命令要修改三百數十處。我是不知道是什麼樣的地方被刪掉了啦，肯定是很亂七八糟的教科書吧。不然的話，文部省再「冥頑不靈」應該也不可能訂正到那種程度。被那種沒有學養的教授跟隨便亂寫的教科書「教育」的戰後學生，才真的是災難。

軍事占領下不可能有民主主義，國家的和平、自由、獨立，都是不可能靠外國政黨命令實現的。日本的歷史，不是只有敗戰後的二十年，要再上溯百年、千年的過去，才能理解。「民主化」、「近代化」都是在德川幕府時代與明治時代發芽，敗戰與占領實施的美國化，雖然促進了這個芽生長，卻反而有令其停止、異化的作用。戰後是虛假的，確實是幻影。戰後沒有「自由」，也沒有「民主主義」。在那裡的，只有「東京審判」、弱化日本政策、聲稱是「民主主義」，而硬加上來的美國化。

前文所舉的各位教授，不過是信仰「敗戰民主主義幻想」的殘黨。久野收講師說：「要把一切賭在否定戰爭的戰後」，但是到底是不是認真的？是認為遵守麥克阿瑟憲法的前文跟第九條真的就能避免戰爭嗎？

信仰宗教是自由，請自己去信。以後，我就稱他們為虔誠無比，深厚篤信的「安全思想家」吧。真正的思想是很危險的，盡量靠著「把思想變科學」，把重點去掉的方法，保護大學教授的「和平又安全的椅子」就好。

占領的尾巴

舉個有名而且淺顯易懂的占領之下沒有所謂民主主義存在的案例吧。

《昭和戰爭文學全集》第十卷的解說中，奧野健男寫了有關阿川弘之的作品的文章：

「阿川弘之的作品，含有獻給身為學徒兵作戰而陣亡的友人們的無限感嘆。然而，用這樣壓抑、若無其事描寫方式寫的小說，在只有緊接在敗戰後，強到刺眼的問題意識，以及像是在說完全不夠，而反覆塗上泥繪[1]顏料一樣，使用強烈描寫方式的小說會受到關注的時代，會被認為不夠過癮，而遭到遺忘。」

這是很普通的作品評論，是文學史性質的研究，但是讓我感到驚訝的，是接在後面的一段。

「還有，到昭和二十五年（一九五〇年）左右為止，只要有寫到一點點勇敢的日本士兵的文章，就會遭到盟軍司令部查禁。要寫戰爭的話，主角要描寫成是反抗戰爭者、批判戰爭者或是完全的被害者、犧牲者。神風特攻隊是白白送死的笨蛋，甚至被視為跟街上的愚連隊[2]一樣。在那樣的情勢中，要從內側描寫相信戰爭，祈求日本勝利而死去的學徒兵的純真與美，極為困難。就算整體來講是基於否定戰爭、批判戰爭的志向來寫，要對肯定過戰爭的人物的心情進行救贖，是極為困難的。我讀了當時的戰爭小說，對於書中幾乎沒有出現那種在戰爭期間滿布我們周遭的愛國者、軍國主義者、相信戰爭而努力的人，卻只有當時從沒見過的批判戰爭者、旁觀者出場，我感到很奇怪。我無法不對當時的戰爭文學感到不滿與懷疑。」

這讓我想到許多事情，占領確實就是那樣。在占領下所產生的小說，或多或少會有這種嚴重的傾向。當時流行的文藝、政治、社會、歷史評論，也完全一樣。

當時我在《新夕刊》這間「非常不可思議的報社」（這是吉田健一取名的）幫忙做編輯工作，根據吉田健一的回想：「我們當時被嚴格禁止提起關於占領軍嚴厲審查報紙以及其他所有出版品這件事，這是因為審查是對言論自由的壓迫，占領軍也禁止日本政府進行一切審查……因此

1 譯注：泥繪，江戶時代到明治時代的一種浮世繪繪畫方式，會在顏料中加入鉛白。
2 譯注：指從事違法、暴力行為的不良青少年集團。名稱中的愚、連二字是諧音借字。

不允許只把沒有通過審查的部分留白，所以必須用別的東西填滿，重新排版。」我們編輯部人員，特別是「涉外部長」吉田健一，必須要以盟軍司令部為對手，做許多辛苦的工作。

幸好因為那間報社有還很年輕的橫山隆一、橫山泰三兄弟，清水崑等優秀、活潑的漫畫家在，對填滿版面空白發揮了很大功用，但是現在回顧起來，大多數占領下的小說跟評論，不都是這種「填滿空白處的漫畫文章」嗎？除了那些意識到這點而加以利用的傢伙之外，由於在辛苦地不使文章被弄成空白的這段時間內，養成了習慣，同時又因為只要一直寫那樣的東西，就能混飯吃，可以擺出流行作家，流行學者嘴臉，所以造成一批了把「留白用文章」像正道一般認定的世代，到現在還尾大不掉。

大多數占領下的小說、評論，當時讀了就覺得沒什麼可以相信的部分，也不有趣。這是因為，有某種對日本人來說具有決定性重要性的事物被漏寫，被「留白」了。到了現在讀更覺得愚蠢，明明就不是在寫「麥克阿瑟萬歲」，卻有不少文章就只會讓人發火。

到了敗戰第二十年，總算開始著手上工，把當時在無意識之間長出來的尾巴切斷丟掉；把主動戴上的紅假髮脫下放著，我認為——這是現在的文壇、言論界大混亂的原因。

各位殘黨教授們，乃是無害無益的「安全的思想家」。他們以前曾是寫這種留白用文章的名手，現在則是要「死守」在占領時期，自己給自己戴上的紅假髮。

民族主義議論還太早

學者跟編輯們針對「新民族主義」進行爭論，我認為有點太早。民族主義烈火正在亞洲、非洲各國與中南美洲猛烈燃燒，日本看起來似乎也有些類似的動向，但略有不同。

從國民與民族的血管中猛烈燃燒，推動國民與民族，令其狂熱，並為了革命與戰爭赴死的民族主義，並沒有實際存在於今日的日本。過去某段時期曾經存在過，現在火已經撲滅，狀況平靜。

如果是要取回日本人失去的自信與驕傲以及獨立自主精神的議論，那能理解，但是認為日本已經產生、形成「新民族主義」而感到高興，以及認為那是在準備「新法西斯主義」而「先天下之憂而憂」的議論，不管那邊都操之過急。

確實是有像是「明治的反擊」（木村毅的用語）、「日之丸銷售急增」的傾向或是現象出現，但是這是對精神的真空狀態之反作用力。這種真空狀態起因於七年的占領以及由盟軍司令部所進行的弱化日本、去除骨氣的政策，並在之後持續十年以上。「敗戰世代」也已舉行過成年禮；所謂的「戰中派」青年們，也接近四十幾歲了。然而，仍然有一種世代存在，他們被叫做「社會科」的黑布，遮眼擋住自己國家的歷史與傳統，被奪走精神上最重要的支柱，然後，空氣自然會填滿真空狀態。最近的歷史熱潮、對古典文書的關心、幕末、維新、明治時代的東西流行，對只把日本當罪人對待的左翼史論的反擊等，都是填滿這個真空的自然作用。

還有另一個原因，那就是日本的左翼人士，特別是共產黨，在其政策中加入了民族主義。最近這幾年來，日本共產黨採用「正義與愛國之黨」口號。若是照竹內好所說，這是一種搶回失地的努力，搶回民族主義這個革命傳統，卻「被右翼人士搶先」的左翼失地。這項新命令最初似乎是來自蘇聯，但最近可以認為有中共的強力影響。中共的共產主義，充其量只是革命與政治方法論，是被半殖民地化約一個世紀以上的民族的強烈民族主義，讓他們採用共產主義的。

在這點上，蘇聯也是一樣，為了脫離身為歐洲發展最晚國家的半亞洲型狀態，必須採用作為革命方法論的馬克斯與列寧主義。橫亙在其基礎中的俄羅斯民族主義，與中共民族主義發生激烈衝突，也是歷史中的「自然現象」。其他還有所謂萬隆會議，以印度、非洲、南北越、印尼，還有卡斯楚領導的古巴為首的中南美洲各國革命式民族主義，大多數都顯現出明顯往共產主義傾斜，刺激行動落後的日本共產黨。

不可忽略在最近民族主義議論興盛的深處，有前文的兩種潮流衝突造成的混亂與漩渦。

「文化論壇」小組的思想

另一項不可忽略的，是「日本文化論壇」的民族主義觀點。雖然這被左派陣營攻擊說是「賴孝和路線」，但那種政治性誹謗並不是問題。這個團體邀集優秀學者、論客，常有嶄新發言。例如福田恆存等人，是明確自稱「反共親美派」，寫「歌頌日本共產黨」這樣一篇嘲諷文章的大膽的悖論式正論論者。福田恆存，加上平林泰子、林健太郎等同好，在最近一期的《自由》雜誌舉辦座談會，並在座談會中使用「國家利益」一詞代替民族主義。佐藤榮作首相在施政演講時也用了同樣的詞，或許這個詞的原產地是美國之類的國家吧，但我認為這是有智慧的術語學或表現手法的轉變。

民族主義歷史太長，摻雜太多各種混合物，但原本是國家利己主義的顯現。民族主義被所謂愛國心美化，被侵略主義弄成反派，隨著使用者不同，而在語意上變化。

如果自己承認，而且公開說那是「國家利益」，品格實在不怎麼高尚，但至少可以免於被說是偽善，把狂熱性質變得抽象，可以形塑實用、現實、坦率的形象。如果國家總是一面計算、衡量自身利害，理性行動的話，失控與犯錯的情況就會減少，在國際關係上，與對自己有益的一方交好，與會損害自身利益的一方為敵，如此就會安全無虞。

但是，在國家利益實際產生作用的場合，是否總是能夠保持理性與現實？這就是問題。現在的美國，跟重視實際利益與效用的英國一樣，重視國家利益更勝民族主義，但美國對中共、北朝鮮、南北越的政策，是否真的能夠說是理性行動？把台灣、沖繩、菲律賓基地化，看似成功，但是對中共的政策，卻一直適得其反。韓戰造成了超越太平洋戰爭的傷亡，無法預測今後「防衛」南越，會要美國付出多少犧牲。「國家利益」的底部，也含有民族主義的狂熱與冒險性質，國家未必總是能只依理性計算行動不是嗎？

日本的民族主義由於極端化，變成了所謂超國家主義（ultra-nantionalism），所以受到了大敗戰制裁。如果是忠告說以後要小心，慎重地一面計算國家利益，一面行動，那還能理解。比起理解，在現在這個時間點上，這份忠告更容易遵從。因為現在這瞬間，日本沒有明確的「外敵」存在。美國、蘇聯、中共都改變其對日政策，眼下日本看起來似乎成為三方進行「友好外交」的對象。日本國內從左到右各個政黨、黨派都各自往不同的方向設定假想敵，但到底哪一個是現實的敵國，不只我們一般國民——可能連各位政治人物都不知道。所以，當下日本看似具有一邊冷靜、實用地計算自身利益，一邊行動的餘地跟可能性，但民族主義本來就只有在現實的外敵出現時才會啟動。然後當戰爭危機逼近，任何國家的民族主義都會變得激進。

並不是只有日本會貿然實行那種忘記冷靜計算「國家利益」的冒險主義——民族主義是有尖牙跟利爪的。

民族主義既沒有新也沒有舊

當然，政治人物與領袖會想隱藏民族主義的尖牙，「正義」、「人道」、「文明」、「民主主義」、「解放」、「共產主義」等美麗詞句，經常用來遮掩這顆尖牙。

日本人從以前就很想用「王道政治」這個華麗詞藻，未必只是儒教影響。大川周明在柏拉圖的《理想國》裡面，發現王道主義，將之與儒學與佛教整合，組成「昭和維新論」與「亞洲解放戰爭理論」。但是，現實的政治與戰爭中沒有王道，政治總是霸道，在戰爭中也是實踐霸道者稱霸，成為贏家。日本的王道意識形態在大東亞戰爭中碰壁、崩潰，就是最近的實際案例。

我對說要在衡量國家利益的同時行動的忠言絕對沒有異議，但國家利益與其他國家的國家利益發生對立時，會變成有尖牙的民族主義。我只是想先指出，當那顆尖牙變大，會長成被稱作侵略主義、激進民族主義、帝國主義等怪物的這個事實。

「民族主義既沒有**新**也沒有**舊**」——最近從美國回來的江藤淳，做出了帶有如此意味的發言。在這裡舉出這句話的理由，是有一部分馬克思主義歷史學家，努力想把最近亞洲、非洲各國的民族主義，當成像是跟歐洲「已開發國家」的民族主義**有所**不同的「**新**民族主義」一般對待，而且只把日本的民族主義扣除掉，想要將之編入歐洲的「**舊**民族主義」行列。

例如，東京大學東洋文化研究所教授飯塚浩二的「亞洲的民族主義」就是一個例子。這篇文章是收錄在竹內好編的《亞細亞主義》中的飯塚浩二著書《亞洲中的日本》的第三章。若只讀那部分就評論，或許失禮，但光是這章節，就有太多實際證明我在前文指出的現象（把日本民族主義從亞洲除外）的發言。飯塚浩二教授說：「是出自於什麼樣的動機，邀請直到不久前仍是侵略性帝國主義列強一員的日本，參加一九五五年的萬隆會議的？」

邀請日本的，是亞洲非洲諸國，不是飯塚浩二教授。理由不就只是亞洲、非洲各國對日本的觀感，跟飯塚浩二拘泥於既有形式的帝國主義論述不同而已嗎？

飯塚浩二教授說：「日本的民族主義，跟因為身為某人的家臣而成為解放民族依據的亞洲民族主義，稍有相似之處嗎，還是完全不相似呢……那個家臣民族主義，就算可以當成從屬的法則，但無法成為解放任何人、甚至解放自己的原動力，不是嗎？」但是下面的飯塚浩二自己引用的美國左翼人士歐文．拉提莫（Owen Lattimore）的話，證明了日本的「大東亞戰爭」並不是那樣。

「日本完成的偉大事情，是破壞在亞洲的殖民地帝國十九世紀式結構。」

「戰爭期間被日本人占領的土地當中，連一處都沒有被（舊主人歐洲人）完整地拿回去。」

「日本在戰敗之前，破壞了遍及整個遠東地區的老舊均勢與歐洲帝國主義統治結構的事實，重要程度不輸日本最後敗退的事實。」

尼赫魯的民族主義論——民族主義的尖牙是拔不掉的

飯塚浩二認為，這是軍國主義日本因禍得福，雖然日本在結果上扮演了斬斷束縛亞洲各民族的枷鎖的歷史性角色，但「就算因此，也沒道理可以認為有施恩於人」。似乎是徹底要把日本當作是片面加害亞洲的加害者對待，但我們還是坦率點看歷史比較好。印度的尼赫魯總理，在印度獨立後訪問日本，說想要表達衷心感謝的對象，是大川周明跟黑龍會的葛生能久（因為頭山滿老先生已經過世）。不知道日本人在解放亞洲扮演的重要角色跟亞洲人的心情的，好像是飯塚浩二教授這一邊。

橫亙在他論文底部的，從頭到尾都是列寧的小冊子《帝國主義是資本主義的最高階段》的公式。到處出現「為了重新劃分殖民地的世界大戰」，跟其他聽到膩的招牌文句。不過，飯塚經常引用的印度總理尼赫魯，並不會這麼說，「解放亞洲的，是亞洲各國的民族主義，而且熟知這個民族主義是有尖牙的危險猛獸」，據飯塚浩二引用的說法，這話是出自尼赫魯。

「雖說那（民族主義）確實是帶有積極性質的，但是形成民族主義的一項重大要素，我認為果然還是否定的或是相反的。所以，原本應該是一國內部健全而且進步的解放勢力的民族主義，偶爾也會有——很可能是在解放後——變成不健全、倒退、反動或是擴張勢力，跟這個國家過去為了得到自由而對抗的對象一樣，用貪婪的眼光覬覦其他國家的情況。」

要把這看成是對日本的批判，是飯塚浩二的自由，的確也含有批判吧。但是因為尼赫魯在進行這場演講時，日本已經戰敗，尖牙被拔掉，同時也喪失了民族主義。所以這是學者尼赫魯博士的民族主義本質論，應該要看作是對新興亞洲、非洲諸國，特別是中共的擴張政策的警告才對吧。尼赫魯的預言，確實說中西藏高原與中印邊境。

江藤淳說「民族主義既沒有新也沒有舊」的發言，在此展現了效果。要如何才能將尖牙從民族主義口中拔掉——這是所有善意和平主義者的願望兼問題吧。

但是，我首先要回答說，那是不可能的。只要地球上有數量眾多的民族國家存在，各自持續走著獨立之路，追求「國家利益」，就會有民族主義存在。隨著該國國力充實、上升，民族主義會長出尖牙，讓爪子更銳利。和平運動、裁軍會議、聯合國，在當下都無法阻止這種**傾向**，這是應該要感到悲哀的現實。

馬克思主義者相信，藉由消滅資本主義與赤化世界，不只可以拔掉民族主義的尖牙，還可以根除民族主義本身，真是很棒的國際主義夢想。

飯塚浩二教授樂觀地認為，亞洲各國（但是日本除外）的「新民族主義」，「要將謹言慎行的國家利己主義教給原產於近代歐洲的『舊民族主義』，就算過程將很緩慢」，民族主義可能就會拔掉其尖牙。如果事情那樣發展，很令人高興，但民族主義與帝國主義，並非是只屬於資本主義的屬性。當然，我想飯塚浩二應該知道，列寧在《帝國主義是資本主義的最高階段》也寫說帝國主義會出現，並沒有寫說在資本主義之前不存在過帝國主義。有過希臘帝國、羅馬帝國，還有印加帝國。讀錯列寧的小冊子，說帝國主義是只有資本主義才有的屬性的，是有名的志賀義雄。他跟他的「同志」神山茂夫起了論爭，最後志賀義雄道歉，說「我錯了」，這是很有名的黨內論爭史片段。

就我所見，就算在共產革命之後，只要「一國社會主義」繼續存在，民族主義跟帝國主義就會繼續存在、顯現。現在蘇聯跟中共的征服式擴張政策，還有半共產主義共和國如印尼、古巴等，他們那種該說是神風特攻隊青年式的魯莽躁進行徑，就是實際案例。列寧的徒弟們，應該要寫他的《帝國主義》續篇《帝國主義是共產主義的最低階段》。如果不寫，就是對學問跟歷史的懈怠。

第十九章

日本、亞洲、世界

——給未來的細微預測

親日派的必要性

我想對日本說的，是現在暫時絕對不可輕舉妄動，日本還沒達到可以行動的狀態。首先就是被美國束縛，半身不遂，接著又被蘇聯盯上。雖然蘇聯直接的敵人是美國，如果能夠把日本從美國掌控中分離，對蘇聯而言，沒有別的事情像這件事這麼難得。

第三，是中共這個新興帝國，看起來正在民族主義上升期中活力的頂點。就如同尼赫魯指出的，民族主義在自我解放與國內改革大致成功時，就有變成擴張主義的疑慮。用民族主義過分鼓舞、煽動國民，擴張主義的烈火，會往領導者力不能及的規模與方向延燒。中共說美國是紙老虎，說蘇聯是修正主義，這就是民族主義的尖牙與利爪。如果能夠把亞洲唯一的工業國家日本納入「勢力範圍」的話，沒有比這更大的成功了。

對此，現在日本的思想界與政界呈現四分五裂的狀態。力量最強的是親美派，但親蘇派也很多，最近親中共派也開始急速增加勢力。此外也有空想派非武裝中立派、理想派世界聯邦派，而力量最微薄的似乎是**親日派**，日本的思想界呈現這般奇觀。

這種四分五裂的現狀，就是世界各國有多用力對日本施加壓力的證明。因為日本國力恢復顯著，美國、蘇聯、中共都偶爾會展現「友好外交」的奉承態度，但不可忽略貫穿這項舉動的基礎的，是用武力進行的威嚇。

為了日本的生存，當然有必要與外國親善友好。但是，太過強調友好，變成外國走狗，就不值一提了。雖然要當親美派、親蘇派、親中共派是各人的自由，但忘了在那之前首先要身為**親日派**才是身為日本人的資格，是會發生嚴重的事情的。

今後的日本該對亞洲與世界採取什麼態度呢？

這是政治問題，不是歷史問題。未來是由人類的行動與鬥爭創造的，政治人物組織、領導人類，讓人類鬥爭，創造未來。

在現在這個現實中，有許多往未來延伸的可能性。政治人物從這些繁多可能性中選擇一個，賭上自己的一切。有人賭A、有人賭B、有人賭C，政治意見分裂與政黨對立由此產生。從當中正確選擇最可能實現的可能性，賭上自己，進行最友好的領導與鬥爭者，成為獲勝的政治人物、未來的創造者。

只是，日本持續百年的孤軍奮鬥，在當成歷史加以回顧時，絕非沒有意義，也不能說是有勇無謀。在西方列強殖民主義與侵略主義層層包圍下，即使是任何名將、大政治家，應該也是沒有其他對策。現在發表的許多文獻證明，雖然是秘密進行的，但當時的政府與軍方領袖進行了所有努力，不擴大日支戰爭、避免向美英開戰。不過在被設陷阱逼到最後關頭的時候，就算不是山本五十六元帥，也必須下定決心進行玉碎決戰的心理準備，這就是日本的命運。能夠慰藉的，只有剛才引用的歐文·拉提莫說的話：

「日本完成的偉大事情，是破壞在亞洲的殖民地帝國的十九世紀式結構。」

「戰爭期間被日本人占領的土地當中，連一處都沒有被（舊主人歐洲人）完整地拿回去。」

有誰能夠嘲笑出色地打完「百年戰爭」的日本犧牲者們是「白白送死」呢？日本的陣亡者

們默默遵從歷史決定的命運，達成了最為悲劇的英雄式死亡，壯烈犧牲。為了在亞洲大陸與南方、北方海洋的壯烈犧牲者，必須趕快振興靖國神社。

進步派文化人的加害妄想

我想不起來想出「一億總懺悔」標語的政治人物是誰了，但是，他是跟戰爭期間高喊「一億總崛起」的政治人物同一系統的人物這點，肯定錯不了。「派使者到世界各國道歉」這種愚蠢論點，也是同一群人講的。講說「特別是要派去中國」的這一派，到現在似乎還很有活力。

我讀過這種類型的親中共派的代表性評論家寫到，抵達了北京，「被逼著看悽慘的廢墟，被帶路的中國青年告知，這就是日本帝國主義者破壞的痕跡，羞愧得抬不起頭」的報導，總覺得這故事很奇怪。日本軍隊占領北京幾乎是不流血開城，或許有開了十槍、二十槍吧，但是應該沒有會留下「悽慘的廢墟」的戰鬥或破壞行為。我在戰爭期間去了北京大概兩次左右，日本軍隊跟當時的北京政府合作，修理、重新油漆中南海、北海、萬壽山宮殿老舊、腐朽的部分。維持著悲慘廢墟樣子的，是圓明園，那是一八六〇年英法聯軍破壞、掠奪、燒毀的。或許是這位「有良心的評論家」，把擔任翻譯的中國青年說明是「列強帝國主義者的行為」的話，當成日本帝國主義者的錯加以理解，羞愧地抬不起頭。如果是那樣的話，這也是一種敗戰癡呆現象，跟正確的歷史觀差得很遠。

在原子彈受災地廣島，立了刻著「不再重蹈覆轍」的有名的紀念碑。如果那是美國人立的，符合邏輯也符合倫理，但是因為是被轟炸的日本人自己立的，現在想起來，這心理很奇怪。但是，這也不能簡單地一笑置之，日本人的罪人意識跟敗戰癡呆症狀深到這樣。當這個違背邏輯、倫理的文字被刻上紀念碑時，沒有一個人覺得奇怪。我不一一舉例，但是從相同的罪人意識產生的顛倒邏輯，遍布在戰敗後各位「有良心的學者」寫的「太平洋戰爭解釋」的立論基礎當中，這種「懺悔錄」不能說是歷史。

戰爭不管哪國用什麼名義來進行，都是犯罪行為，沒有不伴隨殺戮、破壞、掠奪與占領的戰爭。但是，如果遵照前文中各位學者的說法，「太平洋戰爭」的犯罪性質全被推給日本，只有日本被迫背負。這是戰爭中「聖戰意識」的反面，只是加害妄想。戰爭犯罪的十字架，不只是有日本人該背，如果全體人類不自負責任來背，根絕戰爭之日永遠不會到來。

「百年戰爭」結束了

要稱為犯罪的話，所有的戰爭全都是有犯罪性質的。不是只有「滿洲事變」或「日支事變」有犯罪性質，亞歷山大大帝、成吉思汗、拿破崙的戰爭，都在犯罪這點上還大規模好幾倍。在「太平洋戰爭」戰爭犯罪者身分上，杜魯門、艾森豪、邱吉爾、麥克阿瑟、史達林、蔣介石，都跟東京審判的被告們完全沒有不同處。說了有「戰爭與文明一同產生，文明因為戰爭發展，或是崩潰」意義的話的，是認為文明的歷史約有七千年的湯恩比教授。能把戰爭區分成「聖戰」與「侵略」的，只有打贏後得意洋洋的贏家。獲勝的一方，稱自己的戰爭是「正義戰爭」，硬塞「侵略者」名號給輸家。但是，戰爭沒有正義，戰爭跟文明，都是人類一直以來持續背負的巨大重擔。要如何扔掉這個重擔，是今日以後的人類的問題。

所有回顧戰爭者，都需要強韌的精神。一直重複「不要重蹈覆轍」，或是敗戰後才在讚嘆《聽海神之聲[1]》的大學教授的聲音，是什麼都解決不了的。

若是遵照東京審判的邏輯，只有在戰敗國才有戰犯。但是如果根據更高層次的理論，所有遂行戰爭者，都是戰爭犯罪者。所以，「戰犯審判」是如果不把歷史上的所有時代，所有國家的陣亡者都從墳墓裡叫醒，就無法成立的徹底的愚蠢舉動。

「雄藩」與脫藩者

民族主義有尖牙，沒有尖牙也沒有利爪，叫做「新民族主義」什麼的，像是水母妖怪的東西，不管在哪一國的水產試驗場都是做不出來的。實際上，中共民族主義就長出原子彈這顆恐怖的尖牙了，這就是民族主義成長的型態，民族主義沒有新也沒有舊。

日本的復興，不是只有復興產業、貿易、道路、稅金。我們不能忍受首相被人說是賣電晶體收音機的業務員，而且那個首相還像壞掉的收音機一樣沉默不語的現狀。該立起國民精神樑柱、揚起靈魂旗幟的時候已經到來。

但是，在思考日本民族主義復興的場合，也必須考量自己要長的尖牙與利爪。無法看穿麥克阿瑟五星上將給的「和平憲法」只是弱化日本的政策遺物，用「自衛隊」名稱把自己國家的軍隊當成邊緣人對待，覺得核子動力潛艦跟核子武器恐怖的「國民」，沒有資格談民族主義。既然要談民族主義，那就必須要從現在覺悟到，有一天要長原子彈尖牙。

所以我才警告說，日本還不要動，不要輕舉妄動。我在某場座談會上提倡「日本隱居論」

與「日本雄藩說」，造成許多學者、評論家誤解。我是認真講的，但因為是座談會上的發言，說明不夠。

說隱居就老氣了，如果說暫時退隱，休養生息、靜觀局勢，或許就能理解了。在「百年戰爭」持續戰鬥，戰敗、受傷的武士，為了再度創造歷史，必須休養。只能將這段期間的歷史推移交給其他戰士。在生病、受傷的情況下慌慌張張地跑出去，無法對歷史進展有任何貢獻。

佛教有叫「入山」與「出山」的術語，為了要向人講道，要先入山問佛，需要有質問自己的時間與修行，釋迦牟尼與查拉圖斯特拉經過很長的「入山」期間才「出山」傳教；民族也需要「入山」，日本民族有資格與權利現在暫時退下歷史舞台，「入山」問天，跟自己對話的，不需要著急。再次下山的時候，是十年後還是二十年後，仍是未知數，現在是熟慮的時候，是充實自己的時候。受傷、內在空虛的人，就算再忙著在世界上到處奔走，也是什麼用都沒有的。

有關我說「先成為雄藩吧」，輕率的教授、批評家們誤解這句話，認為我說要成為明治維新的薩摩藩、長州藩，批判說我想讓軍國主義復甦。他們是什麼都自以為是的「萬事通」，認為那是學問。颳風了木桶店就會賺錢嗎[2]？這連落語都不是啊。

說到「雄藩」，就認為是薩摩藩、長州藩，實在很奇怪。這些教授們可能沒有好好讀過維新史。在維新前，「雄藩會議」是由勝海舟、西鄉隆盛提倡的。這個場合中的雄藩，不是只有

1 編注：一九四七年東大出版的戰歿學徒兵的手記續編。

2 譯注：為日本諺語「風が吹けば桶屋が儲かる」。比喻因為發生某種現象而對乍看之下毫無關係的場所或事物產生影響。

薩摩藩、長州藩，還有水戶藩、尾張藩、越前藩、土佐藩、廣島藩、佐賀藩、宇和島藩參加。也就是擁有賢明藩主跟有能藩士，有實力的藩的意思。就算邀集沒有實力沒有方針的小藩，也會變成吵吵鬧鬧的會議。也就是要先邀集雄藩確立輿論，制定方針的主張。

雄藩中，有像水戶藩因為內訌自己崩潰的；也有像長州藩魯莽躁進，在崩潰邊緣躲掉危險，改革藩政，靠著與薩摩結盟參加維新大業的；也有像佐賀的鍋島藩，這樣隱忍、謹慎行事，立於政爭範圍之外，致力充實國力，送副島種臣、江藤新平、大隈重信等人材，進入維新政府，陸海軍將星輩出的雄藩。

我講「雄藩論」時，想的是鍋島藩跟越前藩。亞洲、非洲有很多國家，日本不可以自稱「亞洲盟主」，像薩摩藩、長州藩那樣，擺出高壓姿態；不可以像長州藩那樣，魯莽行事走到自己毀滅的邊緣；更不可以像水戶藩那樣，因為內訌自己崩潰。

首先「入山」、熟慮，在內部儲備實力跟思想，然後再對亞洲與世界發言，還很來得及，十年、二十年在歷史上，不過是一瞬間。「入山」不會對民族帶來壞處，德川幕府時代鎖國兩百年，也不應該只被從負面來評價。

只是，維新中的雄藩跟小藩都有所謂脫藩者，這些急躁而且勇敢的志士們，扮演的角色絕對不小，甚至說維新的道路首先是由他們開啟的也可以。

為了朝鮮獨立、支那革命、菲律賓、安南、印度獨立運動挺身而出的日本亞細亞主義者們，也是一種脫藩者。因為身為脫藩者，他們的意圖大部分遭到日本政府本身無視，有時被鎮壓、背叛，但是他們的功績在今日受到高度評價。

復興現在的亞洲、非洲是當務之急。但是因為日本還無法以國家身分行動，在眼下的情勢中，無法阻止接連出現脫藩者的情況。倒不如說，這是應該歡迎的歷史必然吧。只是，永遠的脫藩者無法發揮功用，只有將來回藩，成功轉變藩的輿論時，他方能以維新者、革命家身分而生。

名叫戰爭的愚行

戰爭是什麼？用一句話講，是愚行。是從人類脫離原始生活，達到一個叫做「文明」的「階段」以來，七千年間，一直以來在整個地球表面上不斷重演的愚行。「文明」沒有和平，不斷重演的戰爭就是「文明」。也有學者研究從城邦與城市文明產生以來的戰爭，論證戰爭期間占百分之九十五，和平占的期間連百分之五都沒有。

康德空想《永久和平論》，馬克思夢想以階級鬥爭（Klassen-Kampf）根絕戰爭，但都是遙遠的未來之夢。特別是後者，只以喚出名叫「紅色帝國主義」的新戰爭勢力收場。和平主義與國際主義都是貴重的理想，但是第二國際、第三國際，以前的國際聯盟、現在的聯合國，都還不是和平機構。世界聯邦與地球國家已經登上人類理想的議程，但這也像所有的理想一樣，是遙遠未來的美麗夢想。

所有的人都認為，戰爭是最非人道的獸行，憎惡戰爭。儘管如此，戰爭還是再三爆發。是因為人在像神之前，先身為動物，所以戰爭也跟性一樣是永遠的人類現象嗎？還是人類還停在「名叫文明的野蠻狀態」呢？

日本的「東亞百年戰爭」大致結束，但亞洲、非洲受的傷很深。獲勝而得意洋洋的美國，越過太平洋繼續進攻，號稱反殖民主義的蘇聯，也開始暴露出民族利己主義。

喊「回歸為亞洲的一員！」、「當亞洲、非洲各國的朋友！」很容易。如果那只意味著「友好」、「通商貿易」，就算會稍微遭遇一些抵抗，也並非不能達成之事。

然而，在亞洲發生的，是現實的戰爭。沒有做進行戰爭的準備跟覺悟，「回歸亞洲」沒有意義。普通的「友好」與「通商」沒有用處。為了讓它有用，武裝是必須的。

但是，日本國內輿論四分五裂，綁住日本的枷鎖很強大，能自己斬斷這枷鎖的力量，還沒養出來。喊說現在就立刻站到亞洲、非洲這邊戰鬥的言論，是會導致日本亡國的粗暴言論。我們只被允許回顧亞洲歷史，思考世界歷史的未來，**預言**說日本只能身為亞洲一員**往那個方向走**。

日本人必須好好體會這份痛苦，日本無法一次就跳過自己挖的敗戰大壕溝。我建議日本休養，百年戰爭的戰士休養療傷，理所當然，也是對歷史的義務。靜觀世界情勢推移，既非懦弱也非恥辱。

總有一天，歷史會將「東亞百年戰爭」的戰士的兒子們，喚上歷史舞台前方吧。

兒子們的世代

我對日本的兒子們抱有期待，兒子們絕對不光只是愚連隊跟瘋癲族[3]，既沒有態度懶散，生活也沒有散漫。

最近我讀了兩位年輕評論家的文章，受到新穎的衝擊。

一篇是西尾幹二的〈我的『戰後』觀〉（刊登於《自由》二月號），一篇是江藤淳的〈日本文學與『我』〉（刊登於《新潮》三月號）。

江藤淳跟我的大兒子是中學同學，西尾幹二也幾乎是同年紀。因為對我來講肯定是兒子「世代」，我或許是在讚嘆兩人都「很用功」的同時，發現他們知識羅盤正確，尖銳地追問「舊世代」的不明事理、是非不分，以及與這些追問相應、對學問上的自信與決心，而感受到「被反擊的老爸」的衝擊與喜悅。

「從現在的立場瞭望過去，以別於一般未曾經歷過的事情來責怪歷史的人，不只是無視過去是基於與現在不同的必然性發展，而且犯了用現在的眼光，輕易對過去下結論的錯誤。」

西尾幹二從如此立場，對丸山真男、堀田善衛等「老爸或叔叔」世代展開激烈反抗。老爸跟叔叔們，不用說當然也很清楚那麼單純的事情，但是這個兒子用雪亮的眼睛，看破了各位「舊世代代表」毫不在乎地犯那樣單純而且不證自明的錯誤的情況。

「就算我們一直以來所打的戰爭是『帝國主義戰爭』，必須稱為是對中國或各個鄰國進行的侵略行為——雖然我自己並不那麼單純地想——即使假定我們必須稱自己的過去為『惡』，我們也必須肯定這個過去的『惡』……第一，就算加以否定，也無助於改寫歷史。想要把過去當成『惡』清算的動機，其柔弱性質只不過是種盡其可能忽視過去的現在利己主義而已。制裁

3 譯注：一九六〇、七〇年代日本的日式嬉皮。

了『過去』，『過去』就會消逝嗎？改正了『錯誤』，『錯誤』就會變成幻影嗎？這真的很蠢。然而，不只堀田善衛，日本知識分子的『良心』在戰爭終結後簡直是徹底改變態度般，進行了『自我批判』，盡是在重演反省、後悔；似乎怎樣都無法以等同於當下、活生生的生命感去理解『自己在過去也曾扎扎實實地活著』這樣單純的常識，以及有關歷史的重要感覺……過去自己的愚蠢，只要反省了就不愚蠢了嗎？如果能那麼輕易地否定自己，只會讓現在的自己在未來某一天又輕易被否定而已吧。

即使加以制裁，過去不會變成幻影。必要的是去肯定過去的『惡』的勇氣；藉由把責任推卸給軍方與國家強權的那種無意義習氣，將目光從現在自己的脆弱上轉移開的那種柔弱，應當予以捨棄。」

真是新穎而且強烈的發言。

「對國家有益的文學」

江藤淳的論文是從美國的事情談起，但他年輕的目光，看穿了我不知道的「美國社會與政治問題點」所在，將之發展到明治精神史問題。他介紹了柳田泉的明治文學觀：「總而言之，就是明治時代的作家『為了國家』寫作，那個『國家』，在這個場合就是指，活在『調和東方與西方文化』，想創造出新文明『理想』的國家。明治時代的日本人，活在由這份使命感與這個理想決定的共通感情中。」

江藤淳觀史的角度很新穎。他認為從明治、大正時代到現代昭和時代的日本精神史，是與叫做西方的巨大「他者」間的對決；是因為對西方的改良主義式吸收（例如坪內逍遙的案例）而敗北的歷史，這種觀點也相當有趣。還有如下觀點，亦值得關注：

「對相信文學公共任務的夏目漱石而言，在為『公』或是『國』盡忠上，文學與政治沒有分別。要說這是功利主義式文學觀很容易……但是我不採因為那是功利的，所以就認為它是低級的論述；不同意那種認為『公』不是『國家』，而是『國民』的歪曲說法……當失去這樣的漢學式基本構想時，日本的現代文學就又失去一項重要的東西了。」

西尾幹二與江藤淳思想上是否有共通點，沒有必要探索到那麼深入吧？只是，敗戰經過二十年，「兒子世代」各自正確地用功，確實地成長，帶著自信開始主張獨立自主思想，這是不爭的事實。「年輕世代」會展開攻擊，一面攻擊，一面成長，對這感到高興，不只是「家父的傷感」，文學徹底是屬於「公」的，是「國」的精神史問題。對這個健康而且牢固的世代出現、成長而感到高興，應該跟傷感沒有關係吧？

日本的兒子們正在等待「歷史呼喚的聲音」，在正確地用功、健康地成長的同時，也靜靜地等待，兒子們是絕對不會背叛日本民族的歷史還有歷代祖先的理想與艱苦奮鬥的吧？

後記

初版上卷後記

日本人是還蘊含著長遠未來與豐富可能性的民族。

因為我喜歡歷史，也讀了許多國家興亡盛衰的故事，也知道許多民族歌頌祖先光榮的讚美歌；當然，其中也有哀嘆民族悲劇的悲歌。幾年前造訪墨西哥的時候，看了革命家兼畫家迪亞哥・里維拉（Diego Rivera）畫墨西哥民族歷史的大幅壁畫。這幅畫是里維拉在年輕時受到馬克思主義強烈影響的作品，但是重現墨西哥古代民族瑪雅人與阿茲提克人建立的帝國的繁榮的部分，比任何一國的神話都美；畫墨西哥獨立戰爭的部分，也比任何戰爭畫卷更勇敢、壯烈，對現在正在衰退的墨西哥民族的愛與對未來滿溢的希望，響徹描繪現代工業化與解放農民、勞工的部分的最終樂章。

里維拉是革命家兼藝術家，但同時也是熱烈的愛國者，這三個身分之間連細如一根毛髮的空隙都沒有。不論如何批判現代，反抗暴政，也沒有嘲笑、醜化、汙衊墨西哥民族的歷史。倒不說那是一幅充滿美與力，到了讓身為外國人的我覺得太過美化歷史了的壁畫。

我在持續寫著做為日本現代史的《東亞百年戰爭史》，但因為我不是畫家，畫不出像李維拉那樣美麗的圖畫。還有，我的信念是，文學家並非美術家，不可以畫出過於美麗的圖畫。

只是，對於被敗戰後日本的「進步派」歷史學家們無止盡地醜化、扭曲的日本歷史之詮釋，我要堅決抵抗。如實寫、據實寫就好。日本這個國家的歷史，不加修飾就美得不輸其他國家的歷史。雖然同時也有很多不美麗的面向，那也要維持原貌，這對我們日本人來說，是很重要的，我絕對不會說，日本民族有舉世無雙的美麗歷史與傳統，那樣的驕傲自大，對日本民族的未來跟世界的未來都不會有任何貢獻。

同一句話也可以用來說我對「大東亞戰爭」這個最近的歷史的解釋，我在這本《大東亞戰爭肯定論》中也避免誇張的醜化與誇張的美化，據實編寫。如同文學家不能欺騙自己，不能欺騙客體。只是在期盼文學家、歷史學家、愛國者三個身分完全調和這點上，我想學習迪亞哥・里維拉在墨西哥歷史上的態度。（昭和三十九年七月）

初版下卷後記

一個國家的復興，不能只靠經濟繁榮來謀求，確立精神——讓國民自信心復活才是最重要的。

日本很繁榮，但是靈魂的旗幟還未揚起，被強迫切斷的歷史與被強加的戰爭犯罪者意識，讓大多數的日本人依然在沒有幹勁與天下太平氣氛的黑暗山谷中徘徊。

面對充滿苦難的「東亞百年戰爭」，日本人勇敢地戰到最後，為了取回日本人的自尊與自信，我在此寫下本書。（昭和四十年四月）

日文版編輯附記【中央公論，二〇一四年版】

一、本書是以二〇〇六年八月由夏目書房出版的《大東亞戰爭肯定論・普及版》為底本，所部分收錄的著作。本書最初是從一九六三年到六五年之間，在《中央公論》雜誌上橫跨十六回的連載，彙整後在六四年時以正篇、六五年時以續篇的方式，由番町書房出版。之後，六八年由翼書院整理、收錄進《林房雄著作集第一卷》；七四年，由浪曼出版社以《林房雄評論集第六卷》、新訂版的方式出版，本書第九頁的「作者說明」便是在當時由原著作者加以刊載的。

二、關於作者慣用的字句與書名的略稱、國名、地名，保留當時的稱呼。

三、跟今日的人權意識、以及社會共識對照後，有差別性的用語、表現、或國民、民族、地域的名稱（包含略稱），鑑於時代背景與原著作者已成故人的關係，就保持原用法。

大東亞戰爭肯定論

來自敗戰者的申辯與吶喊（全新修訂版）

大東亜戦争肯定論

本書 2017 年曾以《大東亞戰爭肯定論》書名出版
DAITOA SENSO KOTEIRON
BY Fusao HAYASHI

作者　林房雄
譯者　許哲睿
主編　洪源鴻
責任編輯　宋士弘（二版）、張乃文（初版）
企劃　蔡慧華
封面設計　虎稿．薛偉成
內頁排版　宸遠彩藝
社長　郭重興
發行人兼出版總監　曾大福
出版發行　八旗文化／遠足文化事業股份有限公司
地址　新北市新店區民權路 108-2 號 9 樓
電話　〇二～二二一八～一四一七
傳真　〇二～八六六七～一〇六五
客服專線　〇八〇〇～二二一～〇二九
信箱　gusa0601@gmail.com
臉書　facebook.com/gusapublishing
部落格　gusapublishing.blogspot.com
法律顧問　華洋法律事務所／蘇文生律師
印刷　成陽印刷股份有限公司
出版日期　二〇二二年二月（二版一刷）
定價　七〇〇元整
ISBN　9789860763690（平裝）
9789860763737（ePub）
9789860763713（PDF）

大東亞戰爭肯定論：
來自敗戰者的申辯與吶喊（全新修訂版）
林房雄著／許哲睿譯／二版／新北市／
八旗文化出版／遠足文化事業股份有限
公司發行／民111.02
譯自：大東亜戰争肯定論

ISBN 978-986-0763-69-0（平裝）

一、日本史 二、第二次世界大戰

731.2788
110021104